LA VIE ET LA PENSÉE

DE

JULES MICHELET

1798-1852

COURS PROFESSÉ AU COLLÈGE DE FRANCE

PAR

GABRIEL MONOD

TOME SECOND

LA CRISE DE LA PENSÉE DE MICHELET
LA PRÉDICATION DÉMOCRATIQUE

PARIS
LIBRAIRIE ANCIENNE HONORÉ CHAMPION
ÉDOUARD CHAMPION
5, QUAI MALAQUAIS

1923

LIBRAIRIE ANCIENNE HONORÉ CHAMPION

ÉDOUARD CHAMPION

5, Quai Malaquais, 5 — PARIS   Téléph. Gobelins 28-20

BIBLIOTHÈQUE

DE

L'ÉCOLE DES HAUTES ÉTUDES

PUBLIÉE SOUS LES AUSPICES

DU MINISTÈRE DE L'INSTRUCTION PUBLIQUE

SECTION DES SCIENCES HISTORIQUES ET PHILOLOGIQUES

LISTE DES FASCICULES PARUS

De l'origine (1869) à 1921

(Les prix sont majorés de 50 % jusqu'au fascicule 212).

LA VIE ET LA PENSÉE

DE

JULES MICHELET

1798 à 1852

ANGERS
Société Française d'Imprimerie et de Publicité
- Anciens E^ts DESNOËS et BURDIN réunis -
4, RUE GARNIER, 4
—

1923

LA VIE ET LA PENSÉE

DE

JULES MICHELET

1798-1852

COURS PROFESSÉ AU COLLÈGE DE FRANCE

PAR

GABRIEL MONOD

TOME SECOND

LA CRISE DE LA PENSÉE DE MICHELET
LA PRÉDICATION DÉMOCRATIQUE

PARIS
LIBRAIRIE ANCIENNE HONORÉ CHAMPION
ÉDOUARD CHAMPION
5, QUAI MALAQUAIS

1923

Cet ouvrage forme le fascicule n° 236 de la Bibliothèque de l'École des Hautes Études.

BIBLIOTHÈQUE

DE L'ÉCOLE

DES HAUTES ÉTUDES

PUBLIÉE SOUS LES AUSPICES

DU MINISTÈRE DE L'INSTRUCTION PUBLIQUE

SCIENCES HISTORIQUES ET PHILOLOGIQUES

DEUX CENT TRENTE-SIXIÈME FASCICULE

LA VIE ET LA PENSÉE DE JULES MICHELET (1798-1852)

Par G. MONOD

TOME SECOND

PARIS

LIBRAIRIE ANCIENNE HONORÉ CHAMPION

ÉDOUARD CHAMPION

5, QUAI MALAQUAIS (6e)

1923

LIVRE III

CHAPITRE PREMIER

Michelet au Collège de France

Nous arrivons à la période la plus brillante de la vie de Michelet,
à celle où son enseignement et son œuvre ont été plus intimement mêlés
aux mouvements politiques et sociaux de son temps, où il a exercé,
ou tout au moins voulu exercer une action directe et immédiate sur la
vie publique, par sa parole et par sa plume. C'est celle de son
enseignement au Collège de France, de 1838 à 1852. Pendant ces quatorze années, il a publié, à côté d'un travail de pure érudition (deux
volumes de documents relatifs au *Procès des Templiers*, 1841 et 1851)
les trois derniers volumes de son *Histoire de France* au Moyen-Age,
(1840, 1841 et 1843) les cinq premiers de l'*Histoire de la Révolution*
(1847-1851), et trois volumes qu'on peut dire de morale sociale, *Les Jésuites* (1843), *Le Prêtre, la Femme et la Famille* (1845), *Le Peuple* (1846).

Toutes ces œuvres ont été plus ou moins en relation avec ses cours
du Collège. Ses premiers cours lui ont servi pour son *Histoire de France*.
Son cours du second semestre de 1838 sur Paris était une introduction à l'Histoire de France. Son cours de 1838-1839 roulait tout entier sur la France aux xive et xve siècles. Ses cours de 1840-1841 sur
la Renaissance ont été une préparation aux volumes sept et huit de
l'*Histoire de France;* et à partir de 1842, ses cours ont été en grande
partie une préparation à son *Histoire de la Révolution*. Les derniers
cours ont été beaucoup plutôt des cours de prédication moderne et
sociale que des cours d'histoire [1].

---

1. Les cours de 1844 à 1847 en particulier peuvent se résumer ainsi :
les préliminaires de la Révolution au xviiie siècle, l'éducation du peuple par
la Révolution. Les sujets de cours de Michelet portés par l'affiche furent en
1838 et 1839 : Histoire de France; de 1839 à 1842 : Histoire du xvie siècle; en
1842 et 1843 : Philosophie de l'histoire et méthode historique. Puis à partir
de 1843-44, jusqu'en 1851, le libellé du cours est ainsi conçu : « M. Michelet
appliquera les principes de la philosophie de l'histoire exposés dans les deux
années précédentes, à l'histoire des trois derniers siècles ». Le titre de sa
chaire *Histoire et Morale*, signifiait, (bien que cette chaire fût constituée en 1771,
par la fusion de la chaire d'Histoire et celle de Philosophie Morale) histoire

Ses cours du Collège de France n'ont jamais été publiés, à l'exception des leçons sur les Jésuites (de 1843), qui parurent avec celles de Quinet au moment même où elles venaient d'être prononcées, et du cours de 1847-1848 sur les devoirs de la jeunesse, paru au fur et à mesure en huit livraisons, ensuite réunies en volume et rééditées plus tard sous le titre : l'*Étudiant*. On retrouve dans ces cours la substance des volumes sur *Le Prêtre, la Femme et la Famille* et sur *Le Peuple*. Mais on se tromperait en croyant y retrouver les leçons mêmes de Michelet.

Nous essaierons, dans la mesure où nous le permettent les notes laissées par Michelet et les analyses des journaux, de reconstituer ces cours, de montrer quelles influences ont dicté à Michelet le choix des sujets qu'il a traités, et l'accueil qu'ils ont reçu du public; enfin, les conflits qu'ils ont suscités entre Michelet, ses collègues et le Gouvernement.

Quand Michelet, le 23 avril 1838, monta dans sa chaire en présence du ministre de l'Instruction publique, de Salvandy, d'un public trop nombreux pour que la plus grande salle du Collège pût le contenir, il se voyait au faîte de toutes ses ambitions (Il n'avait pas encore quarante ans). Ses livres, bien qu'ils eussent leurs critiques et même leurs détracteurs, lui avaient déjà acquis une juste célébrité. Il occupait aux Archives un poste important, qui témoignait de l'estime où il était tenu comme érudit. Il avait à sa disposition les sources mêmes de l'histoire, les documents originaux qui permettent de la contrôler et de la vivifier; il occupait auprès de la famille royale un poste de confiance, il était traité en ami par les princes et les familiers des Tuileries et de Neuilly. Il ne faisait qu'une très petite place aux relations et à la vie mondaine, donnant au travail ses jours et ses nuits, n'ouvrant sa porte qu'à un très petit nombre d'amis, qui étaient presque tous des hommes de premier ordre : l'orientaliste Eugène Burnouf, le géologue Élie de Beaumont, le médecin Edwards, l'économiste Léon Faucher, des littérateurs et des philologues, Sainte-Beuve et Désiré Nisard, J.-J. Ampère, Francisque Michel, Génin, Magnin, X. Marmier ; des philosophes et des poètes, Lamennais, Ravaisson, Jouffroy, Béranger; puis, Victor Hugo, Lamartine, sans parler d'une phalange d'élèves dévoués, V. Duruy, Wallon, Chéruel, A. de Latour, Ad. Mourier, etc. A quelques semaines d'intervalle, il venait d'être nommé professeur au Collège de France et élu membre de l'Académie des sciences morales et politiques[1]. Son entrée dans ce petit cénacle flattait certainement son amour-propre et il était tout particulièrement fier d'être membre d'une Académie dont le rétablissement, le 26 octobre 1832, avait été la réparation du coup d'autorité par lequel,

de la civilisation et des mœurs. Mais Michelet ne l'entendit pas ainsi, et il crut réellement avoir pour mission de prêcher la morale en même temps que d'enseigner l'histoire.

1. Elle ne comptait alors que trente membres, six par section, ce qui rendait plus grand encore l'honneur d'en faire partie. Michelet y trouvait comme collègues Pastoret, Naudet, Mignet, Guizot et Bignon.

le 3 pluviose an X (23 janvier 1803), la section qui portait ombrage à Bonaparte comme suspecte d'idéologie, avait été supprimée et remplacée par une section d'histoire et littérature ancienne. Michelet m'a dit souvent qu'il tenait beaucoup à se considérer comme membre non d'une Académie spéciale, mais de l'Institut tel qu'il avait été créé par la Convention le 28 octobre 1795. Un membre de l'Institut, selon lui, ne devait pas faire partie de deux sections différentes et il refusa toujours de se présenter à l'Académie française.

Si fier qu'il fût d'être appelé à faire partie de l'Institut, sa nomination au Collège avait certainement à ses yeux plus de valeur encore. Non seulement il y trouvait une tribune pour répandre ses idées, mais le Collège de France avait été de tout de temps le but de ses ambitions. Pour Michelet, ce corps tenait une place exceptionnelle dans le haut enseignement et symbolisait les plus hautes tendances de l'esprit français et de l'esprit moderne. Depuis combien de temps il aspirait au Collège de France, nous le voyons par les lettres de sa famille. Son cousin Millet de Provins lui écrivait le 3 novembre 1828 en apprenant qu'il avait été nommé professeur de Mademoiselle, qu'il formait le vœu que ce choix soit « un acheminement au Collège de France »; après la Révolution de Juillet, quand Daunou abandonna sa chaire, Michelet osa s'y présenter, put croire un instant qu'il avait des chances et ne retira finalement sa candidature que devant celle de Letronne.

Quand il commença son enseignement, il consacra les dix-sept leçons du semestre d'été à une sorte d'introduction à l'histoire de France. Il s'efforça d'en démêler les éléments essentiels en prenant pour cadre une étude de Paris, chacun des monuments de Paris étant le symbole d'un des éléments qui ont concouru à former l'ancienne France, féodalité, monarchie, église, ordres monastiques, tiers-état, université. Paris est l'âme et le résumé de la France. Le Collège de France est le représentant de l'esprit de raison et de critique qui a fait de Paris et de la France les instituteurs de l'Europe.

Aussi Michelet commence-t-il dans la leçon d'ouverture par faire l'éloge du Collège de France et par en déterminer le rôle et le caractère.

Trente ans plus tard, lors de l'exposition de 1867, dans le recueil intitulé *Paris*, Michelet sera chargé d'écrire le chapitre sur le Collège de France [1]. Il y reprendra ce qu'il avait dit du haut de sa chaire en 1838. Il rappellera comment il fut nommé en grande partie par l'influence des deux Burnouf, et il cherchera à marquer ce que fut sa place et son rôle au milieu de ses collègues.

En 1838, le Collège comptait huit représentants des sciences. Quatre d'entre eux étaient des hommes de second plan, l'astronome Binet,

---

1. Ce volume s'ouvrait par une introduction de V. Hugo, d'une prodigieuse grandiloquence; le poète, après avoir annoncé en commençant qu'il y aurait au xxᵉ siècle une nation appelée Europe avec Paris pour capitale, en attendant qu'il soit la capitale de la nation Humanité qui couvrira le globe entier, terminait par une déclaration de paix au monde, cruellement ironique aujourd'hui.

le mathématicien Lacroix, le physicien Savart, le naturaliste Duvernoy; quatre autres étaient des hommes de tout premier ordre, le physicien, mathématicien et astronome Biot, le chimiste Thénard, le physiologiste Magendie, le géologue Élie de Beaumont. Parmi les seize représentants de la linguistique, des lettres et des sciences morales, il n'y avait qu'un seul génie créateur, Eugène Burnouf, mais l'orientalisme était brillamment représenté par Silvestre de Sacy pour le persan, Quatremère pour l'hébreu, Stanislas Jullien pour le chinois, Caussin de Perceval pour l'arabe, Desgranges pour le turc. La philosophie grecque et latine était très honorablement enseignée par Boissonnade et Burnouf. Si Tissot était un médiocre professeur de poésie latine et De Portets un très médiocre professeur de droit des gens, Lerminier avait un moment joui, comme professeur de législation comparée, d'une grande popularité qui allait subitement s'effondrer en cette même année 1838. Letronne avait une incontestable autorité dans sa chaire d'archéologie, J.-J. Ampère enseignait avec éclat l'histoire de la langue et de la littérature françaises, et J.-B. Rossi l'économie politique. Enfin Barthélemy Saint-Hilaire venait de succéder à Jouffroy sans le remplacer dans la chaire d'histoire de la philosophie.

Michelet n'avait pas tort de penser que, parmi ces hommes, Eugène Burnouf et Élie de Beaumont étaient les seuls qui eussent un esprit véritablement inventif et dont l'enseignement eût une portée générale. On ne pouvait prévoir alors ce que les hardies synthèses de Claude Bernard allaient devoir à la prudente investigation expérimentale de Magendie [1].

Michelet arrivait au Collège de France tout rempli des idées qu'il avait puisées dans Vico et qu'il avait essayé, nous l'avons vu, de réaliser dans tous ses livres : la possibilité et le devoir pour l'historien de reconstituer la vie intégrale. Il se croyait appelé par le titre même de sa chaire, « Histoire et Morale », à tirer de la science des conclusions qui fussent des enseignements et pussent agir sur les jeunes générations. Il se rappelait qu'à ses débuts le Collège de France avait contribué à libérer l'esprit humain des chaînes de la scolastique et de l'étroit aristotélisme du Moyen-Age; qu'il avait ouvert des voies

1. Et cependant je trouve une note de Michelet du 21 nov. 1838, jour de l'enterrement de Broussais, qui nous le montre prévoyant avec son instinct de divination quelle révolution se préparait dans la physiologie par l'application des recherches chimiques aux sciences de la vie : « J'étais entre Blanqui, Lucas. Chateauneuf, Villemain, près de Geoffroy Saint-Hilaire.

En face un vrai conciliabule de matérialistes, toute la Faculté de médecine. Aux pieds du catafalque la figure sinistre d'Orfila et la face bonasse de Larrey. Les pauvres malades de l'hôpital regardaient par la grille d'or. J'avais en perspective, par dédommagement, M. Dumas, le chimiste. Il me semblait voir mourir le *mécanisme* médical, commencer par suite de la chimie, dans l'avenir, la médecine organique. Broussais, quoiqu'il ait recommandé l'observation physiologique, s'est cependant contenté d'une médecine *mécanique* et négative, renonçant à interroger les *vires* médicatives de la nature. Broussais fut un héros. Sa médecine, ou plutôt chirurgie, celle d'un âge héroïque, vraiment française : « Avoir plus d'esprit et de courage, dans un moment donné, c'est français. »

nouvelles à la science; et il se croyait, en s'abandonnant à des construc_
tions systématiques et à des conclusions philosophiques également
hardies, le légitime successeur des premiers « lecteurs royaux ».

Il reprocha à ses collègues ce qui était précisément leur force : de
poursuivre leurs investigations dans un esprit purement scientifique
et critique, sans en tirer des conclusions générales qu'ils jugeaient
sans doute prématurées. Il raconte que Burnouf et Élie de Beaumont
n'auraient voulu pour rien au monde tirer de leurs découvertes des
conséquences morales, sociales, religieuses; que lorsqu'il sollicitait
Eugène Burnouf de montrer que la Perse zoroastrienne et l'Inde boud-
dhique avaient sur bien des points devancé ou inspiré l'Évangile, ou
Élie de Beaumont d'insister sur la contradiction de ses découvertes
géologiques avec les données de la Genèse, lorsqu'il leur disait : « Con-
cluez. Montrez le point vital et fécond où vont concorder vos sciences.
Ce sera le point de départ pour l'élan du monde nouveau », Burnouf
souriait et Élie de Beaumont disait : « Pas encore ». Les autres lui
paraissaient empreints de l'esprit de scepticisme qui caractérisait Abel
Rémusat. Letronne rajeunissait à plaisir, et à tort, les antiquités égyp-
tiennes; Magendie, à chaque fait qu'il découvrait, interdisait d'en
rien conclure. Et Biot, dont l'autorité était immense, s'opposait spiri-
tuellement à toutes les idées nouvelles. Michelet entra dans cette assemblée avec l'idée très nette qu'il allait apporter un esprit tout nouveau dans la chaire où Daunou et Letronne n'avaient donné qu'un
enseignement critique, s'étaient interdit toute généralisation.

« Un étranger, peut-on le dire, écrit Michelet, venait s'asseoir dans cette
illustre assemblée, non pas certes discordant (je les aimais, je les admirais),
mais avec une tendance qui s'éloignait de la leur, une aspiration d'unité,
un désir passionné d'accorder, pacifier, et la science, et l'âme humaine. Le
grand titre de ma chaire était juste selon mon cœur. Il m'autorisait fortement... »

« Ce qui a caractérisé le nouvel enseignement tel qu'il parut au Collège
de France, 1840-1850, c'est la force de sa foi, l'effort pour tirer de l'histoire,
non une doctrine seulement, mais un principe d'action, pour créer plus
que des esprits, mais des âmes et des volontés. »

Il nous dit comment, prenant Paris pour point de départ, il chercha
à percer les mystères de la vie du peuple au Moyen-Age par l'étude
des légendes, des symboles du droit, de la poésie, des cérémonies du
culte ou de la vie privée.

« Ces cours qu'on pourrait nommer de *physiologie sociale* dirent comment
la plante humaine, l'arbre de vie part d'en bas, de l'obscure, mais toute
puissante inspiration populaire. Ils posèrent le droit du peuple. De là mon
livre de ce nom. De là ma *Révolution;* et je dirai, tous mes écrits. Cette
ardente recherche du droit m'imposait de pénétrer dans l'intelligence de
l'esprit des masses, plus qu'on n'avait fait encore, bien plus, m'obligeait
à refaire, à ressusciter ces vieux âges. Berthelot a dit en chimie, cette parole
féconde : « On ne sait que ce qu'on refait ». Ces mots, c'est ma méthode
même. Voilà pourquoi j'ai nommé l'histoire : Résurrection. »

On comprend que les professeurs du Collège, ceux surtout qui
avaient voulu confier la chaire à un pur érudit comme Benjamin Gué-

rard, n'aient pas vu sans inquiétude monter dans la chaire de Daunou et de Letronne un historien philosophe qui se donnait pour mission de retrouver sur des indices dispersés et vagues, à force de divination et de conjectures, la vie obscure et inconsciente des foules. Rien d'étonnant que Michelet se soit senti isolé au milieu de savants qui pensaient que le Collège de France avait été créé pour faire des érudits, pour faire progresser la science par des découvertes précises, et non pour prêcher des doctrines, si nobles qu'elles pussent être, ni même pour purifier les âmes et fortifier les volontés.

Mais Michelet eut bientôt auprès de lui deux collègues qui concevaient comme lui la mission du Collège de France et voyaient dans leur enseignement un apostolat social et politique : Mickiewicz, chargé en 1840 d'un cours de langue et littérature slave, Quinet, nommé en 1841 professeur des langues et littératures de l'Europe méridionale. Michelet, dans un article de 1867, parle avec une émotion que les années n'avaient pas étouffée, de ce triple enseignement donné par trois hommes venus des points les plus différents, Quinet de la fiévreuse Bresse et de Lyon, la ville industrielle et mystique; Mickiewicz des forêts de Lithuanie, lui-même des faubourgs de Paris. Ils avaient ceci de commun, qu'ils se croyaient tous trois chargés de donner à la France un haut enseignement moral, et que tous trois avaient le sens profond de la vie, de l'âme populaire.

Mickiewicz, nous dit-il, cherchait le génie populaire dans l'action des sauveurs et des Messies, sauveurs de leur race, de leur patrie; il faisait constamment appel à l'héroïsme, aux grandes et hautes volontés, au sacrifice illimité. Quinet qui avait lui aussi dans son *Génie des Religions*, cours professé à Lyon avant de paraître en livre, cherché à démêler l'action de l'imagination et de l'inspiration populaires dans les conceptions religieuses, mêlait de même la prédication morale et politique à l'histoire dans ses cours sur la Révolution d'Italie, sur le Christianisme et la Révolution.

Michelet évoque avec une solennité enthousiaste les souvenirs de cet enseignement où, nous dit-il, « la foule, enseignée, nous enseignait à son tour, réagissait à son insu. Ce grand auditoire de tout peuple et de tout âge, Français, étrangers, vieux, jeunes, étudiants, professeurs, dames, influait puissamment sur nous. »

Le clergé et les amis du clergé ne se contentaient pas de protester dans les journaux, dans les chaires, à la tribune des deux Chambres contre les cours de Michelet, Quinet et Mickiewicz; ils déchaînaient des orages dans les salles mêmes des cours. Les professeurs étaient accablés de lettres de menaces. Et leurs amis, les étrangers surtout, Italiens, Polonais, étaient prêts à venir en armes pour soutenir la cause de leurs maîtres. Le 11 mai 1843, à une des leçons sur les Jésuites, « on vit auprès de moi Quinet et Mickiewicz, nous dit Michelet, l'un à droite, l'autre à gauche, proclamant notre concorde et donnant à cette jeunesse le plus beau spectacle du monde, celui de la *Grande amitié*. Saint nom de l'harmonie des cœurs, sous lequel si heureusement nos pères mêlaient deux choses : la fraternité d'hommes, la fra-

ternité de patrie! Entre la Pologne et la France, ayant près de moi,
devant moi, tant d'illustres étrangers, Italiens, Hongrois, Allemands,
je me sentis dans la poitrine une âme, celle de l'Europe. »

Nous raconterons comment Michelet, ses collègues et ses auditeurs
en arrivèrent à ce point d'exaltation et nous tâcherons de faire comprendre l'action exercée sur Michelet, comme il l'a indiqué lui-même,
par son auditoire, mais aussi par le mouvement même des idées et
des passions de son temps.

Il ne faut pas croire que Michelet fut, dès le jour de son entrée au
Collège de France, dans l'état d'esprit où il se trouva en 1843. Il avait
certainement déjà des visées plus étendues que celles de ses collègues
et apportait dans la science cette aspiration à l'unité, à une synthèse
totale qui, dès le jour où il fut pénétré de Vico, dès son *Discours de
distribution des prix* à Sainte-Barbe, en 1825, fut l'inspiration même
de toute son œuvre historique. Mais il ne songeait pas encore à transformer son cours en une pure prédication morale, sociale et religieuse,
à en faire de la physiologie sociale. Il avait l'intention de se tenir sur
le terrain solide de l'histoire documentée, non de la spéculation et de
la divination historique, et de 1838 à 1841, il enseigna l'histoire du
XIVe siècle, du XVe, puis celle de la Renaissance, prenant sans doute
les choses de très haut, se livrant à de hardies généralisations, à des
vues d'ensemble parfois très téméraires, mais fondées sur une étude
directe des faits.

Nous avons sur cette première période de l'enseignement de Michelet au Collège de France un témoignage très précieux, le petit livre
publié en 1877 par M. Étienne Gallois sous le titre *J. Michelet. Notes
recueillies à son cours du Collège de France en* 1838-39. Gallois avait
succédé à Michelet dans sa chaire d'histoire au Collège Sainte-Barbe;
il l'admirait et l'aimait; il suivait ses cours, il y prenait des notes
qu'il publia quarante ans plus tard :

> « Là nous venions, en toute humilité, nous remettre sur les bancs, pour
> l'entendre, attirés que nous étions par les souvenirs qu'il avait laissés à
> Ste Barbe Rollin, par le légitime retentissement de son nom, par le désir
> de cueillir à cet arbre de science incontestée quelques fruits ou au moins
> quelques fleurs pour adoucir l'aridité de notre propre enseignement. »

Le Michelet qu'il nous montre en 1838 n'est pas le prophète illuminé
qui plus tard déchaînera des tempêtes dans les paisibles auditoires du
Collège. Sans doute, il y attire une foule nombreuse.

> « Dans la salle où il devait se faire entendre, la plus spacieuse de l'éta-
> blissement... Michelet était précédé par une foule qui se disputait les places
> les plus rapprochées de lui, tant elle se montrait désireuse de ne rien perdre
> d'une parole pleine d'érudition sans aridité et d'ingénieux aperçus, quoiqu'à
> plusieurs déjà elle parût trop amie de la digression, visant à l'effet et quelque
> peu mélangée de paradoxe... Les dames abondaient à ce cours; les mères
> y menaient leurs filles, munies de cahiers qui revenaient abondamment
> annotés. Parmi celles-ci on reconnaissait..., à la distinction et à la grâce de
> toute sa personne, la fille même du professeur[1] ».

1. Gallois nous dit que plus tard le public féminin déserta les cours de

Gallois nous fait le portrait de Michelet en 1838. Il nous le montre se dirigeant vers le Collège de France « dans une tenue correcte, avec une démarche pressée et sérieuse... Une modestie naturelle et un peu embarrassée, plus encore peut-être que l'habitude de la méditation, tenait ordinairement son regard baissé... Son teint pâle semblait prouver que des parchemins confiés à sa garde, il faisait une étude journalière et son intime société. L'ovale de sa figure, son front sillonné de précoces rides, ses traits amaigris par le travail, nous rappelaient un autre professeur qui avait siégé avec plus d'éclat encore, à la Sorbonne : Guizot... ». Gallois fait remarquer que tous deux, contrairement à l'usage qui imposait la cravate blanche aux professeurs, portaient le gilet blanc et la cravate noire et insinue qu'ils mettaient tous deux une certaine coquetterie à faire ressortir ainsi la pâleur de leur teint [1].

Combien le cours de 1838 devait être différent de celui que nous a décrit Jules Vallès dans une page du *Bachelier* où il rappelle ses souvenirs d'étudiant de 1846-47, ou plutôt de 1851 :

« Le cours de Michelet est notre grand champ de bataille. Tous les jours on monte vers le Collège de France. Laid, bien laid, ce temple universitaire, enserré entre ces rues vilaines et pauvres où pullulent les hôtels garnis... C'est triste. Matoussaint refuse d'en convenir : « Tu trouves tout triste. Ne voudrais-tu pas qu'il y ait des haricots avec des fleurs rouges? » « J'aimerais mieux ça et aussi que Michelet fût plus clair quelquefois. » — « Alors répartit-il, Zoïle n'a pas encore été content de lui à sa dernière leçon? » Content..., eh! si, je suis content! Je sais bien que Michelet est des nôtres et qu'il faut le défendre. J'étais triste parce que j'aurais préféré que ce fût moins élevé, plus terre à terre... Je parie que les trois quarts de ceux qui applaudissent ne comprennent pas. On attend toujours pour applaudir. Quand ce n'est pas tout indiqué par l'intonation et le geste du maître, deux grands garçons donnent le signal, pas seulement pour l'applaudissement, mais pour le rire aussi...

« Pourquoi Michelet a-t-il de temps en temps comme des absences? J'ai lu ses *Précis*, ses *Histoires*. Ça vivait et ça luisait. C'était clair et c'était chaud. Je partais quelquefois dans ma chambre avec du Michelet comme on va se chauffer près d'un feu de sarment...»

Nous nous efforcerons de démêler les raisons qui ont transformé Michelet en prédicateur et en tribun et ce qui mérite d'être retenu de ces cours, dont le retentissement fut si grand.

Michelet n'avait pas exagéré dans sa leçon d'ouverture, il n'exagéra pas dans son article de 1867 l'importance de la création du Collège de France par François Ier, la révolution intellectuelle manifestée par cet enseignement soustrait à toute autorité doctrinale et opposé au traditionalisme étroit de l'Université et de la Sorbonne. Il n'avait pas tort de penser que, même pendant le XVIIe et le XVIIIe siècles, le

---

Michelet, devenus le théâtre de manifestations bruyantes, et dont le caractère avait tout à fait changé.

1. « Cette pâleur qui était comme un reflet des parchemins et des papiers d'autrefois, ajoutait à leur distinction native. Elle était pour eux un ornement; on y voyait le signe, non de la souffrance, mais de l'étude opiniâtre et de l'incessant labeur de la pensée chez chacun d'eux. »

Collège de France, malgré l'affaiblissement graduel de son enseignement et de son influence, avait néanmoins conservé en France des rudi-
ments d'enseignement supérieur à un moment où celui des universités
n'était plus qu'un enseignement théologique ou purement profession-
nel accolé à des collèges d'enseignement secondaire. Il avait enfin raison de penser qu'au xix⁰ siècle, malgré la lente renaissance de l'enseignement supérieur dans les Facultés de lettres et de sciences, le Collège
de France fut le foyer le plus actif de recherche scientifique et de pensée
libre. Il avait raison, à la fin de son article du *Paris-Guide*, de montrer
la portée générale et philosophique des grands enseignements scientifiques qui, au temps du second Empire, illustraient le Collège de France,
en particulier le cours d'embryogénie comparée de Coste, le cours de
chimie organique de Berthelot, le cours de médecine ou plutôt de physiologie de Claude Bernard. Il salue avec raison « le resplendissant
fanal des sciences de la nature qui, de ce petit bâtiment, est observé
de toute l'Europe », cette science expérimentale qui renouvelle la conception de la vie, supprime les barrières qui séparaient le monde organique du monde inorganique, le monde physique du monde moral, la
vie de la mort.

Michelet voit déjà l'esprit créateur, l'esprit de haute synthèse qui
inspire ces savants novateurs, exercer son action sur les sciences historiques et il attribue à l'enseignement de Havet, de Laboulaye, à celui que Renan aurait donné au Collège de France, s'il n'avait eu la
bouche fermée dès la première heure, la même portée générale qu'à
celui de Coste, Bernard et Berthelot : « Tel est le Collège de France,
la haute école de la vie, alternant des sciences morales aux sciences
de la nature, d'elles encore à la morale. Et tout cela identique. Car
la nature, c'est encore l'âme. Tout est vie, tout est esprit. »

Michelet avait raison de penser que les enseignements philologiques,
philosophiques et historiques du Collège de France pouvaient, devaient
viser, aussi bien que les enseignements scientifiques, à ouvrir à l'esprit des horizons nouveaux, à tenter des efforts de synthèse et à éprou-
ver et à renouveler les bases mêmes de la vie morale et de la vie sociale modernes. Mais il a indiqué lui-même l'erreur qu'il a commise en
abandonnant le ton de la recherche et de l'enseignement pour celui
de la prédication et même celui de la prophétie. Il dit que l'enseignement doit être critique et moral. Nous verrons que trop souvent, dans
sa hâte d'exercer une action morale, Michelet a manqué aux devoirs
du savant, de l'érudit et du critique.

CHAPITRE II

Le Cours de 1838 sur Paris

Michelet ouvrit son enseignement au Collège de France par un cours
sur Paris. Il continua jusqu'en juillet ses leçons commencées le
23 avril et donna dix-neuf leçons pendant un semestre qui, d'ordinaire,
n'en comporte que dix ou douze. Plus tard, il ne trouva presque jamais
le temps et les forces de faire chaque semaine ses deux leçons réglementaires. Il se fit plusieurs fois accorder l'autorisation de n'en faire
qu'une par semaine. Mais, à ses débuts, il se montra extraordinaire-
ment zélé.

Ce cours de 1838 peut être reconstitué à peu près en entier, grâce
aux résumés du *Journal de l'instruction publique*. Il jette une vive lumière sur la pensée de Michelet, sur sa manière de comprendre l'histoire, en particulier l'histoire de France, à cette date, sur sa méthode
de travail et d'enseignement. Il permet de juger la conception que se
fit Michelet du rôle de Paris, rôle assez essentiel dans notre histoire
pour que nous nous y arrêtions un instant.

Il y a en Michelet, nous le savons, un érudit qui considère l'analyse
des sources comme un premier devoir.

Mais s'il a été archiviste consciencieux, il faut bien dire que le
labeur lent et minutieux de l'érudit n'avait pas beaucoup d'attraits
pour lui. Dans une note sur la promenade quotidienne qu'il faisait pour
se rendre de la rue des Postes aux Archives, il exprime la mélancolie
qu'il éprouve en s'éloignant des hauteurs pittoresques de la montagne
Sainte-Geneviève, du sublime Panthéon, de sa chaleureuse École Normale, pour aller s'enfermer au silencieux palais Soubise, « dans le
sérieux du devoir, dans les cimetières où sont conservés tous les débris
de l'individualité politique. » Il se console de cet internement en
regardant au passage Notre-Dame et les vitraux de Saint-Gervais.

« *Durum* », écrit-il. C'est dur, quand on descend des hauteurs de
la généralisation poétique.

Il ne tarde pas, d'ailleurs, à y remonter. Car l'historien n'a accompli
que la première partie de sa tâche en recueillant ses matériaux; son
travail principal commence lorsqu'il en tire une synthèse, rapproche
toutes les diverses manifestations de l'activité humaine, politique,
littérature, droit, religion, art, et reconstitue, par un effort de généralisation, la vie intégrale d'une époque ou d'un peuple.

Mais cette généralisation ne peut se faire qu'à l'aide d'un choix. Il
faut choisir les faits qui caractérisent le mieux une époque, qui résu-
ment en eux toute une situation, qui ont une valeur symbolique et expri-

ment sous une forme colorée et tangible le sens d'un moment de l'histoire et les idées dont il est l'expression. Michelet, disciple de Vico,
a fait du symbolisme historique le procédé par excellence de
l'historien.

Le symbolisme historique est d'un emploi singulièrement difficile. Et
pourtant est-il un seul historien digne de ce nom qui n'ait pas cherché
à mettre en relief les événements dont la portée lui paraissait la plus
grande? qui n'ait concentré sur eux la lumière? qui n'ait fait choix
parmi les actes ou les paroles d'un personnage de ceux qui lui ont
semblé révéler le plus complètement son caractère? Le symbolisme
historique n'est pas de nature mystérieuse ou mystique. Il n'enlève
pas l'histoire du domaine des faits réels pour la transporter dans
la région de l'abstraction ou du rêve. Michelet a pu, à un certain moment, sous les influences combinées de Cousin, de Vico et des méta-
phycisiens allemands, voir dans les phénomènes de l'histoire comme
la traduction sous une apparence éphémère d'une pensée divine. En
fait, lorsqu'il a appliqué son symbolisme dans ses *Précis*, dans son
Histoire romaine, dans son *Histoire de France*, il l'a entendu d'une
manière beaucoup plus simple et plus strictement historique. Il s'est
agi pour lui de dégager de la masse des faits ceux qui n'ont pas un
caractère purement accidentel, qui sont non de pures anecdotes, mais
des anneaux essentiels dans la chaîne des temps, dans la série des
causes et des effets, et qui révèlent le sens de tout un développement
historique. Dans l'enseignement de l'histoire, même aux enfants, quand
on recommande plutôt que de se perdre dans l'énumération de tous
les événements militaires, de faire bien comprendre l'importance de
certaines batailles, comme Bouvines, Crécy, Azincourt, Marignan,
Pavie, Rocroy, Denain, Rosbach, Valmy, Marengo, Austerlitz ou
Waterloo, ne fait-on pas du symbolisme historique au sens où l'enten-
dait Michelet?

Le procédé, cependant, est périlleux par ce qu'il implique d'inévitable subjectivisme. Combien plus quand ce subjectivisme est voulu,
érigé en méthode, en principe, en moyen d'investigation historique,
comme l'a fait Michelet?

Il part de ce fait incontestable que l'hypothèse et l'analogie sont des
instruments de découvertes dans les sciences naturelles. Un naturaliste de génie peut reconstituer un animal avec un os, comme un
archéologue un monument avec quelques débris de pierre. Il part de cet
autre fait qu'on ne comprend bien les choses du passé qu'en les faisant revivre en soi par une sorte de sympathie et d'amour. Il a vécu
tant d'années absorbé dans l'histoire, faisant d'elle sa vie, qu'il a
fini par s'identifier lui-même avec elle. Il a fini par croire que l'histoire
vivait en lui (comme il vivait en elle), et que là où les documents
l'abandonnaient, il pouvait pénétrer au-delà des textes en écoutant
son propre cœur. Certes, il a dû à cette extraordinaire identification
de l'historien avec l'histoire des éclairs de divination surprenante;
mais elle l'entraîne à une confiance en ses impressions subjectives qui
rend toute critique impossible et le maintient dans un état trop

fréquent d'exaltation et de trépidation, où il cesse d'être historien pour devenir visionnaire et prophète. Il y a en particulier quelque chose de touchant dans l'espoir qu'il a nourri d'arriver à retrouver l'histoire des multitudes populaires qui n'ont pu se faire entendre à travers les siècles, en écoutant en lui-même, fils de ces multitudes, leur âme longtemps muette. Mais, est-ce de l'histoire? N'est-ce pas de la poésie à propos de l'histoire [1]?

Le cours sur Paris a ceci de particulièrement intéressant que nous y retrouvons tous les éléments qui entrent dans la conception historique de Michelet.

L'érudit n'y est pas absent, car Michelet avait étudié de près et les monuments de Paris et son histoire, celle de son Église et de ses écoles. Le généralisateur trouve une matière toute préparée dans cette ville, dont les monuments s'accordent si bien avec son fleuve, ses îles et ses collines, et dont l'histoire se trouve écrite dans la nature même.

D'ailleurs, Paris n'est-il pas un symbole, le symbole de l'histoire même de la France? Par sa population, par ses monuments, par toute son histoire politique, littéraire, artistique, religieuse, Paris la résume toute entière; il n'en est pas seulement le centre, il en est la plus haute expression.

Enfin Michelet peut-il séparer Paris de sa propre personnalité? Fils de Paris, du Paris populaire comme du Paris intellectuel, né au cœur de la ville, il a vécu quinze ans dans les rues populaires et commerçantes du centre, dix ans dans le faubourg par excellence, le faubourg révolutionnaire, le faubourg Saint-Antoine; enfin, depuis l'âge de vingt-sept ans, il a habité la montagne Sainte-Geneviève, le pays latin qui conserve à la fois les souvenirs des Romains, des premiers temps du christianisme, des Francs, d'Abailard et de l'Université. Il n'a longtemps rien connu en dehors de Paris; il l'a aimé bien avant d'avoir étudié ses monuments, et l'histoire dont ils sont les témoins. Ainsi ne peut-il séparer sa personne de celle de Paris, en racontant l'histoire de Paris, il racontera et l'histoire de la France et celle de son propre cœur.

« Avoir aimé tout d'abord, dit-il dans une note de janvier 1843, avoir vu enfant avant de lire, vu un objet si complexe, la France, en un point... non la patrie locale, mais la patrie humaine, en ses actes, en ses changements. »

De très bonne heure, se promenant dans Paris, il a noté, surtout depuis 1831, toutes les impressions qu'il éprouvait devant ses monu-

1. Note de 1841 : « J'ouvre mes marionnettes et je recherche sous leurs figures différentes si l'intérieur n'est pas semblable, si ce n'est pas le même cœur. Oui, fort bien le même et le même que le mien. Je souffre comme ils ont souffert ».

Note de 1839. « Le même cœur. Si c'était moi. Identité par la compassion. Si Pythagore se souvient d'avoir été un des chefs de la guerre de Troie, pourquoi ne me souviendrais-je pas d'avoir été l'homme de misère qui traversa l'esclavage antique, le servage du temps des croisades, l'ouvrier des temps modernes ? »

ments. J'ai entre les mains des notes nombreuses où chacun d'eux est analysé dans tous ses détails et raconté dans son histoire. Il détermine 'le sens symbolique de chacun dans l'histoire de France, et y rattache en même temps sa propre vie. Sans doute, ce qu'il admire avant tout dans Paris, c'est sa beauté organique, son ensemble et son développement : « Il ne faut pas, dit-il, comme Victor Hugo dans *Notre-Dame de Paris*, se faire un idéal de beauté de tel ou tel monument; il faut placer sa beauté surtout dans le mouvement, dans le développement progressif. »

« A quoi bon, dit-il encore, aller en pélerinage à Rome et à Londres ? Rome est un sépulcre, Londres est un enfer. Paris, assis sur les deux rives de son fleuve, est plus beau de configuration et de progrès : « Elle est la ville sociale par excellence. » S'il y a beauté dans les monuments, plus grande beauté dans la forme organique de la ville, il y en a une bien autre dans le progrès et le mouvement de son histoire. La beauté est bien plus grande dans le devenir que dans l'être, dans la physionomie que dans les traits. »

Mais, précisément, c'est à travers les monuments que ce développement de Paris, en véritable symbole d'un grand État, a pu s'effectuer. Aussi les groupe-t-il d'après les époques et les idées qu'ils représentent.

Un premier groupe est formé par les Thermes et Saint-Germain des Prés : la civilisation romaine créant les voies de communication et donnant des lois, puis la civilisation chrétienne et la monarchie franque jusqu'au lendemain de l'an mille, où le monde se rassure. Faisant un retour sur lui-même, il dit : « J'ai vécu avec eux. J'ai reconnu mon cœur dans ces monuments. Les Thermes ont commencé (mon développement) à moi, barbare. »

Un second groupe est constitué par Notre-Dame et le Palais de Justice. Notre-Dame, c'est l'église de la Victoire : victoire sur l'hérésie d'Abailard, sur les Albigeois, sur l'Empire et l'Angleterre à Bouvines. Le Palais de Justice, c'est Saint-Louis le Juste avec la Sainte-Chapelle, œuvre du mysticisme franciscain, et le jardin où siégeait « cet homme lai, dont les clercs voudraient imiter la vie. » Michelet ajoute : « Je lui ressemble dans mon meilleur moi. »

Le troisième groupe comprend le Louvre, les Tuileries et les Invalides. C'est toute l'ancienne monarchie. Le Louvre va, par la galerie Henri IV, des Tuileries de Charles IX à la colonnade de Louis XIV. Philibert Delorme, Jean Goujon, y ont travaillé. Michelet s'identifie avec ce renouveau de l'art français dont le Louvre est un des chefs-d'œuvre, et l'appelle *Ma Renaissance*. Quant aux Invalides, qui sont pour lui l'église du Louvre, ils abritent les drapeaux de nos armées et ceux conquis par nos armées. C'est le sanctuaire de la religion de la France, l'asile offert par Louis XIV aux vieux soldats infirmes jusque-là abandonnés : « Ils m'ont rendu, dit Michelet, ma dignité comme peuple. »

Enfin la Bastille, le Panthéon, et le Champ-de-Mars sont les sanctuaires de la France moderne, de la France révolutionnaire. Il y faut joindre la colonne Vendôme et l'arc de l'Étoile, monuments élevés par l'Empire à la nation armée et victorieuse. Du reste le Panthéon et le Champ-de-Mars ont été préparés par la monarchie pour la Révolution. Celle-ci n'a créé aucun monument (Michelet en fait la remarque), rien qu'une place, celle de la Bastille, où l'on éleva provisoirement un bizarre éléphant de plâtre. Michelet dit de cette place : « *Mes droits* y ont été reconquis. »

La monarchie nouvelle est symbolisée par le triangle éloquent que forment la Chambre des Députés avec la Madeleine et le jardin des Tuileries. Ce triangle, c'est la place Louis XV, devenue la place de la Révolution, puis la place de la Concorde.

« Nulle ville, dit Michelet, plus belle, plus complète, plus humaine, belle dans la forme générale et le mouvement; nulle plus grandiose, plus vrai symbole d'un pays ». Il fait remarquer que la proue du vaisseau symbolique de Paris, c'est la pointe de l'île de la Cité tournée vers l'occident; c'est de ce côté en effet que se produit tout le mouvement d'expansion de Paris : « Rien de plus grand au monde que de voir le Louvre et les Tuileries allant par les Champs-Elysées vers l'Arc de Triomphe c'est-à-dire la royauté préparant la gloire du peuple [à l'époque où Michelet écrit ceci Napoléon se confond encore avec la Révolution]. il est le chef du peuple à travers de vastes espaces ouverts pour des légions. De l'Arc retournez-vous, vous voyez le Panthéon par-dessus Notre-Dame et les Invalides, la Révolution sur la Religion et la Royauté. »

Par un nouveau symbole, Michelet observe que la colonne Vendôme est une conception grecque, l'Arc de Triomphe un monument romain, l'éléphant de la Bastille un emblème oriental : « Ici, dit-il, je me sens France et le Monde. »

Enfin l'analyse s'achève par le symbole, les deux rives de la Seine représentant les deux parties de la France. La rive droite c'est la France du nord, industrie et commerce, vie intense des boulevards; la rive gauche c'est le midi, la vieille éducation, la science et l'aristocratie, quartier des Écoles et faubourg Saint-Germain[1].

Je ne puis vous conduire avec Michelet à Notre-Dame, à la bibliothèque Sainte-Geneviève, à l'École des Beaux-Arts, à l'Arsenal, aux Tuileries; mais il faut nous arrêter un moment auprès de ce Panthéon, à l'ombre duquel il a passé les années de son âge mûr et de sa vieillesse, et à qui il avait voué un tel amour qu'il l'appelle toujours « mon Panthéon », et aussi à ce Père-Lachaise, qui a tenu dans sa vie une place d'autant plus grande que son amour pour les morts se

---

1. Ce symbolisme, qui donnait un sens spirituel à chaque image, à chaque objet, était devenu une forme de pensée si habituelle à Michelet qu'il éclate partout : Sur la Seine « vague au-dessus du pont d'Austerlitz, pincée fortement au-dessous : l'activité humaine domptant la nature ». Sur le pont suspendu : « Homme passant sur un fil. Puissance et facilité. La liberté dit à la nature comme Jupiter : Pendez-vous tous à cette chaîne; je l'enlèverai ». Sur les lumières de Paris qui s'allument le soir : « Ce sont comme des yeux ouverts qui vous regardent tout à coup et puis se ferment.... elle paraissent, s'éclipsent, se suivent, comme si elles se faisaient l'amour. Je les vois dans les greniers s'allumer pour la longue nuit de travail, sur nos ponts et aux boulevards s'éveiller comme l'œil de la société, pour la surveillance du bien et du mal. »

confondait pour lui avec son amour pour l'histoire, et qu'il se considérait pour ainsi dire comme le procureur de tous les morts oubliés.

La note suivante sur le Panthéon, est un peu postérieure au cours du Collège de France, mais elle est caractéristique :

PANTHEON, Mercredi 9 juin 1841.

Le Panthéon, dont on dit tant de mal et qui n'en est pas moins un temple austère et sublime, m'a apparu trois fois à trois époques de ma vie.

1818 [il faut lire 1814, ou bien : j'avais vingt ans]. La première fois j'avais seize ans, je me promenais seul au Jardin des Plantes, par un temps d'orage. Je montai au Labyrinthe, et de là je vis tout le midi s'envelopper de nuages noirs; puis, tout à coup, ce rideau se déchira, le soleil, qu'on ne voyait pas, apparut éblouissant dans les vitres du dôme. Cette grande lumière dont le foyer véritable était caché semblait une illumination d'un temple mystérieux d'Eleusis, une subite transfiguration de gloire, de vie à venir... Tout ce qu'une telle lumière, éclatant dans la majesté d'un tel monument d'art, peut promettre de bon et de grand...

1839. Vingt ans se passent et j'arrive à travers bien des chagrins, bien des travaux, à ma solitude des dernières années, à une époque où je me sentais de plus en plus sympathique, peut-être plus digne de sympathie, et où je n'en prévoyais pas moins un progrès d'isolement; justement parce que j'étais haut, il devenait chaque jour moins probable que je rencontrasse ce que dit Shakespeare « juste aussi haut que mon cœur »; je revenais donc tristement un soir de brouillard; plus enveloppé encore du brouillard de ma pensée... Mais par dessus les brumes obscures, dominait la tête calme, froide, mélancolique, de mon géant favori. Moi qui l'avais vu si brillant, si plein de soleil et d'espoir à la première vision, je le trouvai plus sublime encore; mais bien triste... Cette fois il me représentait le génie de la science, le génie rêveur et calculateur de la pensée moderne, planant dans sa solitude.

1841. Aujourd'hui même, j'ai eu la troisième vision. Au Panthéon je rattachais une image de ma vie entière, sinon fixée au moins couronnée. Je me rappelais comment ma dure enfance avait gravi contre le mont, avec efforts et déchirements d'ongles, ces grands murs escarpés qui montent cent pieds sans offrir d'appui. Je me rappelai ma maturité[1].

Le morceau s'arrête ici. La fin a été perdue ou détruite. Il y disait certainement comment à ce moment même, celui où Mme Dumesnil venait s'établir chez lui, cette affection nouvelle pour cette femme malade, qui devait lui être enlevée un an après, avait transformé sa vie.

Du Père-Lachaise, dont Michelet nous dit, dans une note sur ses voyages dans Paris : « Ma jeunesse s'est passée à errer au Jardin des Plantes et au Père-Lachaise, à Vincennes et route de Bicêtre. Je m'y nourrissais de rêveries; profonde solitude parmi les bruits du monde (combien le Père-Lachaise est poétique aux roses!) », voici une page du 20 juillet 1834, qui nous montre la place que le Père-Lachaise avait prise dans sa vie :

1. Le reste manque, Michelet devait y exprimer le bonheur et la paix que lui donnait l'amitié de Mme Dumesnil. C'est à cette date même qu'elle vint habiter chez lui (entre les 10-15 juin) et c'est là jalousie de la seconde Mme Michelet qui a déchiré cette page où sans doute éclatait le bonheur.

Voyez le rôle du Panthéon dans les lettres intimes. Mme Michelet n'a pas voulu que le Panthéon ait triomphé par Mme Dumesnil.

PÈRE-LACHAISE, 20 juillet 1834.

Si je me décide, tôt ou tard (et ce ne sera pas tard), à résumer les souvenirs de mon existence *individuelle*, de cette époque de ma vie où je ne vivais pas encore de la vie générale, je prendrai pour centre, pour texte, pour théâtre, le Père-Lachaise. Toute cette période de ma vie 1816-1825 (depuis la mort de ma mère jusqu'à celle de Mme Fourcy, Poinsot jusqu'à mon mariage, jusqu'à mes études sur Vico, jusqu'au discours sur l'unité de la science) toute cette période, dis-je, a roulé dans un rayon étroit, entre le Marais, le Jardin des Plantes, Bicêtre, Vincennes, le Père-Lachaise. Là mes amours, mes promenades avec mes amis, mes pertes, mes regrets. Les premiers événements de ma vie pourraient s'y placer comme épisodes. Ce seraient des Mémoires, mais dégagés en partie des petitesses de l'individualité. Cette individualité du moins s'associerait à toutes les grandes individualités de ce temps, sur ce théâtre admirable de la vie et de la mort, où les tombeaux sont encadrés dans les roses, où le silence alterne avec le rossignol, le deuil avec l'amour...

Les passions politiques du jeune homme seraient moins petites, exprimées sur ces grands tombeaux... Ses passions personnelles emprunteraient quelque chose de grandiose et de philosophique aux contrastes de ce lieu si charmant et si tragique. Une éloquente biographie de nos plus illustres contemporains serait tissée dans celle de l'auteur, et l'une et l'autre enfermées dans la grande biographie de la nature... Ce serait tout à la fois art, histoire et philosophie. ·

Le progrès de la vie de l'auteur ne pourrait-il pas encore marcher jusqu'à un certain point de front avec la marche des événements individuels et généraux ? Ainsi chaque perte qu'il ferait serait pour lui un pas hors de l'individualité. Il irait ainsi grandissant en même temps que grandirait l'esprit public pendant la Restauration. Sa force éclaterait comme celle de la France, à partir de la Révolution de Juillet. C'est l'époque où il a commencé une production abondante... Enfin détaché peu à peu de tout lien local, il commencerait une vie voyageuse et européenne...

En face du monument du général Foy, si pompeux, si solennel, je vois une pierre toute nue, B. Constant, hélas! une vie si remplie ne méritait-elle pas quelque chose ? Heureux ceux qui moururent pendant le combat. On ne se soucie plus de ceux qui meurent après la victoire... D'ailleurs B. Constant n'était pas seulement un politique. Quoi! pas une couronne pour l'*Essai sur la Religion* ?... N'a-t-il laissé ni ami, ni famille ?

Dans une foule de passages on le voit revenir au Père-Lachaise pour visiter les tombes de ses morts aimés, et surtout pour y rêver d'histoire. Dans cette nécropole où il distingue les trois âges de l'Empire, de la Restauration et de la monarchie de Juillet, il va déposer des fleurs sur les tombes négligées. Il aime regarder de là Paris, voir la ville vivante de la ville des morts. Il se considère, comme le tuteur et le protecteur des morts :

« Les morts, sont, pour dire comme le droit romain, ces *miserabiles personae* dont le magistrat doit se préoccuper. Jamais dans ma carrière je n'ai perdu de vue ce devoir de l'historien. J'ai donné à beaucoup de morts trop oubliés l'assistance dont moi-même j'aurai besoin. »

Telles étaient la préparation, les dispositions d'âme et d'esprit dans lesquelles Michelet inaugura ses leçons sur Paris.

Les deux premières leçons, des 23 et 26 avril, montraient dans la France le centre de la civilisation européenne, dans Paris le centre de la civilisation française.

« La France, dit-il, est un centre commun où viennent aboutir toutes les idées de l'Europe, mais si la France reçoit des autres pays, elle modifie, elle transforme tout ce qu'elle reçoit. Ce travail de fusion qui, par la critique, se fait en France pour toute l'Europe, ce même travail se fait à Paris pour la France. S'il est dans les destinées de notre pays de combiner et de mêler tant d'éléments divers, l'histoire de France est l'histoire de la civilisation; et, comme l'influence que la France exerce sur l'Europe, Paris à son tour l'exerce sur la France, l'histoire de Paris acquiert à ce point de vue une grande importance. »

Dans les leçons qui suivent, Michelet quitte les généralités pour analyser minutieusement les éléments qui contribuèrent à donner à Paris son rôle de capitale. Il accorde aux époques les plus anciennes la plus large part; huit leçons pour la période qui va du IVe au IXe siècle. Il ne lui en reste que sept pour parler du Moyen-Age capétien.

Le choix fait de Paris par les Romains comme position militaire montre qu'ils avaient reconnu l'importance géographique de sa situation. Paris devient ensuite un centre de la vie ecclésiastique chrétienne de la Gaule En quoi Michelet, emporté par son idée générale sur le rôle de Paris, exagère beaucoup. Lyon, la ville de saint Pothin et de saint Irénée; Tours, la ville de saint Martin; Reims, la ville de saint Rémy; Mayence, la ville de saint Boniface, exercèrent en fait une action religieuse beaucoup plus puissante que Paris.

« C'est une chose admirable, dit-il, à voir cette religion si jeune et si poétique qui sort du prosaïsme de l'empire et qui prépare le mélange de la barbarie et de la civilisation caduque du monde romain. Où devait se faire ce mélange ? A égale distance de la Germanie et du midi de la France, là où la civilisation romaine si prosaïque avait atteint son plus haut développement. Ce mélange devait se faire à Paris. »

Dans les leçons ultérieures, il insiste sur le caractère à la fois parisien et national des saints qui sont mêlés à l'histoire de l'établissement du christianisme à Paris : saint Denis, saint Marcel, sainte Geneviève, saint Germain.

C'est sainte Geneviève qui l'attire et le retient le plus. Il refait toute son histoire, la montre retenant les Parisiens au moment de l'invasion des Huns, sauvant la France en détournant Attila sur Orléans, où il sera arrêté par saint Aignan avant d'être vaincu par Aétius. Puis elle sauve Paris de la famine pendant que les Francs l'assiègent; elle ose remonter la Seine pour chercher des vivres. Elle inspire le respect au chef barbare, délivre les captifs. La nationalité (communale tout au moins), renaît par une femme, car Geneviève est Gauloise, tandis que Denis est Grec et Marcel, Romain. Geneviève est un vrai *defensor civitatis*. Elle est la Vierge nourrice et mère de Paris. A côté de sainte Geneviève, Michelet fait apparaître saint Germain, qui avait vu en rêve une fille magnanime destinée à sauver la contrée des invasions. Il la découvre à Nanterre, petite fille avec quelque chose d'angélique et de céleste, et la marie au Christ. Mais Michelet ne pouvait s'en tenir à ce que lui fournissaient les bio-

graphies déjà légendaires de sainte Geneviève et de saint Germain.
Son esprit inventif amplifie cette histoire et lui donne une portée
symbolique; Geneviève lui paraît une sorte de préfiguration de Jeanne
d'Arc. L'une et l'autre personnifient le rôle libérateur que la femme
est destinée à jouer dans les grandes crises. Son histoire est même,
dit-il, plus vraisemblable que celle de Jeanne d'Arc, pourtant si certaine. Écoutez cette page d'une curieuse éloquence, où Michelet laisse
déborder tout son cœur, ce cœur d'où il devait tirer deux ans plus
tard le merveilleux récit de sa Jeanne d'Arc. Il nous montre Attila
reculant à Paris, à Orléans, pour aller se briser contre Aétius :

« Ce qui l'avait poussé sur Orléans, c'était dit-on, la fermeté de Paris. Les
gens de Paris veulent fuir. Geneviève retient les femmes en prière. On veut
la noyer. Arrive un diacre d'Auxerre qui la sauve. Paris subsista. Restait à
le défendre des défenseurs de l'Empire, des Francs, qui n'étaient guère
moins cruels que ceux qu'ils avaient repoussés. Elle dit à un prêtre : Bâtissons
à St.-Denis. Point de chaux. La chaux se trouva miraculeusement. Mais
Paris se mourait de faim. Les Francs couraient les campagnes; plus de cultures sinon vers la Haute-Seine. Enlèvement de captifs; terreur de tomber
sous un maître sauvage qui même à jeun semblait ivre.

« Elle se jette en bateau; elle navigue hardiment, elle fait arracher les pieux
qui gênaient et les barbares la respectent, ayant aussi leurs *voyantes* comme
la voyante gauloise. Elle rapporte des vivres, cuit du pain, le donne avant
même qu'il ne soit cuit. Les filles qui l'aidaient s'étonnent. Elles entendent
dans la rue les pauvres affamés qui louaient Dieu et Geneviève.

« Quoique Grégoire de Tours n'en dise rien en sa qualité d'évêque, nul
doute qu'avant les évêques et les politiques il n'ait fallu des voyants, du moins
de saintes femmes pour apprivoiser les bêtes sauvages, plus corrompues encore que sauvages, et byzantinisées. Jamais sans la Pucelle on n'eût ramené
à l'esprit d'ordre les brigands armagnacs. La Légende de sainte Geneviève est
bien plus vraisemblable que l'histoire de la Pucelle. Childéric la vénérait,
cette maîtresse de Paris. Il n'osait garder contre elle les captifs qu'elle réclamait. Un jour, pour tuer ses captifs, il ferme les portes. Mais les portes,
bien apprises, s'ouvrent d'elles-mêmes au doigt de Geneviève. Admirable
charité de ce temps, égale au malheur du monde.

« Voilà le véritable point de départ de la France.

« Toute son histoire est comprise entre la Gauloise et la Française, naïves
images de la Patrie, qui non seulement la défendirent, mais qui la représen-
tèrent; ce bon sens dans l'enthousiasme, cette tendresse du cœur, ce caractère
bon enfant de l'ancienne France. C'étaient deux bonnes filles.

« Sainte Geneviève ne porta pas l'épée et n'eut pas cette gloire cruelle du
martyre, mais elle eut ce que la Pucelle demandait et désirait tant : elle se re-
mit à filer, à cuire du pain pour les pauvres. Elle fut la bonne nourrice de
Paris. Elle employa ce barbare Clovis à bâtir sur cette montagne le grand
asile qui attira tant de pauvres étudiants ce qui fit de Paris la ville universelle du monde.

Si l'on nous rebâtissait cet asile tel qu'il a été, je voudrais qu'on mît aux
portes la nourrice de Paris et la libératrice de la France, les bons génies de
la Patrie. »

Insistant plus encore sur le caractère éminemment national, français, de sainte Geneviève, Michelet écrit ces lignes charmantes, mais
où, vraiment, on ne saurait voir autre chose qu'une fantaisie
poétique :

« Le don du rire, le don des larmes, appartient à notre climat. Notre ciel
rit et pleure presque en même temps. Capricieuse Iris, fantasque et charmante

Climat unique, plus variable que l'Allemagne et que l'Angleterre. Non la robe
flottante des brouillards, le petit point soleillé sur le gazon. Les nuages plus
haut se battent au ciel. Brusque écart, et coup soudain de lumière... Cette
intelligence du ciel avec l'homme, si frappante en ce pays, est glorifiée surtout dans la plus nationale de nos légendes, la légende de sainte Geneviève.
On sait que dans les sécheresses, lorsque la terre se mourait de soif, la sainte
levait au ciel ses yeux mouillés de larmes et le ciel pleuvait... que si la
pluie durait trop et noyait la terre, la sainte pleurait encore et le ciel souriait pour la consoler. »

Très ingénieusement et très justement, après avoir montré Paris
privé de son rôle de capitale pendant la décadence mérovingienne et
la réaction austrasienne et germanique des Carolingiens, il signale
dans le siège de Paris par les Normands en 885-886, le point de
départ de l'avènement définitif de Paris à ce grand rôle. C'est
Paris, avec son comte Eude, qui résiste à l'envahissement scandi-
nave. Il sert d'asile aux serfs cultivateurs, et les comtes de Paris,
devenus ducs des Francs, succèdent aux Carolingiens. Avec Hugues
Capet et les Capétiens, Paris devient la résidence habituelle des rois
et le centre de leur action. C'est de Paris que Louis le Gros et Suger
entreprendront la lutte contre la féodalité turbulente des environs.
C'est autour de Paris et de son Parlement que les rois grouperont peu
à peu toutes les provinces de France.

L'Église se trouve associée à la royauté contre la féodalité, et sa
hiérarchie contribue, elle aussi, à préparer l'unité nationale.

Deux faits essentiels marquent le xii° siècle, l'affranchissement des
communes et l'affranchissement de la pensée avec Abailard. Le succès
d'Abailard paraît à Michelet intimement lié à l'esprit même du peuple
parisien, esprit logique et positif. Toutes les classes s'éprirent d'un
véritable enthousiasme pour la doctrine de la raison et du bon sens
de ce Descartes prématuré, qui devait succomber sous l'autorité de
saint Bernard. Michelet s'efforce d'analyser les éléments qui compo-
saient la population du Paris du xii° siècle. On savait encore trop peu
de chose sur les organisations des métiers pour qu'il ait pu dire sur
ce sujet autre chose que de vagues généralités, dont certaines sont
bien contestables, lorsqu'il prétend par exemple, que le mouvement
des communes et la lutte philosophique entreprise par Abailard sont
une réaction contre la ferveur religieuse qui avait, au xi° siècle, produit les croisades. Le xii° et le xiii° siècles sont en réalité des siècles
de foi ardente, et les luttes religieuses sont une preuve de cette ferveur. Après avoir consacré une leçon à Abailard, il en consacre trois
à l'Église de Paris, à Notre-Dame, à l'Université et aux ordres religieux. « Je ne me suis pas écarté, dit-il, du plan que je m'étais
proposé de suivre. Si j'ai raconté avec quelques détails la lutte
philosophique engagée par Abailard au xii° siècle, la fondation des
ordres religieux, l'histoire de l'Université, c'est que l'influence des
ordres monastiques et de l'Université, des idées mises en circulation
par Abailard, s'est fait sentir plus vivement à Paris que dans les autres

parties de la France et qu'elles ont eu de là un immense retentissement dans l'Europe entière. »

De ces trois leçons, une seule est vraiment originale, celle sur Notre-
Dame.

De Notre-Dame, Michelet avait minutieusement étudié l'histoire
dans Dubois, *Histoire ecclésiastique parisienne*; Lebœuf, *Histoire de
la Ville et du Diocèse de Paris;* D. Félibien, *Histoire de Paris.* Il en
avait analysé soit seul, soit avec les archéologues Digby et Didron,
les moindres détails d'architecture, de sculpture et d'ornementation.
Cela fait, Michelet ouvre les ailes à son imagination, il cherche à deviner les sentiments qui ont animé le créateur de Notre-Dame,
l'évêque Maurice de Sully, et ses successeurs, et la signification de
cette majestueuse église. Il n'y voit pas simplement une œuvre
religieuse, un symbole de piété et de foi, il y voit le symbole du
triomphe de l'Église et de la royauté à la fin du xiiᵉ siècle et au
commencement du xiiiᵉ.

« Quand on va admirer un monument comme Notre-Dame, on ne voit
d'abord que la foi de ce bon Moyen-Age, la naïveté d'un âge de foi qui dura
quinze siècles. L'immobilité de ces saints de pierre ferait croire que leur âge
fut immobile. Puis un matin, sous ce costume uniforme, sous cette soumission
apparente, l'histoire reconnaît les agitations, les sourds murmures de la
liberté. Ce Moyen-Age fut un âge de combat... Oui, les saints ont été
troublés, ont souffert... lutte intérieure, lutte extérieure. Ces monuments
qui s'élèvent, ce n'est pas toujours l'élan spontané de la foi qui les élève,
mais l'ardeur du combat, le désir de courber plus bas les fronts rebelles...
Mais autour, et dans ces basses maisons qui se pressaient autour de l'église,
grondait la sourde révolte; dans la boutique [naissaient de] timides dérisions
(corporation, conjuration). Ah ! si vous interrogiez ces pierres, que ne diraient-
elles !

« Les alternatives que nous éprouvons dans notre vie individuelle, le monde
les a éprouvées; avons-nous jamais un jour sans orage ? »

Michelet considère Notre-Dame comme la réponse superbe de l'Église
aux protestations élevées au xiiᵉ siècle par Abailard, les Vaudois, les
Albigeois, Arnaud de Brescia, contre la foi catholique. Notre-Dame,
c'est le génie de saint Bernard. Elle naît de l'accord momentané des
deux puissances, la royauté et l'Église. Elle s'élève au moment où
l'une et l'autre triomphent de leurs ennemis : Henry II, puis Jean
sans Peur, Raymond VI, Frédéric Barberousse. Othon IV[1]. C'est le
pape Alexandre III, réfugié en France, qui, en 1163, pose la première pierre. Notre-Dame commence quand Saint-Germain finit. Le
créateur de Notre-Dame, c'est l'évêque Maurice de Sully, un ancien
moine arrivé par l'Église au sommet de la hiérarchie. Michelet
voit en lui une âme altière et ambitieuse, qui veut établir la pri-
mauté de l'Église dans la cité, dominer Saint-Germain, égaler Sainte-
Geneviève, contre laquelle il élève l'abbaye des chanoines de Saint-
Victor. Il renverse deux églises pour établir Notre-Dame, allonge

1. Le combat semble avoir cessé. L'église est signée par la figure de Philippe-
Auguste portant la couronne impériale de Bouvines (Michelet dit que Didron
met en doute la réalité historique des statues).

l'île par derrière, abat les maisons par devant. Il élève d'un seul coup, entre 1168 et 1177, les voûtes du chœur à 104 pieds, (la hauteur de Sainte-Geneviève) et dédie l'autel en 1182, pour l'avènement de Philippe-Auguste et l'humiliation de Frédéric-Barberousse. Il meurt en 1196; le portail et les tours ne sont achevés qu'en 1220, mais il a été le vrai fondateur. Il a mis son âme dans ces pierres. Il y jette les dépouilles des juifs. Au tympan de la porte sud du grand portail, il place l'évêque à droite et le roi·à gauche. A la porte centrale, il met les docteurs avant les martyrs. Il se fait donner Saint-Éloi; il croit avoir annulé Sainte-Geneviève et garde pour Notre-Dame sur les autres paroisses de la Cité le droit exclusif de sonner les cloches et de baptiser.

Ainsi Notre-Dame s'avance jusqu'au Palais. Là se heurteront les deux seigneuries, celle du roi et celle de l'évêque : celui-ci trône dans la grandeur féodale avec ses tribunaux et son droit de justice. Le jour de son intronisation, il est porté par les barons et le roi et par les chanoines de Sainte-Geneviève.

Il n'y a rien d'excessif à regarder Notre-Dame comme un monument qui marque un moment de puissance à la fois de l'Église et de la royauté, et l'accord de ces deux puissances. Il n'est pas douteux non plus que la royauté ait, dès le règne de saint Louis, à lutter contre la puissance envahissante de l'évêque de Paris, comme on le voit dans les démêlés de saint Louis avec Guillaume d'Auvergne. Mais Michelet dépasse de beaucoup les bornes de la vérité historique quand il représente la construction de la Sainte-Chapelle et la translation de la couronne d'épines comme dirigées contre Notre-Dame[1].

« La Sainte-Chapelle, dit-il, fut construite sans le consentement de l'évêque de Paris ni de l'archevêque de Sens. Et saint Louis montre lui-même la couronne d'épines primant ainsi la vraie croix de Notre-Dame, piquée d'émulation, bâtit le portail de 1257, achève ses tours. Elle crève les murs et déborde en chapelles. Ses cloches sont souveraines, mais elle perd aussi. Sainte-Geneviève, vaincue, lui échappe; d'innombrables écoles descendent de la montagne. Le Roi lui prend la moitié du droit sur Champeaux, c'est-à-dire que le Paris civil se forme aux dépens du Paris ecclésiastique[2]. »

1. Il y a là une certaine exagération ou du moins une hypothèse un peu hardie. Saint Louis créa la Sainte-Chapelle sans autorisation, parce qu'il en avait le droit dans son Palais; mais on ne peut affirmer que cette absence d'autorisation ait été un acte d'hostilité, car l'archevêque de Sens était présent à la consécration le 22 avril 1248, et quand il transporta la couronne d'épines de Vincennes à la Sainte-Chapelle Saint-Nicolas en 1239 il commença par la porter à Notre-Dame.

Quant à ce que dit Michelet de Sainte-Geneviève et des Écoles par rapport à l'évêque, il a raison, avec cette restriction qu'il ne faut pas avoir dans l'établissement des collèges de l'Université une victoire du Paris civil sur le Paris ecclésiastique et que les Écoles de l'Université ne descendirent pas la montagne Sainte-Geneviève, mais la remontèrent.

2. Ce qui est vrai, c'est que quand l'Université des maîtres et étudiants de Paris fut constituée par la charte de Philippe-Auguste de 1200 et par les actes pontificaux qui reconnaissaient l'existence autonome des associations de professeurs et d'étudiants et enfin par le statut du cardinal légat Robert de Courçon de 1215 et le règlement d'Honorius III de 1222, l'autorité de l'évêque

Tel fut ce cours sur Paris, qui occupa une place à part, centrale, dans la vie de Michelet. Paris est à la fois la préface, l'explication et le résumé de toute l'Histoire de France[1]. L'Histoire de France est l'œuvre de la vie de Michelet. Michelet a identifié sa vie avec Paris et, par Paris, avec la France elle-même.

de Paris et du chancelier de Notre-Dame, qui jusque-là avait seul le droit conférer aux professeurs libres la licence d'enseigner, fut considérablement diminuée; d'autant plus que les Ecoles émigrèrent de la Cité et des abords du Petit Pont pour se répandre sur la Colline Sainte-Geneviève qui avait une autorité scolaire et le droit de donner des licences d'enseigner et fit concurrence au chancelier de Notre-Dame pour la collation des grades. A partir de ce moment l'Université de Paris fut absolument autonome et l'autorité de l'évêque ne fut plus que nominale. Mais l'Université n'était pas un corps laïque opposé à l'Église. Au contraire le statut de Philippe-Auguste avait soustrait l'Université aux juges civils pour la soumettre exclusivement aux juges d'Église et l'Université était une association essentiellement religieuse dépendant directement du pape. Toutefois cette autonomie de l'Université, le rôle considérable qu'y jouaient les étudiants qui, eux, étaient en grande partie des laïques, constituait bien une atteinte portée à l'autorité ecclésiastique régulière, et on verra au xv⁰ siècle l'Université s'élever comme un pouvoir indépendant contre la Papauté elle-même. C'est bien dans une certaine mesure l'esprit laïque ou du moins l'esprit d'indépendance à l'égard des autorités ecclésiastiques qui triomphait. Mais l'Université à peine constituée, et surtout quand les ordres mendiants y obtinrent le droit d'enseigner, s'enferma dans la plus stricte orthodoxie théologique et la scolastique philosophique la plus étroite. Elle ne laissa pas se développer chez elle cet esprit de libre recherche et de rationalisme, ni le culte des lettres anciennes, qui avaient fait la gloire des Ecoles de Paris au xiie siècle, avant la constitution de l'Université.

1. Dans une note écrite en vue de la préface de 1869 et non utilisée, Michelet disait : « Ma vie, mon œuvre, mon labeur, c'était vraiment la même chose, dans une harmonisation rare. J'étais un moine de Paris. C'est Paris que j'enseignai. J'en fis l'objet de mon premier cours (1838-39. Il se trompe, c'est 1838). J'expliquai moins le Paris de la centralisation, des révolutions politiques, que le Paris social en ses puissances singulières de transformation, le creuset de chimie profonde où tout vient se modifier, où toute province, toute race, perdant l'âpreté locale, exclusive, insociable, prend sa seconde vie, se fait France. »

CHAPITRE III

Voyages de Suisse, d'Italie et de Lyon (1838 et 1839)

A peine eut-il terminé son cours, le 3 juillet, qu'il partit pour la
Suisse et l'Italie. Il avait déjà, en 1830, vu le Piémont, la Toscane,
Rome, la Romagne et le Milanais. Mais il importait au moment où
son *Histoire de France* allait l'amener aux guerres d'Italie, de connaître cette Venise qui avait tenu tête à Louis XII, et cette Suisse
qui avait été, au xv⁰ et au xvi⁰ siècles, la grande pourvoyeuse
d'hommes pour les armées européennes, qui avait lutté contre Louis XI
et Charles le Téméraire, dont les ligues grises jouèrent un rôle si
considérable dans la politique européenne, et qui avait été aussi
l'un des foyers de l'humanisme et de la Réforme. Il voulait enfin
revenir par le Tyrol, refaire la route qu'avaient suivie les envahisseurs
allemands de l'Italie, les armées de Maximilien allant combattre
Louis XII et celles de Charles-Quint allant combattre François Iᵉʳ
ou piller Rome. Il s'accorda cette fois un peu plus de temps
que pour ses précédents voyages, bien qu'il brûlât comme d'habitude
les étapes et accumulât en peu de jours une prodigieuse quantité d'observations et d'impressions. Parti le 8 juillet, il ne rentra que le
17 août. Il ne resta jamais plus d'un jour dans un endroit, sauf Berne
et Lucerne, où il passa deux jours, et Venise, où il en passa quatre.

Comme pour son voyage d'Angleterre, Michelet prit un compagnon.
C'était, cette fois, Frédéric Baudry, un jeune Rouennais d'infiniment
d'esprit et d'instruction, qui lui avait sans doute été recommandé par
Chéruel [1].

Leur itinéraire les conduit en Suisse par Troyes, Dijon, Bésançon,
Morteau, à Neuchâtel et Morat, en cinq jours (du 8 au 12 juillet),
de là à Berne, puis à Lucerne. Du 18 au 26, ils franchissent le
Gothard, et traversent Lugano, Côme, Bergame, Brescia, Vérone,
Vienne et Padoue. Après un séjour de quatre jours à Venise (du 27
au 30), ils repassent le 31 par Bassano et la vallée de la Brenta,

1. Baudry, né le 25 juillet 1818, reçu à l'École Normale en 1839, avait donné
aussitôt sa démission pour faire son droit et se livrer ensuite à l'étude du
sanscrit et de la grammaire comparée. Il fut en 1849 bibliothécaire de
l'Institut agronomique de Versailles, puis en 1859 à l'Arsenal. Son premier
travail sur le sanscrit est de 1852, sur les Védas de 1855. *Grammaire comparée
des langues classiques,* 1866. Michelet l'avait sans doute examiné à l'entrée
et s'était intéressé à lui.

Trente, Botzen, Brixen, le Brenner, Innspruck, le Vorarlberg, Feld-
kirch, Saint-Gall, Zurich, Bâle, Mulhouse, Langres.

Mme Michelet, dans le volume *Sur les chemins de l'Europe*, a reproduit les notes de son mari. Malheureusement, ici encore, elle a modifié,
paraphrasé le manuscrit, ajouté des banalités et des déclamations,
supprimé, soit sur les monuments, soit sur les personnes, soit sur les
incidents de la route, une foule de détails qui ont leur valeur, si l'on
considère un récit de voyage comme un document biographique [1].

Parcourant sans presque s'arrêter une route incroyablement longue,
Michelet trouve le moyen de tout voir avec une précision extraordinaire
et encore, à propos de ce qu'il voit, de juger, de réfléchir, d'imaginer,
de mêler les observations de l'historien et du politique à celles de l'artiste. Il visite tous ceux qui peuvent le renseigner sur le pays, les hommes,
la politique, les livres; il visite les bibliothèques et les archives, sans
y travailler, bien entendu, mais en se faisant une idée des richesses
qui y sont conservées. A côté des lettres, fort courtes, d'ailleurs,
qu'il écrit à sa femme, il prend des notes abondantes, dont beaucoup
sont très développées. Il écrit à M. Daunou, au sujet des archives et
bibliothèques de Besançon, Berne, Lucerne et Venise [2], des notes très
sommaires, mais qui ont cependant leur valeur, et il trouve même à
Venise, chez un antiquaire, vingt volumes des ordonnances de police
des doges, du xvi⁰ au xvii⁰ siècle, qu'il offre d'acheter pour deux cents
francs pour les Archives. Il écrit surtout à Mme Angelet pour la princesse Clémentine, et ces lettres, perdues en 1848, étaient des livres
plutôt que des lettres. Michelet était constamment, sinon malade, du
moins éreinté, indisposé. Il n'arrêtait pas pour autant, et cela n'enlevait rien à la vigueur de son esprit, ni à la fraîcheur de ses impressions.

C'est la période de sa vie où l'écrivain a peut-être atteint le plus
haut point de perfection. A ce moment, il a pleinement dégagé sa personnalité littéraire; rien ne sent plus en lui, ni Rousseau, ni Chateau-

---

1. De plus il arrive à Mme Michelet d'estropier des noms propres et de
commettre quelques erreurs en interprétant le texte de son mari.

A Lucerne, là où Michelet écrit : « La merveille, c'est l'espèce de Chapelle
que la ville a bâtie pour ses archives » elle imprime : « Le Saint des Saints,
c'est la chapelle où sont déposées les archives ». A Vérone elle confond le
théâtre situé sur une colline de la rive gauche de l'Adige avec l'amphithéâ-
tre qui est au centre de la ville, et où Michelet voit jouer une comédie.
A Venise, elle appelle St-Pierre-et-St-Paul l'église de Jean et Paul. Elle
appelle Bâle le grand *proterium* du Rhin au lieu de *portorium*. Elle écrit
Campugnano pour Campugano, Aldelberg pour Adlerberg. A Innspruck,
là où Michelet décrit un projet de monument pour Andreas Hofer, où le
héros en costume de paysan était couronné par un génie, elle écrit : « couronné de gloire par son héroïsme ».

2. Il fait croire à Daunou le 28 juillet qu'il s'est décidé à Berne à aller
à Venise parce que ses amis lui ont promis de faire pour lui des extraits des
manuscrits de Tschudi, et parce que les Archives de Venise l'attirent. Au fond
il n'y a guère été qu'un moment, le samedi 27, et il n'y retourne pas, tandis
qu'il va deux fois à San Rocco. On voit par ses lettres à Pauline que dès
son départ, il avait fixé toutes ses étapes et que Venise était son but (lettre du
10 juillet, de Besançon).

briand; il n'y a pas encore chez lui de maniérisme, ou du moins, il
y en a peu, la phrase est pleine, solide et pourtant vibrante, émue,
laissant percevoir dans sa construction même le mouvement de la pensée. L'intensité d'impression et le relief de l'expression sont tout à
fait extraordinaires.

Le talent descriptif, qui prendra dans la seconde partie de sa vie
un essor peut-être excessif, atteint à ce moment sa plénitude. Certes,
déjà dans l'*Histoire romaine*, dans la description de l'Italie et des
montagnes de la Sabine, dans le *Tableau de la France*, surtout, il y
avait d'incomparables paysages. Dans son voyage de Suisse et d'Italie
de 1838, la vigueur du pinceau s'est encore accrue, bien que nous ne
puissions en juger que par des notes rapides et inachevées. Ici, pas
plus qu'ailleurs, la description n'est jamais tout à fait objective. Les
apparences extérieures des choses sont toujours pour lui l'expression
d'idées ou de sentiments cachés; pour les peindre, il emploie une incroyable variété de comparaisons, empruntées, tantôt au monde matériel, tantôt au monde spirituel. Son penchant au symbolisme trouve
largement à s'exercer; mais il tient encore en bride sa sensibilité personnelle, à laquelle il laissera libre cours dans le voyage d'Allemagne
de 1842.

Voici quelques notes, très courtes, mais d'une singulière allure,
sur Venise. D'abord, la soirée du lundi 29 :

« Froide et magnifique soirée. Barques innombrables. Nuit douce. On
plaisante notre gondolier : « bon gondolier, *Signori*, et qui sait chanter le
Tasse. » Joie de guinguette. Quelques belles dames passent rapidement, pâles,
maigres, un peu osseuses, et dans les yeux comme une lueur de poignard.
Ciel merveilleusement nuagé, à la Véronèse. Le soleil se couche dans les
vapeurs richement coloriées de l'Adriatique. Nous rentrons en frissonnant un
peu au vent du soir, à la Piazzetta et sous les arcades de la place St-Marc, où
les musiciens allemands vont jouer. Clair de lune d'un effet extraordinaire.
Elle planait sur la Giudecca, d'où partaient des gerbes écaillées de nuages
blancs. Le Rédempteur et St Georges étaient pâles, le Lido, le jardin public
d'une formidable obscurité. A mes pieds de petites scènes à la Bassan dans
les bateaux. Je me rhabillai pour contempler ce spectacle. De temps à autre
une barque illuminée volait comme une luciole, d'autres non éclairées dessi-
naient leur silhouette sur les eaux argentées par la lune[1]. »

Puis le mardi 30 :

« Le soir parcouru tout le Grand Canal. Merveilleux aspects de ces riches
palais moresques et byzantins. Et tout cela ruiné. Marbres incrustés, portes
en planches. Les autres ruines (Rome par ex.) sont au milieu de terrains
incultes qui s'harmonisent avec elles; mais ici la mer est la même, la nature
est toujours vivante, l'homme seul est mort.

« Venise au matin (4 heures) était merveilleusement belle. Le couchant,
c'est-à-dire la coupole de Santa Maria della Salute, était éclairé, lorsque le
levant était encore dans l'ombre. Venise semble sortir immédiatement de la
mer, cela est littéralement vrai. Les monuments plongent dans la mer. Point
de rivages, point de terre qui porte les palais, les églises; les degrés de marbre
se continuent sous les eaux.

1. [Ces deux passages ont été considérablement arrangés dans *Sur les chemins de l'Europe*, p. 467-69.]

« Ces ruines sont tristes, mais plus tristes encore les ruines morales qu'elles contenaient naguère. Ce second byzantinisme a fini, faute de vie politique, par une sorte de carnaval, d'orgie; la seule sensation qui leur restât était le jeu. Alors, peu à peu tout cessa, les femmes mêmes n'attiraient plus; les lampes des *Carampane* s'éteignirent.

« Ces ruines ne sont pas dignes, comme celles de Rome, ne se rattachant pas à de grands résultats existants, et n'ayant pas reçu... de la religion une seconde dignité. »

Voici enfin, une page sur le Tyrol, mi-allemand, mi-italien, où la précision de la vision est frappante :

« Vallée de l'Eisack, moins impétueux que la Reuss et le Tessin, bien plus variée, des torrents coulent à nos pieds, des canaux passent sur nos têtes conduits par des aqueducs de bois. Nature bizarre, pleine de caprice et de vertige. A chaque instant le blé, la vigne, le maïs quittent la vallée, et montent à des hauteurs effroyables, puis descendent, puis remontent. Tantôt les ormes, les charmes accusent la nature du nord; tantôt les pins d'Italie, tantôt les sapins de la Suisse. Il y a ici, dit Lewald, tous les végétaux qui peuvent croître de l'Espagne jusqu'au Spitzberg. Le souffle puissant de l'Italie court des sommets du Tyrol, pénètre ses rudes vallées, porte le sirocco jusqu'à Innspruck. D'autre part on croirait volontiers que ces rochers rouges, ces montagnes de porphyre, ont conservé quelque chose de la chaleur des volcans. Les dolomites hérissent une grande partie de la contrée... C'est un poème étrange que ce Tyrol, et d'un lyrisme bizarre. Ces oasis de blé à mille pieds de haut éloignent l'idée du travail de l'homme. C'est apparemment la culture des aigles et des chamois. Mais il y a des montagnes régulièrement étagées de cultures diverses et riches du sommet à la base. Une surtout me frappa parmi ce cercle grandiose des montagnes qui entourent Brixen. C'était un immense théâtre mêlé de tous les végétaux de la terre, une corbeille colossale dans laquelle se trouvaient mêlés tous les fruits de la nature. Entre ces deux beaux mamelons se posait une noble petite église pour regarder paisiblement à ses pieds les deux tours de Brixen avec leurs petits dômes noirs; par dessus la ville et un triple cercle de belles collines qui ailleurs tombent des montagnes, un pic neigeux passait sauvagement la tête pour indiquer aux gens la route de Vienne[1]. »

Les descriptions de monuments et de tableaux ne sont pas moins précises, ni moins émues. Michelet est très sensible à la splendeur de la peinture vénitienne; il a été l'un des premiers à reconnaître dans le Tintoret, tel qu'il apparaît à San Rocco, au Musée et au Palais ducal, sinon le plus parfait des peintres vénitiens, au moins celui dont la fougue créatrice est la plus puissante. A travers toutes ces descriptions, on retrouve toujours l'historien. Lorsqu'il voit à Innspruck la statue de bronze de l'empereur Maximilien, agenouillé dans l'église, il écrit :

« Le grand chasseur du Tyrol, l'empereur Max, qui chassait à mort, (comme la petite fille de Lewald qui chante et danse à mort est là, couché sur son prie-Dieu. Ce grand chasseur de royaumes, qui courut tout, manqua

---

1. [Mme Michelet, p. 496-97, efface des traits précis, comme la première phrase. Elle plaque ici un « sourire méridional », ailleurs un « D'où vient ce miracle? ». Les oasis « à mille pieds de haut » deviennent des oasis « suspendues sur des précipices », et les montagnes deviennent « sages ». D'elle encore « les mains invisibles » qui portent la « corbeille. ».]

tout, semble avoir eu le vertige, la légèreté du Tyrol, quelque chose de mobile et de violent[1]. »

Michelet n'étudiait pas les hommes de moins près que la nature et les monuments. A chaque étape de son voyage, ville, village, auberge, il note les costumes, les expressions des visages, les paroles caractéristiques qu'il saisit au passage. Il remarque avec esprit la rudesse des Tyroliens autrichiens des alentours d'Innspruck et l'adoucissement graduel des caractères à mesure qu'on approche de la Suisse.

Son besoin de généraliser l'amène à donner une curieuse caractéristique des Suisses, en qui il voit des Français rationalistes, avec une écorce plus rude et plus fruste. Il écrivait ces pages à Lucerne. Ces pensées le reprennent au retour à Bâle, où il trace ces lignes admirables :

« Je ne me lassai pas d'errer autour de la rouge cathédrale romane, fondée en l'an mille par l'empereur Henri le Saint et sa Cunégonde pour servir de sépulture à Erasme, à Bullinger etc. Ere du christianisme pontifical et de Grégoire VII, ère du protestantisme et du philosophisme : les siècles se heurtent ici. Et tout le long, au pied de la silencieuse église et du sombre cloître roman plein des tombeaux des réformateurs, coule et murmure dans son grand voyage de la Suisse à l'Allemagne, le flot majestueux, rapide, indifférent du Rhin. A quelle incommensurable distance suis-je donc de l'Italie ? Me voici au sein du rationalisme[2]. »

Michelet revenait de son voyage avec tout un trésor d'observations et d'impressions qui devaient lui servir pour écrire l'histoire du xve et du xvie siècles et qu'il utilisa immédiatement, pour son cours de l'hiver de 1838-1839 [3].

Il n'avait toutefois pas encore terminé les voyages préliminaires qu'il jugeait nécessaires comme préparation à la continuation de son *Histoire de France*. Il lui restait, pour avoir parcouru les diverses régions de la France, à connaître le pays qui va de Paris à Lyon et la vallée inférieure du Rhône. Il dut remettre à 1844 ce dernier voyage, auquel il joignit l'exploration de l'Auvergne; mais il profita de ses vacances de Pâques de 1839 pour faire un rapide voyage de quinze jours de Paris à Lyon [4].

1. [Même procédé p. 5o6.]
Vous retrouverez cette même impression, presque dans les mêmes termes, dans le volume de la *Renaissance*.
2. [Mme Michelet a eu peur (p. 5a1) du « Fondée... pour servir...». Elle écrit : « Fondée.., elle devait servir...». — Le « flot » devient « le fleuve ».
3. [Voy. p. 479-481.]
Il s'intéresse à la politique moderne autant qu'aux souvenirs de l'histoire. A Lucerne il se fait renseigner par M. Monnard, le président de la Diète, sur tous les détails de la situation politique et économique de la Suisse. On voit à chaque moment comme il sait interroger savants et hommes d'État et s'instruire sur le passé et le présent.
4. Cette exploration méthodique de la France ne visait pas seulement l'histoire de France, mais aussi le projet que Michelet caressa toute sa vie, tenta plusieurs fois et abandonna toujours, projet qui perce déjà dans ses cours

. Disons tout de suite quelques mots de ce voyage de Lyon de 1839 (du 24 mars au 7 avril). Michelet n'avait obtenu que quinze jours de congé de la direction des Archives. Il n'eut que juste le temps d'aller à Lyon, où il passa six jours entiers. Cette fois-ci, au lieu de voir une foule de choses diverses avec précipitation, Michelet s'appliqua à voir à fond la grande cité industrielle, à la fois ouvrière et mystique, qui en 1834 avait par son insurrection posé à la fois le problème social de l'organisation du travail et le problème politique de la République [1].

Michelet avait pris pour l'accompagner dans son voyage sa fille Adèle âgée de 15 ans. Ils vont droit à Autun sans désemparer, du dimanche 24 à 2 heures au mardi 26 à 4 heures du matin, sans que ni Michelet ni sa fille se trouvent fatigués de ces deux nuits et de cette journée et demie en voiture. L'observateur de la nature, l'archéologue et l'économiste trouvent, du reste, moyen de faire en passant leurs observations, nourries sans doute par les conversations des compagnons de route [2].

La forêt de Fontainebleau traversée à la nuit lui inspire cette description :

« La nuit avait commencé. Pour la première fois j'observai l'effet d'une nuit de printemps avant le printemps, c'est-à-dire avant les feuilles et le rossignol. Cette forêt sans feuilles produisait l'effet fantastique de certains paysages chinois. La partie inférieure de l'horizon était barrée de longs nuages blancs, singulièrement légers et transparents. Sur ce blanc se découpent en noir les feuilles mortes et les branches avec des pointes, des aigrettes, de vives arêtes, toutes les fantaisies qu'on attribuerait au ciseau d'un spirituel découpeur. Sur ce bizarre ensemble, de scintillantes étoiles versaient leurs influences bénignes. L'hiver était sur la terre dans cette maigre forêt, l'été semblait déjà venu au ciel, à voir ces belles étoiles paisibles, surtout au loin Vénus, qu'on distinguait à une teinte d'or. »

Il trouve aussi le temps, en déjeunant à Auxerre, de visiter la cathédrale et l'abbaye de Saint-Germain. Enfin en traversant les vignobles il se met à raisonner sur la transformation que la culture de la vigne a fait subir au pays.

Pendant la journée qu'il passe à Autun il est tout entier à l'archéologie et aux souvenirs historiques, et d'un mot il situe admirablement la vieille ville, sur les bords de sa rivière l'Arroux et au milieu de ses bois de chênes. C'est un jeune prêtre de l'Archevêché, M. de Vaucoux, qui le conduit à travers les antiquités d'Autun.

---

sur Paris et que nous reverrons dans les cours de 1843 à 1844 : écrire une histoire populaire du peuple de France, une histoire de l'âme populaire de la France. Sur la couverture du voyage de 1835 il a écrit : « Je travaillais à mes origines du Peuple. *Le Peuple* est sorti de là ».

1. Il joint à l'étude de Lyon celle d'un autre centre manufacturier, Saint-Étienne et, comme il l'écrit à Mme Angelet, pour les bien voir, il faudrait non huit jours, mais huit mois ou huit années.

2. Il commence par recueillir une série de renseignements minutieux sur la marine d'État et les matelots, que lui donne un officier breton, parent de La Tour d'Auvergne.

A Lyon, au contraire, bien qu'il ait visité le Musée et les Archives, il est pris tout entier par la vie moderne, par le spectacle nouveau pour lui de cette industrie si originale de la soie. Il trouve ici son ami Quinet avec la charmante femme qu'il avait ramenée d'Heidelberg et à qui Michelet confie Adèle pendant qu'il va visiter les quartiers ouvriers[1]. Son guide est M. Arlès-Dufour, un industriel, ancien Saint-Simonien, qui avait joué un rôle considérable. Avec le docteur Lortet, un admirable philanthrope, à qui Michelet se lia d'une amitié aussi durable que leur vie, Arlès avait essayé d'exercer une action sur la classe ouvrière en s'associant à la rédaction de l'*Écho de la Fabrique*, le premier journal ouvrier sérieux qu'il y ait eu en France. Il ne réussit qu'à se ruiner, à se rendre suspect aux ouvriers et odieux aux fabricants; mais il était si estimé qu'il trouva aussitôt des commanditaires qui lui permirent de relever ses affaires. Michelet eut en lui le plus dévoué, le plus compétent des *ciceroni*.

Il est frappé du contraste des deux montagnes, Fourvière et la Croix-Rousse entre lesquelles, en 1853, il établira un dialogue où le Lyon ouvrier affirmera le progrès moderne et l'avenir de l'harmonie sociale, en face du Lyon mystique resté attaché au passé. Mais en 1839 il trouve que la spiritualité de Fourvière est une spiritualité matérielle, comme il convient à cette ville matérielle, tandis qu'à la Croix-Rousse, le Jardin des Plantes et le Musée spiritualisent la matérialité par l'art et la fantaisie.

Michelet trouve à Lyon le vieux système de la fabrication familiale dans son plus grand développement, mais il s'imagine que le système d'atelier va y succéder, qu'avec la production collective viendra tôt ou tard la consommation collective, et que les ouvriers nourris à bon marché dans la manufacture rêveront d'un système communiste phalanstérien. L'évolution qu'il prévoyait ne s'est produite qu'à la fin du siècle et n'est pas encore tout à fait achevée. Arlès-Dufour lui-même croyait que la persistance de ces petites fabriques venait du manque d'association des capitaux. Il conduit Michelet dans un de ces ateliers de la Croix-Rousse :

« Nous montâmes à l'entrée de la Croix-Rousse dans un coin de vilaine maison, sale sur les murs, sale d'escalier, et cependant pas plus sale que la plupart des maisons bourgeoises de Lyon. Nous entrâmes d'abord chez un pauvre diable de tisseur républicain que M. Arlès a sauvé d'être envoyé à la Cour des Pairs en 1834. Déjà il avait passé sept mois dans la prison de Perrache, 8 enfants sans pain, femme enceinte, mort en perspective. Il sortit stupide de prison. Sa femme errant sans pain avec ses enfants était comme une lionne, dit M. Arlès. Elle lui fut envoyée et reçut des secours, et la liberté de son mari.

« L'atelier était remarquablement sale et pauvre. Il contenait quatre métiers. Deux filles de 16 ou 18 ans travaillaient un peu mollement, comme filles de la maison; un garçon de 12 ans idem. Enfin un pauvre petit de cinq ans à un tout petit métier; il travaillait debout, parce que, me dit sa mère, il n'y avait pas de siège assez bas pour lui.

1. Michelet voit aussi Foisset, Paricaud, Noirod, Montfalcon, Boulay; il se plaint d'avoir trop de visites.

« Six énormes pains étaient entassés dans un coin. La famille mange 66 livres de pain par semaine.

« La mère, personne vive, énergique, jeune encore, malgré ses neuf enfants, est l'âme de la maison. Le mari grand, maigre, éteint, nature visiblement douce et faible, semblait ne devoir jamais se relever du coup qui l'avait frappé.

De petites soupentes contenaient les lits du père et des huit enfants. Le neuvième est en nourrice.

« La seule chose qui consolait un peu l'âme dans ce tableau de misère, c'est que la famille travaille seule et n'admet pas de compagnon. »

Michelet va voir ensuite des chefs d'atelier aisés, intelligents, dans des intérieurs propres et modestes, hommes inventifs et habiles qui font la prospérité de l'industrie lyonnaise par les perfectionnements qu'ils apportent sans cesse aux procédés de fabrication. L'un d'eux, qui fabrique avec sa femme des ornements d'église, est membre du tribunal des prud'hommes.

« Ceci est visiblement l'ouvrier aimé du clergé et de l'autorité, unissant les deux principes lyonnais, industrie et religion. »

Mais à cette époque l'industrie lyonnaise n'avait pas encore le magnifique essor qu'elle a pris aujourd'hui, et la population ouvrière n'avait pas atteint l'aisance dont elle jouit actuellement, grâce aux efforts combinés des ouvriers eux-mêmes et des grands industriels qui ont fait servir leurs énormes fortunes au bien-être de la classe ouvrière et aux progrès de leur cité. En 1839 l'industrie de la soie était entre les mains d'une multitude de petits fabricants qui, dit Michelet, « nourrissent leur ouvrier, rapinent sur lui, le vexent de toute manière ».

Michelet insiste sur les haines sociales qui couvent dans cette population ouvrière de la Croix-Rousse :

« La rude montée de la grande côte, dont les noires maisons, dont le pavé âpre et glissant font sentir la rude vie de ceux qui l'habitent, moins rude encore que monotone, sombre et sans soleil...

« Là doivent couver de grandes haines, de grandes tristesses. Le *chef d'atelier*, travaillant moins lui-même, étant moins ouvrier qu'autrefois, surveillant le travail et gagnant sans travail, vivant en partie au café, doit être envié, détesté du *compagnon* dont il exige un travail assidu. Celui-ci est très impatient de s'établir, si jamais il le peut, afin de travailler peu, de vivre au café en faisant travailler les autres... L'*apprenti* à son tour doit être tyrannisé par le compagnon, qui en l'absence du fabricant-maître, est son maître.

« Qu'on se figure donc la population des campagnes, forte, gaie, fraîche et rose, entrant dans les lugubres rues, venant y subir cette tyrannie du petit atelier, souffrir, pâlir, envier. »

Je ne puis vous conduire encore à la maison des fous, l'Antiquaille, que Michelet décrit d'une plume si pittoresque et si émue, ni même résumer le récit de son voyage à Saint-Étienne (3-4 avril) [1].

Cette ville, qui compte aujourd'hui 120.000 habitants, n'en avait guère plus de 30.000. Michelet ne dit rien de la rubannerie, qui occupe aujourd'hui plus de 250 fabriques et 60.000 ouvriers. Cette industrie

---

1. Michelet étourdiment écrit 4 et 5, d'autant plus étrange qu'il a bien daté du dimanche 31.

était loin d'avoir alors l'importance qu'elle a acquise depuis; aussi Michelet n'a-t-il été attiré que par la fabrique d'armes de guerre et par l'industrie minière qui, à ce moment, était en pleine crise[1].

Michelet ne devait pas oublier ce qu'il avait vu à Lyon et à Saint-Étienne. C'était le commencement des enquêtes qu'il allait poursuivre durant les années suivantes sur les conditions des classes populaires en France. De là sont sortis les admirables chapitres du *Peuple* sur les « servitudes » de l'ouvrier et du fabricant[2]. Il devait, il est vrai, s'occuper alors encore plus de la condition des ouvriers cotonniers, bien autrement dure que celle des ouvriers en soieries[3].

1. Début du récit : « Parti à 7 heures pour Saint-Etienne, l'omnibus nous mène à l'extrémité de Perrache, près du confluent et du pont de la Mulatière qui, de Perrache, traverse la Saône, Fourvière nous suit longtemps avec sa belle chaîne le long de la Saône et les grottes du chemin des Etroits où Rousseau, jeune et pauvre, dormit si bien. Que d'aventures dans ce Lyon, à la rencontre des routes et des fleuves! N'est-ce pas là, sur un pont de Lyon, qu'Agrippa d'Aubigné délibéra s'il se noierait, lorsque la Providence vint à son secours... »

2. Michelet a mis en tête du journal de juillet 1839 « avec ma fille qui avait alors 16 ans (inexact, 15). Je m'occupai trop peu d'elle. Je travaillais à mes Origines du Peuple. »

3. Il écrit dans son introduction de 1848, p. 8 : « Cette enquête commencée à Lyon il y a environ 10 ans, je l'ai suivie dans d'autres villes, étudiant en même temps auprès des hommes pratiques, des esprits les plus positifs, la véritable situation des campagnes; si négligée de nos économistes ». Nous aurons occasion de noter les diverses étapes de cette enquête de Michelet.

CHAPITRE IV

Le Cours de 1838-39 et le tome IV de l'Histoire de France

Nous ne possédons pas de notes inédites pour le cours que fit Michelet en 1838-39 sur le xiv° et le xv° siècles. Mais nous pouvons nous en faire une idée assez complète grâce à l'analyse qu'en a donnée le *Journal de l'Instruction publique* [1] et aux notes prises par M. Étienne Gallois et publiées par lui en 1877. Ces notes sont très fragmentaires. Elles ne paraissent pas prises avec une grande intelligence et elles accentuent encore ce qui était le caractère même de ces leçons, une série de petites phrases brèves, souvent mal liées entre elles, et où le professeur sautait rapidement d'un sujet à un autre. Cependant les idées essentielles du cours, si elles sont pauvrement exprimées, n'ont pas échappé à l'auditeur.

Michelet préparait la publication de son IV° volume, consacré tout entier au règne de Charles VI, et qui allait paraître en 1840 (la préface est du 8 février). Il avait déjà sur le chantier les tomes V et VI qui vont jusqu'à la mort de Louis XI, et son cours de 1838-1839 embrasse précisément toute cette période. Dans son livre il analyse les événements, il les raconte en s'appuyant sur les sources. Dans son cours il donne la philosophie des événements, montre le rôle tenu, dans l'évolution de la France et du monde, par les xiv° et xv° siècles qui expliquent la fin de la société du Moyen-Age et la naissance du monde moderne. Dans la préface de son quatrième volume, après avoir indiqué l'idée générale qui inspire les tomes IV et V de son histoire : la mort et la résurrection de la France, la ruine et la reconstitution de la royauté, il insiste sur le caractère solide, érudit, documentaire, de son ouvrage. Il dit que l'histoire étant œuvre d'art autant que de science, il l'a dégagée des échafaudages qui en ont préparé la construction, mais qu'elle est principalement fondée sur les grandes collections d'actes, imprimées et manuscrites, Ordonnances des Rois, Trésor des Chartes, Registres du Parlement, Actes des Conciles, Recueil des actes de l'histoire d'Angleterre, Statuts du Royaume d'Angleterre, qui fournissent d'authentiques annales et permettent de dater, de confirmer ou de contredire les récits des chroniqueurs. Il ajoute qu'il a fallu un temps très long pour interpréter ces documents, contrôler les chroniques par les actes, les actes par les chroniques.

Il se vantait un peu en se présentant à ses lecteurs comme ayant

---

1. Le *Journal de l'Instruction publique* dit lui-même combien il est difficile d'analyser de pareilles leçons.

procédé à un dépouillement complet des documents d'archives et au
contrôle des chroniques par les actes; cependant il_avait fait au moins
en partie cè travail, il avait donné du règne de Charles VI une image
neuve autant que vivante.

Dans la leçon finale de son cours de 1839, il indique que son but au
Collège de France n'est pas de faire l'histoire érudite des faits, qui
d'ailleurs exigera des siècles, mais l'histoire des causes, qui se trouve
dans l'histoire de la philosophie, de la littérature, de la religion. On
voit ici Michelet revenir aux idées qu'il développait à l'École Normale
en 1828, quand il y enseignait simultanément la philosophie et l'histoire [1]. En disant qu'il a cherché dans ce cours à dégager l'esprit
de l'époque et que cet esprit, c'est le *schisme*, il pousse cette idée
bien au-delà de ce qu'il indique dans la préface du tome IV. Ce n'est
pas seulement le schisme pontifical et politique, c'est la lutte du maté-
rialisme et du spiritualisme, de la chevalerie et de l'esprit moderne,
la discorde féodale qui ruine la féodalité, la discorde universelle qui
est la mort de la nation, que Michelet voit dans l'histoire du xive siècle. Fidèle à ses préoccupations morales, il part de là pour prêcher la
concorde à ses auditeurs en face des ennemis qui d'Allemagne ou d'Angleterre peuvent menacer la France. La France est haïe comme nation
parce qu'elle est un peuple novateur et révolutionnaire. Nos frontières sont ouvertes. Il faut renoncer à cette éristique où l'on se complaît à accentuer ses divergences d'opinion, pour être unis devant
l'étranger.

On voit paraître ici, dès 1839, le moraliste qui fera en 1846 entendre les mêmes appels à la concorde dans *le Peuple*.

Le plan du cours est le suivant.

Michelet étudie successivement la ruine de toutes les idées et institutions sur lesquelles avait reposé la société du Moyen-Age. La chevalerie, sortie de la féodalité, est pour cette dernière un élément dis-
solvant; elle aboutit à une exaltation folle et à une vie artificielle.
Elle a ennobli, purifié, christianisé la société, exalté le rôle de la femme. Puis la chevalerie et les femmes elles aussi, à la fin du xive et
au xve siècle surtout perdent le caractère d'idéalité qu'elles avaient
eu un instant.

C'est ensuite la Papauté ruinée par la captivité d'Avignon, puis
par le schisme, par l'Université et par les rois, et qui se trouve sup-
plantée dans la direction de l'humanité par l'esprit moderne, par l'é-
quilibre européen et le droit des gens (cette religion de la justice qui
ne recourt plus au magistère pontifical), par l'imprimerie et la science,
par la conception d'une harmonie nouvelle du monde.

---

1. Michelet était d'ailleurs poussé dans cette voie par ses auditeurs eux-
mêmes. Le *Journal des Etudiants*, à ce que dit une note de Michelet, lui
reprochait en mai 1838 de ne pas remplir le titre de son cours *Histoire et
Morale*. « Il faudrait donner davantage aux *institutions*, répondre plus directement aux *besoins du temps*, en un mot avoir plus d'âme et une âme pour
réchauffer et refaire les autres. » On est étonné de ce reproche. J'ai en vain
cherché le *Journal des Etudiants* et la *Gazette des Ecoles*.

Michelet met ensuite en présence les deux forces politiques qui luttaient au Moyen-Age, la royauté dont le triomphe après la crise de Charles VI sera le triomphe de l'ordre et de la paix, et les familles féodales qui après avoir joué un très grand rôle, disparaissent comme féodalité pour reparaître comme noblesse militaire, former la société des cours et diriger les armées.

Après cette analyse des causes de décadence des formes sociales et religieuses du Moyen-Age, Michelet étudie la France dans ses rapports avec les nations étrangères, et recherche ce qu'elle a dû, pour la formation de sa nationalité moderne, aux guerres d'Italie, à la lutte avec l'Angleterre, à ses relations avec les Pays-Bas [1] et l'Allemagne. Il y ajoute l'étude des limites perpétuellement incertaines entre France et Allemagne [2] et de la formation de la Belgique par l'action des maisons de Hainaut et de Bourgogne [3].

Tel est le squelette de ce cours qui, vous le voyez, aurait pu avoir une grande portée si chacune de ses parties avait été traitée avec précision et toutes réunies par un enchaînement rigoureux. Malheureusement Michelet n'eut pas le temps de donner à ces leçons la forte structure, la plénitude de faits et de pensées qui eussent été nécessaires. Il se laissait aller dans chaque leçon à des digressions. Il illustrait chacune de ses idées par quelques exemples piquants et quelques brillants récits; mais nul lien solide ne reliait entre eux ces chapitres trop superficiels d'une philosophie de la fin du Moyen-Age. C'était chaque fois, plutôt une série d'aperçus un peu discursifs, au hasard des souvenirs et de la conversation, qu'une étude méthodique où chaque chose avait une place proportionnée à son importance.

Il y avait cependant dans ce cours quelques vues qui méritent qu'on s'y arrête un instant.

Notons d'abord la tendance qui se manifeste à travers tout le cours de justifier tour à tour chacun des faits historiques qui se présentent à l'historien, d'en montrer non seulement la raison d'être, mais la légitimité, même au point de vue moral, le caractère de bienfaisance. Nous le voyons, par exemple, justifier la richesse de l'Église et son pouvoir temporel : « Il était bon que la richesse fût aux mains des intelligents, du pouvoir spirituel : l'Église avait besoin d'un culte et ce culte était dispendieux et magnifique. Pour répandre

----

1. Il consacra quatre leçons aux Pays-Bas qu'il chercha à caractériser et à définir par leur art (voyez 1837).

2. Qui d'après Michelet est destinée à perdre toujours à l'Occident pour gagner à l'Orient.

3. Les dernières leçons du cours furent plus narratives et serrèrent les faits de plus près. Très belle leçon sur la crise morale du xv⁰ siècle. L'*Imitation*, Gerson, puis les Ordonnances de 1317-1413, les luttes des Armagnacs et des Bourguignons, Jeanne d'Arc, l'histoire de Louis XI et de Charles le Téméraire. Michelet mêle à ses leçons des études critiques sur la méthode de Barante rapproché de W. Scott, sur l'auteur de l'*Imitation*, sur Chastellain. Belle description de la cour de Charles VI, de Philippe VI après Azincourt, de la cour de France et de Bourgogne, de Louis XI, de la Flandre, de la bataille de Granson.

l'instruction elle avait besoin d'argent. Elle était l'asile des malheureux. Il fallait qu'elle fût riche pour exercer cette hospitalité. » Et plus loin : « Il fallait qu'elle fût matérielle pour dominer les gens matériels, mondaine, pour dominer le monde. Il était très utile qu'elle devînt souveraine. »

De même que Michelet justifie la richesse de l'Église, il en justifie la ruine : « L'Église a mêlé à la pâte grossière du Moyen-Age un levain d'intelligence, de moralité, de critique. Cette critique l'a ruinée. En donnant sa moralité au monde, elle se perdait elle-même. Tout système qui a duré longtemps périt par lui-même. Ainsi périt l'Église. »

Michelet qui, à cette époque, n'a pas encore pris une attitude de combat contre l'Église, demande que cette critique, fille de l'Église, s'exerce avec respect, et qu'on mette le christianisme immortel hors de toute atteinte.

Dans le même esprit, il fait l'apologie de la royauté des Valois : même sous les mauvais rois, elle fait progresser l'ordre et la paix; dans le midi vaincu, elle assure aux vainqueurs la sécurité, aux vaincus une certaine tolérance. Il légitime jusqu'à la fiscalité, si oppressive pourtant, cette royauté ayant besoin d'argent pour accomplir son œuvre.

A plus forte raison, cherche-t-il à dégager les heureux effets des guerres d'Italie, qui ont fait l'éducation de la France. Chose plus étrange encore chez un homme qui ressentait pour les Anglais toutes les passions, toute l'aversion héréditaire des jeunes Français grandis pendant les guerres de Napoléon, il cherche les bons côtés de la rivalité de la France et de l'Angleterre. Cette lutte est à ses yeux le grand objet de l'histoire moderne. Les deux nations se sont beaucoup donné l'une à l'autre et en s'opposant ont accru leurs qualités nationales pour le plus grand bien de la civilisation. « Les Anglais et les Français, dit-il, sont frères plus qu'ils ne pensent, mais non amis, ce qui serait fâcheux, car les deux grandes originalités du monde, les deux plus beaux éléments humains, seraient supprimés. La lutte des Anglais et des Français a été plus utile au genre humain que n'eût été leur amitié. » Il montre l'afflux des Normands, Gascons, Poitevins, vivifiant l'Angleterre, de Guillaume le Conquérant à Édouard II, puis l'Angleterre, riche de toutes ces civilisations, agissant sur la France, d'Édouard III à Henri V, et créant pour ainsi dire sa nationalité.

Michelet justifie par des raisons philosophiques cette interprétation optimiste de toutes les révolutions de l'histoire : « L'histoire, dit-il, est un syllogisme dont le passé est la prémisse, le présent le moyen terme et l'avenir la conséquence. Il faut donc être bienveillant pour le passé et prévoyant pour l'avenir. Le sens historique, c'est le parfait équilibre de l'intelligence entre ce que le passé a eu de bon et ce qu'il a eu d'imparfait. »

Cette déclaration de principe et de méthode semble impliquer chez Michelet un strict déterminisme historique. Or, nous savons qu'il n'était ni déterministe ni fataliste; au contraire, dans une des leçons de ce même cours, il proteste contre le fatalisme de races et d'idées, qui est le propre de l'école pittoresque et matérialiste.

Son optimisme vient d'ailleurs; il s'appuie sur une raison purement subjective et une autre que je n'ose appeler philosophique, que je qualifierais plutôt de mystique. D'abord Michelet, pour raconter l'histoire, pour la faire revivre, a besoin de sympathiser avec elle[1]. Cette sympathie change d'objet à mesure que l'histoire se transforme et se déplace. Tour à tour, Michelet justifie, approuve, aime l'Église qui gouverne les barbares et triomphe des empereurs, et les rois de France qui abaissent l'Église — la féodalité et la chevalerie, puis le régime moderne, qui supprime la féodalité et bafoue la chevalerie. A cet entraînement de sa sensibilité s'ajoute une vue mystique qu'il a héritée de Vico et dont il ne se débarrassera jamais entièrement : la foi dans le gouvernement de la Providence, ou tout au moins la foi que l'évolution historique est l'expression d'une pensée divine, d'une loi providentielle[2].

Une des leçons les plus brillantes et les plus originales fut celle sur la féodalité, dans laquelle Michelet prit comme type des vicissitudes de la féodalité la famille de Coucy. Il était difficile, en effet, de choisir un meilleur exemple de cette Sirerie (devenue marquisat et pairie) d'étendue moyenne, mais qui joua néanmoins un grand rôle dans l'histoire des débuts de la royauté capétienne et dont un des possesseurs, Enguerrand III avait, dit-on, pris la devise : « Roi ne suis, ni prince, ni duc, ni comte aussi, je suis le sire de Coucy. » Ils nous ont laissé dans leur donjon de Coucy un des monuments les plus caractéristiques de l'architecture militaire du Moyen-Age. Le nom des sires de Coucy se trouve associé à des luttes contre l'autorité ecclésiastique, contre l'archevêque de Reims, les évêques de Liége et de Laon, aux résistances contre les premiers efforts d'indépendance communale, contre la commune d'Amiens. Sous Louis VI, ils sont avec Thomas de Marle, en lutte ouverte contre la royauté. Sous Louis VII, Enguerrand II suit le roi à la croisade. Sous saint Louis, Enguerrand III est un des chefs de la ligue formée contre Blanche de Castille. Raoul II suit Louis IX en Égypte et est tué à la Mansourah. Enguerrand IV son successeur est sévèrement puni par Louis IX pour s'être férocement vengé de jeunes gens qui avaient violé ses droits de chasse. Peu s'en faut qu'il ne soit mis à mort. Un des châtelains, vassaux du sire de Coucy, Raoul (neveu de Raoul Ier mort à la troisième croisade), est un auteur de chansons et c'est à lui que se rattache la fameuse légende de la Dame du Fayel[3].

Puis, au xive siècle, une nouvelle période s'ouvre pour la maison de Coucy. Elle se met au service de la royauté. Elle s'allie à des

---

1. Ce besoin de sympathie va jusqu'à lui faire parler d'Isabeau de Bavière, instrument passif entre les mains des partis, avec une sorte d'attendrissement. [On notera que la critique très moderne partage l'indulgence de Michelet pour cette princesse.]

2. Qui dit encore du Moyen-Age : « Le Moyen-Age est un système, nous n'en sommes pas un, ce qui doit nous rendre très humbles lorsque nous parlons de lui. »

3. A qui son mari fait manger le cœur de son amant.

familles princières, avec celle des Balliol d'Écosse par Enguerrand IV, avec celle d'Autriche par Enguerrand VI, avec celle d'Angleterre par Enguerrand VII. Cet Enguerrand VII, diplomate et chef militaire, aventureux et chevaleresque, résume toute l'histoire de sa race. Il va, avec des bandes de mercenaires, se faire battre par les Suisses, à qui il veut enlever l'héritage de sa mère, Catherine d'Autriche, et ravage l'Alsace au retour. Il va en Italie pour éviter d'avoir à prendre parti entre Édouard III, son beau-père, et le roi de France, son suzerain. Quand Charles VI lui offre le titre de connétable, il conseille généreusement au roi de lui préférer Olivier de Clisson pour assurer à la France la soumission de la Bretagne; puis il prend part en 1396 à la croisade de Nicopolis; fait prisonnier, il va mourir de langueur en Bithynie. Sa fille Marie, principale héritière de cette grande race, vend sa part d'héritage au duc d'Orléans, tandis qu'une fille cadette fait passer le reste aux Luxembourg, puis aux Bourbons, si bien que la principale part du fief rentre dans le domaine de la couronne.

Michelet avait, on le voit, admirablement trouvé, sur ce théâtre restreint, l'image symbolique des destinées de la féodalité tout entière.

Il fut moins heureux dans la vue générale qu'il développa au sujet de la Réforme, de Wiclef et de Luther. Il y a sans doute une part de vrai dans la conception hardie, peu faite pour être approuvée, soit des protestants, soit des catholiques, d'après laquelle le principal service rendu par Luther serait d'avoir provoqué la Réforme de l'Église catholique. Allant plus loin il soutient qu'après Luther, c'est la Révolution française qui a le plus contribué à la Réforme morale du catholicisme. Il n'a pas tort non plus, quand il dit que la question des biens d'Église, c'est-à-dire une question toute temporelle, a été le point de départ de la lutte de Wiclef contre la papauté, tandis que Luther est parti d'une base toute théologique. Mais Michelet va beaucoup trop loin, ou plutôt il se trompe, quand il affirme : « C'est à tort qu'on regarde Wiclef comme le précurseur de Luther. Il n'y a entre eux presque rien de commun », ou encore : « Luther est parti d'un point de vue théologique, et il a fondé, Wiclef, d'un point de vue matériel, et il n'a rien fait de durable. »

Si Wiclef commence par protester, dès 1356, contre la simonie pontificale, en 1368, dans son *De Dominio divino*, il conteste l'autorité pontificale elle-même et n'admet d'autre autorité que celle de Dieu et des Écritures, dont il commence la traduction en langue vulgaire en 1380. Dans ses traités, mais surtout dans son *Trialogus*, sa dernière œuvre, il soumet tous les sacrements à une critique négative. Sans soutenir sur la grâce et la prédestination des doctrines aussi absolues que Luther, il fait dépendre le salut, non des pratiques et de l'intervention du clergé, mais de la régénération intérieure.

Or, les doctrines et les écrits de Wiclef pénétrèrent en Allemagne et jusqu'en Bohême, puisqu'en 1410, l'archevêque de Prague, Jean Sbynick, entre en lutte avec Huss et son disciple Jérôme de Prague, qui avait été étudier à Oxford, d'où il revint en 1402. Il fait brûler les écrits de Wiclef. Le hussitisme fut en Allemagne le grand propagateur de toutes les idées de Réforme, et nous connaissons assez aujourd'hui les doctrines des précurseurs de Luther pour savoir que celui-ci n'apporta, sous ce rapport, rien de nouveau.

Fuller ne s'est pas trompé quand, dans sa *Church history of Britain* (1655), ayant raconté qu'Henri V avait fait jeter les cendres de Wiclef dans le Swift, il ajoute : « Elles furent emportées du Swift dans l'Avon, de l'Avon dans la Severn, de la Severn dans les mers étroites, et de là dans l'Océan Ainsi, peu à peu, les doctrines de Wiclef devaient remplir le monde. »

Le volume IV de l'*Histoire de France*, point de départ de ces généralisations aventureuses, parut en 1840. C'était le plus plein, le plus nourri qu'eût encore publié Michelet. Certaines parties, la campagne de Roosebeke, les luttes des Armagnacs et des Bourguignons, la tentative de réforme marquée par l'ordonnance cabochienne, la campagne d'Henri V de Lancastre, de 1415 à 1420, ont, aujourd'hui encore, à peine vieilli.

Ce qui donne à ce volume une valeur exceptionnelle et un charme unique, c'est, dirai-je l'art? le mot ne serait ni assez fort, ni tout à fait juste, car l'art suppose une combinaison réfléchie de moyens en vue d'un but déterminé, c'est plutôt la puissance créatrice, le génie divinateur qui évoque devant nos yeux l'esprit de discorde, la violence, la sensualité brutale, et finalement, la mélancolie et le désespoir qui caractérisent cette lugubre époque où la France, gouvernée par un roi fou, paraît tout entière délirer avec lui. Peut-être l'imagination colorée, la sensibilité aiguë de Michelet, a-t-elle ajouté quelque chose à la réalité, mais le tableau qu'il nous peint de cette époque de fêtes folles, de luxe effréné, de pillages et de massacres, de discordes religieuses et de superstitions extravagantes est, dans ses traits essentiels, conforme à la réalité.

Les passages caractéristiques abondent. D'abord le merveilleux passage sur les costumes du xive siècle, symboles du désordre intellectuel et moral.

Puis les pages étranges sur l'alchimie, la sorcellerie, considérées comme l'aurore des sciences de la nature et aussi comme le présage des malheurs qui vont accabler la France.

Ensuite, l'admirable chapitre sur la folie de Charles VI avec les pages si touchantes sur ce qu'il y avait de bon chez ce pauvre insensé et sur l'étrange amour du peuple pour ce misérable roi (p. 83-86).

Enfin, les pages sur la stérilité intellectuelle qui marque l'époque de Charles VI, la fin du Moyen-Age, et, comme conclusion de tout ce volume, le triomphe de la mort, la Danse Macabre, épilogue d'une époque de dissolution générale [1].

---

1. Cochut, dans l'article très remarquable consacré à Michelet dans la *Revue des Deux Mondes* du 15 janvier 1842 insiste beaucoup sur le progrès qui se marque du t. III au t. IV dans la précision et la solidité de ses récits,

On est saisi, quand on lit ce terrible et émouvant volume, par la verve, l'élan sauvage et comme endiablé qui le remplit. On dirait que l'auteur l'a rédigé d'un seul jet, sans un arrêt, sans une reprise ni une bavure, comme saisi par une sorte d'emportement à la fois allègre et douloureux.

Il l'a écrit à un des moments les plus sombres de sa vie, au lendemain de la mort de Pauline. Il en parle dans une des notes de son *Journal intime*, du 29 avril 1841, dans une de ces confessions qu'il faut connaître pour comprendre l'œuvre de Michelet[1].

L'abbé Douhaire, dans un article de l'*Univers* (26 mai 1840), résume les critiques adressées à Michelet par ceux qui avaient jusqu'alors nourri le vain espoir de le voir devenir un défenseur de l'Église, de la tradition.

Alfred Nettement, dans la *Gazette de France*, lance contre Michelet l'accusation de panthéisme, reproche banal adopté par les catholiques de cette époque contre tous ceux qui n'avaient pas leur foi, mais rend un très bel hommage au mérite historique de ce quatrième volume.

Au point de vue de la critique historique, c'est Nettement qui a raison.

Au point de vue de l'esprit dans lequel fut écrit ce volume, Douhaire ne s'est pas complètement trompé. Dans sa note écrite le 23 juin 1840, un mois à peine après l'article de Douhaire, comme dans sa note de 1841, la confession de Michelet est complète. Dans les mois qui suivirent la mort de sa femme, il fut en proie à un véritable désarroi moral. Obsédé par les suggestions de ce qu'il appelle dans son journal « son ange noir », il est sur le point de se laisser aller à une liaison indigne de lui (dont il est sauvé par les conseils fraternels de Mme Quinet). Il se plonge alors dans le travail pour s'arracher à ces instincts inférieurs. Il se livre avec frénésie à la rédaction de ce quatrième volume, où le vertige de la volupté se mêle au vertige de la mort.

Douhaire, cependant, a singulièrement exagéré en représentant Michelet comme ayant écrit d'une plume leste, moqueuse, gaillarde et libertine, et Michelet, lui aussi, dans sa rage de sincérité, a de beaucoup dépassé la vérité en s'accusant d'avoir cédé à d'immorales inspirations. Le ton du livre entier est celui d'un amer et douloureux désenchantement, d'horreur pour les vices qu'il décrit, de tristesse pour cette mort d'un monde.

Si les suggestions sensuelles auxquelles il fait allusion dans ses notes intimes ont été pour quelque chose dans le coloris excessif de certaines pages du quatrième volume, l'inspiration profonde qui donne à ce volume un accent si intense et une sombre harmonie d'une si puissante unité, prend sa source dans la crise morale produite en lui par la mort de Pauline.

Je ne referai pas l'histoire de ce drame, que j'ai raconté dans mon

et insiste sur son talent de narrateur. Il fait en particulier l'éloge des pages consacrées dans le t. IV aux luttes des Armagnacs et des Bourguignons et à l'ordonnance cabochienne.

1. Voyez dans *J. Michelet*, p. 88-89.

livre sur *J. Michelet*. Je me borne à rappeler ce qu'il y a d'essentiel pour l'intelligence de l'œuvre même de Michelet.

L'année écoulée entre mai 1838 et mai 1839 avait été singulièrement active et occupée aux travaux les plus divers. En avril 1838, Michelet avait écrit son *Discours sur l'Éducation de la Femme au Moyen-Age* [1]. Il était à ce moment, au retour du voyage de Hollande, préoccupé d'écrire une histoire de Bonaparte, considéré comme le grand symbole des temps modernes, « de l'époque où tout s'est trouvé solidaire de tout. » Il éprouvait le besoin de rentrer dans la poésie des symboles après avoir décrit la prosaïque époque de Charles V et avoir enlevé leur auréole aux Templiers, dont il commençait à imprimer le *Procès* en 1838.

En attendant de réaliser ses projets sur Bonaparte (il les poursuivit jusqu'en 1842), il s'attache à deux symboles plus voisins : la Femme [2], la maison — à Paris, qui est sa maison, et auquel il consacre son premier cours. Après le voyage de Venise, qui le jette dans la Renaissance, il revient au xive et au xve siècles, dans l'hiver 1838-39; il se remet aussi à des travaux sur l'esclavage et le servage, pour juger le concours de l'Académie des Sciences morales, dont il fait le rapport en mai 1839 [3]. Il va à Lyon avec sa fille, et c'est au retour de ce voyage qu'il s'aperçoit avec terreur de l'état de maigreur, de faiblesse de sa femme. Déjà, depuis 1839, on voit, par leur correspondance, qu'elle était souvent souffrante. Pendant son voyage à Lyon, Michelet multiplie ses recommandations de précautions pour sa santé. Un mois après son retour, l'état de Pauline s'était tellement aggravé qu'il devint nécessaire de la transporter à la campagne, dans la maison de santé Meyer, à Passy.

Le 24 Juillet, elle mourait.

Le désespoir de Michelet fut atroce. Il était d'autant plus grand que depuis deux ans, Michelet sentait de plus en plus, malgré les vingt années passées ensemble, malgré les deux enfants qu'ils avaient élevés, malgré une vie de famille très étroite, où la mondanité n'avait aucune part, qu'il n'avait jamais existé entre eux ni parité d'esprit, ni véritable harmonie d'âmes. Pour échapper à cette douloureuse pensée et au sentiment de sa responsabilité dans l'état de demi-culture, de demi-enfance où Pauline était restée, il se jeta avec frénésie dans le travail. J'ai laissé supposer dans mon livre que, peut-être, Michelet avait eu

1. Lu à la séance solennelle des cinq académies et qui, comme le lui écrivait Vallet de Viriville ne faisait qu'effleurer le sujet (lettre du 23 mai 1842).

2. En janvier 1839, au Collège de France, à propos de la femme du Moyen-Age, il explique la femme comme médiateur.

3. Il fait donner le prix de 1.500 fr. à Aug. Wallon et Yanoski qui avaient collaboré au mémoire sur les causes de l'extinction de l'esclavage ancien, une récompense de 1200 fr. à Ed. Birot qui a donné plus de place à l'élément chrétien. Mentions à Venedey, à Saint-Germain et une autre dont le nom n'est pas donné.

envers elle des torts graves. J'avais interprété dans ce sens les paroles qu'il écrivait à son lit de mort : « Qu'est-elle devenue, cette malheureuse partie de moi-même, pendant que l'autre errait dans la science et la passion? » J'ai depuis trouvé tant de notes où Michelet affirme que son foyer fut toujours pur, que je n'ai aucune raison de les mettre en doute, car Michelet, dans son journal, pousse la franchise jusqu'aux dernières limites et ne laisse dans l'ombre aucune des défaillances auxquelles il se laisse entraîner pendant son veuvage.

La passion dont il parle, ce sont « les vains caprices d'imagination qui l'éloignaient d'elle », et la domination impérieuse de celle qu'il appelle « sa grande maîtresse, l'Histoire ».

Après la mort de Pauline, deux sentiments violents dominent son âme. D'abord le remords aigu, brûlant, de n'avoir pas été pour elle ce qu'il aurait dû, de ne l'avoir pas éduquée, élevée à lui, de l'avoir laissée oisive, s'oublier elle-même.

En second lieu, une sorte de passion pour la mort, un besoin de creuser, de pénétrer le mystère attirant et terrible.

A chaque visite au Père-Lachaise, il revient sur ces pensées; elles prennent une forme tragique le 4 septembre, quand il doit exhumer Pauline pour la mettre dans sa sépulture définitive. « Quel révélateur que la mort ! »

Il avait toujours aimé les cimetières, les souvenirs du passé. Il voyait dans la méditation de la mort le vrai apprentissage de l'historien qui vit parmi les morts, est leur avocat, porte leurs cendres dans ses bras.

Ces sentiments prennent alors chez lui une netteté lumineuse.

C'est dans cet esprit qu'il écrivit le tome IV.

Désormais, pense-t-il, il a acquis par la douleur et la mort la vraie intelligence de la synthèse de l'histoire.

CHAPITRE V

Le Cours de 1840-41 — Renaissance

D'une part, une sorte de fureur sauvage qui lui fait trouver une
volupté maladive à se complaire dans les idées de mort et de désespoir; d'autre part, l'idée consolante que la mort contient le secret
de la vie, n'est que le passage nécessaire de ce qui fut à ce qui sera,
une étape de la vérité vers une autre étape, la condition de toute
renaissance : c'est dans cette disposition d'esprit que Michelet entreprit son cours de 1839-1840, sur la Renaissance. Nous allons voir s'y
formuler peu à peu les idées qui inspireront dorénavant tous ses ouvrages.

Pendant les vacances qui suivirent la mort de Pauline, il fait trois
petits voyages : une excursion de trois jours à Versailles, Port-Royal
et Saint-Cyr, avec ses enfants et le docteur Edwards, les 10, 11 et 12
août; un voyage tout sentimental avec Adèle les 24, 25, 26 août, à
Meaux, pour y retrouver les souvenirs de Pauline, au couvent-hôpital,
où, jeune fille, elle avait été pensionnaire. J'ai publié dans mon
Jules Michelet[1] les notes écrites par lui pendant ce court séjour. Il
suit, avec piété, la trace des pas de Pauline, visite le jardin, les lilas
plantés par elle, les arbres fruitiers, les salles du couvent. Tout en roulant de tristes pensées sur cette morte aimée, privée désormais de tous
les dons de la nature et pour qui son mari ne peut rien que des prières, l'historien reste en éveil; il revoit Bossuet dans les allées de
l'évêché, « ce noble jardin sans ombre, comme l'âme du grand orateur »; il lit les lettres spirituelles de Fénelon, et y trouve des pensées applicables à ses souffrances, tout en revivant la lutte avec
Bossuet. Il tire de cette visite une conclusion qui est une résolution :
« Il faut apprendre à mourir... Après une vie d'individualité, il faut
en commencer une de généralité. » Il entend, au retour, des sémina-
ristes qui parlent aigrement de ses livres; après une triste réflexion sur
le néant de la réputation littéraire, à laquelle il a sacrifié son bonheur domestique, il se redresse en disant : « Qu'importe. Je les aime
plus qu'ils ne m'aiment. L'avantage est à celui qui aime le mieux. »
Il se rend le témoignage que, dans son œuvre, il a été conduit par une
inspiration noble et humaine.

Après la douloureuse cérémonie de l'exhumation de Pauline, et le
dépôt de ses restes dans la tombe dont il avait composé lui-même
l'épitaphe latine, Michelet chercha à distraire ses enfants et lui-même

1. P. 83-86.

de leurs tristes pensées, en allant visiter la partie de la Normandie qu'il n'avait pas vue en 1831.

> « Le samedi 14 septembre, nous dit-il, m'étant trouvé mal deux fois et me sentant un grand affaiblissement nerveux, j'allai pourtant à l'Institut. Le Dr Edwards me décida à faire un voyage. Burnouf et Mme Angelet me confirmèrent dans cette idée. Voyons donc si je reprendrai un peu de mon électricité, qui semble m'avoir été toute soutirée dans ces dernières crises. Je me sépare pourtant avec peine de ma triste maison, de mon portrait... etc... »)

Il part avec ses deux enfants (quinze et dix ans).

Toute la journée du 18 est occupée par le voyage de Paris à Dieppe. Ses dons d'observation n'avaient rien perdu de leur acuité et son sens historique était toujours en éveil. Le samedi 21, dans le château d'Eu, il est impressionné par une foule de portraits historiques. Avec quelle promptitude il construit des théories d'histoire, où il imagine le caractère des personnages! D'abord, c'est la situation du château d'Eu qu'il précise :

> « L'importance réelle d'Eu n'est pas seulement son petit port d'où Robert Courtehcuse envahit jadis l'Angleterre; plusieurs points de la côte présentent une situation analogue. Eu a ceci de particulier d'être la frontière entre la Normandie et le Ponthieu « ce pays des meilleurs hommes d'armes » adossé à la belliqueuse Picardie. »

Puis, il se remémore tous les propriétaires du comté, les comtes Normands, les Lusignan, les Brienne, les comtes d'Artois; puis Saint-Pol, Nevers, Guise, Montpensier, Maine, Penthièvre, Orléans. Le vendredi, il parcourt le parc, le samedi, quoique souffrant, l'église du collège des Jésuites et le château, qui est pour lui une galerie de portraits historiques, un second Versailles.

En rentrant à Paris, le lundi 23, il se livre à une comparaison entre le climat anglais et le climat normand, et il ajoute :

> « La route est déjà bien gâtée, le vent frais, l'automne précoce. Réfugions-nous donc dans Paris, dans le travail... Il faut se hâter, l'automne avance, le soir vient, et le soir de la vie... Je vois par dessus les côtes obscures de St Germain les dernières lueurs du couchant. »

Le 2 décembre, il ouvrit son cours, sur la Renaissance, sans se douter qu'il allait être la source d'un véritable renouvellement dans sa vie.

On a jusqu'ici toujours répété qu'un changement radical s'était produit en Michelet après 1842, que, sous l'influence de Quinet et de la jeunesse révolutionnaire qui suivait ses cours, sous l'influence surtout des attaques des ultramontains et particulièrement du chanoine Des Garets, il avait renié sa piété envers le Moyen-Age et l'Église, et finalement abandonné l'histoire de France à la fin du xve siècle pour ne s'occuper que de questions religieuses et sociales et écrire l'histoire de la Révolution. Quand il s'est, en 1853, remis à l'histoire de France, il était un autre homme. D'où son *Introduction de la Renaissance*, véritable réquisitoire contre le Moyen-Age où il répudiait toutes ses idées passées.

En réalité, nous allons voir que les deux volumes sur la Renaissance et la Réforme étaient déjà, en 1840-41, prêts dans le cerveau de Michelet. La fameuse *Introduction de la Renaissance* était en partie écrite en 1842, elle est sortie de l'évolution naturelle des idées historiques de Michelet et nullement d'une crise qui en aurait changé la direction.

La substance solide du cours, vous la retrouverez dans les volumes de 1855 [1]. Mais nous avons déjà vu que Michelet veut au Collège donner avant tout l'histoire de l'âme humaine à travers l'histoire, le sens des révolutions historiques, les idées cachées sous les faits. Dans cet effort perpétuel de généralisation, s'il trouve d'admirables illuminations il se perd souvent dans le vague, l'obscur, le subtil, l'étrange, parfois même l'affecté et le prétentieux. Ce qui l'égare surtout, c'est cette obsession de subjectivisme qui lui fait perpétuellement identifier sa vie personnelle avec celle de l'histoire. Chaque nation est un moi; et leur union forme le moi-humanité. L'historien doit arriver à recréer ces moi divers dans son propre moi, et à sentir dans l'unité de son être celle de l'humanité.

Ne croyez pas que j'invente. Je ne fais que commenter une note où le 31 janvier 1841 Michelet s'est défini à lui-même sa méthode.

> I. Ma vie *intérieure présente*
> soit individuelle (vie et mort [ici une déchirure. Il devait y
> (avoir Mme Dumesnil.]
> (et le lieu: : Paris, voyages, etc..
> soit vie générale de l'individu (génération de l'esprit)
> méthode historique aux deux sens (comment se fait la vie
> (comment j'écris
> (par symbolisation
> (et désymbolisation
> (alternatives.
>
> II. *Ma vie antérieure*
> du moi *humanité*
> Sommairement, logiquement : *mes* origines comme *peuple*
> de Moïse à Jésus, (Justinien Ier, Justin II, etc.
> aux socialistes de 1820-1840
> en détaillant l'époque moderne où les divers moi nationaux sont devenus
> *solidaires* les uns des autres, où le genre humain a trouvé son identité :
> 1500 Italie : peinture. Allemagne : religion, etc.
> 1850 et Angleterre fin physique. — Paris.

S'il faut en croire l'*Univers* du 21 février 1840, Michelet affectait dans ses leçons le rôle de démolisseur et avait la prétention de détruire toutes les idées reçues.

---

1. Nous en avons la preuve directe. Nous retrouvons toutes les parties des cours de 1840 et 1841 dans les t. VII et VIII de l'histoire de France. Les pages très belles et très vraies du t. VII, à la fin du chapitre I, sur l'Espagne et l'Inquisition, répondent exactement à ce que l'*Univers* du 21 février 1840 reprochait à Michelet d'avoir dit dans ce qu'il appelait une diatribe contre l'Inquisition. On peut juger d'après cela, comme par la comparaison de beaucoup d'autres passages, que la rédaction des t. VII et VIII était déjà très avancée en 1840 et 41. Seulement Michelet dans son livre corrigeait et atténuait ce qu'il y avait eu souvent de téméraire et d'exagéré dans son cours.

« Je ne viens pas ici, aurait-il dit dans sa leçon sur l'Espagne (où il avait surtout longuement attaqué l'Inquisition), vous enseigner l'histoire, mais bien vous la désapprendre. Votre rôle est d'étudier les faits, de les rassembler, de les classer, le mien est de vous enlever tout le fruit de vos travaux. A vous le soin de remplir votre mémoire par l'étude, à moi le soin de la vider par la critique et d'y faire table rase. »

Cependant, je doute que ces paroles reproduisent exactement celles de Michelet. Celui-ci ne se refusait pas à donner à sa pensée une forme souvent paradoxale et il s'était donné pour tâche, très justement, — c'est là l'œuvre de tout professeur sérieux — de faire la critique des idées reçues, d'obliger ses auditeurs à désapprendre pour réédifier avec des matériaux plus solides, après avoir fait table rase.

Cette leçon sur l'Espagne, si vivement critiquée par l'*Univers*, était parfaitement raisonnable si nous en jugeons par ce qui en a passé dans le tome VII. Les ennemis de Michelet, qui voyaient déjà en lui un redoutable adversaire pour le catholicisme, cherchaient à le discréditer en faisant ressortir ce que sa manière de parler avait parfois de paradoxal, de fantaisiste, de recherché.

« Depuis la reprise de son cours, dit l'*Univers*, M. Michelet semble avoir pris à tâche de faire oublier les qualités que les journaux catholiques avaient appréciées autant que qui que ce soit. Il cherche à éviter comme autant d'écueils la gravité, le respect des traditions, la suite dans les idées et le langage. Ses leçons, ou plutôt pour employer l'expression qu'il a adoptée, ses conversations sur l'histoire, n'offrent qu'une suite de concetti plus ou moins spirituels, plus ou moins paradoxaux. La foule se presse autour de sa chaire, car il est piquant de voir ainsi mettre l'histoire en épigrammes. »

Nous ne pouvons pas analyser le cours. Ce serait analyser le tome VII de l'*Histoire de France*. Nous prendrons seulement trois des sujets abordés en 1840 par Michelet et qui ne se retrouvent pas traités tels quels dans l'*Histoire de France*, pour y étudier et sa manière de travailler et sa méthode d'enseignement : Rome, l'imprimerie et l'art du xve siècle.

Michelet consacra deux leçons le 12 et le 19 mars 1840 à Rome. Il dépouilla avec soin tous les chapitres de l'*Histoire des Républiques italiennes* de Sismondi [1], étudia les monuments de Rome surtout les plus mystérieux, ruines, tombeaux, catacombes. J.-B. de Rossi n'avait pas encore soumis à une investigation méthodique et à une critique savante la *Roma Sotterranea*. Mais à la fin du xvie siècle et au commencement du xviie, Bosio, pris d'une passion pour la Rome souterraine, avait mis vingt ans à l'explorer et écrit un livre qu'il laissa inachevé à sa mort en 1629, et qui parut trois ans après en 1632 en 1 vol. in-f. Artaud résuma l'œuvre de Bosio dans son livre de 1810, et Ampère revint sur ce sujet.

Michelet avait lu aussi et annoté la *Rome souterraine* de Didier, parue en 1833, en 2 vol. Mais si ce livre contenait des descriptions intéres-

---

1. Il lit aussi les voyages à Rome, Luther, Montaigne, Gœthe.

santes de Rome, son titre seul le rapprochait de celui de Bosio, car ce que Didier étudiait, c'étaient les mouvements révolutionnaires, la vie des sociétés secrètes, qui annonçaient d'après lui que Rome redeviendrait la capitale de l'Italie [1].

L'imagination de Michelet fut séduite avec une force extraordinaire par ces catacombes qu'en 1830 il n'avait pu visiter [2]. Dans sa passion généralisatrice et symbolisante il fit de cette *Roma sotterranea* le symbole même de toute l'histoire de Rome, le vrai nom de Rome. La devise de Rome c'est : *Mors* = *Fors*, la mort et la fortune. Pour comprendre Rome, il faut fouiller dans son sol, y déterrer les six civilisations qui s'y sont superposées : sous la Rome papale, la féodale, sous celle-ci la chrétienne, puis la Rome impériale, puis la Rome républicaine et au plus profond la Rome etrusco-latine. Rome est grande non seulement par ses voies, mais par ses tombeaux et ses catacombes, ses aqueducs et ses cloaques. Les Grecs, fils du Dieu du jour, ont travaillé sur terre, les Etrusques et les Romains aussi sous terre. Ils ont creusé des voies arides, les catacombes, des voies vives et fraîches, les aqueducs qui gazouillent sur la tête des morts [3].

Rome a pour base un tombeau et elle a passé toute son histoire à « risuscitar le cose morte ».

Il y a à Rome deux sortes de sépultures : celles des héros, des vainqueurs, qui s'élèvent orgueilleusement sur les routes; les sépultures sacerdotales et celles des petits, des humbles, qui se cachent sous la terre. Rome exerce sur le monde une immense attraction; elle mâche le monde, avale les hommes libres qui croient y trouver la puissance et la sécurité de la vie et n'y rencontrent que misère et mort; elle avale les esclaves qui y succombent de misère et de vice. Où cacher cette immense déjection? Elle la vomit aux catacombes, *arenariae*, dont on tirait un ciment indestructible et que l'on comblait avec des hommes. Elle y enterre l'Italie, la Syrie, la Thrace, la Germanie; deux martyrs y furent menés, puis tout un peuple. Les catacombes s'étendent à quinze lieues. Rome se met à s'enfouir, elle déserte ses temples qui tombent en ruines pour se ruer sous terre et y vivre, dans les cryptes des églises souterraines. Elle se démolit, fait de la chaux avec des marbres, vend ses monuments, ses ossements et sa terre. Ce n'est qu'au xiie siècle que l'église remonte au jour et ferme les catacombes. Le trésor intérieur est scellé. Après l'éclatante lumière du xvie siècle l'Italie, envahie par la tristesse religieuse et nationale, retombe dans la nuit et retourne voir les catacombes. Michelet raconte alors les fouilles de Bosio qui, vingt ans, de 1567 à 1600, mena une vie de loir; passant parfois huit jours de suite sous terre. C'est quand la Rome papale a été finie, ruinée par Sixte

1. Puis il avait joint à ces livres les gravures de Piranesi qui lui avaient montré les ruines de Rome agrandies par la vision d'un artiste d'une sensibilité excessive.

2. Il y a dans *Rome* un chapitre entier sur les catacombes, mais il a été fabriqué par Mme Michelet avec les notes du cours de 1840.

3. XXXVI, 24.

Quint que Bosio lui révèle les catacombes. Piranesi, un Rienzi artiste, essaie de faire revenir au jour la vieille Rome, il l'idéalise, la recrée, mais reste englouti dans le labyrinthe de ses ruines, sous ces voûtes où l'on erre sans trouver d'issue et où l'on est prisonnier. L'art demeure captif dans les terreurs souterraines. Rome ne crée rien, ne produit rien, ni Virgile ni Raphaël. Elle est un refuge et un passage. Elle reçoit 1° les brigands de la montagne, 2° les pélerins du monde, les voit passer et rit d'un rire tragique avec Juvénal, Pasquin, Salvator. Ses révolutions, celle d'Arnaldo, de Rienzi, sont des orgies d'artistes. On n'arrive pas à créer une cité. Elle échoue contre la papauté, c'est-à-dire le monde.

J'ai reconstitué tant bien que mal cet aperçu poético-philosophique, en me servant des notes morcelées et hachées de Michelet. Il serait trop facile d'y montrer une fantasmagorie qui ne résisterait pas à un examen un peu attentif. Mais, à travers cette vision inspirée par les mystères des catacombes, il y a une idée d'historien et d'artiste qui mérite d'être retenue et qui s'impose à la pensée de quiconque interroge de près la Rome monumentale. Nulle part, dans aucune ville, on n'a comme à Rome l'impression de se trouver dans un immense ossuaire, où une série de civilisations ont laissé leurs vestiges et où toutes n'ont laissé que des ruines, malgré le vertige architectural, le besoin insatiable d'élever des constructions colossales, qui a possédé tous les maîtres de Rome. Nulle part on n'a, comme à Rome, le sentiment que l'humanité et l'histoire sont faites surtout de morts; nulle part les tombeaux ne tiennent tant de place, dans les églises, sur les voies de la campagne, dans tout le sol qui entoure Rome. Nulle part la tradition, c'est-à-dire le passé, la mort, ne se manifeste avec autant de puissance. Voilà l'idée juste, que Michelet a entrevue, mais qu'il a exposée d'une manière vague, confuse, exagérée, en altérant à chaque instant la réalité historique pour la mettre au service de son besoin insatiable de symbolisme[1].

En parlant de l'imprimerie, Michelet n'était pas exposé à de pareils écarts d'imagination. Cela ne l'empêchera pas, une fois fixée l'histoire de la découverte de l'imprimerie, de laisser sa sensibilité s'exalter. Mais cette fois son exaltation ne dépasse guère le but et n'ajoute guère à la réalité, car il est difficile d'exagérer l'importance d'une pareille invention. Michelet, fils d'imprimeur, apprenti imprimeur dans son enfance, devait plus qu'un autre en sentir la beauté.

Ses notes nous montrent avec quel soin il avait étudié la question des origines et du développement de l'imprimerie. Il l'étudie dans les meilleurs livres qui existaient alors sur cette question : les deux volumes sur l'*Origine de l'imprimerie* publiés en 1810 par le jésuite Laubinet; puis les savantes recherches du marquis Léon de Laborde, son *Histoire de la découverte de l'imprimerie* de 1836 et ses *Débuts*

---

1. Comme Michelet le disait dans son cours de 1841 « Rome est la tombe énorme où l'humanité antique est venue apporter ses os, le sépulcre de vingt peuples et de vingt siècles. »

de l'imprimerie à Strasbourg, qui venaient de paraître en 1840. Il analyse plume en main le *Traité historique de la Gravure sur bois*, publié en 1776 par Jean-Baptiste Papillon, le dernier d'une dynastie de graveurs remontant au milieu du XVIIe siècle. Il étudie le livre de Jean Duschesne conservateur des Estampes, son *Essai sur les Nielles* de 1826. Ses dépouillements de textes ne sont pas de simples analyses, mais des discussions, des critiques. Il fait un effort admirable pour arriver à fixer toutes les dates de cette invention, où, comme de Laborde et Daunou, il a très bien reconnu l'œuvre collective d'une succession d'inventeurs partiels. Il voit l'impossibilité d'affirmer que Gutenberg ait inventé les caractères mobiles en métal et la presse d'imprimerie; mais qu'il est certain, par contre, que la Bible à quarante-deux lignes imprimée par Gutenberg entre 1450 et 1455 avec la collaboration de Jean Fust, est la première œuvre où l'imprimerie soit en pleine possession de ses procédés d'exécution sûre et rapide.

Si l'on compare ce qu'a dit Michelet dans ses notes et ce qu'écrit M. Petit-Dutaillis au t. IV de l'*Histoire de France* de Lavisse, on voit que Michelet s'était arrêté aux conclusions adoptées aujourd'hui par la science la plus érudite.

Dans tout ce premier travail, Michelet se montre à nous comme un érudit consciencieux et méthodique, fixant prudemment tous les éléments de la question et marquant tous les points douteux. Cela fait, les ailes de l'historien généralisateur s'ouvrent, sa sensibilité s'émeut, et c'est avec des accents frémissants qu'il décrit l'œuvre grandiose accomplie par la presse à l'époque de la Renaissance. Il considère l'année 1840 comme le jubilé de l'imprimerie. C'est en effet de 1431 à 1440 que Gutenberg fit ses premiers essais. Au moment même où Michelet parlait, on inaugurait à Strasbourg la statue de Gutenberg par David d'Angers, trois ans après qu'on eût inauguré à Mayence celle sculptée par Thorwaldsen. Michelet salue la statue élevée à la gloire de cette formidable machine qui propage le bien et le mal, met tout homme à portée de choisir, véritable arbre de science.

Et il se demande : Pourquoi cette machine vient-elle si tard? Et il fait à cette question une réponse vraiment chimérique. C'est que pour découvrir l'imprimerie il fallait que l'humanité eût unité d'esprit et de cœur, et qu'elle ne l'eut pas avant la Renaissance.

Michelet montre alors ingénieusement comment l'imprimerie naquit du besoin que sentit l'humanité à la fin du XIVe siècle et au début du XVe de s'instruire, de communiquer. On multiplie les manuscrits, on crée des écoles de copistes, de *cursores*. Cela devient une industrie par laquelle Nicolas Flamel[1] s'enrichit. C'est par centaines qu'on fait des manuscrits de l'*Imitation*. L'écriture n'étant jamais assez rapide, il faut trouver autre chose. C'est d'abord un décalque, une stéréotypie de pages; puis la mobilité de l'esprit crée des lignes mobiles, puis des mots, des syllabes, et enfin des lettres. Michelet imagine alors.

---

1. Écrivain juré de l'Université, mort en 1412. Alchimiste.

sans preuves, que ce fut sûrement l'Allemagne qui la première détacha les lettres et, tourmentée de l'impuissance des images peintes, osa produire l'image du Verbe, la Bible. Michelet marque alors les étapes de l'œuvre de l'imprimerie. D'abord la reproduction du christianisme et de l'antiquité, c'est-à-dire les deux passés; puis la discussion du passé, la critique et la polémique; enfin la reproduction et la discussion du présent universel, l'univers jour par jour en contact avec l'individu.

Telles furent dans leurs lignes générales les leçons de juin 1840 sur l'imprimerie, où, à des pensées justes et à des détails très précis sur la découverte de l'imprimerie et sur l'œuvre des grands imprimeurs, les Alde, les Estienne, Froben, se mêlaient des chimères, des rêveries un peu déclamatoires.

Arrivons au troisième sujet dont j'ai parlé : le développement de l'art italien. Michelet, à une période où presque personne en France, sauf le catholique Rio, ne s'occupait de l'art du xv⁰ siècle, a compris que cet art est le moment essentiel dans l'histoire de la peinture italienne. Il a dépouillé avec le plus grand soin l'ouvrage de Rio, tout en gardant vis-à-vis de lui la plus grande indépendance. Il a noté au fur et à mesure les idées que lui inspirait le livre de Karl von Rumohr (3 vol. de 1826 à 1831) [1]. Mais tandis que Rumohr et surtout Rio voient dans la religion et le mysticisme la source même de la beauté artistique, et dans le naturalisme le principe de la décadence de l'art, Michelet voit au contraire dans le naturalisme la source de tous les progrès de l'art, à la condition qu'il s'harmonise avec l'humanité.

Pour Michelet il y a trois moments dans l'histoire de l'art italien : l'art florentin, l'art ombrien, puis l'art de Rome, de Lombardie et de Venise, apogée de la peinture italienne. Ces trois moments sont trois victoires de la nature, et marquent trois moments de l'introduction du paysage dans l'art. Il résume l'histoire de l'art en « une série de victoires alternatives de la nature sur l'humanité, du paysage sur la figure. » C'est donner au paysage dans l'art italien une importance qu'il n'a pas eue. Le naturalisme italien est essentiellement humain. Toutefois, Michelet a raison de faire remarquer que ce naturalisme s'est développé parallèlement à l'art du paysage. « Le christianisme, dit Michelet, dans sa lutte contre l'adoration de la nature, avait trop condamné la nature ». — Le christianisme hiératique et byzantin fut affranchi par le christianisme mystique, franciscain et dantesque. Giotto place encore souvent ses personnages sur des fonds d'or... Mais la nature fait irruption. Les Médicis encouragent les peintres à choisir des sujets non chrétiens. Paolo Uccello peint des animaux, des paysages, et s'enthousiasme pour la perspective : « Que la perspective est une douce chose ! » — Masaccio est dominé par l'architecture, mais Filippi fait des paysages vrais. D'après Michelet, l'Italie a été éveillée au sentiment de la nature par la Renaissance allemande (?) de Van Eyck, de ce Van Eyck dont les œuvres éclipsent encore au-

1. 1781-1845. Converti en 1804.

jourd'hui toutes les autres comme couleur durable [1]. L'Italie aurait reçu du Nord *l'enthousiasme de la couleur et de la vie*, et en même temps *celui de la mort*. La mort inspire à Michel-Ange, à Vinci, et, avant eux, à Signorelli, une telle passion de l'anatomie que l'on a prétendu que Signorelli avait écorché le cadavre de son fils. A côté de cette poussée de naturalisme, sensuel avec Lippi, meurtrier avec A. del Castagno, se développe en Toscane et surtout en Ombrie, une réaction de la grâce qui produit une harmonie exquise. Le christianisme et sa rêverie mystique, perpétuée chez les moines peintres de miniatures, à Sienne surtout, s'allie à la nature chez Fra Angelico, chez son disciple Benozzo Gozzoli, qui trouve au Campo Santo de Pise le vrai style patriarcal, et surtout chez les peintres de l'école ombrienne, Gentile da Fabriano, Pérugin et Raphaël.

> « La fleur des écoles de Sienne et de Florence, dit délicieusement Michelet, transplantée près des tombeaux de St François d'Assise, cultivé par Pérugin et Raphaël, a rempli de son parfum les montagnes et les vallées d'alentour. Aux collines d'Ombrie fleurit l'alliance du *christianisme et de la nature.* Cette fleur vient toute seule comme un joli noël improvisé. En effet, est-ce qu'il n'y a pas aussi la *Grâce de Dieu* dans la *Nature*, soit qu'on y cherche la vie, (ne vivent-ils pas, ces monts et ces étoiles, comme dit Byron) soit qu'on y sente la bénédiction du créateur et cultivateur de ce monde, dont la beauté est la bénédiction visible ? »

Raphaël est, pour Michelet, un Virgile chrétien, sans tristesse. Il met la Vierge partout, mais humaine, en belle jardinière. La grâce tourne à la nature et se paganise chez lui comme chez Léonard, où saint Jean devient Bacchus. La nature devient trop forte dans cette grande Rome au fond tout païen. Michel-Ange lui-même est emporté dans ce débordement, et Raphaël se laisse entraîner au jeu des arabesques, où il combine arbitrairement fleurs, satyres, animaux, oiseaux. Pendant ce temps, à Venise, triomphe le naturalisme bien équilibré de Giorgione et du Titien; là le paysage atteint sa perfection. Là, l'enthousiasme pour la nature prend des allures colossales dans ce que Michelet appelle joliment le « monumentalisme de Véronèse et la vulgarité et le mouvement gondolier de Tintoret. » Par Venise, l'Italie réagira à son tour sur les Flandres dans Rubens.

Dans cette tentative, en somme heureuse, faite en 1840 pour résumer le mouvement de la peinture italienne, Michelet n'avait pas réussi à marquer la place de Michel-Ange. Il en faisait une sorte de protestataire contre Vinci, le philosophe voluptueux, contre la grâce naturaliste de Raphaël et le naturalisme pur du Titien. Sentant sans doute ce que cette caractéristique avait de vague et d'arbitraire, il y revient, en 1841; mais ici encore, nous le voyons se débattre

---

1. Dans l'intervalle de ces deux cours de 1840 et 1841, Michelet, nous l'avons vu, était allé en Belgique et il se servit de ses notes de voyage de 1837 et de 1840 le 13 mars 1841 pour faire une comparaison entre les cités du Nord et celles du Midi et mettre la civilisation et la Renaissance flamandes en opposition à celles de l'Italie. Il prend Pise comme type italien. Ypres comme type flamand.

pour définir la nature du génie de Michel-Ange, sans arriver à une formule bien claire. Toutefois, on distingue déjà, dans le cours de 1841, les linéaments du merveilleux chapitre XII de la Renaissance, où Michelet fera la description du plafond de la Chapelle Sixtine, un des plus prestigieux morceaux sortis de sa plume. Michelet y représente Michel-Ange comme une sorte de justicier qui commence son œuvre par le *Moïse*, le Génie de la Loi, la termine par le *Jugement dernier*, et, entre deux, exprime dans le plafond de la Sixtine sa passion de la justice, sa désolation pour les misères du temps présent et l'annonce des temps nouveaux et d'un monde meilleur.

En 1841, il en fait le chef de « l'École de la mort qui brisera les images (c'est-à-dire les œuvres naturalistes inspirées par l'enthousiasme de la vie, le naturalisme sensuel) et veut sans intermédiaire l'esprit, l'unité d'esprit, l'intérieur... Le premier degré de la guerre à l'art sensualiste me paraît être en cet artiste qui, tout en représentant la vie, ne fut amoureux que de la mort, qui, le plus savant de tous dans la forme, n'y cherche que l'esprit. Ce violent génie était sorti du bûcher de Savonarole. On lui parlait de la vie : « J'aime autant la mort, dit-il; elle est du même maître. — Michel-Ange resta dans l'orage de l'art, dans la pesante atmosphère de Rome. La ville de la mort lui plaisait et devait le retenir.... Qu'a fait Rome? Elle a brisé la vie antique. Et que faisait Michel-Ange? Il faisait effort pour briser la vie du Moyen-Age, pour échapper vers l'avenir, pour échapper au symbole convenu, pour exprimer dans les formes de la vie et de la nature l'esprit et la mort. »

Le cours de 1841 dont nous avons déjà indiqué les grandes lignes comportait deux parties, une première sur l'Italie, les Turcs et les rapports de l'Italie au xvi⁰ siècle avec la France et avec Charles-Quint, une seconde partie sur la Réforme, Luther, Zwingle, les Vaudois, Calvin. Toute la substance proprement historique de ce cours a passé dans les volumes de la *Renaissance* et de la *Réforme*[1].

Mais Michelet, en arrivant à cette seconde année de cours sur la Renaissance, se laisse entraîner plus encore que la première à des vues d'ensemble qui dépassent de beaucoup la période dont il faisait l'histoire. Dès sa leçon d'ouverture, il fait une incursion hardie dans l'histoire presque contemporaine, en célébrant, à propos du xvi⁰ siècle, le mariage de la France et de l'Italie, qui a produit de si grands et féconds résultats — goût du beau — génie d'ordre et de politique — intelligence commerciale — union qui n'a eu sa consécration que bien plus tard « quand le bras puissant et centralisateur de Napoléon fit de l'Italie une autre France. »

Michelet se donne ici une licence dont il devait désormais user souvent et même abuser : il profite des événements contemporains pour donner à son cours le piquant de l'actualité. C'est le 21 décembre 1840 qu'il fit sa leçon d'ouverture. Ses auditeurs et lui-même étaient encore tout frémissants de l'émotion qu'avait causée dans Paris, en France

---

1. Le chapitre VI sur Luther musicien est une des leçons de 1841.

et en Europe, le retour des cendres de Napoléon, six jours auparavant. Le gouvernement de Louis-Philippe, malgré les avertissements et les protestations prophétiques de Lamartine, avait trouvé habile de rendre à la fois des honneurs solennels aux héros de juillet et aux cendres de Napoléon. Il lui semblait que c'était un signe de force de montrer qu'il n'avait pas peur d'un souvenir, et qu'il n'oubliait pas que les orléanistes et les bonapartistes avaient été unis dans l'opposition au régime de Charles X. Mais, en cette année 1840, tout avait tourné contre la politique de M. Thiers. Le 15 juillet, l'Angleterre, l'Autriche, la Prusse et la Russie signaient avec la Turquie un traité dirigé autant contre la France que contre Méhémet Ali. Le 29 juillet on transférait solennellement les restes des combattants de 1830 sous la colonne de la place de la Bastille, et huit jours après, Louis-Napoléon Bonaparte tentait un débarquement à Boulogne. Les fortifications de Paris, dont M. Thiers fit adopter le projet par les Chambres et qui furent le 17 septembre l'objet d'une ordonnance royale, parurent bien plutôt destinées à contenir Paris révolutionnaire qu'à combattre la coalition européenne; et à l'humiliation causée par la quadruple alliance se joignit celle de voir succéder au ministère Thiers, qui avait voulu tenir tête à l'Europe et à la Turquie, le ministère Soult, où Guizot soutenait ouvertement une politique d'accord avec l'Angleterre. C'est dans ces conditions que se fit la cérémonie du retour des cendres, après la chute du ministre qui l'avait décidée, au milieu d'une foule sur laque'le avait passé un instant au lendemain du 15 juillet, le souffle des grandes guerres du commencement du siècle, et à laquelle Louis-Napoléon, malgré le ridicule de son équipée, avait rappelé que le nom de Napoléon pouvait être une espérance autant qu'un souvenir.

Michelet n'était pas bonapartiste, mais, passionnément attaché à l'idée de centralisation et d'unité qui lui paraissait l'idée directrice de toute l'histoire de France, il voyait dans Napoléon le grand consommateur de l'unité française. C'est à ce point de vue qu'il envisagea Napoléon dans sa leçon d'ouverture.

On comprend quelle émotion ses paroles devaient susciter dans un moment où le nom de Napoléon était sur toutes les bouches et dans tous les esprits. Nous avons peine aujourd'hui à concevoir l'état d'esprit des auditeurs du Collège de France en 1840, la passion qu'ils apportaient à ces leçons, l'intensité avec laquelle se produisait un échange entre le professeur et ses élèves, qu'il trouvât chez eux l'approbation ou le blâme. Michelet avait conservé un assez grand nombre de ces lettres qui constituaient entre ses élèves et lui un véritable dialogue, car il répondait souvent du haut de la chaire à celles qu'on lui avait adressées. Ces correspondances contribuaient à pousser Michelet dans la voie d'apostolat moral où il se sentait entraîné. En 1840, un auditeur lui demande si *l'ambition d'un grand but suppose la force de l'atteindre*, si la foi peut créer la volonté. Le 6 février 1840, après une leçon où Michelet a vanté la gloire de l'Allemagne dans le domaine de la pensée, qui doit la consoler de son morcellement et de sa faiblesse, un Allemand, nommé Meister, lui écrit que *l'Allemagne ne peut se contenter des gloires de la pensée*, qu'elle doit, par la liberté, s'affirmer dans toutes les grandes questions de la vie politique et sociale, que la France doit aider l'Allemagne à reconstituer son unité par les forces populaires, parce que, de l'union de la France et de l'Allemagne, dépend la civilisation. Un autre défend contre lui l'Inquisition, trouve que l'Espagne avait besoin d'être saignée et que l'Inquisition lui a rendu un grand service en empêchant la Réforme de s'y implanter. Un autre, un certain Amyot, dans une très longue lettre, lui dit être revenu au christianisme après avoir longtemps suivi Michelet dans son symbolisme panthéistique et le supplie, le somme même, au nom de la sincérité, de revenir lui aussi à la foi catholique. Il se scandalise des expressions pittoresques dont Michelet émaille ses cours et qui lui paraissent impies, comme lorsqu'il appelle la lettre de change : *l'Eucharistie de la finance.* »

Ce cours prit donc, en cette année 1841, un caractère de plus en plus lyrique et poétique, beaucoup sans doute sous l'influence de l'enthousiasme que causait à Michelet la Renaissance, mais aussi sous l'influence de sa vie intime, de l'amitié passionnée pour Mme Dumesnil qui s'empara de lui au printemps 1841, avec une force toute puissante.

C'est dans les leçons du mois de juin, — conclusion au cours, — où il montre *la fécondité morale, la maternité* puissante de la Renaissance et comment une foi nouvelle se forma par les combats du doute et de la foi ancienne, qu'il se laissa surtout aller aux élans d'une sensibilité éperdue et à des généralisations aussi vagues que vastes, où il embrasse tout le mouvement de la pensée et des sentiments du xvie au xviiie siècle.

Les vrais représentants du xvie siècle pour lui, ce ne sont pas les réformateurs, ce sont les chercheurs, c'est le moine franciscain Bernadino Ochino (1487-1564), qui s'enfuit d'Italie à Genève, embrasse la Réforme, se marie, mais suspect aux réformés se fait chasser d'Angleterre, de Suisse et de Pologne et meurt en Moravie; c'est l'antitrinitaire Michel Servet, (1509-1553) la victime la plus illustre de l'intolérance de Calvin. C'est Socin (1525-1562) de Sienne, qui attaqua tous les dogmes chrétiens, erra en France, en Angleterre, en Suisse, en Allemagne et finit par venir mourir à Zurich. C'est Giordano Bruno, le philosophe panthéiste qui mourut à Rome sur le bûcher en 1600 après avoir enseigné à Paris, en Angleterre et en Allemagne.

Ce sont les grands amants de l'Idéal, de l'invisible et de l'amour divin; ils refusent d'accepter les symboles du passé et errent à la recherche de la foi nouvelle.

Après avoir montré la mort du Moyen-Age et l'effort tumultueux du xvie siècle, Michelet montre le monde moderne arrivant à créer une foi laïque, une vie spirituelle fondée sur le travail, la raison, la science :

« Le Moyen-Age eut bien des secours, les communications d'un Dieu personnel, qui lui parlait comme un homme à un homme. Eh bien, mettez ensemble les mille ans du Moyen-Age, de saint Augustin à Luther, puis mettez en face les 250 ans d'après. Comparez la fécondité[1] !

« D'abord les *mathématiques*, le nombre, le *pur*, l'abstrait, les grands cycles de la philosophie. Cycle de Descartes, Leibnitz, Malebranche, Spinoza. Cycle de Kant.

« La *vie*, non plus verbalité, mais vie normale collective, législation, jurisprudence, vie physique, sciences naturelles. Non seulement savoir, mais refaire. »

1. Dans une note écrite à la fin du cours de 1840, Michelet résume son cours sur la Renaissance et indique nettement que ce cours fut le résultat d'une double inspiration : le désespoir et la mort, à la suite de la mort de Pauline; l'espoir et la renaissance, à la suite de la connaissance de Mme Dumesnil.

CHAPITRE VI

La Crise de 1840 à 1842

Les cours de 1840 et 1841, malgré les élans lyriques dont ils étaient pleins, étaient encore nourris de faits.

En 1842, nous sommes en pleine philosophie, que dis-je? en pleine rêverie philosophique. Sous prétexte de dégager les principes d'une philosophie de l'histoire qui servira de base à ses cours ultérieurs, Michelet fait de l'évolution de sa pensée et de ses œuvres, de 1827 à 1842, l'image de l'évolution de l'histoire entière. Il expose cette évolution dans des termes d'un mysticisme métaphysique, où nous aurons bien de la peine à trouver quelque idée claire et précise, utile à l'histoire [1].

Mme Quinet, dans *Cinquante ans d'amitié*, a institué une sorte de parallèle entre Quinet et Michelet. Tout en prodiguant à Michelet les épithètes laudatives, elle le représente n'écoutant rien, ne lisant rien, inventant l'histoire plus qu'il ne l'étudiait, et elle met le calme, la gravité sereine de Quinet en regard de la fièvre de Michelet. Ayant déclaré difficile de préciser ce que Michelet et Quinet se doivent l'un à l'autre, elle indique fort clairement que, si Quinet ne dut rien à Michelet, Michelet, par contre, dut à Quinet une véritable révolution dans sa pensée et dans sa vie.

Si l'on me demandait ce que Michelet doit à Quinet, je répondrais : c'est son attitude militante au Collège de France de 1842 à 1847. Jusqu'alors Michelet faisait un cours extrêmement intéressant, très important, mais très inoffensif et dans lequel la politique et la religion n'entraient pour rien.. Edgar Quinet fut entraîné à l'audacieuse campagne contre les Jésuites par différentes causes : par ses études sur le génie des religions, par le spectacle de servitude qu'offraient les peuples soumis à la Papauté... Il entraîna Michelet en 1843. Michelet fut admirable dans cette lutte. Cette campagne en commun, cette fraternité d'armes dura jusqu'après 1846... Après l'interdiction du cours de Quinet au semestre de Pâques 1846, Michelet reprit le ton du professeur, avec l'allure familière de l'éducateur de la jeunesse »

Tout est inexact dans ces lignes. La fin, le brusque changement de ton de Michelet après Pâques 1846, est absolument fausse; mais la première partie de ce passage n'est pas moins erronée. Les cours de 1839, 1840, 1841, nous ont déjà montré Michelet prenant résolument parti contre le Moyen-Age et le catholicisme. Même en 1843, dans le cours sur les Jésuites, la collaboration de Michelet et de Quinet fut le résultat

---

1. D'ailleurs Michelet ne fit en cette année 1842 que sept leçons, du 18 mars au 14 mai. Pendant l'hiver il avait obtenu de se faire suppléer par Yanoski.

d'une sorte d'harmonie préétablie des deux esprits, non d'un entraînement de l'un par l'autre.

Certes, la présence de Qüinet à Paris a fortifié Michelet dans son
opposition à l'Église catholique et développé ses instincts de comba-
tivité; mais l'évolution de sa pensée pendant ces années 1840 à 1843
tient encore à d'autres causes.

Les plus profondes, peut-être les plus puissantes, ont été d'ordre
intime. C'est le drame domestique qui se déroule de la mort de Pauline,
en 1839, au mariage d'Adèle avec Alfred Dumesnil, en 1843 et dont le
nœud est la maladie et la mort de Mme Dumesnil, en 1842.

A cela sont venues se joindre des causes extérieures, personnelles
aussi, mais secondaires : la venue au Collège de France de
Mickiewicz et de Quinet, et l'action incontestable qu'exerça sur l'esprit
de Michelet sa confraternité d'armes avec ces deux collègues, le pro-
phétisme de Mickiewicz et le mysticisme philosophique de Quinet.

Mais des raisons d'un caractère général poussaient en outre Michelet comme Quinet à la lutte. Depuis bien des années, surtout depuis
1840, la guerre était ouverte entre le parti ultramontain et le voltairianisme, qui dominait encore dans le gouvernement et l'Université.
La liberté d'enseignement était le prétexte de cette lutte; en réalité,
la querelle était entre le catholicisme et !a libre-pensée. Fatalement,
Michelet, persuadé que le titre de sa chaire faisait de lui un éducateur de la jeunesse, devait prendre parti dans ce débat.

J'ai publié, dans mon volume d'*Études sur la Vie et les Œuvres de
Michelet* les documents essentiels sur la crise d'âme de Michelet pendant les années 1839-1842. Je n'y reviens que pour faire sentir
le lien qui rattache cette crise à son enseignement et à ses livres, et
je complèterai par de nombreux textes inédits ceux que j'ai publiés
en 1905.

Après la crise d'esprit dans laquelle il se trouva pendant les mois
qui précédèrent et suivirent la mort de Pauline (24 juillet 1839), et qui
se reflète dans le tableau qu'il fait au tome IV de son *Histoire de
France* de l'état de la société française sous le règne de Charles VI,
Michelet s'arrache au découragement personnel en s'arrachant à l'individualité pour vivre dans la généralité, dans l'histoire ; il trouve
dans la mort, qu'il a scrutée et interrogée, la leçon qu'il lui demandait. Il faut accepter la mort, parce qu'elle est nécessaire pour trier,
cribler toutes choses, dégager le bien du mal, la vraie vie de la fausse,
parce qu'elle enseigne le respect du passé et la foi dans l'avenir et
la solidarité de tous les âges[1].

Dans cet esprit d'apaisement, de résignation, d'oubli de soi-même,
il écrit deux nouveaux volumes de son *Histoire de France*, le tome V,

---

1. Voy. *Jules Michelet*, p. 94 à 100.
    Geoffroy St-Hilaire lui écrivait : « Vous avez le don auquel les peuples recon-
naissent les envoyés de Dieu : vous dites aux morts : levez-vous, et ils se
lèvent, et ils marchent et agissent sous vos yeux ». Le t. V excita l'admiration universelle (voy. *Semeur, Débats, Courrier français*).

consacré à Charles VII et à Jeanne d'Arc ; le tome VI, consacré à Louis XI[1].

Le tome V parut le 23 août 1841.

Dès le mois d'octobre, il rédigeait les premières pages du tome VI, qu'il ne termina que le 4 décembre 1843. Il le faisait imprimer à mesure; l'ouvrage parut le 7 décembre. Ce n'est pas une des choses les moins caractéristiques de sa manière de travailler que le fait qu'il a toujours imprimé ses livres au fur et à mesure qu'il les écrivait. Il avait des notes si précises, le plan de tous ses chapitres était déjà si arrêté, il écrivait d'autre part, avec un élan si ferme, que les repentirs et les corrections étaient rares. La forme venait presque du premier coup. Il mettait en pratique ce qu'il recommandait à ses élèves de l'École Normale : préparer avec lenteur et ensuite exécuter rapidement[2].

Il y a dans ces deux derniers volumes de l'*Histoire de France* au Moyen-Age comme une sorte de force calme et de concentration maîtresse d'elle-même, qui contraste avec l'exaltation un peu trouble et maladive de quelques passages du tome IV, avec le ton mystique et prophétique du cours de 1842, la violente polémique des cours de 1843 et 1844.

Nous ne pouvons attribuer cet équilibre et cet apaisement au seul effet des réflexions que nous analysions tout à l'heure, à la résignation philosophique qui succéda chez lui aux premiers accès de désespoir où la mort de sa femme l'avait plongé, ni au fait qu'après avoir décrit la mort de la France sous Charles VI, il avait à montrer sa résurrection sous Charles VII. Quelque puissantes que fussent sur lui les impressions de l'histoire, il fallait, pour qu'elles agissent avec cette intensité, qu'il s'y joignît des influences plus personnelles.

C'est, en effet, ce qui se produisit dans ces années 1840-1842. Un événement inattendu, la connaissance qu'il fit de Mme Dumesnil, l'intimité qui s'établit entre eux, fut pour lui une véritable renaissance. Son cinquième volume lui doit en grande partie son accent d'idéalité presque religieuse.

Le journal intime de 1840 et des sept premiers mois de 1841 n'existe plus[3], soit que Michelet l'ait lui-même détruit, soit que sa seconde femme l'ait plus tard fait disparaître[4].

Heureusement, nous pouvons nous faire une idée de ce que fut cette

1. Le dernier bon à tirer du tome V fut donné le 18 août 1841.
Nous voyons par l'art. de Cochut (*Revue des Deux Mondes*, 15 janvier 1842) que la couverture du t. V annonçait encore 7 vol. comme devant conduire l'histoire de France jusqu'à 1815. Il en fallut en réalité 12 pour la mener jusqu'à 1789.
2. En même temps que le t. V avait paru le t. I des Documents relatifs au *Procès des Templiers*.
3. Voyez *J. Michelet*, ch. II.
4. Elle était restée, même après la mort de Michelet, profondément jalouse de Mme Dumesnil qui avait la première fait connaître à Michelet ce que pouvait être une affection de nature idéale pour une femme capable de le comprendre et de s'associer à toutes ses pensées.

rencontre par les lettres de Mme Dumesnil et d'Alfred, son fils, qui se trouvent dans l'ouvrage d'Eugène Noël, paru en 1877, et intitulé : *Michelet et ses enfants*. Les relations de Michelet avec Mme Dumesnil tiennent entre le 5 mai 1840, où ils se virent pour la première fois, et le 31 mai 1842, où elle mourut dans sa maison.

Ce que Michelet était alors, nous le savons par une lettre où Alfred Dumesnil, le 30 décembre 1840, raconte à sa mère une soirée passée chez l'historien. Nous y trouvons une charmante image de l'intérieur de Michelet, de l'animation qu'il savait donner à toutes les conversations, des soins touchants qu'il avait pour son père, pour ses enfants, le petit Charles, âgé de douze ans; et Adèle, âgée de seize ans, dont la grâce, visiblement, était un attrait de plus pour le jeune visiteur.

Mme Dumesnil était heureuse de voir son fils se développer dans ce milieu si cordial, en même temps que d'une si haute culture. Quinet, récemment arrivé à Paris avec sa femme, y était un hôte familier et inspirait au jeune Dumesnil une profonde affection. Elle se promet de rejoindre bientôt son fils. Rien n'était plus touchant d'ailleurs que l'intimité entre cette mère et ce fils, qu'elle exprime en termes délicieux.

A la fin de février 1841, Mme Dumesnil vient passer quelque temps à Paris. Elle va au Collège de France et caractérise le genre d'éloquence de Michelet en disant : « Ce sont des élans de génie dans une adorable causerie d'intimité. » Elle devient une familière de la maison. Michelet lui demande des conseils pour l'éducation de ses enfants et elle se montre pour Adèle une amie maternelle; Charles se met à l'appeler « petite mère ». Elle est sous le charme de Michelet, qu'elle s'étonne de trouver toujours « savant, bon homme, artiste et poète, et toujours en souriant ». Elle vient constamment le voir bien que, déjà, les maladies lui rendent douloureuses les courses en voiture. Michelet se sent renaître. Il découvre dans sa situation « de sérieuses douceurs » (4 avril), qui, en mai, se changent en joie exaltée. J'ai cité le morceau du 9 juin 1841 où, en présence du Panthéon, il exprimait la joie intense éprouvée en apprenant que Mme Dumesnil allait venir s'installer chez lui, avec son fils, au second étage de la maison de la rue des Postes. Une note du 21 août nous apprend que, dès mai 1841, il avait célébré sa *Renaissance* dans un véritable accès d'exaltation[1]. C'était le moment où Mme Dumesnil venait d'emmener à Rouen, à la sente Bihorel, où son mari habitait alors, Adèle et Charles, et où Michelet proposait à Mme Dumesnil d'aller en Suisse faire un voyage en famille. Mme Dumesnil, très touchée, refusa, mais accepta de venir habiter dans la

---

1. « Je repassai, écrit-il, après un bain aux Feuillantines, trois moments du même lieu : l'amer moment où je lisais Saint-Simon, juin 1839, le moment d'exaltation où j'écrivais ma *Renaissance*, mai 1841 — celui où, heureux, mais plus calme, je me remets à vivre, 21 août, anniversaire de ma naissance. »

maison de Michelet, pour y suivre un traitement que le grand chirur-
gien de l'époque, Lisfranc, croyait de nature à améliorer son état.

Michelet put croire un instant que, grâce à la vie nouvelle de
Mme Dumesnil et aux soins de Lisfranc, la guérison était possible. Il
note une course à Versailles, le 31 juillet, où Mme Dumesnil se dit
toute heureuse de s'appuyer sur sa petite main puissante, et où elle
lui témoigne une tendresse qui dissipe toutes les ombres. C'est à
Versailles qu'il écrit la table des matières du cinquième volume de
l'Histoire de France, signe du lien qui existait pour lui entre
l'affection qui venait d'une manière si surprenante illuminer sa
vie, et l'inspiration si élevée, si pure, si réconfortante, qui animait
ce cinquième volume. Il avait, à ce moment même, en juillet 1841,
la joie de voir Quinet nommé professeur des langues et littératures
du Midi au Collège de France[1].

Quelques jours après, il allait, du 14 au 16 août, passer trois jours
à Fontainebleau avec ses deux enfants, Mme Dumesnil et le jeune
Alfred. Les notes de ce voyage nous le montrent dans une disposition
à la fois mélancolique et heureuse, et l'on devine son regret de l'avoir
connue si tard, déjà touchée par la maladie.

Cette impression de bonheur et d'espoir ne devait pas être de longue
durée. Déjà, dans une visite faite à Rouen et à Vascœuil, le 24 et le
25 septembre, avec Mme Dumesnil, il la voit souffrante et éprouvant
de lugubres pressentiments. Il a hâte de la ramener à Paris, auprès
des secours médicaux. S'il eut encore quelques jours d'espoir, ce ne
fut qu'une lueur.

Alors commença le drame le plus étrange, le plus compliqué. Il
est infiniment difficile à résumer, parce qu'il est fait de mille fluctuations diverses. Mais il est essentiel pour comprendre le développement intellectuel et moral de Michelet, et la direction prise dès lors
par son enseignement et ses livres. Je laisse de côté en ce moment
la situation générale, la lutte des partis, l'association au Collège de
France de Michelet avec Mickiewicz. En 1842, l'importance de ce
drame intérieur l'emporte de beaucoup sur tout le reste.

Contrairement aux dires d'Eugène Noël, le journal du voyage à
Vascœuil de septembre 1841 prouve que Mme Dumesnil avait gardé
les pratiques de la dévotion, faisait dire des messes. Pendant sa
maladie, Michelet s'ingénia à lui procurer le secours spirituel qu'elle
réclamait. Mais il souffrit cruellement du divorce intellectuel et
moral que leurs divergences religieuses mirent entre eux. Les textes
que j'ai cités dans mon *Jules Michelet* ne laissent aucun doute à ce
sujet et prouvent jusqu'à l'évidence que Michelet était déjà entièrement détaché de toute croyance catholique. Il jugeait nécessaire seulement[2], tout en travaillant à préparer un credo nouveau pour les
générations futures, de ne pas rompre violemment avec le passé,
de lui témoigner respect et reconnaissance, de l'embaumer pour ainsi

1. L'ordonnance est du 3o juillet.
2. Cf. J. Michelet, p. 1o9.

.dire dans les aromates d'une vénération toute historique et d'une piété sentimentale. Après cette crise, seul à son foyer avec son vieux père voltairien, sa femme morte, son amie morte, sa fille mariée, voyant les représentants de cette Église. qu'il croyait vaincue, prendre une attitude agressive et conquérante, il renoncera à tout ménagement et croira que, pour fonder la foi nouvelle, il faut dénoncer courageusement ce qu'il considère comme les erreurs et la malfaisance de l'ancienne : « Le Moyen-Age, écrira-t-il dans le *Peuple*, où j'ai passé ma vie, dont j'ai reproduit dans mes histoires la touchante, l'impuissante inspiration, j'ai dû lui dire : « Arrière ! » aujourd'hui que des mains impures l'arrachent de sa tombe et mettent cette pierre devant nous pour nous faire choir dans la voie de l'avenir. »

Il accomplit ce divorce sans colère et sans allégresse; il l'accomplit avec douleur et déchirement de cœur, car au moment où il s'écriait : « A moi, ô avenir ! » il se reprenait et sentait un frisson dans tout son être :

« Avenir inconnu, écrivait-il au moment du mariage d'Adèle, le 5 août 1843, sombre Orient où la lumière apparaît si peu encore. L'aube ? non, pas même l'aube. Si je pressens l'aube, c'est au froid des dernières heures de la nuit, de sorte que je ne vois pas bien, en sentant le froid, si c'est le souffle frais qui annonce l'aube, ou la froide haleine de la nuit qui meurt. »

Et à la fin de cette page d'une si poignante éloquence, il écrit encore, en se retournant vers ce passé :

« Une larme encore et puis je vous suis, ô Avenir
Hélas, ce n'est pas ma faute si j'avais mis l'esprit dans un corps, si les meilleurs mouvements de mon cœur avaient été rattachés à une forme changeante. Ma mère, ma femme, ma fille et cette grande mère, l'Eglise, d'autant plus aimée de moi, que, longtemps je l'aimais dans la liberté.
Adieu, Eglise, adieu, ma mère et ma fille. Adieu douces fontaines qui me fûtes si amères! Tout ce que j'aimai et connus, je le quitte pour l'infini inconnu, pour la sombre profondeur où je sens, sans le voir encore, le Dieu nouveau de l'Avenir. »

C'est précisément pendant les cinq mois de janvier à mai 1842, où Michelet est en proie aux plus atroces tortures du cœur, qu'il se débat en même temps dans les incertitudes d'une pensée qui se cherchait elle-même pour arriver à se faire une philosophie de l'histoire capable de le guider dans l'étude et dans la vie. C'est vraiment une lutte de Jacob avec l'ange. Il lutte dans les ténèbres et ne veut pas le quitter qu'il ne lui ait dit son nom. L'ange ne lui dit pas son nom et le blessa d'une blessure qui ne devait pas se fermer — mais il avait pris dans cette lutte une audace et une fermeté qui ne devaient plus se démentir. Essayons de reconstituer ce drame étrange et obscur.

Michelet, dont la santé n'était jamais très brillante, demanda, bien avant la rentrée de 1839, dès le milieu de septembre, à Letronne, de l'autoriser à se faire suppléer par son ancien élève et secrétaire Yanoski. La lettre de Michelet le présentait en ces termes :

M. Yanoski, (du Jura) né è Lons-le-Saulnier en 1813, élève de l'Ecole Normale, agrégé d'histoire, professeur au Collège Stanislas. Il est auteur d'une Histoire des Carthaginois (1841). Il a été deux fois couronné par l'Institut. L'Académie des inscriptions lui a donné le prix proposé pour l'*Histoire des milices bourguignonnes*, l'Académie des Sciences morales et politiques pour son *Histoire de l'Abolition de l'Esclavage*. Ces deux mémoires sont des ouvrages fort étendus et d'une vaste érudition. »

Le 8 janvier, Villemain, alors ministre de l'Instruction publique, lui écrivit :

Monsieur et cher confrère, conformément au désir que vous m'avez fait l'honneur de m'exprimer, j'ai approuvé la présentation qui m'est faite de M. Yanoski pour vous remplacer provisoirement dans la chaire d'Histoire et morale du Collège de France. Je regrette doublement le motif qui vous oblige à vous éloigner pendant quelque temps de cette chaire où votre enseignement a jeté tant d'éclat. J'espère que l'altération de votre santé disparaîtra promptement à la faveur d'un repos qui doit cependant être encore occupé par la continuation de vos ouvrages historiques.

Veuillez me faire savoir s'il est dans votre intention que la suppléance confiée à M. Yanoski ait lieu pour l'année entière.

Michelet répondit que « selon toute apparence, la fatigue nerveuse dont il souffrait n'aurait pas disparu avant que l'année soit écoulée »; il demandait au ministre ·d'approuver la présentation pour l'année entière. Le 10 janvier, Letronne annonçait à Michelet que Yanoski le suppléerait pendant le premier semestre seulement.

La vraie raison de la demande de congé était la maladie de Mme Dumesnil. Bien que souffrant, Michelet n'était pas très malade, car nous le voyons non seulement aller le 14 décembre à l'Opéra-Comique, entendre *Richard Cœur-de-Lion*, mais y retourner le 4 janvier pour y entendre *Joconde*, de Nicolo, et la *Dame Blanche*, de Boieldieu [1].

Il continuait aussi à donner tous les mardis une leçon au Château. Il y faisait un cours très original sur le xvie et le xviie siècles, à la fois d'histoire et de littérature. Il y prenait successivement les personnages qui lui paraissaient représentatifs : Étienne de la Boétie et le

---

1. Au plus fort de la maladie de Mme D. le 22 mars, il écrit : « Depuis deux jours je suis poursuivi de cette ouverture de Mozart, la première que j'entendis en mars 1841 au Conservatoire. Au milieu d'une grande et puissante instrumentation, un petit adagio très touchant, une pensée de jeunesse au milieu de cette royauté d'art et d'âge mûr. »
Michelet adorait la musique. Il met Beethoven parmi ses maîtres et ses pères spirituels, et lui qui sortait peu de chez lui ne résistait pas au besoin d'aller parfois au concert ou dans le monde pour y entendre de grande musique. Mais il était aussi sensible au charme de la musique française.
« Je retrouvai une romance d'enfance, le souvenir de la rue de Buffon. C'est une merveille de voir comme Boieldieu emporte et glorifie ce triste poème de Scribe. Le musicien ici fut tyrannisé par le poète. Au contraire Grétry avait dominé Sedaine dans *Richard-Cœur-de-Lion*. Ceci n'est pas pure mélodie. C'est un commencement d'harmonie, d'instrumentation. Au delà, c'est Rossini. Je trouvai dans le fameux trio : « je n'y puis rien comprendre », la partie du bouffe trop dissonnante avec le reste. Avec tout le génie de Boieldieu, il ne peut vaincre le faux du genre, le vaudevillisme. Le 3e acte est admirable, mais ce qui me plut davantage c'est le chant populaire d'Irlande et d'Écosse. »

républicanisme du *Contr'Un*, De Thou et l'histoire, Cardan et les sciences physiques et mathématiques, les Scaliger et l'érudition, Galilée, Newton, Leibniz; très hardiment, devant la reine des Belges, les trois princesses et le duc d'Aumale, il y montrait la pensée moderne ruinant peu à peu l'édifice religieux et monarchique du passé.

Libre un instant de toute préoccupation autre que celles de sa malade et de son histoire[1], Michelet, tout en continuant *Louis XI*, se mit à méditer sur lui-même, sur sa vie, sur son enseignement, faisant effort pour préciser et sa méthode et sa philosophie de l'histoire[2].

Pour arriver à comprendre ce qui s'est passé en lui, je suis obligé de scinder l'étude que j'ai à faire. Je tâcherai de décrire d'abord comment il a vécu ces mois de tragédie domestique, puis d'analyser la marche parallèle de sa pensée dans la mesure où je parviendrai à la dégager.

Madame Dumesnil est de plus en plus malade. En vain on consulte les médecins et les chirurgiens les plus illustres. Après Lisfranc, qu'on avait cru sur le point de la sauver, c'est le fameux homéopathe, Hahnemann, le 8 janvier ; puis Chartron, le 18 ; puis Amussat. « Ces visites, dit-il, sont un véritable crucifiement, et pas pour elle seule. » Le diagnostic d'Amussat est pour Michelet la sentence de mort; dès la fin de janvier, il n'a plus d'espoir.

Dans cette détresse, Mme Dumesnil perd confiance et dans les médecins et dans son ami. Elle demande d'abord un magnétiseur, puis un confesseur. Michelet se sent éloigné, séparé de plus en plus de celle qui était devenue sa vie même.

Pour confesseur, on songe d'abord à l'abbé Guerry[3], puis à l'abbé Beauvais, enfin, à l'abbé Cœur, célèbre comme prédicateur, qui allait, en 1842, devenir professeur à la Sorbonne, et en 1848 évêque de Troyes. Il était un des admirateurs et des auditeurs de Michelet au Collège de France. Mais il prit vite sur Mme Dumesnil un ascendant qui fut pour Michelet une cause de jalousie et de douleur. En même temps, Michelet faisait venir le grand peintre Couture, son ami, pour essayer de faire le portrait de Mme Dumesnil[4]. Je ne referai pas

---

1. Il semblerait, d'après une note que Michelet fit insérer dans le *Siècle* le samedi 16 janvier, qu'il ait été pris à ce moment d'une sorte de découragement et sur le point de renoncer à l'enseignement.

2. Il projetait alors de faire de ce travail sur la méthode la préface du VIe t. Il en est resté quelque chose dans la préface de la *Renaissance*.

3. Il ne semble pas qu'on ait pensé à M. Bertrand, que Michelet avait choisi précédemment pour faire l'instruction religieuse de sa fille. Michelet avait eu des relations amicales avec lui. Il venait d'ailleurs à ce moment même d'être nommé évêque de Tulle. Il revint voir Michelet après la mort de Mme Dumesnil et essaya un peu indiscrètement de presser sur sa conscience. Michelet se dégagea assez brusquement, en lui disant : « Ce qui nous sépare ? une fissure étroite comme une crevasse de glacier, mais qui va au cœur de la terre. » [Ce souvenir a été repris dans une note de la *Préface* de 1869, p. xxv n. 1 de l'éd. de 1876.]

4. Il semble y avoir réussi, non sans peine, car il pouvait rarement avoir quelques moments favorables auprès de la malade.

l'histoire de cette agonie[1]. Le 26 janvier, Mme Dumesnil peut encore jouir de la musique et chanter toute la soirée ; mais, dès le mois de février, elle est moribonde. Michelet, qui l'avait veillée pendant les premiers temps, est obligé d'y renoncer le 20 janvier, et, bien souvent, la porte de la malade lui est fermée. Son cœur l'est souvent aussi par le désaccord de leurs pensées et de leurs sentiments religieux. Il voit à côté de lui le jeune Alfred, à la vie de qui celle de sa fille est désormais liée par une mutuelle affection, malade de la maladie de sa mère et inspirant les plus vives inquiétudes. Cette longue agonie, cette lutte de la malade avec la mort, où Michelet épie tous les signes d'affection, et où des froideurs, des aigreurs, le laissaient, comme il dit, « délaissé, bien plus quitté que quittant » prit fin le 31 mai. Michelet sut alors, par les dispositions testamentaires de Mme Dumesnil, qui lui laissait tout ce qu'elle avait de plus cher, qu'il avait été véritablement aimé.

A côté de ce drame intime, la vie personnelle, furieusement individuelle, de savant et d'artiste, continuait en Michelet, réclamant ses droits et s'alimentant de ses douleurs mêmes. Cela paraît étrange, douloureux, presque révoltant, et l'on est par moments tenté d'y voir un égoïsme sacrilège. Mais pouvait-il en être autrement? Dans tous les drames de la vie humaine, chaque individualité ne continue-t-elle pas à tisser sa vie propre au milieu des douleurs qui la brisent et semblent l'absorber? Avec une personnalité aussi puissante, cette dualité est nécessairement plus marquée encore. Ce qui surprend seulement et nous froisse, c'est que Michelet ait pu noter au jour le jour ses impressions et qu'il ait été préoccupé de ne pas laisser sombrer son individualité dans ce naufrage de toutes ses joies, de toutes ses espérances. Et pourtant, n'y a-t-il pas là quelque grandeur, et comme l'obéissance à un commandement intérieur de la conscience et du génie?

En janvier, tous les matins, il écrit le second livre de son *Louis XI* et il prend des notes sur sa méthode, sur son histoire personnelle, son enseignement, qu'il veut faire entrer dans la préface de son sixième volume. Le mardi 11, il écrit :

« J'essayai de maintenir ma personnalité indépendante et de rester moi. Je me rejetais vers ma fille, vers mon *Louis XI*. Mais la voyant si souffrante, je me demandais comment je la négligeai dans ces jours irréparables.... »

Non, il ne la négligea pas un seul instant ; mais, dans l'océan furieux qui menaçait de le submerger, il dispute aux flots sa vie morale et intellectuelle. Après le 15 janvier, il est occupé de l'article au fond sévère et dénigrant, sous des apparences de fausse modération, qu'avait publié dans la *Revue des Deux-Mondes* du 15, M. A. Cochut; il parcourt à nouveau ses notes sur sa méthode pour répondre à Aug. Thierry, cité par Cochut. Le 19, il écrit pour sa préface ce mot délicieux et touchant, mais qui montre à quel point il subjectivise l'histoire et mêle sa vie intime à son œuvre : « Ma France

1. [Voir *Jules Michelet*, p. 113-119.]

me pardonnera d'avoir osé, à son monument que je voudrais si noble et si haut, suspendre mon nid d'hirondelles. »

Il continuait à voir ses amis; il allait même une ou deux fois dîner en ville; mais c'était une souffrance. Il allait à l'Institut. Il faisait ses leçons aux Tuileries. Mais les derniers jours de janvier, il se sentait impuissant et brisé.

Le vendredi 4 février,

« Elle semblait un peu mieux, elle pouvait s'asseoir.... Je me remis sérieusement à Louis XI.. Effort pour être libre, pour ressaisir ma personnalité. Je comparais hier cet effort à celui d'Ulysse, poussé au rivage, repoussé, sa main s'arrachant. « C'est comme le polype qui, entraîné de son lit, garde les cailloux dans ses filaments. » Odyssée E.

Yanoski avait ouvert son cours la première semaine de février, avec un grand éclat. Mais il tomba malade le jour même. La maladie de poitrine qui devait l'enlever en 1851, était déjà assez grave pour le rendre incapable d'enseigner. Dès le 1er mars, Letronne conseille à Michelet de ne pas compromettre la vie de Yanoski en le faisant remonter dans sa chaire au second semestre, et de reprendre lui-même son enseignement. Michelet, sur la demande de Yanoski, lui envoie Andral[1]. Le 14 mars, Andral écrit à Michelet :

« Le pauvre M. Yanoski était véritablement bien et il marchait rapidement vers la convalescence, qui aurait exigé toutefois de très longs ménagements, lorsqu'il y a deux ou trois jours, à la suite d'imprudences dont il se confesse, il a eu une véritable rechute. Je l'ai vu hier, et malgré sa faiblesse, une saignée m'a paru indispensable. Ces détails vous disent assez qu'en supposant que cette triste maladie se termine bien (ce que j'espère sans l'affirmer). M. Yanoski ne sera en état de vous suppléer que l'hiver prochain. »

Aussitôt, Michelet se décidait à reprendre son cours et il écrivait à Letronne le 17 mars :

« Ma santé m'avait obligé à me faire suppléer et j'avais présenté à l'acceptation de mes collègues M. Yanoski. Ce savant jeune homme a commencé avec beaucoup d'éclat un cours que lui seul peut-être aurait pu faire : l'histoire des classes agricoles au Moyen-Âge. Une fatalité cruelle a voulu que le jour même de l'ouverture de son cours, il est tombé très grièvement malade; il est encore au lit et sa santé donne les plus graves inquiétudes. Quand même il se remettrait d'ici peu de temps, le laisser remonter en chaire, ce serait compromettre sa vie. Mais on ne la compromet pas moins en lui ôtant tout espoir d'y remonter. Dans cette pénible alternative, j'essaierai, malgré ma très mauvaise santé, et l'impérieux besoin de repos que j'éprouvais, de reprendre mon cours pendant le second semestre. Peut-être en viendrai-je à bout, en faisant une seule leçon par semaine. »

Michelet se mit en effet, pendant le mois de mars, à préparer son cours sur la Philosophie de l'Histoire, qu'il divisa en sept leçons.

Le jour de Pâques, 27 mars, il écrit :

1. Andral était alors le plus célèbre des cliniciens de Paris, dont le cours de pathologie interne faisait autorité. Il enseignait la pathologie dans la chaire de Broussais, et était connu comme le plus habile des auscultateurs.

« Chose étrange, mes événements, ce sont mes idées. A côté d'une réalité si douloureuse, — mais à cause de cette réalité. J'ai persisté ces jours-ci à transformer ma formule. Je lisais surtout les *Religions* de Quinet. Trop d'extérieur trop de nature, pas assez de vie dont j'avais besoin. »

Le dimanche 27, il écrit sur la perpétuité, la solidarité. Le lundi 28, il lit l'*Humanité*[1] de Pierre Leroux, qui le désole, parce que Leroux conclut à l'oubli de la personnalité dans la collectivité. Michelet écrit à la hâte contre Leroux. Il n'admet pas que la vie de l'homme soit renfermée en ce globe, et il conclut à une migration de globe en globe[2].

Le mercredi 30, il arrête le plan de ses quatre premières leçons, d'une abstraction excessive. Elles doivent prouver l'identité de l'humanité dans tous les individus, identité méconnue par l'antiquité, pressentie par le christianisme, prouvée par la critique philosophique moderne, par Vico et Leibnitz.

« Fatigué d'abstractions (après l'avoir été de mon chagrin individuel) je me mis ce matin à revoir mon vieux Vico. Le principe est bien celui que j'ai signalé dans la préface de l'*Histoire romaine*. *L'humanité est son œuvre à elle-même.* Seulement j'ai eu tort, dans cette préface, de trop lier ce principe à l'anéantissement des grandes individualités historiques.

« 31. Je relis Vico. Je m'enquiers des dates précises pour lui trouver des précédents. Le soir Ravaisson me montre dans son Aristote : « Ce que nous faisons, nous le connaissons. » Avant la visite de Ravaisson, j'avais passé une heure ou deux près d'elle, engourdie d'un sommeil persistant. »

Le dimanche 3 avril :

« Après avoir écrit beaucoup, je me reproche de ne pas rester près d'elle dans ces derniers et irréparables jours. Je m'y rétablis à midi et n'en sortis guère qu'à six heures. Elle dormait, la dose de morphine ayant été doublée. »

Pendant tout ce temps, il lisait Isaïe, dont il voulait se servir pour sa troisième leçon, et il prenait des notes chapitre après chapitre, avec une émotion où sa douleur se sent à chaque ligne :

« Chagrin amer, superbe, colère menaçante, ironique, le tout plein de haine et de fureur. Une foule de choses profondes; bien plus que le Moyen-Age, Isaïe est la fin d'un monde. »

Il écrit, le 4 avril, les pages admirables sur les prophètes, que j'ai publiées, et où il décrit en traits de feu cet homme-signe, ce croque-mort des empires, qui voit en lui, réfléchis au puits profond de son cœur, tous les faits comme présents, qu'ils soient passés ou à venir, comme Dieu les verrait au jour du jugement[3].

Le jeudi 7 avril, il recommençait son cours — qu'il fit encore le 13, le 21, le 28, les 12, 19 et 26 mai. Mme Dumesnil mourut le 31.

---

1. 1839, 2 vol.

2. Il se trouve ainsi refaire l'article *Ciel* que Jean Reynaud avait donné dans l'*Encyclopédie nouvelle* qu'il publiait depuis 1836 avec Pierre Leroux, article que Michelet ne lut que le jeudi 31.

3. Il se sentait lui-même un prophète juif.

Continuons à dépouiller le journal et à suivre le mouvement parallèle de la vie sentimentale et de la vie intellectuelle.

« Le lundi, Mme Ravaisson m'avait dit que son fils crachait le sang[1]. Le mercredi je vis Dargaud bien malade; à mon cours sa figure me consternait. J'appris en même temps que le Dr Edwards, frappé d'apoplexie, venait de se faire catholique. Yanoski ne semble pas devoir se rétablir jamais. De toutes parts je me sens peu à peu déraciné. Tous mes amis meurent ou vont mourir. »

Michelet s'occupe pendant ce temps de secourir une famille pauvre de la rue Traversière. Il l'emmène aux Tuileries, et les princesses lui donnent quatre cents francs pour elle. Il y va le lundi et le mercredi 12 avec Adèle et Alfred, y fait faire du feu, la cuisine, etc. Visite au Père-Lachaise, le mercredi :

« Je menai Alfred au P. Lachaise, cette immense histoire du xixe s. accumulée sur un point.... Le seul Abailard (avec Molière et Lafontaine) est antérieur (*Logica me perdidit*). La grande légende d'amour, la seule populaire, est celle du logicien. De tous les points du cimetière nous apercevions notre Panthéon. »
14. Jeudi. [Il y avait eu rumeur, au Collège de France, après la leçon du 7, un sifflet.] Cette fois les miens étaient venus tout émus, et belliqueux. Ceux des Archives, Guérard, Daveluy. M. R. Letronne, avec Chartes. Cette figure critique me refroidit un peu... il s'enfuit après; par un mot Ravaisson m'apprit en sortant qu'il avait échoué contre Garnier, trahi par Guigniaut. Les gens du mouvement furent surpris; ils croyaient que j'allais rompre avec la tradition. Yanoski (subitement rétabli) me reconduisit. Au retour j'allai avec Charles rue Traversière et crus la femme presque morte, faute de sangsues. La bonne nouvelle semblait arriver sur le lit funèbre. Le soir j'allai voir le médecin M. Trappe, véritable homme de bois. Tout cela donne une idée terrible de la destinée du pauvre, dans ce quartier meurtrier. Je n'y vois qu'un affreux laboratoire à faire des enfants qui meurent, à faire des morts. »

Le 22 avril, Michelet revient sur ses impressions du Collège de France, sur ce mélange de sa vie et de son enseignement.

« Ils croient que mon enseignement est un enseignement. Ils croient que je viens débiter des mots. Toujours j'y ai mis mon cœur. Ils ne savent pas que cette chaire a toujours été un asile , que je m'y suis toujours réfugié dans mes grands troubles d'esprit. Toujours j'ai pris *Herr Omnes*, comme dit Luther, non pour maître mais pour confident, pour ami. La communication individuelle ne nous suffit pas... Elle m'est souvent hostile. Que sera-ce s'il en est de même de la communication publique ? Le 7 avril, je me réfugiai au Collège de France, malade de cœur, blessé, cherchant un remède; personne ne comprit, plusieurs désapprouvèrent, un siffla. »

Enrhumé, tiraillé de la poitrine, il ne sort ni le samedi 3, ni le dimanche 4. Il poursuit ses leçons sur le raisonnement grec et scolastique, ajourne les Grecs pour tout concentrer sur Abailard, le Paraclet, le Saint-Esprit. Il reçoit des lettres ridicules.
Le mardi 26, il refait au Château sa deuxième leçon :

« La princesse Clémentine me parut avoir été travaillée contre mon enseignement, frappée des fruits admirables de l'enseignement des Jésuites. »
Mercredi 27. Avec Alfred, tour de Clovis ou de Ste Geneviève. D'abord

---

1. Il est mort en 1901, cinquante-neuf ans plus tard.

la densité des toits pointus... Saisissement. « Plus l'herbe est serrée, plus la faux y mord ». Paris éclairé à merveille, le vieux Paris.

Douce lumière sans soleil, chaud printemps mélancolique, les vieilles maisons dans leurs jeunes feuilles. De là le Panthéon d'une noblesse admirable, nous dominant, mais doucement, sans fierté, nous montrant sa belle ceinture de promenades dallées par-dessus l'église, majestueuses promenades, où les grands hommes viennent sans doute la nuit au clair de lune. »

Jeudi 28 avril. Pour le droit du raisonnement, de la libre interprétation. Abailard, Paraclet, Joachim, Collège des trois langues etc... Auditoire très ému. Pelletan, Couture. Las et sombre je me promenai parmi les lilas en fleurs.»

Dans les jours qui suivent, Michelet est navré de voir la langueur morale de Mme Dumesnil, qui, par défaillance, va revenir à la tradition catholique. Le samedi 30 avril, où il vote, à l'Institut, pour Rémusat, il trouve Edwards converti, « une de mes ruines ». Le 1er mai, il voit Mme Belloc, assidue au catéchisme de son fils, aux sermons du beau et riche M. de Coussy, éloquent et poitrinaire. Mlle de Montgolfier elle-même dit « qu'on marchait mieux avec des lisières ». Samedi et dimanche, 7 et 8 mai, il ne sort pas, souffre de la poitrine et de nausées :

« Je marchai beaucoup dans mon jardin, et soit en marchant, soit en veillant madame Dumesnil, j'approfondissais ma pensée!... Je vivifiais l'histoire en face de la destruction. C'était vivre et c'était mourir... Toute la semaine dernière, n'ayant de cours ni au Collège ni au Château, je cherchai, pour moi, dans l'histoire universelle et même avant l'homme, comment l'esprit s'était créé, c'est-à-dire conçu et accouché (Qu'est-ce que la mort? un accouchement.) Cette libre création sera pour la semaine prochaine. Cette semaine, depuis jeudi (Ascension) je cherchai plus spécialement pour le Collège de France, le développement d'Abailard à nous. Ma pensée dominante était que le temps moderne n'a pas été si destructeur, si négatif; que le Moyen-Age fut un âge de guerre, qu'il rêva la paix, un âge de paix, le nôtre, qu'il s'ennuya d'imiter et de ne pouvoir imiter, les conditions sociales étant alors ennemies. Notre société moderne commence la réalisation de l'esprit de paix...

Où est ma vie, où retrouverai-je vie et chaleur, dans ce froid imminent de solitude? Ma vie est... dans l'histoire et la vie du monde.

Avant-hier, samedi, si affaissée que je regardais si la respiration soulevait encore la poitrine... Elle la soulevait lentement, à grands intervalles. Ses yeux, demi ouverts, dormaient, nageaient, mouraient. La prunelle suivait l'inclinaison du visage enflé; rien de plus terrible à voir.

Parmi ces émotions, je fouillais obstinément ma pensée. Laquelle? trop bien d'accord avec ce que je voyais : la mort et la vie des nations, le rude problème de la destinée...

Il m'advint cette semaine ce que j'avais éprouvé dans l'autre. Dans l'autre, j'étais arrivé à un Dieu-mère, et que la mort est un accouchement. Le 6, vendredi : recherches d'érudition. Dès samedi 7, l'animation de l'esprit.

Etant resté (à la maison) le samedi, j'eus double journée. Samedi même, à 4 heures, le *cœur* s'éveilla sur mon sujet et souffla la vie : le Moyen-Age fut un âge de guerre et rêva la paix.

Le dimanche matin 8, je repris l'idée de guerre par Notre-Dame (L'église de la victoire) comme monument de guerre, et le dimanche à 4 heures près de son lit, je trouvai mieux : que le Moyen-Age ne put imiter, qu'il *n'aima pas assez.*

Le dimanche 8, à peu près à l'heure du terrible accident de chemin de fer [de Versailles où périt Dumont d'Urville] au pied de son lit, j'ajoutai cette note : *le Moyen-Age ne peut aimer dans un monde de haine.*

Lundi 9 et mardi 10. Le combat s'organisa dans mon esprit (la vierge, le diable)[1].

Mercredi 11. Que l'esprit humain ne change pas par orgueil. Le temps présent a moins d'orgueil. Le Moyen-Age aussi avait besoin de changer.

Enfin le jeudi 12, je vis bien, à la leçon, que j'avais frappé juste. D'abord, je le sentais à ma sérénité profonde, à ma certitude. Il me semblait, en parlant, que je nageais dans la lumière, je me sentais paisible, humble et fort. — Puis dans cette foule, dont un quart me semblait d'opinion opposée, je crus voir peu à peu un mouvement de sympathie universelle. J'avais repris possession.

Je remarquai quelques figures de jeunes gens, sérieux, tristes qui à chaque moment, se regardaient; une jeune dame, avec un enfant, qui prenait des notes, etc... Il me semblait qu'Alfred avait meilleur visage. »

Michelet, au milieu de cette agitation, s'occupe de procurer à Dargaud une mission historique pour rechercher des documents sur Cluny, et comme Dargaud est incapable même de rédiger sa demande, ignorant tout de Cluny, c'est Michelet qui la lui prépare en passant tout le dimanche 15 à étudier l'*Histoire de Cluny*, par Lorain.

Lundi 16 mai. J'ai bien besoin de faire appel à mes pensées les plus fécondes, dans cette stagnation du mal, où, le cœur mourant, le corps se réveille.

Cette force prolifique qui fait les orages de l'homme, qu'elle tourne à la pensée !... que la génération éphémère se taise, devant la génération des choses immortelles!

D'abord, résumons le travail de samedi.

Mercredi 17. Je fixai la première partie de la leçon : Maternité de la Providence. Restait l'objection : la mort. Je la traitai le jeudi matin (comme accouchement) (aussi d'après 1838 où j'avais pris la mort pour seule éducabilité des races barbares). Le mercredi, en creusant ce sujet avec Alfred, une chose m'était apparue : c'est que l'âme, loin de se perdre dans une généralité quelconque, doit (d'après ce que nous voyons de l'échelle ascendante des êtres) s'individualiser de plus en plus.

Chose étrange : en présence de cette mort imminente, Michelet prépare déjà le voyage d'Allemagne où il doit se renouveler. Il écrit le mercredi : « Visite de Ravaisson et de La Nourais (pour voyage d'Allemagne). Il insiste sur la Souabe comme vraie origine allemande [2]. Patrie de Schelling et d'Hegel, et le jeudi : « Je souffrais de l'estomac, de la poitrine, et j'étais résolu pourtant à me renouveler s'il le fallait, d'air, d'occupations, de langue, de pays. » Il règle même avec M. Chartron qu'il fera faire à Alfred un petit voyage à Rouen avant le voyage d'Allemagne.

19. Leçon de jeudi. Plus de monde que le jeudi précédent. Personne de connaissance, sauf Mme Aubépin.

Pendant les jours qui suivent, jusqu'au 31 mai, la malade, tantôt lucide, tantôt dans un délire doux, s'affaiblit peu à peu. Michelet note une à une les paroles touchantes ou douloureuses qu'elle prononce, tous les signes d'une mort prochaine. En même temps, en

1. Ceci a été effacé, par qui ?
2. Il dit drôlement le 21 : « Quinet croit, ce qui va peu à mes vues, que Strauss est de la Souabe, ce qui est vrai. »

présence de cette dissolution graduelle d'un être aimé, il poursuit ses pensées. Il trouve dans l'office du jour du Saint-Sacrement *Quantum potes, tantum aude*, un commentaire de ses deux dernières leçons du Collège de France[1]. Il cherche des raisons de croire à l'immortalité. Où? Non pas dans des livres de philosophie ou de piété, mais dans des livres de science. Les passages du journal méritent d'être cités, car ils nous montrent Michelet toujours préoccupé de ces sciences naturelles qui, déjà dans sa jeunesse, l'avaient remué et qui, plus tard devaient lui suggérer une série d'ouvrages. Toute sa vie, il a été harcelé par le problème, le mystère de la relation du physique et du moral, des rapports de la nature et de l'homme.

Il écrit le mardi 16 :

« Le matin, après avoir peu et mal écrit, je me mis à lire l'*organogénie* de Serres dans l'*Encyclopédie* (dont m'avait parlé la veille M. Dussieux) *Quid* l'animal, embryon permanent de l'homme. J'avais été renversé de la grandeur d'une science qui m'arrivait ainsi à la fin, mais aussi remué profondément de la fatalité de génération, de son influence sur notre liberté, sur la destinée de l'être libre. Hélas! la génération a lieu, si souvent, sans l'amour.

Samedi 28. — Langueur, langueur, langueur... mais vitale et germinante. Cette saison, si favorable à nos amis et nourriciers les végétaux, est un entr'acte pour nous.

« D'autant plus entr'acte et halte qu'après un mouvement violent, une production exagérée de deux ans, après ce dernier effort pour me reprendre et me ramasser en un cours, mon mouvement s'arrêtait de lui-même, ou n'oscillait que faiblement. Cela est sensible dans mon cours même. Le mouvement d'abord violent, douloureux, tout inspiré de la mort, devient plus vital, se pacifiant, se calmant, s'affaiblissant.

« Samedi nous discutions les chances de la vie à venir, ou plutôt nous établissions la certitude que toutes les analogies du présent et du passé donnent du progrès futur... A quoi Alfred objectait : « Oui, ce n'est qu'un divorce, mais combien de temps, et pendant ce temps de séparation, nous aurons mené une vie différente, pris des habitudes différentes. Nous ne serons plus les mêmes. » Je répondais : « Notre progrès sera certainement double; d'une part nous serons plus haut dans l'échelle des êtres, c'est-à-dire plus individualisés; mais en même temps plus interprétatifs et plus assimilateurs, c'est-à-dire que, voyant tout ce qu'il y a de différences, nous verrons aussi qu'elles sont généralement extérieures. Plus on voit au fond de la vie et plus on voit de ressemblances. La différence est à la peau; l'organisation intérieure est fort analogue (Voy. dans ma leçon de janvier 1840 passage de Leibnitz).

29. Dimanche, Fête-Dieu... Temps admirable. Je lus près d'elle Geoffroy St Hilaire...

« Physiquement j'étais très fatigué, peu souffrant. Deux jours de repos et de lait d'ânesse m'avaient à peu près remis la poitrine. Je regrettais d'interrompre mon cours, de laisser si tôt quelques figures attentives qui me flottaient devant les yeux[2].

« Le samedi 28, je fis venir de l'Institut Serres[3] et Geoffroy St Hilaire[4]. J'admirais comment cet esprit hardi ne veut tenir compte des reptiles (les rapportant partie aux poissons, partie aux oiseaux). Le peuple, en Provence,

1. [*Jules Michelet*, p. 127-129.]
2. [Ici un passage partiellement cité dans *Jules Michelet*, p. 118-119. Y ajouter ces lignes (après : « des nouvelles causes de vivre ») : « Le *Rhin* d'Hugo et de Michiels ne nous arrêtèrent pas longtemps ».]
3. *Principes d'organogénie*, 1842.
4. *Notions de philosophie naturelle*, 1838.

appelle la couleuvre, anguille de buissons; l'anatomie de la tortue, a autorisé
M. de Blainville à l'appeler *ornithoïde*.

« Ce génie de la vie que Geoffroy a montré dans la science, il l'avait d'abord
produit dans un acte héroïque. Incapable de .faire, comme tant d'autres,
abstraction de la vie dans les êtres vivants, il ne put dans la Terreur se résigner (comme le condillaciste Garat, etc.) à laisser mourir ceux qu'il aimait.

« Ce génie de la vie lui a fait voir mille choses dans l'organisation; mais
par son excès même, et son incapacité de distinguer, il voit *toute vie comme
belle*, c'est-à-dire qu'il n'a pas le sentiment de la beauté (ordre et distinction).
Un poisson lui semble aussi beau qu'un homme. Les monstres le charment, etc.

« Il me donne l'idée d'un de ces barbares primitifs qui avaient en eux
tant de vie et de sang que, tués, ils combattaient toujours, d'un barbare qui,
sans cesser de l'être, aurait envahi la science moderne, en brisant comme
de vains fils, toutes nos classifications.

« En même temps, cet homme fort et naïf, cet homme toujours enfant (Ampère ne l'était qu'en apparence et par distraction) donnerait sans cesse à rire
par sa force gauche. Samson jouant par devant les Philistins... Ne riez pas;
cette grosse main d'enfant peut prendre vos colosses pour jouet, casser votre
temple... et sans en être écrasé. »

Michelet fait sa dernière leçon le jeudi 26. Il écrit les lignes précédentes le 30 mai, lundi, pendant que Mme Dumesnil agonisait.

Le mardi, elle meurt, au moment où, après l'extrême-onction, on
finissait les prières.

Le jeudi 2 juin, il conduit son amie au Père-Lachaise.

Dans ce naufrage de son bonheur, il écrit le 4 juin : « Je sais maintenant ce qu'il en coûte de s'étendre; et pourtant, quand je songe aux
richesses morales qui ont inondé mon cœur! » Dans le voyage qu'il
fait à Rouen et Vascœuil, du 5 au 12 juin, il cherche avec un soin
jaloux tous les souvenirs de Mme Dumesnil. Dans le voyage d'Allemagne qu'il fait avec ses enfants et Alfred Dumesnil, du 19 juin au
30 juillet, la pensée de celle qu'il a perdue, le regret de l'avoir connue
si tard, la jalousie de toutes les affections qui, avant qu'elle le con-
nût, ont occupé son cœur, tout cela remplit sa pensée.

En même temps, il lutte avec une indomptable énergie pour se
reprendre, pour rester lui-même. Il poursuit infatigablement la
solution du problème qu'il s'était posé en préparant le cours
de 1842 : concilier la vie individuelle et la vie universelle de
l'humanité, trouver dans l'individu l'explication de l'universel.
Son optimisme fondamental, sa foi dans un ordre divin du monde,
ne périt pas dans cette tourmente. Il a le courage, pendant les six
jours qu'il passe à Paris entre son retour de Rouen et son départ pour
l'Allemagne, d'aller à Neuilly le mardi 14 juin, faire aux princesses
une leçon sur le *Gouvernement maternel de la Providence*, leçon à
laquelle tient à assister la duchesse d'Orléans, qui devait quelques
semaines plus tard connaître, elle aussi, l'horreur de l'écroulement
subit d'un bonheur incomparable.

A Rouen, dans le jardin de la sente Bihorel, où douze cents ceri-
siers forment une sombre allée, il se promène le 7 juin, tout absorbé
dans sa pensée, et c'est toujours la même pensée : « Oui, une destinée d'homme, quand on y pénètre, est plus qu'une vie de nation.
Les nations sont des universaux, une sorte de moyen terme entre la

vie vraie de l'individu et la vie vraie du genre humain. Ce sont des essais d'individualisation collective ». Visitant Rouen avec Chéruel, il s'imagine qu'il pénétrera mieux l'âme de la vieille ville en y mêlant, non son individualité propre, mais celle de Mme Dumesnil, qui y a vécu.

« Dès le matin, j'avais dit à Chéruel : « Il ne s'agit pas d'archéologie, mais de vie, d'ensemble ». J'allai donc avec lui toute la matiné levant chaque pierre, et sous chaque, regardant si je verrais là l'âme de Rouen.

« Portant en moi l'intérêt d'une destinée individuelle, je mettais cette âme partout. Ces pierres vivaient de sa présence, de son regard qui y fut si souvent attaché. Tout prenait ainsi vie et sens. St Patrice était l'église où elle avait longtemps entendu les messes en musique. St Ouen sublime et sépulcral, était la paroisse où Alfred fut ondoyé. C'est à la cathédrale que la famille allait à la messe, et, dans les dernières années, elle allait seule s'asseoir près des tombeaux d'Amboise et de Brézé. .»

Lisez le journal du voyage d'Allemagne de 1842 [1], vous verrez se continuer à travers mille impressions d'art, de nature et d'histoire. ce dialogue de Michelet avec lui-même, cherchant à arracher son individualité intacte de dessous les ruines de son bonheur. L'Allemagne a été un repos, une diversion. mais surtout une préparation à une vie nouvelle. Il prend la résolution d'arracher de son cœur tout stérile regret pour les formes condamnées à périr, et de regarder avec courage et confiance vers l'avenir. Des adorateurs du passé veulent le dresser contre l'avenir. Lui qui, mieux que tout autre, a compris et aimé ce passé, il a le devoir de lui barrer la route dans ce retour offensif et de travailler à préparer le credo de l'avenir. Il exprime ces idées avec une admirable éloquence, le 5 août 1843, au moment où Adèle se prépare à quitter le foyer paternel pour fonder une famille. Michelet est désormais vraiment seul; mais il se sent jeune, prêt à recommencer la vie, à aider le monde dans cette transition nécessaire entre des formes mortes et des formes plus belles, plus hautes, mais encore enveloppées dans une chrysalide informe.

Cette analyse peut-être trop longue nous fait toucher du doigt l'influence capitale exercée par le drame de sa vie intérieure, dans la décision par laquelle, dès 1843, il fait de son enseignement et de ses livres une prédication morale de libre-pensée et de démocratie. Le fond de sa pensée n'a pas changé; il précise simplement ce qui était déjà en germe en lui dès 1825 et 1827; mais alors, comme il le dit lui-même dans ses notes, le savant et l'artiste dominaient encore en lui. A partir de 1842, le savant et l'artiste, toujours puissants, cèdent le pas à l'homme d'action.

Mais cette irruption de Michelet dans l'action et la polémique a eu pour point de départ sa pensée philosophique, ses méditations sur la loi d'évolution, qui est le fond même de la vie de l'humanité, la nécessité d'une transformation perpétuelle, où le passé, tout en transmettant à l'avenir l'essentiel de son être par l'hérédité, meurt cepen-

---

1. [Dans *Jules Michelet*, p. 131 et suiv.]

dant sous sa forme présente, pour renaître sous une forme nouvelle. Pensée très simple, très vraie, qui est la loi de l'histoire et de l'humanité. Michelet a cherché à la préciser et à l'approfondir dans ses cours de 1842 et 1843, que nous allons essayer maintenant de reconstituer.

Ces pensées, ne l'oublions pas, se rattachent aux préoccupations do· minantes des esprits novateurs qui prétendaient vers 1842 tracer aux générations nouvelles la voie de l'avenir.

Depuis le mouvement saint-simonien, la société française était agitée par un double tourment : celui de la réforme sociale et celui de la réforme religieuse. La philosophie de l'histoire ne se présentait plus aux hommes de cette époque sous la forme relativement simple sous laquelle elle apparaissait à Vico et à Herder. Elle est pour eux une explication générale du monde. Ils cherchent dans l'histoire de l'humanité le secret des destinées de l'âme individuelle et des relations du fini avec l'infini. A cette conception d'ensemble qui a fatalement un caractère métaphysique et mystique, bien qu'elle prétende s'appuyer sur les réalités de l'histoire, on rattache les transformations sociales et religieuses que l'on prévoit et que l'on souhaite.

Ballanche avait, dès le premier quart du xixe siècle, dans ses *Essais de Palingénésie sociale*, tenté une explication symbolico-mystique de l'Univers, dont on trouve l'influence chez presque tous les philosophes sociaux du quart de siècle suivant. Saint-Simon et Auguste Comte s'étaient tenus sur le terrain des réalités terrestres, mais les socialistes, en particulier Fourier et ses disciples, mêlaient à des prophéties messianiques des rêves de palingénésie et de métempsycose. Parmi les amis de Michelet, plusieurs étaient ardemment préoc cupés de trouver une explication religieuse du monde conciliable avec les idées modernes.

Michelet est l'ami de Lamennais, qui venait de publier en 1840 son *Esquisse d'une philosophie*. Il a auprès de lui Quinet, dont le *Génie des Religions* vient de paraître, enfin il est lié avec Pierre Leroux et surtout avec Jean Reynaud. Pierre Leroux a fondé en 1836 avec Jean Reynaud l'*Encyclopédie nouvelle;* en 1841 il crée avec Viardot et G. Sand la *Revue Indépendante*. Il a publié à la fin de 1840 son livre de l'*Humanité*, où il étudie précisément la question du rapport de l'individu à l'humanité, la science du *moi* et la science du *nous*, où il montre l'humanité se développant indéfiniment dans une solidarité progressive par l'action des individus, mais ceux-ci persistant au sein de l'espèce, se reproduisant pour ainsi dire de génération en génération par une sorte de réincarnation sans mémoire. Enfin Michelet est l'ami de Mickiewicz qui prêche au Collège de France le messianisme de Torvianski.

Michelet va chercher à marquer sa doctrine propre à côté de celle de Lamennais, de Quinet, de P. Leroux. On peut même croire que le désir de se distinguer d'eux est un des mobiles directeurs de sa pensée, car il a parfois de la peine à formuler une pensée originale à côté de la leur.

Les mois de janvier et de février, puis de mars 1842, sont consacrés à une préparation du cours divisé en deux parties : *ma vie* et *ma philosophie*. Il jette ses idées sur le papier avec des dates [1].

Le sens de sa vie et de son œuvre, c'est la révolte de la personnalité contre la mort. Or c'est l'histoire qui sauve les morts de la mort. Et il ajoute, préoccupé de cette idée de mélempsycose qui se retrouve chez Pierre Leroux, chez Jean Reynaud : « Il n'y a point de morts... C'est le retour des mêmes personnes. »

Méditant ainsi sur lui-même il aboutit à la lamentation qu'il écrit le 30 janvier 1842 avec ce titre : « *In urna perpetuum ver* ». César ayant vu en songe une foule d'hommes qui lui tendaient les bras, fit rebâtir Corinthe et Carthage, et Claude créa au Musée d'Alexandrie un lecteur pour refaire l'histoire des peuples disparus.

« L'historien, dit Michelet, n'est ni César, ni Claude, mais il voit souvent dans ses rêves une foule qui pleure et se lamente, la foule de ceux qui n'ont pas vécu assez, qui voudraient revivre... Ce n'est pas seulement une urne et des larmes que vous demandent ces morts. Il ne leur suffit pas qu'on recommence leurs soupirs. Ce n'est pas une nénie, une pleureuse qu'il leur faut, c'est un devin, *vates*. Tant qu'ils n'auront pas ce devin, ils erreront autour de leur tombe mal fermée et ne se reposeront pas.

« Il leur faut un Oedipe qui leur explique leur propre énigme dont ils n'ont pas eu le sens, qui leur apprenne ce que voulaient dire leurs paroles, leurs actes, qu'ils n'ont pas compris. Il leur faut un Prométhée, et qu'au feu qu'il a dérobé, les voix qui flottaient glacées dans l'air se révoltent, rendent un son, se remettent à parler. Il faut plus; il faut entendre les mots qui ne furent dits jamais, qui restèrent au fond des cœurs (fouillez le vôtre, ils y sont); il faut faire parler les silences de l'histoire, ces terribles points d'orgue où elle ne dit plus rien, et qui sont justement ses accents les plus tragiques. « Alors seulement les morts se résigneront au sépulcre. Ils commencent à comprendre leur destin, à ramener les dissonances à une plus douce harmonie, à se dire entr'eux et tout bas le dernier mot de l'Oedipe πάντως δέχει ταὸς κυρια Les ombres se saluent et s'apaisent. Elles laissent refermer leurs urnes. Elles s'en vont, bercées de mains amies, se rendorment et renoncent à leurs songes. Urne précieuse des temps écoulés, les pontifes de l'histoire la portent et se la transmettent avec quelle piété, quels tendres soins ! (personne ne le sait qu'eux-

---

1. 29 janvier 1842 et février-mars.
Préparation au cours de 1842.
Janvier-Février.

	Essai sur mon enseignement, ma vie. mes élèves. Philosophie de l'histoire.
	Le Saint-Georges de Rubens. Révolte de la personnalité contre la mort.
	L'histoire avant moi.
	L'enseignement avant moi. L'Université, le Collège de France.
ma vie	L'École Normale.
	Mon Livre.
	Paris.
	Mes élèves et mes amis.
	L'ivresse de l'histoire (1834 ?) Symbolique du droit etc.
	Sentiment de l'Allemagne. du Christianisme.
	Les morts ont besoin de l'histoire.
	Point de morts... retour des mêmes personnes. Mais...

mêmes), comme ils porteraient les cendres de leur père ou de leur fils. Leur fils ? Mais n'est-ce pas eux-mêmes ?

Ce dernier mot : « N'est-ce pas eux-mêmes », comme aussi plus haut « fouillez vos cœurs » nous dit assez l'idée fondamentale à laquelle aboutit toute la philosophie de l'histoire de Michelet, celle où il puisera la justification de sa méthode de subjectivisme historique : l'identité du genre humain.

L'année précédente, le 18 juin 1841, il avait exprimé avec une singulière énergie à la fois cette idée de l'identité entre l'historien et l'histoire, et ses scrupules :

« L'histoire, disait-il, est une violente chimie morale
où mes passions individuelles tournent en généralité;
où mes généralités deviennent passions;
où *mes peuples se font moi;*
où *mon moi* retourne animer les *peuples.*
Ils s'adressent à moi pour que je les fasse revivre (César en mer, Carthage et Corinthe). Hélas suis-je bien vivant?
Ah ! frères, la compassion ne me manque pas;
    elle est immense et douloureuse,
Mais pensez-vous que je puisse parmi mes douleurs
    bien démêler vos douleurs.
Les prendre en moi, volontiers; mais ne confondrai-je pas ? Ma vie individuelle ne se substituera-t-elle pas à votre vie générale ? Alors ils me disaient en gémissant que c'était la même chose; qu'eux et moi, nous n'étions qu'un, que nos cœurs souffraient de même, que leur vie vivait dans ma vie, que ces pâles ombres étaient mon ombre, ou plutôt que moi-même j'étais l'ombre vivante, fugitive, des peuples fixés dans la véritable existence et dans l'*immutabilité.*

Mais une grosse difficulté se dresse. Si l'homme passe par plusieurs vies, pourquoi n'en garde-t-il pas le souvenir? Le 24 février, un jeudi, il s'attendrit, tout en sentant la puérilité de ce regret, à la pensée qu'il n'a pu réellement connaître la mort.

« Pâle printemps, délayé d'hiver, avec vos fleurs malheureuses et sans odeur, que vous m'apparaissez sombre ! Il n'est pas jusqu'à ces chants d'oiseaux, en plein février, qui ne m'attristent. Pourquoi cet élan vers la vie ? « *quae lucis miseris tam dira cupido* ! » Je sortais à peine de la nuit. J'y rentre et de l'hiver dans l'hiver. *From winter in winter.* Mais un hiver définitif, les glaces de l'âge, celles du cœur. *Majores que cadunt altis de montibus umbrae,* et je ne peux dire : *tectorum culmina fumant.*
On irait ainsi, remontant dans ses regrets, en recherchant tant d'amis qu'on a connus trop tard, qu'on n'a même pas connus...
Pourquoi n'ai-je pas connu mes parents dans l'histoire antérieure ?
Pourquoi pas Byron ?
—   — Racine?
—   — Shakespeare et Michel-Ange ?
—   — Dante ?
—   — Virgile ?
Grande famille, amis, patrons, parents de ma pensée, pourquoi ne sommes-nous pas nés du même temps ?
O regret puéril! Vain chagrin d'enfant.

Cette identité de l'humanité, qui permet à l'historien de retrouver dans son propre cœur, le cœur des hommes de tous les âges, comment s'accomplit-elle? Non pas comme le veut Pierre Leroux, par la destruction continuèlle de tout ce qui est individuel, mais au contraire par l'effort continu de la liberté humaine pour perpétuer ce qu'il y a de supérieur en elle, par l'art et la pensée, et en se perfectionnant sans cesse. Michelet voit dans cette tendance à la perfection le gage de l'immortalité qui doit transporter l'homme de globe en globe dans des vies de plus en plus parfaites, où rien de ce qui a été créé de grand ne se perdra.

Par ce détour Michelet accorde la généralité avec l'individualité, l'identité avec la personnalité, et fait de la perpétuité traditionnelle l'œuvre même de la force créatrice qui est dans l'individu.

Le but, le sens de tout le mouvement de la vie, de l'histoire, de l'humanité, c'est la perpétuité, l'identité, la suppression de la mort.

Le moyen par lequel se fait cette perpétuité, c'est la liberté se déterminant elle-même, l'âme faisant son corps et faisant le monde pour ainsi dire. C'est à cette conclusion qu'arrivent Leibnitz et Vico, en complétant et corrigeant Descartes et Spinoza [1].

Puisque tout se ramène à la personnalité humaine, il ne faut plus de classification, plus de formules à la Hegel, plus de formes plastiques qui se succèdent comme dans le *Génie des Religions* de Quinet. Tout est intérieur. Le fond de l'histoire est *une chimie intime*. Il faut repousser et les généralisateurs et les spécificateurs, les premiers parce que tout est individuel, les seconds parce que tout est solidaire, continu et organique. Ainsi de l'histoire, qui est la

---

1. Suite des préludes de 1842 :
Mars. — Oublier? Ce serait mourir (contre P. Leroux).

	La perpétuité comme art. Apprenons à nous perpétuer.

La liberté de cause :

Descartes ⎫
Spinoza   ⎬ XVIIᵉ s.
Leibnitz ⎭

ma philosophie

L'âme fait son corps.
Je me décide à reprendre mon cours.
Plus de classifications,
Ni formules (comme Hegel) i i formes plastiques (comme Quinet) (j'eusse inventé les religions pour le remède de mon âme et non décrit).

il faut une chimie intime.
Contre les généralisateurs et spécificateurs.
Comment de l'histoire s'arrache la philosophie de l'histoire (18 mars).
L'histoire va s'approfondissant jusqu'au Christ et tout homme est Christ.

Grèce

De la Grèce comme méthode.
Contre Quinet de la mélancolie grecque.
Grèce et christianisme.
La dialectique grecque aboutit à ce mot : Fais-toi

1. *L'Asie* comme médecine de l'âme. Impression de la fin du Mahabaratha (ce qui amène le cours).

conscience que l'humanité a d'elle-même au point de vue successif (comme la philosophie au point de vue immuable), on tire la *Philosophie de l'histoire* qui est la conscience que l'humanité prend de soi comme *immuable dans la succession même*, une dans le divers.

Il n'y a plus lieu désormais d'envisager à part l'histoire de la religion, du droit, de l'art, etc... il n'y a plus que l'histoire même, arrachée de la philosophie de l'histoire[1].

Et alors Michelet s'aperçoit que, sans le savoir, de 1827 à 1842 il a inconsciemment, par une dialectique intérieure, conçu une méthode nouvelle, « arraché de sa science une *vita nuova* » :

« Entre la méthode qui formule (Hegel) et la méthode plastique qui tourne autour (comme Quinet, qui me semble marcher d'un pas puissant autour de chaque objet et le serrer avec force) il y en a une autre peut-être.

« Une chimie intérieure qui refait les choses, les reprend de là même d'où elles étaient parties d'abord. Car enfin pourquoi ne reprendrai-je pas tout cela en moi-même, puisque tout en est déjà sorti.

« De quoi l'histoire s'est-elle faite sinon de moi?

« De quoi l'histoire se referait-elle (se raconterait-elle) sinon de moi ?

« Quand on tire tout cela de soi-même, de ses mouvements intérieurs, on voit que ces mouvements d'une même âme se sont manifestés successivement de diverses manières :

Une fois ils portaient vers la terre, l'ordre d'ici-bas, le *droit*.

Une autre fois vers le ciel, l'ordre d'au delà, la *religion*, etc...

(La religion grecque finit par son vrai Dieu, le sage).

Mais cet enchaînement de mouvement est tel qu'on ne peut les séparer.

Ex. l'événement et la biographie expliquent pourquoi l'art tombe au portrait vers Alexandre. Le charme de l'Ecole flamande, cette grâce d'intérieur si supérieure aux peintures italiennes du même genre) tient à une question de droit, la femme possédant des immeubles influe d'autant sur la maison, lui imprime son caractère, etc...

Celui qui ne mêlerait pas l'histoire du droit, l'histoire de l'histoire, etc... à l'histoire de l'art, expliquerait ces faits par des causes tirées de l'art même, causes secondaires ou même fausses.

De même la désymbolisation juridique du XIVe, XVe s. ne peut se séparer de la désymbolisation religieuse du XVIe s. que les légistes ont préparée.

Ravaisson, comme Quinet, me semble encore un peu trop à l'ancien point de vue, qui cherche l'explication d'une spécialité dans cette spécialité même, au lieu de la tirer de l'*universalité* antérieure.

1. Michelet ajoute que :

Les Juifs en supprimant le temps; les Romains en supprimant le lieu, ont jeté la base de la philosophie de l'histoire.

Note du 11 mars.

Je vais refaire mon cours. Phil. de l'Hist.

J'arrachai, de ma science, une *vita nuova* :

I. d'abord extérieure, histoire de l'histoire.

II. Puis perpétuité ? Identité ? Plus de morts.

III-IV. L'âme fait son corps. Leibnitz. Vico.

Une seule cause, la liberté se causant.

Plus de classifications.

Plus d'histoires de religion, philosophie, etc...

V. Je découvre ma propre histoire, ma dialectique intérieure, libres mais inconscientes, 1827-1842.

Cet article est le seul qui ait fourni quelque chose à mon cours (leçon du 26 mai), Tout le reste sur la liberté, le moi, n'a pas été enseigné, non plus que les vues datées de mai sur la nature, ce grand moi-non-moi.

Quant à moi, qui maintenant essaie d'arracher du dedans toute science, même celle qui semble le plus extérieure, je sens bien que les mouvements inventifs de l'âme, ses fécondes vibrations, ne se font pas ainsi en sens direct, ni par lignes géométriques, mais tantôt par ondulations, par lignes oscillées (par ex. du droit à la religion, de la religion au droit) : quelquefois *circulairement* par rayonnement, lorsque j'arrive à l'un de ces centres, de ces points de vue sphériques où aboutissent les sciences diverses. »

De cette méthode subjective Michelet donne un exemple en exposant à Ravaisson (le 18 mars à 8 heures du soir) comment il aurait traité l'histoire des religions. Au lieu de les décrire successivement et de les montrer comme une progression et une tradition :

« J'aurais tiré toutes ces religions du dedans, comme d'un mouvement du cœur, je les aurais inventées l'une après l'autre *pour le remède de mon âme*, les rejetant derrière moi à mesure que je n'y trouvais pas le dictame cherché.

« Ce qui montre assez que ce mouvement est le vrai, c'est qu'à chacun de ses pas, l'homme désappointé maudit le pas précédent. Un Dieu déposé n'est pas mis en retraite. Il est banni, proscrit, il devient *Satan*. Cette malédiction successive montre assez avec quelle âpreté le genre humain a pris tout cela. »

Telles sont les conclusions auxquelles Michelet arrive dans ces trois mois de réflexions. Il ne se décide à commencer que quand il a cru voir clair en lui-même.

Que fut ce cours qui dura huit semaines (avril et mai 1842) et se composa de sept leçons?

Dans la première leçon (7 avril), Michelet pose son point de départ, l'identité de l'âme humaine perpétuellement poursuivie, à travers les luttes de la nature et de l'homme, les luttes de l'histoire. Michelet trouve un symbole de cette idée dans les récits qui terminent le *Mahabaratha*.

Le 14 avril, en face de la conception indienne il pose la vie antique de la Grèce et de Rome, le combat des villes contre les villes, des classes contre les classes, la naissance de l'esprit critique qui examine, distingue et nie. Cette lutte de l'antiquité, meurtrière pour les peuples, est vivifiante pour les idées.

Dans la troisième leçon, il montre la pensée judéo-chrétienne essayant une réconciliation de tous les éléments divers qui constituent l'humanité, concevant la perpétuité humaine sur la terre et au delà de la terre. Cette idée de l'identité qui abolit le temps est en état de gestation dans le prophète juif, dont le successeur est le Fils de Dieu. Mais le Fils de Dieu est conçu comme l'homme parfait, ce qui ne laisse plus de place au développement dans l'identité, mais seulement à l'imitation.

Dans la quatrième leçon, Michelet fait surgir un élément nouveau, le Saint-Esprit, héritage de la pensée grecque, qui associe la perpétuité grecque telle qu'elle s'était manifestée par l'art et la philosophie à la perpétuité judéo-chrétienne. Une lutte s'établit entre le Fils et le Saint-Esprit. Le Fils représente la tradition, le Saint-Esprit la liberté, le mouvement et l'amour Abailard et Héloïse dans leur abbaye du Paraclet, consacrée au Saint-Esprit, plus tard Joachim de Flore dans son *Évangile Éternel*, annonceront ce règne de l'esprit qui devra succéder au règne du Fils. Cette leçon est considérée par Michelet comme une déclaration de guerre au christianisme traditionnel. enfermé dans l'imitation stérile du Fils, et comme l'annonce d'une forme religieuse nouvelle où l'âme trouvera un renouvellement perpétuel. Déclaration de guerre faite sous une forme tellement mystique et lyrique, que sans doute le public n'en sentit pas la gravité.

Dans la leçon suivante, (12 mai), Michelet semble d'abord dire que le Moyen-Age a trouvé la conciliation entre le Fils et le Saint-Esprit par le culte de la Vierge et dans le personnage symbolique de saint Jean, le disciple aimé qui repose sa tête sur Jésus et à qui il confie sa mère en mourant[1]. On rêve un règne de Notre-Dame, de Jean, de l'esprit, de la liberté et de l'amour. Vains efforts pour découvrir l'avenir dans les types et les idées du passé. Le Moyen-Age ne sut pas aimer assez. En vain il chercha la paix, en vain il simula l'unanimité des cœurs. Il resta stérile et impuissant.

Il fallut trouver une maternité plus haute et plus vaste que celle de Notre-Dame, plus détachée de toute tradition positive. Cette maternité sera celle de la Providence. Cette idée remplit la sixième leçon. Dieu est une mère qui a dû allaiter le monde goutte à goutte pour le développement de la liberté. La mort comme la vie sont des accouchements d'où sortent des fruits de plus en plus parfaits.

Enfin Michelet ayant posé le principe d'identité et montré les efforts faits par l'antiquité et le christianisme pour le réaliser, arrive dans sa dernière leçon (26 mai) à l'âge moderne. Ici la liberté prend conscience d'elle-même, la réconciliation entre tous les éléments opposés commence à se faire, l'homme se réconcilie avec la nature, les parentés intellectuelles se forment, les sciences conçoivent leur libre unité, la paix s'établit non par une unité tyrannique, mais par une union des esprits, des cœurs et des volontés. Après avoir montré Vico réclamant la liberté il fait alors un retour sur lui-même, et rappelant son discours de 1825 sur l'*Unité de la Science*, il montre toute cette conception philosophique comme la résultante de l'étude de sa vie et de son temps.

J'ai essayé de présenter la pensée de Michelet sous une forme aussi cohérente que possible. Tâche mal aisée, car le plan tracé par lui-même dans ses notes est loin d'être limpide. Ses notes en particulier sont souvent d'une fantaisie bizarre et nuageuse[2].

1. On retrouvera ces idées en partie dans l'*Introd. de la Renaissance.*
2. Plan du cours de 1842. Philosophie de l'Histoire.
I. Identité toujours poursuivie. Perpétuité de l'âme. Fin du Mahaharatha.
II. Dinstinction meurtrière. Combat de l'antiquité, apparent.
   Meurtrier pour les peuples. Vivifiant pour les idées.
III. Réconciliation. Perpétuité judéo-chrétienne
   Gestation antique, les prophètes, imitation chrétienne du Fils.
   L'homme parfait, créé par la femme,
   la crée à son tour (salut, fille de ton fils).
IV. Le St Esprit. Perpétuité grecque.

En résumé, il y a dans l'histoire de l'humanité une identité fondamentale, une perpétuité de l'âme qui permet de la concevoir comme l'évolution d'une seule âme. Mais l'humanité n'a pas reconnu sans peine cette identité; elle a lutté pour l'établir et la comprendre. C'est seulement quand la liberté humaine a pris pleine conscience d'elle-même et s'est affranchie des entraves d'une tradition morte qu'elle a pu inaugurer un développement harmonieux où les âmes se sont senties unies pour une œuvre commune dans la famille et la cité. Michelet poursuit ainsi l'application de la conception de Vico : l'humanité se faisant elle-même et la conciliation de deux concepts contradictoires : la liberté humaine et l'accomplissement d'une évolution harmonique à laquelle préside une force supérieure et providentielle.

Michelet appuyait sa foi dans la liberté et l'indestructibilité de l'âme humaine sur les théories qu'il avait puisées dans l'étude de Descartes, Spinoza, Glisson, Leibnitz et Vico. Il considérait comme une des plus glorieuses acquisitions de la philosophie moderne d'avoir fait de la force de l'âme considérée comme cause agissante, la seule réalité indestructible et positive. Cette conception est le fondement même de toute philosophie de l'histoire. Il n'a pas consacré de leçon au Collège de France à ce sujet — mais il en avait fait le sujet d'une de ses leçons aux princesses le mardi 23 mars et les idées qu'il y exprime sont sous-entendues dans tout son cours. C'est ce qu'il y a de plus sérieux, de plus médité, de plus durable dans sa pensée. Il est resté toute sa vie attaché inviolablement à cette conviction de la réalité indestructible de la monade humaine considérée comme force spirituelle. Non seulement il avait repris en 1842 ses anciennes méditations philosophiques de 1825 à 1828, mais il avait revu les textes anciens et modernes et s'était éclairé des conseils de son élève Ravaisson, qui avait publié en 1837 son admirable *Essai sur la métaphysique d'Aristote*, et qui, dans un article sur la *Philosophie Contemporaine*, paru en 1840 dans la *Revue des Deux Mondes*, s'était montré aussi versé dans la philosophie moderne que dans la philosophie ancienne.

Une lettre de Ravaisson à Michelet résume l'histoire de l'idée de force active chez le médecin anglais Glisson (*Tractatus de natura substanciae energetica*, 1672) chez Leibnitz, chez Spinoza.

Nous y avons la clef des notes écrites par Michelet pour son cours.

Cette foi de Michelet dans la force de la volonté et de la pensée humaine lui permettait d'affirmer la persistance éternelle, la perpétuité

Abailard, Héloïse. Le Paraclet.
Combat du Fils et du St Esprit.
V. Le St. Esprit concilié en N.-D. avec le Fils. N.-D. dans *Grisélidis*.
Mais le Moyen-Age ne put aimer assez.
VI. Maternité de la Providence
pour le développement de la liberté.
VII. Liberté *sui conscia*. Vico 1826 recommence *la libre unité des sciences*.
Réconciliation commencée.
Ma vie et mon Temps.
Préludes de la leçon VII.
Réclamation de la liberté au xvii. siècle : Vico.

de l'âme individuelle, et de se faire une idée de la relation qui peut exister entre la perpétuité de l'humanité terrestre et la perpétuité de l'humanité à travers les mondes et au-delà de la terre, dans l'infini. Il conçoit une forme particulière de métempsycose qui se rapproche de celle de Jean Reynaud, et l'oppose à celle de Pierre Leroux, qui supposait les mêmes âmes revenant sur terre dans des corps différents et y évoluant vers le mieux, tout en perdant le souvenir de leur existence antérieure. Michelet, lui, croit que notre vie d'ici-bas n'est qu'une enfance, à laquelle succéderont d'autres vies, dans des globes plus avancés. Ainsi se fait la perpétuité de l'humanité poursuivant l'idéal irréalisable de l'identification absolue.

J'ai cru devoir insister sur ce cours, malgré tout ce qu'il a d'obscur, d'incomplet et de défectueux.

Ses imperfections viennent en partie de l'incroyable agitation d'esprit et de cœur dans laquelle il fut conçu. Michelet y cherchait non seulement une explication de l'histoire, mais un remède, une consolation pour les maux de son âme.

On y trouve aussi l'influence de la pensée poétique et vague des deux hommes ses amis, qui enseignaient à côté de lui. On y trouve enfin l'influence de l'agitation religieuse qui se déchaînait alors en France — où Michelet se sentait entraîné, où il prenait déjà position, mais en termes encore voilés de formules poétiques.

Nous retrouverons les idées de 1842 dans son enseignement ultérieur, mais devenues plus précises et sous une forme plus agressive à l'égard du passé.

CHAPITRE VII

L'opinion publique et le Collège de France en 1842

Au moment où Michelet monta dans la chaire du Collège de France,
la partie la plus ardente de la jeunesse vit tout de suite en lui le
maître qui devait répondre à ses besoins d'enthousiasme et de lutte.
Il arrivait dans une atmosphère déjà surchauffée, sillonnée déjà des
éclairs précurseurs d'orages. C'est sur lui seul que la jeunesse pou
vait compter. Tissot avait bien le prestige de son passé révolutionnaire
et de la persécution, mais l'âge l'avait calmé et la littérature latine
ne prêtait guère à un enseignement de propagande politique ou reli
gieuse. Ampère, qui professait la littérature française, se confinait
dans l'histoire des origines et ne s'adressait d'ailleurs qu'à un public
d'élite auquel plaisait sa distinction à la fois érudite et mondaine.
Philarète Chasles, qui, à partir de 1842, enseigna les littératures germaniques et qui était fils d'un conventionnel jacobin presque babou-
viste, esprit ardent et paradoxal, aurait pu, s'il l'avait voulu, jouer
au tribun. Il avait une certaine popularité. Mais à cette époque, il
posait pour le dandy, professait en frac bleu, les mains gantées, et chan-
geait de gilet à chaque leçon. Deux autres professeurs, par la nature
même de leurs cours, attiraient au Collège de France d'assez nombreux
auditeurs et pouvaient traiter des sujets actuels, capables d'exciter
des approbations ou des protestations violentes. C'étaient Rossi et
Lerminier. Mais Rossi était l'objet de l'animadversion d'une partie
de la jeunesse, ayant été appelé de Lausanne à Paris par Guizot, et
comblé de faveurs. Il avait reçu la grande naturalisation, et été nommé
successivement, professeur d'économie politique au Collège de France,
professeur de droit constitutionnel à l'École de Droit, membre de l'A-
cadémie des Sciences morales par décret royal quand cette Académie fut
constituée, membre de la chambre des Pairs, membre du Conseil royal
de l'Instruction publique. Les jeunes gens le laissaient professer tran-
quillement au Collège devant un auditoire assidu et studieux; mais
ils l'obligèrent quelque temps à suspendre ses cours de l'École de
Droit en s'y livrant à d'effroyables tumultes [1].

1. Cf. E. Fage. *Souvenirs d'Enfance et de Jeunesse*, Tulle, 1901.
Cette jeunesse turbulente des Ecoles était d'ailleurs assez originale dans
la manière dont elle exerçait sa justice distributive à la Sorbonne. Elle applaudissait Saint-Marc Girardin dans ses cours de poésie française, bien qu'il fût
connu pour son dévouement à la dynastie d'Orléans. Mais il était plein de
verve, d'esprit, de chaleur de cœur, et il s'était fait une popularité par
son ardeur à défendre la cause de la Pologne. La jeunesse applaudissait
aussi le clérical Ozanam qui en 1840 fut appelé à suppléer Fauriel comme

Au Collège, c'est Lerminier qui en 1838 et 1839 fut le point de mire des attaques de la jeunesse libérale. Il avait pourtant, pendant des années, été son idole. Nommé, en 1831, titulaire de la chaire de législations comparées créée exprès pour lui, alors qu'il était un des principaux rédacteurs du *Globe*, l'organe des Saint-Simoniens, Lerminier, qui savait l'allemand et avait voyagé en Allemagne, eut le double prestige d'être considéré comme le représentant de la philosophie allemande appliquée au droit, et des idées les plus avancées en politique et en religion. Mais il était surtout le plus infatigable et le plus creux des déclamateurs. Sans doute il y a quelques traits instructifs à recueillir dans ses *Lettres philosophiques écrites de Paris à un Berlinois* (1833) [1] et dans ses deux volumes : *Au-delà du Rhin ou de l'Allemagne depuis Mme de Staël* (1834) mais on y constate surtout les difficultés qu'éprouvaient les cerveaux français à comprendre les idées allemandes. Sa *Philosophie du droit* de 1831 est le plus inutile des bavardages. C'était cependant son cours, et son cours très applaudi du Collège de France.

Malheureusement pour lui, la jeunesse des Écoles était animée de sentiments d'opposition politique et républicaine encore plus que de sentiments irréligieux, et Lerminier eut beau rester un libre-penseur très hostile à l'Église [2], l'évolution politique qui à partir de 1836 transforma le fougueux démocrate, exaltant la Constitution de 1793, en un paisible centre gauche, partisan de la politique conciliante et modérée du ministère Molé, apparut à la jeunesse comme une apostasie, quand, en 1838, M. Lerminier accepta du gouvernement une place de maître des requêtes au Conseil d'État. L'attitude de ses élèves fut si hostile à la fin du cours de 1838 que Lerminier annonça qu'il se ferait suppléer pour l'année suivante. Il essaya cependant le 29 novembre de remonter dans sa chaire, mais une foule de plusieurs milliers de personnes l'empêchèrent de prendre la parole. Ce ne furent pendant trois

professeur de littérature étrangère, parce qu'Ozanam montrait une crânerie pleine de charme à défendre sans pédantisme ses convictions religieuses. Par contre, le malheureux Charles Lenormant était la bête noire des étudiants, qui voyaient en lui l'incarnation du Guizotisme. Ses leçons étaient constamment entrecoupées par des lazzi, par des tempêtes soudaines de cris assourdissants. M. Émile Fage, qui nous a laissé dans ses *Souvenirs* un précieux tableau du pays des Écoles de 1846 à 1848, nous raconte comment, avec sept camarades, il suscita un tumulte qui mit en fuite Charles Lenormant et amena l'intervention de la police. Les tumultes obligèrent Lenormant à donner sa démission.

1. Parues dans la *Revue des Deux Mondes*.

2. Il soutint avec George Sand dans la *Revue des Deux Mondes* (janvier et février 1838) à propos du *Livre du Peuple* de Lamennais, une polémique dans laquelle il refuse au christianisme, même à l'évangile, toute capacité de contribuer au progrès social et au bonheur de l'humanité.

En juin 1839, dans un article de la même Revue sur l'ouvrage de Duquesnel sur le travail intellectuel en France de 1815 à 1837 il fait l'apologie du pur rationalisme, met la philosophie en opposition avec la religion et demande qu'on dégage la notion de Dieu des formes chrétiennes.

Ulric Guttinguer publia contre lui une brochure : *Quelques mots sur le siècle, la raison et la foi*, 1844.

quarts d'heure que sifflets et cris d' « apostat, renégat, vendu ». Lerminier dut suspendre son enseignement. Le 3 décembre 1839, il fit une nouvelle tentative pour remonter dans sa chaire; mais cette fois encore les 3 ou 400 auditeurs qui avaient occupé la salle du Collège de France renouvelèrent le même tapage, les mêmes cris. Il fallut la force armée pour les expulser par les portes et les fenêtres. Lerminier, qui avait dû s'enfuir et se réfugier dans une autre salle, fut obligé cette fois de renoncer définitivement à son enseignement. Il ne trouva pas beaucoup de sympathies dans sa déconvenue — d'autant plus qu'il avait eu l'imprudence de publier sur *La presse politique* un article sévère et courageux qui ameuta contre lui tous les journalistes. Les légitimistes en voulaient au libre-penseur, les républicains à l'ancien révolutionnaire devenu ministériel et pourvu d'une bonne place. Même les modérés, comme le *Journal des Débats*, se contentaient de blâmer la mollesse du gouvernement, qui ne savait pas faire respecter la liberté de parole, mais n'avaient pas un mot de sympathie pour l'homme qui, au lendemain de l'insurrection des 5 et 6 juin 1832, avait fait l'éloge des Montagnards, et semblé prêcher le socialisme et la révolte [1].

Michelet montait dans sa chaire au moment même où l'intransigeance politique de la jeunesse fermait la bouche à Lerminier. On attendait de lui qu'il reprît les prédications à la fois rationalistes et démocratiques de celui-ci. La nature de son cours y prêtait plus encore que les sujets traités par Lerminier. On comprend comment Michelet a pu dire que son auditoire agit puissamment sur lui. On comprend aussi que, dans les premières années, malgré ses hardiesses et une éloquence qui nous paraît aujourd'hui d'un apôtre plutôt que d'un professeur, la jeunesse lui ait reproché trop de calme et de tiédeur [2]. C'est que Michelet n'abordait pas encore directement les questions politiques; ses tendances démocratiques ne se faisaient guère jour que par la sympathie qu'il manifestait en histoire pour les opprimés, les humbles, les simples, les masses populaires. Ses hardiesses se manifestaient plutôt dans le domaine religieux, où, très nettement, il prenait parti pour les idées modernes, contre celles du Moyen-Age, et commençait à annoncer la venue d'une foi nouvelle en opposition à

1. Les excuses que Lerminier fit valoir pour sa conduite dans la Préface de ses *Dix ans d'enseignement* ne trouvèrent pas beaucoup d'approbateurs. Voy. les articles du *Courrier Français*.

2. Dans l'*Etudiant, journal des Ecoles*, de 1838.
Il ne faut pas croire que toute la jeunesse fût aveuglément enthousiaste de Michelet et de son enseignement. Le *Journal des Ecoles* de 1838 et 1839 le soutient et l'admire et déplore en 1839 la diminution croissante du nombre des auditeurs. Mais en 1840-41, quand le cours est de nouveau fréquenté, les critiques adressées à Michelet deviennent de plus en plus vives, et ce qu'on lui reproche maintenant c'est de ne pas faire un cours assez solide, assez nourri de faits, assez clair, assez instructif. En 1841, les critiques deviennent amères, violentes à ce point que très probablement *Armand de Zagincourt*, qui signe les articles et paraît le directeur du journal, doit appartenir à la jeunesse catholique.

la doctrine catholique. Mais sa pensée, comme enveloppée de voiles, était pleine d'égards attendris pour le passé dont il prononçait la condamnation.

Après la retraite définitive de Lerminier en 1839, Michelet vit arriver au Collège de France les deux hommes qui allaient partager avec lui la faveur de la jeunesse, et dont l'exemple contribua sans aucun doute à lui faire transformer son enseignement en une prédication morale, politique et religieuse : Mickiewicz et Quinet.

C'est le 21 avril que Cousin, qui avait reçu le portefeuille de l'Instruction publique dans le cabinet formé par M. Thiers le 1er mars, présenta à la Chambre des Députés le projet de loi créant au Collège de France une chaire de langues et littératures slaves, destinée *in petto* au poète Mickiewicz. Cette création était due à l'initiative de Léon Faucher, directeur du *Courrier Français* et ami de Michelet. Celui-ci, qui, depuis 1837, avait été mis en relations avec Mickiewicz par Faucher, dut certainement encourager son ami, peut-être même parler au Château en faveur de cette création, qui paraît avoir d'abord inquiété le roi. L'empereur Nicolas, qui avait constamment manifesté son animosité contre le gouvernement de Juillet, et qui, à ce moment même, travaillait à former la Quadruple Alliance contre la France, exclue du concert européen, pouvait considérer la création de cette chaire et son attribution à un Polonais, au plus illustre des Polonais, comme un acte d'hostilité contre la Russie. D'autre part, le gouvernement de juillet, bien qu'il eût montré la plus vive et la plus active sympathie pour les Polonais vaincus, au point de faire en faveur des réfugiés une loi d'exception réduisant à une année le temps de séjour exigé pour la naturalisation, et qu'il leur eût attribué de larges subsides, éprouvait souvent quelque impatience à voir des Polonais, subventionnés par lui, non seulement se livrer à des manifestations intempestives contre la Russie, pousser la presse française à une attitude agressive contre Nicolas Ier, mais prendre part à l'action politique des partis d'opposition en France. Les réfugiés polonais étaient en grande partie ou des catholiques ardents, sympathiques à la politique de Montalembert et de ses amis, ou des démocrates non moins ardents fraternisant avec les républicains. Il fallait toute la raison et l'habileté diplomatique du prince Czartoriski — sorte de ministre de l'émigration polonaise auprès du gouvernement français — pour éviter de trop grosses difficultés et des éclats. Le gouvernement, d'ailleurs, faisait payer assez cher ses faveurs; pour éviter d'encombrer Paris d'une trop grande masse de Polonais, qui auraient pu devenir un ferment révolutionnaire, il s'était réservé le droit d'assigner aux réfugiés leur lieu de résidence. Avec Mickiewicz lui-même, le gouvernement se trouvait en délicatesse, car, en 1833, il avait failli être expulsé de Paris, et en 1836, Czartoriski avait en vain sollicité une pension en sa faveur. Comme il était absent de Pologne au moment de l'insurrection, on ne lui reconnut pas la qualité de réfugié, bien qu'il fût exilé, et il fut privé de ressources par l'interdiction qui pesait sur ses ouvrages.

Malgré les hésitations que Faucher rencontra chez M. Thiers et chez le roi, le projet de loi passa le 18 juin à la Chambre des Députés, et le 7 juillet à la Chambre des Pairs, et le roi nomma Mickiewicz titulaire de la chaire au moment même où, le 15 juillet, était signée la Quadruple Alliance.

Celui à qui la chaire nouvelle était confiée [1] n'était pas seulement un ardent patriote et un poète de génie ayant souffert la prison et l'exil sous la tyrannie de Novosiltzoff, pour avoir fondé à Vilna, où il étudia de 1815 à 1823, une société littéraire et patriotique, les *Philomathes*, et suscité l'enthousiasme non des salons, mais des étudiants et du peuple, par ses premières poésies, les *Ballades* et les *Aïeux*. C'était aussi un homme de grande érudition, qui s'était préparé par de très fortes études à la carrière professorale. Il avait une connaissance approfondie des langues anciennes, connaissait toutes les langues slaves et leur littérature. Interné successivement à Pétersbourg, à Moscou et à Odessa, il s'était fait d'assez nombreux amis dans la société russe pour que son poème de *Conrad Wall* (sous une forme symbolique, il conseillait aux Polonais d'entrer au service de la Russie pour la détruire), ait pu librement circuler en 1828.

Une heureuse fortune amena Mickiewicz en Allemagne, puis à Rome, en 1829 et 1830. C'est là qu'il apprit l'insurrection de Varsovie. Il fut retenu jusqu'en avril 1831, et quand il voulut rejoindre ses compatriotes insurgés, il fut arrêté en Posnanie, par la déroute des Polonais écrasés par les armées russes. Expulsé de Posnanie, puis de Saxe, il vint en 1832 se réfugier à Paris. C'est là qu'après avoir achevé en Allemagne le beau récit historique de *Thaddée*, il composa le poème qui a fait le plus pour sa réputation : *le Livre des Pélerins polonais*. traduit en français par Montalembert et qui inspira à Lamennais les *Paroles d'un Croyant*. Pendant ce séjour à Paris, Mickiewicz, centre de la partie la plus ardente et la plus cultivée de l'émigration polonaise, fit la connaissance de Montalembert, de Lamennais, de Salvandy, de Faucher, de Michelet, de Quinet, et leur donna à tous une haute idée de l'étendue de ses connaissances et de la puissance de sa parole et de sa pensée. Il avait aussi des relations parmi les Italiens proscrits de leur pays, et dont quelques-uns, comme Rossi, Melegari, obtinrent des chaires à l'Académie de Lausanne. Mickiewicz, qui avait vécu à Genève en 1830. et séjourné à Bex et à Lausanne, avait des admirateurs en de Candolle, Sismondi à Genève, en Juste Ollivier à Lausanne. Il fut, en 1838, appelé à professer la littérature latine à l'Académie de Lausanne, où professaient déjà Melegari et Sainte-Beuve. Le succès de son enseignement, la facilité qu'il montra dans le maniement de la langue française, contribuèrent à décider les amis de Mickiewicz à provoquer la création de la chaire de langues

1. Cf. *Adam Mickiewicz, sa vie et son œuvre*, par Ladislas Mickiewicz. *Œuvres poétiques complètes d'A. M.* trad. par Christine Ostrowski, 1841-1842, 1845-1859.
Né le 24 décembre 1798, il était exactement contemporain de Michelet. Il fut enfermé au couvent des Basiliens de Vilna du 23 oct. 1823 à avril 1824.

et littératures slaves au Collège de France. Il accepta sans hésiter, considérant comme un devoir envers son peuple de parler du haut de la chaire du Collège de France à l'Europe entière. Il ne quitta pourtant pas sans regret la ville où il avait été si bien accueilli et où il menait une vie si douce, avec sa femme, Céline Czymanowska.

Le cours de Mickiewicz dura du 22 décembre 1840 au 28 mai 1844. Le professeur fut accueilli avec enthousiasme; il obtint dès l'abord le plus grand et le plus légitime succès. Comme le dit M. Fage dans ses *Souvenirs* : « Mickiewicz était l'image auguste de la Pologne crucifiée. Son immense talent, ses malheurs, son exil, son union avec Michelet et Quinet, le rendaient cher à la jeunesse. Langage poétique, saccadé et fiévreux, traversé de visions[1]. »

Quand on parle du cours de Mickiewicz, on a l'habitude de ne considérer que la période où il se mit à prêcher le messianisme[2], et où il provoqua au Collège de France des tumultes qui finirent par amener l'interruption du cours. On ne doit pas oublier que, pendant deux ans, Mickiewicz avait fait un cours très substantiel et qui, pour l'époque où il fut professé, était non seulement très nouveau, mais nourri de faits et d'une connaissance profonde de la littérature et de l'histoire des peuples slaves. Bien loin de montrer un intérêt exclusif pour la Pologne, Mickiewicz avait, dans la première année, fait un tableau complet du développement littéraire et religieux des peuples slaves, depuis la fin de l'Empire romain jusqu'au traité de Westphalie. Il avait fait une large place aux Tchèques et aux Serbes, et il avait mis côte à côte les Russes et les Polonais comme les deux grands représentants du slavisme, le grec et le romain; il avait dépeint leur lutte comme le fond même de l'histoire de la race slave; la Russie essentiellement monarchique, unitaire et conquérante, la Pologne aristocratique, catholique et enfermée sur elle-même, seule et sans alliés. La seconde année, 1841-1842, il continue cette histoire parallèle de l'évolution intellectuelle de la Russie et de la Pologne, jusqu'à la

---

1. Eugène Noël qui a aussi entendu Mickiewicz, dit (*Michelet et ses enfants,* p. 13o) : « Ceux qui n'ont point entendu dans sa chaire l'auteur du *Livre des Pèlerins* ne peuvent se faire une idée de cette éloquence à la fois mystique et sensée, sublime et familière. Debout, les mains sur sa canne, le corps en avant, l'œil inspiré, la voix émue et vibrante, avec les apparences d'un visionnaire céleste, c'étaient souvent les paroles du plus parfait bon sens et de l'esprit le plus pratique qu'il faisait entendre. »

2. Voyez les volumes publiés à Paris chez Martinet en 1860-61 t. VII à XI de l'édition polonaise des œuvres de Mickiewicz.

Le cours de 1842-1844 fut publié en 1845 en deux volumes sous le titre : l'*Eglise officielle et le Messianisme* (on avait depuis le 6 déc. 1842 jusqu'au 17 juin 1843 publié au fur et à mesure les leçons lithographiées). Puis en 1849 on publia sous le titre : *Les Slaves,* les cours de 1840 à 1842 et de 1842 à 1844 en 5 volumes. Les trois premiers volumes contenaient les deux premières années d'après une sténographie. Les deux derniers volumes étaient les invendus de l'édition de 1845 avec de nouveaux faux-titres. Les t. VII à XI de l'édition des Œuvres polonaises de 1860 ne sont aussi que les invendus de 1849 avec de nouveaux faux-titres. En 1866, nouvelle édition fictive avec une Préface de Ladislas Mickiewicz.

chute de la Pologne. Cette nouvelle partie du cours contient elle aussi des vues très intéressantes. Les nombreuses et longues citations des poètes polonais et russes, par lesquelles Mickiewicz cherche à éclairer l'histoire de ces deux littératures, donnent un grand attrait à ces leçons. Mais, dans ce cours de 1842, on devine déjà le changement décisif qui s'est fait dans son esprit.

En juillet 1841, il avait reçu la visite d'un illuminé, André Towianski, petit propriétaire lithuanien, né en 1790, un instant magistrat, qui, depuis 1832, voyageait avec sa femme et un apothicaire de Vilna, nommé Goutt, son disciple, et qui, en 1841, était arrivé à Paris. Towianski nous apparaît dans ses œuvres, publiées plus tard à Turin, surtout comme théosophe. C'était, en 1841, avant tout le prédicateur d'une doctrine secrète, d'après laquelle l'histoire du monde est une lutte entre les colonnes des esprits supérieurs et lumineux et les colonnes des esprits des ténèbres. Ces esprits s'incarnent dans les corps humains, simples gaînes dans lesquelles agissent les esprits. Des messies viennent périodiquement faire triompher sur la terre les colonnes lumineuses. La lumière du Christ n'a pas réalisé tout le bien désiré. Elle est aujourd'hui éteinte. Elle s'est manifestée de nouveau en Napoléon; mais Napoléon n'est pas resté fidèle à sa mission. Maintenant, c'est en Towianski que l'esprit de Napoléon purifié est entré pour régénérer la société. Towianski venait annoncer à Mickiewicz la bonne nouvelle et lui dire qu'en lui se trouvait un rayon de l'esprit de Napoléon, et qu'il devait collaborer à renouveler le monde en lui enseignant le vrai christianisme oublié par l'Église officielle.

Un petit fait, merveilleux en apparence, convainquit Mickiewicz de la réalité de la mission de Towianski. Mme Mickiewicz était malade, enfermée dans une maison de santé quand Towianski rendit visite à Mickiewicz. Il la demanda. On lui dit où elle était. Il déclare à Mickiewicz qu'elle est guérie, qu'il peut aller la chercher et la ramener chez lui. Cette affirmation se trouva vraie, et Mickiewicz, à qui Towianski avait remis son petit écrit, *Le Banquet*, résumé de sa doctrine, fut dès lors un adepte tout prêt à faire œuvre d'apôtre, quand l'heure aurait sonné.

Towianski, aidé de Mickiewicz, groupa un certain nombre de disciples; ils formaient au cours de Mickiewicz une phalange enthousiaste, attendant le moment de manifester leur foi. Mais, en même temps, se formait peu à peu, tant chez les Polonais restés fidèles à l'orthodoxie catholique que chez les révolutionnaires, un mouvement hostile à Towianski. Non seulement certains le regardaient comme un fou qui dévoyait l'esprit de Mickiewicz [1], mais plusieurs le considéraient comme un émissaire du gouvernement russe, chargé d'énerver et de ruiner l'influence de Mickiewicz , soit en lui faisant déserter l'action

---

1. Voyez les préfaces à la traduction des poésies de Mickiewicz par Ostrowski.

pour les rêveries mystiques, soit en le ridiculisant et en le faisant chasser de sa chaire.

En 1841-1842, Mickiewicz laisse déjà percer ses idées messianiques. La leçon du 24 mai 1842, consacrée à Napoléon, le présente comme un homme providentiel, chargé d'une mission divine : « L'homme du destin de la France, le héros d'une partie des peuples slaves, est le précurseur d'une fraternité future des peuples qu'il a liés dans une commune sympathie, d'une union morale dans une même idée, et cette union sera le commencement d'une évolution religieuse et politique. Napoléon a commencé une évolution du christianisme. »

Mickiewicz montre alors le caractère profondément religieux que prend la pensée polonaise à partir de la fin du xviiie siècle. Le 14 juin, il analyse l'œuvre du philosophe et mathématicien Wronski, qui avait le premier présenté Napoléon comme un envoyé d'en haut, et dans son *Prodrome du Messianisme*, annoncé une révélation nouvelle. Mais il proteste contre la condamnation prononcée par Wronski sur la France dont il déclare l'œuvre finie. Il considère aussi le messianisme comme le fond de la poésie polonaise, telle qu'elle se montre dans les œuvres de Garczynski. Sa dernière leçon, du 1er juillet, est tout entière consacrée au messianisme polonais. Il insiste sur ce que le messianisme doit se manifester dans un individu, dans une âme exceptionnelle. Rien ne se fonde par les doctrines. Il faut que le Verbe s'incarne dans un homme. Ce messianisme ne sera pas seulement polonais. Il agira par l'intermédiaire de la Pologne sur la France, force motrice de l'avenir, et, par elle, sur le monde [1].

Mickiewicz attendit une année entière pour commencer la prédication directe de sa doctrine. Le cours de 1842-1843 a bien été publié avec celui de 1843-1844, sous le titre commun de l'*Église officielle et le Messianisme*. Toutefois, en 1842-1843, les idées messianiques ne s'expriment encore que d'une manière vague et enveloppée au milieu d'études assez incohérentes, où l'on passe de la démonstration de l'identité des Assyriens et des Syriens avec les Slaves, à l'analyse de la *Comédie infernale*, et de leçons très curieuses sur les diverses mythologies slaves, le drame slave, la philosophie allemande, et le critérium de la certitude. Mais on sent à travers toutes ces leçons l'annonce mystérieuse d'une prophétie qui brûle de s'exprimer. Dans sa deuxième leçon (27 juin), il prédit que la vérité naîtra du mariage du plus puissant génie du globe avec la plus malheureuse de toutes

---

1. Mickiewicz était dès ce moment décidé à devenir le prophète du nouveau Messie. Un jour qu'en se promenant avec Towianski il écoutait celui-ci développant des vues géologiques tout en remuant une flaque d'eau avec sa canne, Towianski s'écria : « Vous m'écoutez avec intérêt raisonner sur un tas de boue et vous vous taisez lorsque vous disposez de la première tribune du monde et que le salut de votre peuple est en jeu. » Ce qui acheva de le décider ce fut l'expulsion de France de Towianski le 18 juillet 1842 pour avoir déclaré qu'il avait prédit la mort du duc d'Orléans (arrivée le 13 juillet) et prédit que toute la famille royale subirait le même sort si on ne l'écoutait pas.

les nations [1]. La Pologne, grâce à ce mariage, apportera aux nations l'unité religieuse, politique et sociale, mais elle n'a pas la force de réalisation. Seule la France possède celle-ci. Mickiewicz promet alors à la France qu'elle recevra de la race slave l'instrument de cette révolution, « le Verbe qui vient aujourd'hui créer l'époque nouvelle. »

Ce verbe, c'était Towianski. Mickiewicz ne le nomma pas une seule fois dans son cours. Mais les quatorze leçons de 1843-1844 sont une pure prédication, où Mickiewicz exposa les grandes lignes de cette religion nouvelle, née de l'alliance du génie slave et du génie français, fondée sur l'intuition et l'enthousiasme, et qui renouvellera l'Église, en lui rendant le sens de sa vraie tradition. L'Église officielle ne connaît plus la puissance de la parole; elle a perdu le don des langues. Elle ne sait plus se faire entendre. Mickiewicz consacre deux leçons aussi éloquentes que vagues à célébrer la puissance de la parole vivante, source de toute force morale.

Ce vrai christianisme, auquel sera ramenée l'Église par l'alliance de la Pologne et de la France, Napoléon l'a compris mieux que personne. Mickiewicz en fait une sorte de Christ qui a scruté la nature de Jésus-Christ en se scrutant lui-même. Ses paroles germent dans les âmes de la chrétienté et il est l'archétype de l'art nouveau. Écoutez ce passage, vraiment extravagant :

« Napoléon portait en son esprit tout le passé du christianisme et le réalisait en sa personne. Puissant par la parole comme saint Pierre ou saint Paul; simple et austère dans sa vie, comme l'étaient les abbés de l'Eglise primitive; majestueux comme un évêque du Moyen-Age, il pressentait pourtant que pour être le chef de l'Eglise actuelle il ne suffisait pas de posséder tout le passé. L'humanité avait besoin d'un foyer qui pût rallumer dans les âmes des feux d'amour nouveau et de force nouvelle, d'amour militant et de force victorieuse. Napoléon le comprit dans la dernière époque de sa vie, durant son martyre de Ste Hélène. »

Mais l'œuvre de régénération ne s'opérera pas sans lutte. Dans un passage d'une grande éloquence, le 7 février 1844, il s'élève contre ce qu'il appelle les illusions des pacifistes :

« Le temps n'est pas venu, dit-il, de changer l'épée en charrue et d'établir dans les casernes des phalanstères. Les armées, les flottes, les arsenaux de la France appartiennent à l'humanité. Sur eux repose le vrai progrès. Celui dont le cœur ne s'émeut pas à la vue des drapeaux et du pavillon français, celui-là n'est pas capable de comprendre en quoi consiste le vrai progrès. »

Chose extraordinaire, il considère la France comme manifestant dans toute son histoire l'esprit de Jésus-Christ. Mais comment? par son esprit militaire, « fils de l'esprit chevaleresque et petit-fils de celui de Jésus-Christ... C'est cet esprit qui fait la valeur morale et religieuse de la France. »

1. Dans cette leçon du 27 juin, Mickiewicz avait commencé par faire un parallèle très remarquable de l'esprit des institutions russes et des institutions polonaises. Michelet dit dans son journal : « Leçon de M. tous émus aux larmes ». 28 : tous les soirs chez Mick... Chant polonais, les femmes seules restent. »

La dixième leçon du 19 mars est consacrée au Maître. Mickiewicz ne le nomme pas, mais il définit ce qu'il devait être, et termine ainsi :

« Je ne suis pas un docteur; ce n'est pas à moi de vous enseigner les mystères de la nouvelle révélation; mais je suis une des étincelles tombées du flambeau, et ceux qui suivront la trace trouveront peut-être plus, facilement que moi Celui qui est la voie, la vie et la vérité.

La joie que j'ai éprouvée, et qui ne me sera pas ôtée, la joie que j'ai ressentie d'être chargé de vous le dire fera la joie de toute ma vie et de toutes mes vies; et comme je ne parle pas appuyé sur un livre, comme je ne vous expose pas un système, je me proclame à la face du ciel le témoin vivant de la révélation nouvelle; et j'ose sommer ceux d'entre les Polonais et d'entre les Français qui ont approché le Verbe, de déclarer s'ils l'ont vu, oui ou non. »

Bonnatty (dans les *Annales de philosophie chrétienne*, avril 1844), qui était présent, raconte qu'une soixantaine de personnes se levèrent alors et étendirent le bras en faisant entendre le bruit tumultueux de « Oui ! » répétés.

Une seconde sommation fut suivie d'un nouveau tumulte et des cris « Nous le jurons ! »

« Une dame, effrayée de cette scène tomba dans une crise nerveuse. Des cris mêlés de sanglots se firent entendre parmi les femmes adeptes dont une est restée quelque temps les mains jointes, les bras élevés au-dessus de la tête, et tendus vers le professeur. Une autre femme a attendu que le professeur fût descendu de sa chaire et alors s'est jetée à ses pieds et a voulu les embrasser. Un jeune diplomate, M. d'Avril, se prosterna dans la cour devant Mickiewicz en lui baisant les mains. »

Après les vacances de Pâques, le 23 avril, Mickiewicz résuma son cours. Dans cette leçon, comme dans celles du 30 avril et du 21 mai, il ne fit qu'annoncer la venue du Messie, qui reprendra l'œuvre de Jésus-Christ, l'Homme-Dieu, et personnifiera une étape nouvelle de l'Homme éternel. « Ce Messie aura le zèle des apôtres, le dévouement des martyrs, la simplicité des moines, l'audace des hommes de 93, la valeur ferme, inébranlable et foudroyante des soldats de la Grande-Armée, et le génie de leur chef. »

Il fait appel aux femmes et au peuple qui ont besoin de vie, d'amour et du culte des grands hommes. Il proclame l'avènement de la prophétie et de la synthèse venant remplacer l'analyse et la critique. Il déclare enfin que le procédé le plus sûr pour la recherche de la vérité, c'est l'action; chaque action est synthèse; ce sont les hommes d'action et non les savants qui donnent la vraie synthèse. Il déclare aussi qu'il a fini sa tâche de professeur et de savant. La science a fait son temps. Il faut prophétiser et agir.

« La Pologne est destinée à incarner la Révélation nouvelle. La France est destinée à la recevoir la première. »

Il somme la France de reprendre l'épée, de réveiller le génie de juillet, de rappeler le souvenir de Charlemagne, des Croisés, de Napoléon. Ce génie ne se trouve pas dans les bibliothèques et les chemins de fer.

« Il imprime ses idées avec le fer des lances, il les communique à coups de
canon, il écrit ses codes à l'ombre des drapeaux et des lauriers[1]. »

Pour obéir à son génie, la France doit suivre le génie polonais et
son Messie. Il rappelle les strophes prophétiques de Garczynski, le
poète guerrier, écrites au moment de l'assaut de Varsovie, en 1831,
par les Russes :

« O mon peuple, comme la tête meurtrie du sauveur imprime à tout jamais
sur un voile son image sanglante; de même toi, ô mon peuple, tu laisseras
dans cette génération l'empreinte sanglante de ton histoire. Cette génération,
tu la jetteras à la face de l'Europe, comme le voile de Véronique; on y lira
ta passion. Et vous, ô peuples de l'Europe, le temps viendra où chacune de vos
pensées s'ouvrira comme un œil, et toutes vos pensées, comme autant d'yeux,
s'attacheront à jamais sur l'image sanglante de la nation crucifiée. »

Mickiewicz termine ainsi :

« Cette image résume notre histoire. C'est l'emblème, le drapeau des peuples.
A cette génération appartiennent tous les esprits qui ont déjà soulevé la pierre
sépulcrale du passé, qui, au fond de leur âme ont senti tressaillir Jésus-Christ
le ressuscité. Elle doit, cette forte et grande génération, faire sortir de son sein
et faire voir au monde, non plus le Christ devant Pilate, mais le Christ ressuscité, le Christ transfiguré, armé de tous les attributs de la puissance, le Christ
vengeur et rémunérateur, le Christ du jugement dernier, de l'apocalypse et de
Michel-Ange. Ici est l'*Ecce Homo* de notre époque. »

Ce ne fut pas tout.

Le 28 mai, Mickiewicz consacre sa leçon à Napoléon. Il commence
par parler de lui-même : quand il fut nommé au Collège de France, il
sentit qu'il avait été appelé par Dieu même, bien que sachant mal
le français, à révéler à la France le côté divin de sa propre histoire.
Certain d'être inspiré par l'esprit de Dieu, il s'est fait un devoir de
ne jamais préparer ses leçons, parce que l'Évangile recommande à
celui qui parle de hautes vérités de ne pas le faire en phrases toutes
faites. Il a ainsi rempli le ministère de la parole [2]. Doué de la
seconde vue des Slaves, il a pu communiquer avec l'esprit de Napoléon, qui est l'esprit de la France.

Napoléon a continué l'œuvre de Jésus-Christ, mais, après avoir tout
conjuré par son génie, il a failli à sa mission. Il n'a pu réaliser les
espérances du monde qu'il avait comprimé. Celui qui les réalisera,

1. Ailleurs Mickiewicz avait annoncé que l'Allemagne disparaîtrait, sub-
mergée par la réunion des Français et des Slaves.

2. Quinet avait la même prétention. Dans sa lettre à sa mère d'août
1845 (CCLXXIX) il prétend qu'il livrait chaque semaine une bataille sans
avoir le temps de la préparer : « Je me couchais désolé et le lendemain
avant midi, tout était prêt : les choses, les mots, les citations, les plans, tout
avait surgi je ne sais d'où. Quelqu'un qui n'a pas passé par ce péril continuel
de l'improvisation pure, sans passion, ne peut se faire une idée de ce genre
de vie. »
Vanité et insincérité : voilà les deux tristes revers des enthousiasmes et
de l'exaltation de ce temps. Voyez la lettre de Quinet à sa mère du 9 février
1842 après sa première leçon.

c'est le nouveau Messie, homme à trois faces et à trois tons, qui a été vu par les Israélites, les Polonais et les Français. Son empire a été préparé dans l'âme de Napoléon, et il continuera l'histoire posthume de son âme immortelle.

Mickiewicz fait alors distribuer dans l'auditoire des lithographies représentant Napoléon sortant de son linceul et pleurant sur la carte du monde. Cette image est, d'après lui, celle de chaque Français. Il invite les Français à invoquer l'esprit de Napoléon, afin de reconnaître le nouveau Messie. Puis il s'écrie :

> « Napoléon et Waterloo ! Si sous l'invocation de ces deux noms il nous a été donné de sentir dans ce moment qu'un même esprit nous anime, nous avons communié en esprit, nous avons célébré un des mystères du Nouveau Testament. Une telle communion est une Cène spirituelle. »

Mickiewicz imagine qu'il vide la coupe de la communion pour la prospérité de l'œuvre. Il offre une première coupe à Dieu. Il offre la seconde à Napoléon.

> « O toi, maître lumineux, plus avant dans les décrets du Seigneur en faveur de la terre; toi qui, après tant d'années de souffrances, par permission supérieure, assistes en ce moment à notre cène, en esprit, reçois dans ce moment notre solennelle assurance, unique consolation qui te soit réservée, que nous ferons tous nos efforts pour devenir dociles à tes inspirations, à la direction que, d'après la volonté de Dieu, dont tu es le plus rapproché, tu nous imprimeras pour la joie, le repos et le salut de son Esprit. »

Nous avons peine aujourd'hui à comprendre comment un professeur pouvait transformer son enseignement en une prédication de ce ton apocalyptique. On ne s'étonnera pas que le ministre Villemain, qui, cependant, avait pris récemment à la Chambre des Pairs la défense de la liberté des professeurs du Collège de France, qui, même, prit, le 9 juillet à la Chambre des Députés, la défense de Mickiewicz attaqué par M. de Lespinasse, ait fait venir Mickiewicz et l'ait prié de renoncer à se servir de sa chaire pour prêcher une nouvelle religion au lieu d'enseigner l'histoire des littératures slaves [1]. Il n'admettait pas non plus qu'on fît au Collège de France des appels aux armes et qu'on y prêchât le culte de Napoléon. Mickiewicz se refusa à toute concession, et le gouvernement se vit obligé de le remplacer. Il y mit tous les ménagements possibles. Villemain offrit à Mickiewicz une mission en Italie. Il la refusa. On aurait pu le remplacer purement et simplement, car, en 1840, n'étant pas naturalisé, il n'avait pu être nommé qu'à titre provisoire, et en 1841, quand Faucher l'avait pressé de demander la naturalisation, il avait refusé, sous

---

1. D'autant plus que les auditeurs français étaient excédés des scènes qui se passaient au Collège de France : « Les réfugiés polonais, dit M. Fage, qui occupaient tout le haut de la salle, se mirent à se livrer à de telles démonstrations extravagantes que l'auditoire ordinaire fut dispersé. On assista à des explosions d'extases et de vociférations inexprimables, à des scènes de convulsionnaires en face desquelles, du haut de sa chaire, se dressait impassible la figure émaciée de Mickiewicz. Les étudiants s'éloignaient navrés. »

prétexte qu'il ne voulait pas prêter serment à la dynastie d'Orléans, destinée à disparaître prochainement. Villemain se .contenta de le mettre en congé et lui donna, à la fin de 1845, un suppléant, le médiocre Cyprien Robert; il lui conserva un traitement annuel de trois mille francs [1]. La République laissa Mickiewicz dans la situation où le gouvernement de Juillet l'avait placé, ce qui lui valut l'honneur d'être révoqué le 12 avril 1852, en même temps que Michelet et Quinet. Mais, comme il était toujours bonapartiste, malgré le 2 décembre, prédit et approuvé par lui, il fut nommé en 1852 bibliothécaire à l'Arsenal. Mickiewicz, accepta d'autant plus aisément la suspension de son cours qu'il l'avait prévue et provoquée. Quand il annonçait la fin de son rôle de professeur et se vantait faussement de n'avoir jamais préparé ses leçons, il savait qu'il prenait une attitude que ni l'administrateur du Collège de France, le sévère Letronne, ni le ministre, ne pouvaient tolérer; et il dit ouvertement à plusieurs reprises, dans une ou deux leçons de mai 1844, que ces leçons étaient les dernières [2]. En effet, ne voulant plus professer, ce qu'il était chargé d'enseigner et ne pouvant refaire perpétuellement l'exégèse des rêveries de Towianski, il n'avait plus qu'à renoncer à la parole [3]. Il ne lui aurait sans doute pas déplu d'être révoqué et de se parer de l'auréole du martyre; le gouvernement eut la sagesse de la lui refuser, et l'on ne voit pas que, malgré les protestations de Faucher et de quelques autres journalistes, la suspension du cours de Mickiewicz ait provoqué ni surprise ni indignation.

Toutefois, comme l'enseignement de Mickiewicz avait été étroitement associé à celui de Michelet et de Quinet, depuis le moment où il était monté dans sa chaire, comme les trois professeurs assistaient presque régulièrement à leurs leçons respectives, et que leurs auditeurs, en grande majorité les mêmes, formaient la partie la plus ardente et la plus turbulente du quartier latin, quand Quinet et Michelet furent dénoncés à la tribune des Chambres et dans la presse catholique, quand le cours de Quinet fut suspendu en 1845 parce qu'il refusait de se renfermer dans les sujets de pure littérature, on ne fit plus aucune différence entre les trois professeurs, considérés comme victimes au même titre des méfiances et des sévérités du pouvoir, et après la dernière leçon du cours de 1845, les étudiants vinrent apporter à Quinet une médaille frappée par une souscription des Écoles, sur

---

1. On avait offert la place à Yanoski qui la refusa dignement (sonnet de M. Mickiewicz 22 août 1845).

2. On voit dans le journal de Michelet que dès mars on parlait de suspendre le cours, et que Michelet multipliait les démarches pour prêcher à Mickiewicz la sagesse et écarter le coup qui le menaçait.

3. D'ailleurs ce qui prouve à quel point Mickiewicz avait été annulé, paralysé, par sa conversion à Towianski c'est qu'à partir de ce moment, sauf pendant sa collaboration à la *Tribune des Peuples* de 1849, il n'a plus rien produit. Il continua pendant quelque temps à faire un cours ou plutôt des prédications en polonais dans une salle privée.

laquelle se trouvaient les profils des trois professeurs, avec cet exergue : *Ut omnes unum sint* [1].

Nous ne pouvons pas les séparer, en effet, car ils ont beaucoup influé les uns sur les autres, et bien que Michelet et Quinet n'aient jamais encouragé ni approuvé Mickiewicz, ils se sont solidarisés avec lui et son action se confond avec la leur.

Mickiewicz le premier a contribué à créer au Collège de France cette effervescence, cette atmosphère d'enthousiasme révolutionnaire, par lesquels Michelet et Quinet furent bientôt entraînés.

On retrouve aussi chez Mickiewicz toute une série d'idées qui s'étaient déjà formées peu à peu dans l'esprit de Michelet, mais qui grâce au poète polonais y prennent une intensité de plus en plus grande : l'idée de la fraternité des peuples, le rôle providentiel attribué à la France dans la civilisation, la place primordiale faite à l'intuition dans la recherche de la vérité, et à l'inspiration dans la conduite de la vie; enfin et surtout les droits du subjectivisme en histoire. Mickiewicz dit, avec Emerson [2], qu'il faut faire la guerre aux hommes de livres et de systèmes. C'est en nous-mêmes que nous devons lire l'histoire. L'histoire doit marcher incarnée dans chaque homme juste et sage. Nous devons résumer en nous l'histoire politique de notre nation, la compléter et en commencer un chapitre nouveau. Enfin, Mickiewicz, tout en restant attaché au surnaturel chrétien, combat, comme le fait Michelet, l'Église officielle, et annonce la venue d'un christianisme plus pur et plus vrai. Cette religion nouvelle sera révélée par des Messies — mais, alors que Mickiewicz croit à des Messies individuels, Michelet et Quinet, tout en considérant avec Mickiewicz, chaque homme comme pouvant être un Messie, attendent cette révélation messianique de l'humanité dans son ensemble, et du peuple en

---

1. Il s'est pourtant formé une légende à ce sujet dont Michelet est en partie l'auteur. Il a écrit dans *Paris-Guide* : « Le 11 mai 1843 fut un des beaux jours de ma vie. Quinet et Mickiewicz, l'un à droite, l'autre à gauche, assistèrent à ma leçon, proclamant notre concorde et donnant à cette jeunesse le plus beau spectacle du monde, celui de la grande amitié ». Malheureusement c'est une légende, nous lisons dans le journal : « *Derrière moi,* Quinet, Mickiewicz, Sacy, Fleury, Ranke, Letronne. Interruption ». Et on voit ailleurs que c'est la présence de Ranke qui l'avait le plus frappé. Mickiewicz et Quinet étaient toujours là.

L'origine de la légende vient du cours de rentrée de Michelet et Quinet, le 8 mars 1848. Il eut lieu dans la grande salle de la Sorbonne. On avait placé sur la chaire trois fauteuils. L'un resta vide, celui de Mickiewicz (Cf. l'allocution de Michelet dans l'*Etudiant*) « Ce fauteuil est celui de la Pologne », celui de notre cher et grand ami Mickiewicz, « celui dont la parole semblait une alliance du monde ».

Le 13 août la médaille fut apportée à Mickiewicz et un étudiant, Bertillon, le harangua (Cf. *lettres* de Ladislas M.) *Ibid*, 6 déc., visite à Quinet. Cette visite n'est pas celle de la médaille, mais une protestation contre la suspension du cours.

Le tableau de Brouillet à la Sorbonne représente la scène du 8 mars 1848. I.'*Univers* du 19 août dit que la médaille fut remise le 14 août à Mickiewicz et à Quinet, Michelet était absent.

2. *Essai sur l'histoire.*

particulier; ils mettent dans la démocratie leur espérance de rénovation religieuse. Comme pour Mickiewicz, d'ailleurs, certaines nations, la France et aussi la Pologne, leur paraissent chargées d'une mission révélatrice spéciale et à ce moment de leur vie, Michelet et Quinet attribuent encore à Napoléon un rôle providentiel et presque prophétique dans l'histoire du xixᵉ siècle. Qu'on lise à cet égard la dernière leçon du cours de Quinet sur le Christianisme et la Révolution, et qu'on se rappelle le livre sur Napoléon considéré comme l'universel symbole, que Michelet voulait écrire [1].

Toutefois, s'il y a beaucoup de points de contact entre la pensée de Mickiewicz et celle de Michelet, et si celui-ci subit parfois l'entraînement de sa parole enflammée, il se défend, se ressaisit, et, tandis que Mickiewicz se déclare adversaire de la Révolution, Michelet dès 1845, rejette tout messianisme individuel, pour s'attacher à la Révolution et au Peuple.

Voici quelques extraits des notes qu'il écrivait les 22, 23 février et 5 juin 1845, en lisant le livre de Mickiewicz sur *L'Église officielle et le messianisme :*

« Notre seul adversaire, notre cher adversaire, à nous autres philosophes, c'est Mickiewicz. Il nous est moins adverse, que correspondant et symétrique... La différence du procédé tient d'ailleurs surtout à la différence des peuples, des civilisations où nous sommes placés, lui et nous.

(La méthode de bas en haut, la nôtre, celle qui veut que la vie vienne du
(peuple, jusqu'au grand homme, jusqu'à la grande force individuelle
(ou collective qui réalise la pensée divine
(et sa méthode, celle qui procède de haut en bas.
(celle qui de Dieu descend au grand homme, au peuple.
Elles se rencontrent dans un sentiment plus grave que toute méthode, celui qui donne vie aux deux modes d'action :
L'*Amour* (il suit Emerson qui subordonne l'intelligence à l'âme.
          (comme Blanc Saint-Bonnet au cœur
          (comme Ravaisson, à l'amour.
« Le despotisme n'est pas pour les Slaves le gouvernement d'un seul, c'est un gouvernement sans amour, quelle qu'en soit la forme. »
Comment remercier assez un homme dont le cœur est plus français que la France ? Personne n'a plus senti la France.
     Au total :
Très propre à réveiller les énergies individuelles
          à faire mépriser la scolastique et la fausse science.
Malheureusement il rendort :
par mysticisme suranné
                    barbare (contre art)
et dangereux individualisme (refaire des Messies, des Napoléons, des idoles).

Puis viennent des notes prises peu après, d'où j'extrais :

« Le cours de Mickiewicz (œuvre d'un grand homme, disciple d'un grand homme) est une glorification du grand homme, messie successif (un homme, un seul, ni écoles, ni livres).
Le messianisme, suite de messies qui donnent l'incarnation successive de la vérité éternelle, c'est un pas (essentiel pour eux) hors l'idée de cette race, que n'avoue pas Mickiewicz, mais que leurs poètes et philosophes avouent : rien que présent; passé et avenir ne sont rien.

1. *Le poème de Napoléon.*

On lit sur une autre page du dimanche 23, avec ce titre : « Sur Mick, Révolution, Napoléon, Byron. Littérature polonaise. Messianisme. Incarnation Pologne » :

« Il faut un homme, dit Mickiewicz
et moi je dis : « il faut des hommes, beaucoup, et que tous soient hommes.
Il ne faut pas que tous attendent, regardent d'où l'homme viendra. L'homme ?
Mais c'est toujours toi selon ta force, dans ta place... Tout homme est le centre, comme toute science (v. éloge de Werner).
    Le dernier héros qui ait paru, ce n'est pas Napoléon, comme il disait,
        c'est la Révolution.
et sa grandeur consista justement en ceci, *qu'il n'y eut point de grand homme*
(on a fort exagéré Mirabeau, Lafayette, pour absorber la fécondité du mouvement dans la fantasmagorie d'un nouveau mysticisme).
    Elle présente ce grand et nouveau spectacle *d'une idée qui s'est passée de grands hommes,* de héros, de faux dieux, d'idoles.
    Elle a été (bien plus que Kant) la critique de la *raison pure.* A la fin, M. de Maistre, qui la guette du haut des Alpes, lui annonce (1796) qu'elle aura bientôt un *homme.* En effet elle gagne Arcole, et croit que Napoléon l'a gagné !
    Bientôt cet homme, habile et heureux en actes, original en paroles, *stérile en idées,* remmaillotte la Révolution des vieux lambeaux du Moyen-Age qu'il a dépouillé, la serre, momie vivante, dans les bandelettes funéraires reprises aux cadavres exhumés.
    Aujourd'hui encore il nous blesse
        et par sa fausse résurrection du passé
            et par l'adoration de la force qu'il nous a léguée.
    L'individualisme qui a perdu la Pologne (à chaque lance un drapeau) reparaît sous une autre forme dans ceux-ci, qui veulent te ressusciter.
    Ils veulent *un* homme qui entraîne tout par une autorité mystique;
        le pluriel, le collectivisme leur semble impossible.
    Nous autres occidentaux, nous devenons de plus en plus *collectifs*
        Nous en sommes affaiblis il est vrai,
    Mais nous n'en posons pas moins le *vrai* problème
        l'unité dans la collection des égaux
    C'est-à-dire l'unité voulue en l'unité de cœur, l'unité libre,
        plus féconde, plus inventive.
    L'unité mystique en un homme individuel, messie successif
        C'est encore matérialité, *fatalité.*

Michelet proteste encore contre la doctrine décourageante qui demande à l'individu de suivre aveuglément le grand homme et déclare l'industrie, la science, écrasantes et pernicieuses.

    Voilà comme on vous rendort
        en disant que l'individu ne peut rien.
    On vous montre ces machines...
        et cette science, grande machine si difficile à mouvoir, etc...
    Mais, la partie du travail assujettie aux machines
            est encore l'exception et le sera toujours,
    Mais cette science est plus accessible que vous ne pensez
    Mais la méthode va plus simplifiant
            que la science ne va augmentant
    Mais l'individu immobile, impuissant,
(dans les temps qu'on appelle sottement d'individualité héroïque) a au contraire aujourd'hui mille prises sur la société, sur la nature.
    Ton temps sera le temps héroïque
        aussitôt que tu le voudras.

Michelet y revient le mardi 3 juin et on le voit dessiner sa Révolution, son idée anti-chrétienne et anti-napoléonienne : ,

Des Dieux vivants! Christ! Napoléon! à Mick. qui dispense de travail d'éducation, etc...

Mick. Quinet, Bonnet parlent du vrai christianisme comme identique à la Révolution (danger de ramener, malgré l'interprétation philosophique, beaucoup d'idées du Moyen-Age).

Mick. et V. Hugo sont contre le rationalisme.

Moi, au contraire, j'ai montré que tout le mal de la Révolution était d'avoir manqué d'hommes préparés, qui sussent le passé et le comprissent, et montrerai que la Révolution a réhabilité l'antiquité et dépassé infiniment et l'antiquité et le christianisme.

Mick. sent très bien que l'efficacité du christianisme est d'avoir concentré l'idée en un homme. Oui, mais à condition de reidéaliser cet homme (philos. chrétienne. Originale).

Autrement, c'était barbarie

Et ce fut barbarie effectivement, sauf la multiplicité des légendes 5oo-11oo.

Combien dangereux et funeste de se faire ainsi des Dieux vivants

Servilisme, esprit d'imitation (dans des circonstances différentes).

On n'examine pas le concret... chacune des infirmités de ce concret (un idéal) tue l'idée (par siècles, par mondes!)

Ex. Napoléon refaisant le pape (hier, le rationalisme même,
        Thiers, se fait papiste pour se faire Napoléon)

Ex. le christianisme, par résignation, brisant le stoïcisme antique, imposant aux fortes populations du Moyen-Age la contemplation inactive de l'antiquité défaillante, des juifs alexandrinisés, etc...

Mick. préfère le rêve à la veille,

l'intuition confuse à la vue nette de l'esprit,

le vague ressentiment du passé à la connaissance et l'expérience historique,

Le concret obscur d'un homme à l'énergie distincte d'une nation,

le miracle fortuit de l'illumination individuelle d'en haut au miracle naturel de la végétation d'en bas, de la sève montante...

L'action! l'action! l'action! (dit-il).

Oui! mais à condition de *savoir* ce qu'on fait, d'être orienté par *l'éducation.*

Quelle bizarrerie de prêcher pour une faculté contre une autre, comme pour la main droite contre la main gauche.

Ces prétendus intuitifs, Alex., César, Christ, Napoléon, ont été très réceptifs, réflexifs.

S'ils ont donné des simplifications, c'est qu'ils avaient épuisé le multiple.

Napoléon est ridicule dans cette bande... Les autres ont été bien plus complets dans le monde d'alors.

Michelet adresse encore cette objurgation à Mickiewicz :

Un Homme ? Pourquoi pas plusieurs ?
        Pourquoi pas mille?
        Pourquoi pas tous ?
Il y a superstition puérile à chicaner sur le nombre.
L'unité de modèle est bonne pour l'Orient, aujourd'hui encore.
Mais la grandeur de l'homme consiste à substituer à l'imitation, aux modèles, les lois de la *raison pure.*
Voyez la Révolution, elle s'est passée de modèle, d'hommes même et de héros.
Le héros vient, elle périt.
L'instinct ? Oui, mais l'instinct de tous.
L'action? Oui, mais l'œuvre d'art est encore une action. Le génie c'est un héros[1].

---

1. Michelet ne cachait pas à Mickiewicz ces dissidences. Il lui écrit le 28 février 1845, après avoir lu son livre : « Nous sommes aussi unis de *senti-*

Rien n'est plus intéressant que de voir Michelet, malgré les points de contact de sa pensée avec celle de Mickiewicz, réagir cependant pour se faire sa formule à lui, et, poussé par le mysticisme chrétien et napoléonien de Mickiewicz, faire de sa foi révolutionnaire et démocratique une réaction à la fois contre la tradition chrétienne et le messianisme bonapartiste. Dès 1843, Michelet, nous l'avons vu, a pris conscience des idées qui vont inspirer son *Histoire de la Révolution*.

George Sand, dans un article de la *Revue Indépendante*, du 10 avril 1840, exprimait les mêmes réserves que Michelet, et, pour elle comme pour lui, c'est par le peuple que se fait la Révolution.

> « Mickiewicz est trop orthodoxe, dit-elle. Je crois à la divinité de la révélation intérieure, mais pas par des messies individuels. Nous croyons à une vie plus large de la manifestation révélatrice dans l'avenir. Nous l'attendons de tous; nous la sentons dans les masses françaises, nous croyons en un mot que notre Messie c'est le Peuple et que l'idée s'incarnera, non dans un homme mais dans des milliers d'hommes. »
> « L'Église, dit-elle aussi, est dans l'avenir des peuples, et il est fort douteux qu'elle porte le nom de chrétienne, bien qu'elle soit destinée à développer les vérités révélées et acquises à l'humanité par le christianisme. »

G. Sand, en même temps, rend un magnifique hommage à Mickiewicz :

> « La parole du poète polonais est aussi belle que ses écrits. Le professeur slave fait mieux que de posséder la langue française, il la devine, il la force à se révéler à lui. Il n'est pas jusqu'à son accent lithuanien dont la sauvage rudesse ne nous saisisse bientôt par une concision pleine de caractère et d'autorité. Le tout est rehaussé par une grande sobriété d'expression, et l'accent sympathique d'une admirable simplicité. »

Avec cet enthousiasme mystique qui entraîne tous les réformateurs de ce temps, G. Sand va jusqu'à exalter l'éloquence et l'ascendant de Towianski :

> « On lui attribue des miracles de sentiment. Ne rions pas de ces miracles. Nous y croyons et à moins de nier le sentiment lui-même, nous ne voyons pas trop ce que, dans cet ordre de faits, il y a d'impossibilité à la foi, à la conviction que portent avec elles l'amitié, le patriotisme et l'exaltation du sentiment religieux. »

Quinet, comme G. Sand, comme Michelet, croyait à une révélation

ment qu'opposés de *méthode* ». Cette opposition est dans la méthode, non dans le principe intime.
Et le 11 mai 1845, lorsqu'il apprend qu'on va frapper une médaille pour les trois professeurs (projetée en 1843 et déjà en voie d'exécution en 1844), Michelet écrit à Mickiewicz qu'il vaudrait mieux trois médailles : « Unis d'amitié, unis encore pour la recherche sincère de la vraie vie morale, nous différons cependant de méthode, de principe peut-être essentiellement. Mon dernier livre, que vous avez dû recevoir, est ce que demande ce pays et cette circonstance. Il est rationaliste. Pouvons-nous, en associant nos effigies en une médaille, faire croire à l'avenir que nous avons été unanimes sur la question religieuse et sociale. Il m'en coûte de plus d'une façon d'élever ce doute. Quoi de plus doux pour moi, de plus glorieux que d'être associé ainsi à votre immortalité. »

religieuse dont la France devait être l'instrument. Dans sa leçon du 20 mars 1844, il dit que, dans son enseignement « il obéit à la volonté de Dieu parlant dans la conscience du peuple français. » ...Et tandis que Michelet se défend de suivre Mickiewicz et veut sauver contre lui les droits du rationalisme, Quinet se laisse entraîner à la suite du prophète polonais au moment même où celui-ci s'abandonne à ses rêves les plus exaltés :

« Je dois constater, saluer comme un fait important ce qui se passe à quelques pas d'ici, dans l'enceinte du Collège de France. Au nom des slaves, le premier poète des slaves, notre cher prophète[1] notre héroïque Mickiewicz, combat de sa sainte parole pour une cause qui, bien souvent, se confond avec la nôtre. Qui entendra jamais une parole plus sincère, plus religieuse, plus chrétienne que celle de cet exilé. Ces frères d'armes ont toujours été à l'avantgarde de nos armées; il est juste qu'ils veuillent être encore dans le mouvement de la France à l'avant-garde de l'avenir. *Ayons le courage de les suivre*[2]. »

Ces citations nous donnent une idée de l'atmosphère enfiévrée qui avait été créée au Collège de France par Mickiewicz et Quinet.

C'est Quinet qui devait être le plus étroitement associé aux luttes que Michelet allait livrer. Quand il reprend à Lyon son cours, en septembre 1839, il le fait avec dégoût, et il déclare, en avril, qu'il est résolu à quitter Lyon[3]. Il vient en mai à Paris pour essayer de s'y faire nommer.

Michelet s'emploie de toutes ses forces au succès de cette candidature; tout en s'efforçant de calmer Quinet et de le consoler, il lui donne en exemple la philosophie, la tranquillité d'âme avec laquelle il vit Letronne appelé à la direction des Archives, après la mort de Daunou, le 20 juin 1840, bien que Letronne n'eût pas ses titres. Villemain, qui avait déjà pris un intérêt très vif à la nomination de Quinet à Lyon, devenu ministre de l'Instruction publique le 13 mai 1839, dans le ministère Soult, propose en septembre 1839, de créer pour Quinet un cours de littérature grecque. Mais il est remplacé le 1er mars par Cousin, dans le ministère Thiers. Cousin, depuis qu'il a attiré sur lui la rancune de Quinet, lui est hostile, et non seulement ne songe pas à créer pour lui une chaire à Paris, mais lui inflige des blâmes parce qu'il abandonne trop souvent son poste[4].

Néanmoins, Quinet quitte Lyon pour venir attendre à Paris, où il s'installe, rue du Montparnasse, 32[5], qu'une bonne chance lui fasse obtenir la chaire désirée. Heureusement pour lui, Villemain redevenu ministre le 29 octobre 1840, dans le nouveau ministère

---

1. Le mot a été supprimé dans le texte imprimé.

2. Supprimé aussi.

3. Malgré le succès de ses cours à la Faculté des Lettres de Lyon où il avait d'immenses auditoires de 1.000 à 1.500 personnes, Quinet se considérait à Lyon comme en exil.

4. Quinet sans s'occuper des mécontentements qu'il causera, lance deux brochures « 1835 et 1840 », et « *Avertissement au pays* » où il gourmande la lâcheté du gouvernement et invite la France à reprendre ses traditions guerrières.

5. Il y reste jusqu'au 2 déc. 1852.

Soult. et sollicité par les mêmes personnes qui firent nommer Mic-kiewicz, (Faucher et Michelet), créa en mai 1864 deux chaires de littératures étrangères au Collège de France, l'une pour le Nord, l'autre pour le Midi. Il refuse de nommer Quinet à celle du Nord, parce que celui-ci a pris violemment parti pour les frontières du Rhin. Le 31 juillet, il le nomme professeur de langues et littératures étrangères du midi de l'Europe.

Le cours s'ouvrit le 8 février 1842 par une leçon qui était une longue fanfare patriotique et qui eut un immense succès. Quinet le raconte avec une vanité naïve le 9 février 1842. On sent dès cette première leçon qu'il se considère comme investi d'une mission nationale, et il est encouragé dans cette idée par de hautes approbations, par le prince royal lui-même.

Pourtant, cette première année, il se contente de faire un tableau des révolutions de l'Italie au Moyen-Age qui devait former une des œuvres les plus solides, les plus riches en idées qui soient sorties de sa plume. Mais dès la reprise du cours, en décembre 1842, il prend pour sujet les institutions religieuses du Midi, et se lance aussitôt dans des attaques contre le catholicisme qui atteignirent leur paroxysme quand il arrive en mai à l'étude de la Société de Jésus. Le cours de 1844 sur l'*Ultramontanisme* et celui de 1845 sur le *Christianisme et la Révolution française* soulevèrent des colères formidables dans le clergé et la presse catholique. La salle du Collège de France devenait un'champ clos ou catholiques et libres-penseurs se défiaient, luttaient d'applaudissements et de sifflets.

Tant que Villemain fut ministre, Quinet ne fut pas inquiété, bien que des débats eussent été soulevés au Parlement au sujet des audaces de Mickiewicz, Michelet et Quinet; mais quand Villemain, terrassé par la maladie, dut prendre sa retraite et fut remplacé le 1er février 1845 par M. de Salvandy, Quinet fut averti d'avoir à se renfermer plus strictement dans les limites mêmes de son enseignement. Quinet refusa de faire aucune concession, même de forme, aux réclamations très compréhensibles de l'administrateur et du ministre, et insista pour conserver comme programme de son cours : *Des Littératures et des Institutions comparées de l'Europe méridionale.* Le ministre exigea la suppression du mot *Institutions,* et Quinet, qui, probablement, était un peu las d'enseigner et n'était pas fâché de prendre un congé (il l'avait déjà prouvé dans l'hiver 1843-44, en passant quatre mois, de novembre à février, en Espagne, au lieu de faire son cours), refusa de remonter dans sa chaire. On ne lui tint pas rigueur. On lui conserva chaire et traitement sans qu'il fît son cours. Il aurait pu, de semestre en semestre, le reprendre en effaçant du programme le mot *Institutions.* En 1848, il prit un suppléant, Alfred Dumesnil, bien que ce jeune homme n'eût d'autre titre à occuper ce poste que d'être le gendre de Michelet et l'ami de Quinet.

En janvier 1848, le cours de Michelet fut suspendu par ordre ministériel et à la suite d'une délibération du Collège de France. Plus tard encore, en 1852, un même décret du 14 avril révoqua Michelet, Quinet et Mickiewicz de leurs fonctions de professeurs au Collège de France, et l'esprit humain, qui est naturellement simplificateur, supposa que cette triple révocation avait été la suite d'une triple suspension, celle de Mickiewicz en 1844, de Quinet en 1845, de Michelet en 1848. C'est, on le voit, une grosse inexactitude. Mickiewicz et Quinet ont, en réalité, renoncé tous deux à leur enseignement, en refusant de professer les matières pour l'enseignement desquelles leurs chaires avaient été créées. Michelet est le seul à qui on ait fermé la bouche.

Quoi qu'il en soit, leurs trois cours étaient suivis à peu près par les mêmes auditeurs et ont été considérés comme étroitement associés, les trois professeurs se regardant également comme investis de la mission de prêcher à la jeunesse le credo d'une foi nouvelle. Michelet disait plus tard, dans une leçon du 25 janvier 1849 :

« Il y avait au Collège de France trois cours d'idées. Il y avait l'analyse, c'était moi; il y avait la synthèse, le bon, le grand, le sublime Quinet. Le troisième était un saint, un oriental, un homme à légendes, Mickiewicz, et ce sera pour moi une gloire immortelle d'avoir fait partie de la trinité de ces hommes. Nous étions d'accord. Nous n'appartenions pas au passé. »

Une des auditrices de cette époque, une Roumaine, Mme Asaki (Quinet devait l'épouser plus tard en secondes noces) a laissé de ces cours un tableau qui doit être recueilli. Il est idéalisé sans doute et il faut rapprocher les passages de Vallès et d'Émile Fage que j'ai cités, mais il reflète fidèlement l'état d'âme des auditeurs très nombreux qui venaient au Collège de France comme dans le temple de l'Église de l'Avenir.

Les railleurs d'autre part ne manquaient pas; Un livre anonyme parut en septembre 1844 intitulé : *Les nouveaux montanistes au Collège de France.* L'*Univers* du 5 octobre l'annonçait en ces termes:

Il s'agit de MM. Michelet, Quinet, Mickiewicz. Ce sont trois puissants Dieux : une même foi, avec manifestations et excentricités diverses, semble réunir ces trois docteurs : la foi en eux ou en une religion vague dont ils sont les prophètes. Ces MM. sont les bohémiens de la philosophie, ils disent la bonne aventure à l'humanité. M. Quinet est le moins bouffon des trois; il prêche un Christ agrandi, un Christ renouvelé. M. Michelet chante sa résurrection au troisième jour. Or, pour ces rêveurs il y a deux infaillibles moyens de les discréditer à jamais, c'est de publier leurs folies. Le bon sens national se prend d'un rire inextinguible en les lisant, et c'est leur arrêt de mort. Le second est de prouver que ce qu'ils s'imaginent avoir inventé est une vieillerie. »

Henri Heine, qui était l'ami de Quinet comme de Michelet, mais chez qui l'ironie ne perdait jamais ses droits, écrivait le premier juin dans ses lettres sur Paris à la *Gazette d'Augsbourg* :

« Michelet et Quinet ne sont pas seulement de bons camarades, de fidèles frères d'armes, mais ils sont des esprits de la même famille. Mêmes sympathies, mêmes antipathies. Seulement la disposition d'âme de l'un est plus douce et si j'ose dire plus indienne; l'autre a dans sa nature quelque chose de fruste, de gothique. Michelet fait penser à la poésie gigantesque, aux fleurs énormes et aux fortes racines du Mahabaratha. Quinet rappelle plutôt les chants aussi colossaux, mais plus rudes et rocailleux de l'Islam. Quinet est une nature du Nord, on peut dire allemande. Elle a le caractère allemand, au bon et au mauvais sens. On retrouve dans les écrits de notre Edgar Quinet la profondeur allemande, la pensée mélancolique des Allemands, la bonhomie allemande, les hannetons allemands, et aussi un peu de l'ennui allemand. Oui, il nous appartient, c'est un Allemand, une bonne peau allemande, bien qu'il se soit manifesté ces derniers temps comme un furieux mangeur d'Allemands. A ses coups de poing et à la solide grossièreté nous avons reconnu le compatriote. Quinet est Allemand non seulement par l'esprit, mais par son aspect extérieur : une stature puissante, carrée, mal dégrossie, un bon, honnête et mélancolique visage. Ce que je sais bien c'est qu'il n'y a pas dans le monde trois poètes qui égalent Quinet en imagination, richesse d'idées et génialité. »

Lorsque Quinet arriva au Collège de France, sa pensée était essentiellement tournée vers les questions religieuses qui s'associaient tout naturellement à ses préoccupations politiques. Anxieux des destinées de la France, qu'il voyait menacée au dehors par la grandeur de l'Allemagne unifiée sous l'hégémonie de la Prusse, au dedans par la politique égoïste et timorée d'un gouvernement bourgeois, ennemi de la démocratie et pacifique à tout prix, par le réveil du catholicisme traditionnel et par l'ascendant toujours croissant des intérêts matériels, Quinet comme Michelet, comme Mickiewicz comme tous les réformateurs de ce temps, voyait dans une réforme religieuse la condition et le point de départ nécessaires d'une réforme sociale. Rénovation religieuse, révolution ou du moins évolution démocratique, reprise par la France de l'apostolat démocratique qu'elle avait assumé par la Révolution et Napoléon — tels sont les trois éléments indissolublement unis de l'enseignement de Quinet et de ses livres pendant cette période, on peut ajouter pendant toute sa vie.

En arrivant à Paris, Quinet était encore tout plein du cours qu'il venait de professer à Lyon sur l'histoire des religions, paru en 1841 sous ce titre : *Le Génie des Religions.*

A peine au sortir de la traduction de Herder, à Heidelberg en 1823, Quinet avait publié un opuscule sur l'*Origine des Dieux*, livre obscur, tout rempli du symbolisme de Creuzer et du panthéisme mystique de Schelling et Hegel. L'homme individuel y disparaissait dans l'absolu. La Nature et l'homme étaient étroitement unis ensemble et l'une et l'autre avec Dieu. L'histoire était la conscience de l'Univers. L'Absolu se cherche à travers l'histoire. Quand il se connaîtra dans l'Humanité, le sens de l'Univers sera révélé. La mythologie est le lien de l'homme et de la nature.

Le voyage de Quinet en Grèce, au pays de la lumière, l'arrache à ses rêveries germaniques, à ces brumes du Nord [1]; et la réaction politique et philosophique qui se fit en lui en 1831 contre l'Allemagne le confirme dans sa volonté de retrouver la simplicité et la clarté latines. Il n'y parvint jamais tout à fait, mais il eut toujours cet idéal devant les yeux. Le poème en prose d'*Ahasverus*, conçu dès 1828,

---

1. On connaît sur Quinet le mot cruel de Cousin : « Tu ne te débrouilleras jamais ».

écrit en Italie en 1832 et paru en 1833, où Quinet symbolise sa vie et sa pensée dans les voyages d'un Juif-Errant moderne à travers l'Europe occidentale, est encore tout plein du mysticisme philosophique de 1828. Mais l'*Examen de la vie de Jésus de Strauss* paru en 1835, l'*Essai sur la poésie* de 1837, les poèmes *Napoléon* de 1835 et *Prométhée* de 1837, marquent une réaction contre les excès du symbolisme et du panthéisme et la volonté de rendre à la personnalité humaine· sa place et sa dignité dans l'histoire. « Je ne me lasse pas, écrit-il de Heidelberg à sa mère en 1837, de chercher la clarté et la lumière. Dans quelles ténèbres j'ai vécu et de quelles nébuleuses j'ai marché· entouré! Je cherche le terrain solide et j'abandonne les nuages. C'est depuis mon voyage en Grèce que j'ai eu le goût de la lumière. »

Il combat aussi bien les théories de Wolff, qui nie la personnalité d'Homère pour lui substituer une poésie collective et anonyme, que les théories de Strauss qui fait évanouir la personne du Christ dans le symbolisme et en fait une création de l'imagination du peuple.

Son cours de Lyon sur le *Génie des Religions* [1] lui avait été certainement inspiré par l'ouvrage célèbre de Chateaubriand qui marque le début de toute l'évolution religieuse du XIXe siècle. Quinet, comme Chateaubriand, comme Benjamin Constant dans son livre *De la Religion*, la considère comme le fondement même de toutes les sociétés humaines. Seulement elle est, comme l'humanité elle-même, en perpétuel progrès.

Dès juin 1831, Quinet, dans un petit écrit intitulé : *De l'Avenir de la Religion* fait entrevoir la transformation des vieux dogmes « dans une religion du droit et de la liberté, embrassant le genre humain tout entier ». Dans son *Ahasvérus*, il décrit les souffrances de l'âme humaine, en quête d'une révélation nouvelle.

Dans ses cours de Lyon, Quinet, bien qu'il n'étudie en elles-mêmes que les religions de l'Inde, de la Perse, de l'Égypte, de la Judée et de la Grèce, indique les idées générales qui l'inspirent dans sa leçon d'ouverture sur l'*Unité morale chez les peuples modernes*.

Il se met en opposition absolue avec le point de vue des philoso·phes du XVIIIe siècle qui voyaient dans les religions des créations volontaires des hommes et surtout des conducteurs des peuples, et dans les progrès de la raison l'émancipation progressive de l'humanité du joug des idées religieuses. Quinet voit au contraire, dans la poursuite du divin, la source même de toute l'évolution humaine. « L'histoire est une révélation toujours croissante de l'Éternel, est un culte éternel auquel chaque civilisation ajoute un rite, souvent baigné de sang. » (p. 18).

---

1. Quinet était professeur de littérature étrangère. On voit, que dès ce premier jour il traite avec désinvolture ses devoirs professionnels: « Son cours, dit-il, dans sa leçon d'ouverture, sera une histoire de la civilisation par les monuments de la pensée humaine... La religion est la colonne de feu qui précède les peuples dans leur marche à travers les siècles. Elle nous servira de guide. »

L'instinct religieux est comme l'aiguillon mis par la Providence au cœur de l'homme pour le guider dans tout son développement. Le dogme explique tout chez un peuple : « Si vous connaissez le dogme d'une société, vous savez vraiment ce pourquoi elle vit, vous possédez son secret. » (p. 14).

C'est la religion qui, de l'Orient à l'Occident, fournit à l'humanité sa tradition. Quinet, par une conséquence naturelle de toute sa philosophie, n'admet pas qu'à aucun moment elle puisse se figer dans une forme et un dogme immuables. La « convoitise de l'infini », qui est la source de tous les progrès de l'humanité, n'est jamais satisfaite et engendre des credo toujours nouveaux. Quinet, comme Mickiewicz, connaît sans doute les premiers ouvrages d'Emerson (*Man-thinking* 1837, *Ethics* 1838, *Nature* 1839). Il prévoit que l'Amérique va jouer un rôle dans cette évolution.

« Placée entre l'Asie et l'Europe, unissant dans sa structure les caractères de l'une et de l'autre, l'Amérique semble être une terre de médiation, faite pour concilier un jour le génie de l'Orient et celui de l'Occident[1]. »

Quinet avait l'espoir et l'orgueil d'être capable de fournir aux générations nouvelles le credo qu'elles attendaient. On pouvait deviner, par les prémisses posées dans le *Génie des Religions* et par les deux poèmes de *Napoléon* et de *Prométhée*, ce que serait ce credo.

Napoléon était pour ainsi dire la réponse à *Ahasvérus*, poème de l'humanité collective, errant malheureuse à la recherche de la vérité religieuse. *Napoléon* est l'exaltation de l'individu, le poème du héros, mais du héros conducteur d'hommes, incarnation de l'humanité. La dictature de Napoléon a été acceptée par la démocratie comme celle de la Convention. Napoléon est, pour Quinet, le symbole de la démocratie, comme Louis XIV de la monarchie, Charlemagne de la féodalité, le roi Arthur du sacerdoce. Quant à *Prométhée*, c'était l'expression poétique de toutes ses aspirations religieuses. Comme il l'a dit lui-même dans la Préface de 1838, « c'est la figure de l'humanité religieuse, la représentation du drame intérieur de Dieu et de l'homme, du doute et de la foi, du créateur et de la créature, drame divin qui ne finira jamais ».

Le *Génie des Religions*, tel qu'il parut en 1841, n'était qu'un premier volume. Il devait avoir pour complément l'étude des religions de Rome, puis de l'évolution religieuse de l'Occident, des institutions germaniques, du catholicisme, du mahométisme, de la Réformation.

Cette continuation, Quinet la fit au Collège de France dans ses cours de 1842, 1843 et 1844. Ce qu'il intitula en 1142 les *Révolutions d'Italie* n'était que l'exposé de l'évolution parallèle du monde germanique et du monde latin à travers le Moyen-Age et de la lutte du Sacerdoce et de l'Empire, jusqu'à la découverte de l'Amérique. En 1843, il

---

1. Quelque temps après que Quinet, eut prononcé ces paroles, un disciple d'Emerson, le P. Hecker, converti en 1845 au catholicisme, fondait l'ordre des Paulistes et se faisait l'apôtre d'une forme de christianisme social qu'on a appelé l'Américanisme.

continue cette étude par celle du mouvement religieux du xvie siècle.
qui l'amène à parler des Jésuites; en 1844, son cours qui, publié, sera
intitulé l'*Ultramontanisme* (composé d'ailleurs de neuf leçons seulement, Quinet ayant passé presque tout son hiver en Espagne), montrait
l'influence délétère exercée aux xvie et xviie siècles par le catholicisme
sur les nations latines, la décadence de l'Espagne sous le joug de l'Inquisition, la décadence de l'Italie par le triomphe de la Papauté au
concile de Trente. La lutte du xviiie siècle contre la tradition catholique
amène une révélation religieuse dont la Révolution française sera
l'avénement. En 1845, Quinet fait son cours sur le christianisme et la
Révolution française, conclusion naturelle de tout le mouvement d'idées
dont l'*Avenir de la Religion* et le *Génie des Religions* avaient été le
point de départ. C'est là qu'on voit se dessiner nettement la doctrine
de Quinet associant indissolublement les idées de rénovation religieuse aux idées de rénovation démocratique et sociale, conception
qui trouvera plus tard sa plus parfaite expression dans son écrit
de 1850 sur l'*Enseignement du Peuple*.

Le cours de Quinet de 1845, son livre le *Christianisme et la Révolution française* sont profondément chrétiens et très anti-catholiques.
Jésus-Christ personnifie pour lui la puissance morale du genre humain.
Quand il parut, les religions antiques avaient surchargé la terre de
rites et de symboles; le passé étouffait l'avenir; il n'y avait plus de
place pour l'âme. Le Christ est un livre vivant, une Bible agissante,
une prophétie visible. Les apôtres entraînés, séduits, conquis par
l'enthousiasme, enseignent le Christ; les Églises naissent à la voix de
saint Paul. Ce sont alors les masses qui font l'Église, inventant les
prières, les hymnes, la liturgie. Cette création des dogmes chrétiens
et de l'Église organisée est l'œuvre, non de la papauté, mais des
conciles, manifestation collective des peuples chrétiens, Assemblées
constituantes de la Société nouvelle. L'Église de Rome ne fait alors
que fixer, figer, tuer le christianisme, en le soumettant à une monarchie autocratique. Le christianisme est délivré par les hérétiques et
les réformateurs. Cependant, les protestants ne savent que retourner
au christianisme primitif; ils sont incapables de créer le christianisme
de l'avenir. C'est la France du xviiie siècle qui révèle au monde un
idéal nouveau, ni catholique, ni protestant, mais humain. La Révolution française apparaît, avec Napoléon, comme la conclusion logique
et inévitable de toute l'évolution religieuse de l'humanité antérieure.
Ainsi, tout en continuant à soutenir que les dogmes fournissent à
l'humanité la substance même de sa vie morale et de son évolution
matérielle et spirituelle, Quinet arrive à donner une révolution politique et sociale comme la continuation et la conclusion de l'histoire
du christianisme.

Avec une audace de symbolisme, de généralisation et d'interprétation qui dépasse tout ce que Michelet a imaginé en ce genre, Quinet
voit préfigurées dans les deux natures que le dogme chrétien primitif reconnaît dans le Christ les deux puissances qui se partagent le
monde social, l'Église et l'État. Ces deux natures s'accordent d'abord.

puis luttent et souffrent l'une par l'autre comme le Christ au jardin des Oliviers, ressuscitent enfin dans un accord supérieur avec le monde moderne de la Révolution.

Il est facile de voir les liens étroits qui rattachent les idées de Quinet à celles de Michelet, et aussi ce qui les différencie profondément[1]. Michelet, comme Quinet, croyait le monde moderne en gestation d'un credo religieux nouveau : ce credo apporterait en même temps qu'une conception plus haute des rapports de l'humanité avec Dieu les éléments d'une paix véritable entre les hommes, par la fraternité démocratique et l'égalité civile, politique et intellectuelle. La Révolution a commencé à l'épeler et c'est à la France qu'il appartient de l'enseigner.

Mais Quinet considère la religion comme une révélation perpétuelle de Dieu, d'où sortent toutes les manifestations de l'activité spirituelle de l'homme : l'art, les sociétés, le droit. Pour Michelet, c'est l'humanité qui tire d'elle-même ses religions, ses arts, ses formes politiques et juridiques; elles sont non dans la dépendance de la religion mais en harmonie avec elle. Les dogmes, bien loin d'être pour lui la sève dont s'alimente la vie de l'humanité, sont au contraire les formes mortes et stériles, où sa vie se fige et s'arrête et que l'humanité, dans ses nouveaux besoins, arrache de son cœur avec mépris. Il y a dans l'évolution religieuse de l'humanité non seulement une progression et un épanouissement, mais une série de mouvements, de réactions et de négations. L'avenir commence par nier le passé avant d'en recueillir le fruit. Ainsi Michelet, loin de voir avec Quinet dans la Révolution française la transformation naturelle du Symbole de Nicée, y voit, au contraire, une révolte contre le dogme chrétien de la grâce.

Mais de 1842 à 1848, Michelet et Quinet n'apercevaient guère que ce qui les unissait et bien que Michelet, dans ses notes personnelles, marquât, nous l'avons vu, la différence de son point de vue et de celui de Quinet, ils se considéraient comme les prêtres de la même Église de l'Avenir. En dédiant en 1845 son livre *Christianisme et Révolution* à Michelet, Quinet écrivait :

« Il manquerait à ce livre une chose importante pour moi si je ne vous le dédiais pas, à vous, mon ami et mon frère de cœur et de pensée. Depuis le premier instant où nous nous sommes connus, par quel hasard est-il arrivé que, séparés ou rapprochés, nous n'ayons cessé, au même moment de penser, de croire et souvent d'imaginer les mêmes choses sans avoir eu besoin de nous parler ? Cet accord de l'âme a toujours été pour nous la confirmation du vrai : depuis vingt ans ce combat nous réussit; c'est le combat éternel qui ne finira qu'en Dieu. »

Et Michelet l'année suivante, dédiait en ces termes *le Peuple* à Quinet :

---

1. Au lieu de vouloir la conciliation du passé et du présent, Michelet, tout en admettant le présent comme fils légitime du passé, veut qu'il se sépare résolument de lui et lui dise un éternel adieu.

« Ce livre est plus qu'un livre, c'est moi-même. Voilà pourquoi il vous appartient. C'est moi et c'est vous, mon ami, j'ose le dire. Vous l'avez remarqué avec raison, nos pensées, communiquées ou non, concordent toujours. Nous vivons d'un même cœur. Belle harmonie qui peut surprendre; mais n'est-elle pas naturelle ? Toute la variété de nos travaux a germé d'une même racine vivante : le sentiment de la France et l'idée de la Patrie. Recevez-le donc, ce livre du Peuple, parce qu'il est vous, parce qu'il est moi. »

LIVRE IV

CHAPITRE PREMIER

Le Cours de Michelet et Quinet sur les Jésuites

[*Le cours professé par Gabriel Monod en 1908-1909 s'ouvrit par une leçon intitulée* Michelet de 1843 à 1852. *Nous ne la reproduirons pas : elle a été intégralement imprimée dans la* Revue de synthèse historique *de 1908. La dernière leçon du cours de 1907-1908 avait été consacrée aux Jésuites; les leçons de 1908-1909 (exception faite de la première) traitèrent du même sujet. Mais il convient de faire deux parts de ces leçons. Les unes — celles que l'on trouvera ici — analysent les cours professés par Michelet et Quinet sur les Jésuites et racontent ce que l'on peut appeler l'histoire externe de ces cours (nous n'en avons sacrifié que quelques morceaux déjà parus sous le titre* Les troubles du Collège de France en 1843). *Dans l'autre série de leçons, Monod exposait le résultat de ses propres recherches et de ses réflexions personnelles sur l'histoire de la Société de Jésus elle-même. Comme ces leçons ont fourni, presque sans changement, la matière de l'introduction à la traduction des* Jésuites *de Boehmer, nous n'avons pas cru devoir les reproduire ici.*]

Lorsque Michelet revint à Paris le 31 juillet 1842, après son voyage d'Allemagne, il retournait à sa vie de travail avec une âme profondément troublée.

Dans le journal de ce voyage que j'ai publié dans mon *Jules Michelet*, nous le voyons à Francfort (21 juillet) faire un examen de conscience avec un sentiment profond de tristesse et de désabusement résigné. Il voit sa famille prête à se dissoudre [1]. Pauline est morte, Mme Dumesnil est morte. Son père est vieux. Sa fille Adèle est éprise du jeune Alfred Dumesnil et Michelet sent bien qu'il ne pourra pas reculer longtemps le moment où il faudra marier ces deux enfants. Il se sent vieilli, bien qu'il n'ait que quarante-quatre ans et trouve qu'il est bien tard pour fonder un nouveau foyer. Lui qui a une idée si haute, si poétique de la famille, du rôle de la femme et de l'enfant, de ce que

---

1. *Jules Michelet*, p. 203.

doit être la trinité du père, de la mère et du fils, il accepte sans révolte l'idée de trouver, dans une liaison d'ordre inférieur, où il ne mettrait pas son âme, l'apaisement des tumultueux désirs de sa nature passionnée, et de réserver pour ses livres et pour le monde tout son esprit et tout son cœur. Sa vie individuelle sera une vie de prose. Il gardera pour sa vie générale toutes les parties élevées de la nature. « Que ferai-je? dit-il. Je continuerai, agrandi, enrichi de douleurs nouvelles, ma tâche de rude travailleur. »

Il évoque la Madeleine de Durer « qui marche pensive, emportant des parfums pour embaumer la mort du monde... Moi aussi, travailleur, ouvrier laborieux, je vais portant l'urne, mais non les parfums. Pour les faire, il faudrait des fleurs, et il n'en fleurit guère en moi. Maintenant, il faut que j'explique mon métier, mes procédés. »

La vie qu'il mena de 1843 à 1848, jusqu'au moment où il connut Mlle Mialaret, fut à peu près ce qu'il avait prévu le 21 juillet 1842. Malgré les conseils fraternels de Mme Quinet (qui déjà, en 1840, lui avait montré les dangers de ces demi-mariages avec des personnes inférieures d'éducation et d'esprit), Michelet, par deux fois, en 1842, puis de 1844 à 1848, s'y laisse engager. Les deux personnes qui se sont trouvées ainsi mêlées à sa vie, Marie[1] et Victoire, furent de bonnes et simples filles de la campagne qui ne cherchèrent pas à user de la situation qui leur était faite pour peser sur sa vie et la troubler. Michelet cependant était trop sensible et trop imaginatif pour ne pas leur faire une place dans le monde de sa pensée et de ses créations historiques. Marie, qu'il appelait *rustica barbara*, devint pour lui, au moment où il racontait à ses auditeurs du Collège de France les invasions des barbares, une représentante de ces habitants des campagnes, de ces *rustici* foulés par les hordes germaniques, et du cœur desquels sortirent les légendes des saints, la vie religieuse du Moyen-Age primitif. Quant à Victoire, *rustica* tout court, qu'il chercha à instruire et qu'il eut, semble-t-il, un instant l'idée d'épouser, elle fut, au moment où il préparait son *Histoire de la Révolution*, le symbole même de ce peuple de France dont il racontait les souffrances et le triomphe. Il s'imaginait avoir été par elle en communion plus intime avec la démocratie. Mais si, dans ces moments de rêve ou d'enthousiasme, il poétisait ces humbles compagnes qui n'avaient d'ailleurs dans sa vie qu'une part fugitive et subordonnée, il sentait douloureusement ce que cette situation avait de faux, d'humiliant, et il faut le dire, d'abaissant. Il savait tout ce qu'il perdait par là en dignité et en force, tout ce qui lui manquait pour avoir le droit de s'ériger, comme il voulait le faire, en éducateur et en moralisateur. De là viennent, autant que de ses deuils et de ses douleurs passées, la tristesse qui

---

1. Les relations de familiarité, non encore d'intimité complète avec Marie, avaient commencé en avril 1843. Adèle en avait été malade huit jours. Elle le rappelle à son père quand celui-ci, le 2 juillet 1843, a l'idée singulière de lui expliquer sa situation nouvelle. Adèle répond sèchement qu'il l'a voulu ainsi (Tout le journal intime des six premiers mois de 1841 a été détruit. Sur la chemise on lit : *tua serva...*).

l'envahit si fréquemment, ses attaques constantes de découragement et de mécontentement. Si le grand courant de la vie intellectuelle et morale de Michelet s'est développé indépendamment de ces influences. il fallait pourtant les noter, car elles font comprendre le sentiment de malaise et les tourments intérieurs qui l'agitent sans cesse pendant ces années.

La situation politique était sombre à ses yeux, autant que sa vie intérieure. La catastrophe du 13 juillet, la mort du duc d'Orléans, qu'il avait apprise en Allemagne, l'avait frappé comme un lugubre présage pour l'avenir du régime de Juillet. Tous les esprits libéraux faisaient reposer leurs espérances sur le duc d'Orléans. Il était populaire ; son ardent patriotisme, son goût des choses militaires, lui avaient attaché l'armée. Seul des princes, il exerçait un ascendant sur son père, qui en vieillissant devenait étroit et autoritaire. Lui disparu, la cour fut divisée en une série de petites coteries. Pris entre les attaques des catholiques et des légitimistes, le mécontentement grandissant des libéraux, les sourdes agitations révolutionnaires dont on méconnaissait l'importance, et la sénile obstination de Louis-Philippe à refuser toute réforme, le ministère Soult-Guizot ne songeait qu'à maintenir le *statu quo* et à satisfaire les préoccupations plus familiales que nationales du roi, sans rien voir des dangers qui menaçaient son trône. Alfred de Musset, dans sa poésie sur le *13 juillet*, a exprimé avec éloquence l'impression de découragement et d'effroi de la jeune génération qui avait mis son espoir dans le duc d'Orléans. Mme de Boigne, dans ses *Mémoires* récemment publiés, a dit avec vigueur dans quelle lugubre inquiétude s'acheva l'année 1842 [1].

« L'année 1842 a droit à une sinistre illustration. Les accidents fatals, les inondations, les incendies de villes entières, les tremblements de terre, l'ont cruellement signalée. A travers toutes ces calamités, celle qui laissera le plus de traces et dont les conséquences demeurent imprévoyables est sans contredit la mort de M. le duc d'Orléans... Aucune perte ne pouvait être plus considérable pour la patrie... La clef de voûte a été violemment arrachée, les échafaudages dont on s'efforce à la soutenir suffiront-ils ?... Je ne puis qualifier que de stupeur l'impression produite dans mon petit cercle. Elle a été générale dans toute la France. On ne pensait pas; on était accablé. »

Michelet sentait plus fortement que tout autre l'incertitude qui enveloppait l'avenir du pays, et se croyait appelé à l'aider à trouver sa voie. Mais il se sentait bien faible et écrasé après tant de secousses et dans son imminente solitude. A peine rentré, il se remet à son *Louis XI*, dont il a déjà écrit une centaine de pages; mais il a peine à travailler, il reste « comme immobile pendant plusieurs jours, en présence d'un chapitre commencé sur Dinant et Liège, faible, affadi, sans unité intérieure. »

Comme toujours, c'est dans le sentiment de la Patrie qu'il retrouve sa vitalité. Nous voyons dans son journal de voyage combien il avait été saisi par la grâce de la France en franchissant la frontière au re-

---

1. T. IV, p. 274.

tour [1]. C'est encore cette grâce qui le console et qui, le 8 août au matin, lui rend cette unité intérieure qui lui manquait :

Je veux, dit-il, poser le principe mélodique de la frontière, en face de l'harmonie Allemagne-Italie. Bonheur quand on rentre, de retrouver la sobriété spirituelle, le petit vin, le petit mot, le chant d'oiseau. Au total... la vie, en bien, en mal.

Je rentrais tout fatigué, et de l'Angleterre, cette forge, ce chemin de fer, et du pesant esprit belge ou suisse, et de la ténébreuse Allemagne et de la tyrannie lombarde.

Les étrangers eux-mêmes l'éprouvent (ce charme).

Les Anglais viennent y respirer hors du cant et du brouillard;

Les Allemands y voir la vie, sans livre;

Les Italiens regretter la liberté;

Les Belges goûter la vraie patrie

Mélodies   )   ) chant d'oiseau

Esprit sec et fin) mais peu d'haleine) vous écoutez, il finit

) ou bien se moque de vous.

Grâce de la France au milieu de ces petites Frances... *Qualis Beriynthia mater.*

Qui la perd en pleure. Je le sais par expérience.

Mais ces élans étaient de courte durée. Les extraits de lettres que nous donne Noël [2] montrent Michelet dans une disposition d'esprit constamment sombre et douloureuse, sa santé constamment troublée par des souffrances de poitrine, d'estomac, des éblouissements, jusqu'au moment où il reprit son cours le 22 décembre.

Le 10 août, il écrit à Alfred, retourné à Rouen, à la Sente Bihorel, qu'il est trop malade de cœur pour savoir s'il l'est de corps. Il se plonge dans les livres. Étant sorti pour toujours des voies harmoniques, il a repris la vie qu'il a menée si longtemps, celle d'un boulet de canon [3]. Le 1er septembre, il déclare qu'il n'a plus en lui que la mort « ou si la vie est en moi, elle s'est réfugiée dans un pli du cœur si obscur, que je ne sais point l'y voir. » Sa seule espérance, c'est qu'Alfred se remette. Quant à lui, il ne peut croire qu'il se remette jamais... Il semble qu'il descende une pente rapide, où rien ne l'arrêtera. « Toute mon industrie est de vivre hors de moi-même. J'y suis trop mal. » Le 22 septembre, il écrit à Noël : « Ma vie est plus solitaire qu'elle n'a jamais été. C'est pour moi un travail, une difficulté de voir des hommes. Je suis brouillé avec le monde autant qu'avec la destinée. »

Alfred Dumesnil, revenu à Paris du 13 au 24 septembre, écrit le 17 à Noël :

« J'ai trouvé à M. Michelet la figure quelquefois visiblement altérée. Il souffre de la poitrine et du cœur. Mais ce qui est beaucoup plus grave c'est que moralement il semble très malade, plus que je ne m'y attendais. Il y a trois jours

---

1. *J. Michelet*, p. 213-214.

2. Mais Noël commet de nombreuses erreurs. Il fait faire à Michelet deux voyages en août. Un avant le 10 et l'autre dans les derniers jours. Or, le journal donne, jour par jour, la vie de Michelet. Il ne quitta pas Paris du 31 juillet au 19 août.

3. Noël, p. 110.

il disait ne s'être jamais senti plus bas. Ses enfants sont inquiets et fatigués de cet état. Il y a danger dans cet affaissement que sa santé ne se prenne. Il s'acharne au travail et sa difficulté de production le désespère.

« Presque toutes les nuits, il les passe à lire d'anciennes chroniques, ne pouvant dormir. Il ne voit personne[1]. »

A la fin d'août, Michelet avait, avec ses enfants, fait un voyage à Rouen pour revoir les lieux où Mme Dumesnil avait vécu et aussi pour parler avec M. Dumesnil de l'avenir de leurs enfants, se rendre compte de la situation de fortune de ce dernier, qu'il savait gênée, et à laquelle il voulait porter remède.

Le voyage se fit d'une manière qui nous paraîtrait aujourd'hui bien extraordinaire. On va jusqu'à Conflans dans un lourd bateau à vapeur à quatre cheminées, qui fait naufrage sur des pierres. On débarque en batelet et on va à pied ou en charrette à Poissy. Là, on embarque sur une galiote traînée par des chevaux jusqu'à Vernon. De Vernon à Elbeuf en cabriolet, et enfin d'Elbeuf à Rouen en bateau à vapeur.

Ce séjour à Rouen est occupé par deux pensées bien différentes. Tantôt Michelet reste dans la maison de la Sente Bihorel, demeure de ville des Dumesnil, à repasser les souvenirs des deux années écoulées.

« Revu la maison, triste et muette, jadis démeublée brutalement, puis remeublée, rajustée par l'habile main d'une femme... l'intérêt qu'elle avait mis, pour mon arrivée, à refaire, à parer tout cela, à poser sur le meuble vert une jeune et fraîche étoffe... J'étais bien touché, blessé au cœur, de retrouver partout l'action d'une main si chère... et cette main nulle part. Hier, longtemps assis sur le canapé, pour point de vue le réservoir qu'elle voyait toujours en travaillant... *She is gone...* »

Tantôt Michelet s'occupe passionnément, de la draperie à Elbeuf, des produits chimiques à Saint-Sever, de la rouennerie à Rouen, des moulins de bois de teinture au Tôt. Il décrit les ateliers de tissage et de filature de Rouen avec une précision minutieuse, qui ne l'empêche pas de laisser de moment en moment éclater sa sensibilité ou sa poésie.

« Grande chose, et poétique, s'écrie-t-il en décrivant la fabrique de produits chimiques. Toutes les sciences, tous les arts se combinent ensemble pour habiller une femme (riche ou pauvre, n'importe) pour donner à son vêtement une mobile iris de couleurs qui réponde à la mobilité de sa grâce, à son iris de mouvements, de gestes, de physionomie. »

Il s'attendrit sur « le misérable petit rattacheur, ouvrier de l'ouvrier et payé par lui, celui sur qui semble tomber le plus lourdement le

---

1. Noël, avec son étourderie habituelle, dit que Michelet ne publia rien en 1842 et 1843, et attribue cette stérilité au trouble où il était par suite de l'effondrement de ses convictions religieuses. Or, en 1842, Michelet évidemment put peu produire; mais il donna là l'édition, très remaniée, du *Précis d'Histoire de France;* en 1843, il publia en fait d'œuvres originales, *Les Jésuites* et *Louis XI,* travail considérable qu'il n'abandonna pas un instant pendant ces deux années — et en fait de rééditions, la 3e éd. de l'*Introduction à l'Histoire Universelle,* et la 3e de l'*Histoire romaine.*

poids de ce monde fatal. Treize heures de travail par jour, davantage dans les veillées où l'on travaille jusqu'à onze heures du soir. »

Quand il voit « l'immense et fantastique atelier du triage » avec ses deux cents métiers et ses cent ouvriers :

« Cette variété infinie, dit-il, de couleurs et de mouvements sous une action commune est une des plus saisissantes choses que j'aie jamais vues. Cela ne peut ni s'imaginer, ni se rêver. Aux deux bouts de ce mouvement, deux choses semblent immobiles, d'un côté l'horloge qui mesure lentement les longues heures du travail; de l'autre, dans un œil de bœuf, la figure bronzée du chauffeur ou de son aide qui respirent hors de leur machine par cet atelier brûlant. »

Ces notes allaient lui servir pour son livre *Le Peuple*, dont nous l'avons vu déjà préoccupé dans son voyage à Lyon et à Saint-Étienne.

En même temps, il cause avec M. Dumesnil et Alfred, avenir et budget. On projette de louer ou de vendre la Sente Bihorel pour se contenter de la propriété rurale de Vascœuil.

Après cet intermède, où il s'était arraché au présent pour vivre dans le passé et l'avenir, il retombe à Paris dans sa tristesse et ses vains désirs[1]. Il n'a pas le courage d'envoyer Charles en pension, tant il se sent seul. Il le fait travailler à la maison. Il travaille lui-même avec peine, regardant par la fenêtre un cerisier qui s'est mis à fleurir, se trompant de saison, comme lui-même par moments, quand il se croit rajeuni et se sent reverdir.

Ces trois mois (septembre, octobre, novembre), jusqu'au moment où il reprit son cours, furent languissants et pénibles. Des dissentiments naissaient entre lui et Alfred, qui aurait voulu faire venir à Paris son père. Même avec Adèle, ils ne se comprenaient pas toujours. Il va maintenant au Père-Lachaise revoir les tombes aimées, tantôt seul, tantôt avec ses enfants... Partout où il se promène, les souvenirs du bonheur passé le poursuivent. C'est Versailles (le 2 octobre) « peuplé et pourtant solitaire pour moi, si plein l'année dernière. » A Saint-Mandé, par une admirable journée d'octobre (le 16) « il ne me manquait que d'être heureux ». A Charonne, le 20, avec ses enfants, il pense à Pauline en revoyant les noyers sous lesquels il s'était assis avec elle en 1818, et à Mme Dumesnil. Il se plaint constamment de sa faiblesse physique et morale.

« Faible... (29 nov.) en présence de mon accumulation devenue immense, en présence de ma faiblesse actuelle pour la simplifier — à l'entrée de ce grand supplice qu'on appelle la vieillesse. »

Cependant, ce grand travailleur ne pouvait cesser de travailler ou d'agir. Il remaniait son *Précis d'Histoire de France*, qui paraissait à la fin de l'année 1842. Il réimprimait son *Histoire Romaine* et son

---

1. Michelet eut à cette époque l'idée d'écrire la biographie de Mme Dumesnil et il en écrivit même quelques pages, réunit des notes — mais il abandonna bientôt ce travail qui n'aurait pu, s'il avait été sincère, ni servir la mémoire de Mme D., ni causer à son mari et à son fils autre chose que du chagrin (Cf. Noël, p. 120).

Introduction à l'Histoire Universelle, à laquelle il ajoutait le morceau qu'il avait lu à l'Académie des Sciences morales sur *l'Éducation des Femmes au Moyen-Age.* Il ne cessait de travailler à son *Louis XI,* pour lequel il entretenait une correspondance assez étendue avec les savants de province et de l'étranger. Il le faisait imprimer à mesure, suivant son habitude. A la fin de décembre 1842, il était arrivé à la captivité de Louis XI à Péronne. L'ouvrage complet parut au commencement de décembre 1843, mais sans la préface qu'il avait écrite au printemps de 1842, et où il exposait son jugement sur le Moyen-Age et les raisons pour lesquelles après avoir sympathisé avec lui, il le condamnait et saluait la venue des temps modernes. C'est aussitôt après son retour d'Allemagne (2 août) qu'avec grande raison il se décide à faire de ce travail, qu'il appelle « un livre sur la méthode », la préface du tome VII, du premier volume de sa seconde série. L'apparition en devait être reculée jusqu'en 1855.

La solitude dont parle Michelet était surtout une solitude morale, car il recevait et faisait d'assez nombreuses visites, dînait parfois hors de chez lui et recevait souvent des amis à sa table. Le 3 août, nous le voyons avec ses enfants et Alfred chez Lamartine. Le poète lui parle avec haine de la Prusse, qu'il appelle « une épée russe dans le dos de l'Allemagne ». Michelet est très occupé par son portrait, que Couture est en train de peindre [1]. Pendant tout cet hiver, il s'occupe passionnément de peinture. Il s'intéresse à Tassaert, que la misère avait rendu à peu près fou. Il lui achète des tableaux et des dessins et en fait acheter par ses amis [2]. Dans une seule semaine, du 6 au 14 septembre, nous le voyons avoir le 8 à dîner un M. Troyon pour discuter sur la vente de la Sente Bihorel, le 9 le philosophe Bénard, le 11 les trois Mourier et Bataillard, le 12 M. Loison et M. Dally de Bruxelles, le 13 Couture. Puis ce sont les deux d'Eichthal, Marmier, Yanoski, Ad. Guéroult, Poret, Pelletan, les Faucher, les Quinet [3], Olleris, Dargaud, Ravaisson, son médecin Martinez, Burnouf, Duvergier, Lacroix. Il va dîner chez les Faucher, chez le duc de Montpensier.

Enfin, il s'occupe de son cours, mais on est surpris de voir avec combien d'incertitude. Il avait en terminant son cours de 1842 l'idée de continuer le même sujet, c'est-à-dire la Philosophie de l'Histoire. Mais le 5 octobre, il écrit ; « Cette idée m'apparut, qu'il fallait faire cette année mon cours sur les *Monuments de la Renaissance.* » Il y voyait un beau cadre et populaire pour un cours sur l'histoire du XVIe siècle. Il rattachait ainsi son nouveau cours à celui de 1841.

Les premiers jours de novembre, il revient sur son idée favorite

---

1. Au musée Carnavalet. Il fut refusé au salon de 1843.
Michelet va voir le 3 février l'atelier de Riaz, qu'il appelle le « peintre du rêve et des fleurs ».

2. Couture dînait souvent chez lui; le 16 août, il y dîne avec Mgr Bertrand, évêque de Tulle. Il a de fréquentes entrevues avec M. Cellier, notaire à Rouen, ancien ami intime de Mme D. pour les affaires des Dumesnil.

3. Le 4 sept. Michelet dit : « Je veux prier Quinet pour sa femme. Pour la faire redevenir belle il suffit qu'il l'aime un peu ».

dont il veut que son cours soit la démonstration : que toute spécialité
est fausse; que l'histoire des religions, du droit, de la politique, de
l'art et de la littérature ont besoin, pour être comprises, de toute
l'histoire; qu'on ne doit séparer ni les sciences, ni les classes d'hommes,
ni les peuples. Le 14 novembre, il se préoccupe de marquer de
nouveau en vue de son cours ce qui diffère dans sa méthode et celle
de Sismondi, de Guizot (qui n'ont pas pu associer les éléments divers
de l'histoire), d'Aug. Thierry qui les a associés, mais en a considéré
un trop petit nombre, de Montesquieu, de Granier de Cassagnac,
de Quinet.

Le 24 novembre, il pense à un cours où l'art tiendrait la
première place, car il écrit une analyse de l'*Idéalisme transcendental*
de Schelling, paru en 1800 [1]. Il résume ainsi la pensée de Schellling :

Ce qu'il y a de grand dans l'art, c'est qu'il ne montre pas l'infini réconcilié seulement dans le tout, comme fait la nature, mais présente l'infini dans
chaque produit particulier. L'art est le seul et véritable organe de la philosophie transcendentale. Il en est aussi le document. Il est donc ce qu'il y a de
plus haut pour le philosophe, lui montrant dans une réunion originelle et éternelle ce qui doit *se fuir* éternellement dans la vie, dans l'action et dans la
pensée.

Il considérera l'art comme l'expression même de l'activité humaine
et il prendra comme exemple le dessin au XVIe siècle, la musique
au XIXe [2].

Il comprit sans doute la difficulté de traiter un pareil sujet, car le
6 décembre, il revient à l'idée d'exposer dans son cours sa méthode,
c'est-à-dire comment il a pris conscience de l'histoire de France dans
sa propre conscience.

« Tout en roulant à Vincennes dans l'obscurité, je me redisais la finale
de mon cours de 1838 : « *Possis nihil urbe Roma videra majus*. Je vou-
lais que deux choses planassent : La providence, la Patrie. Où vais-je
dans ce point élevé, mais déclinant de la vie? Averti que je descends,
je me fais cette question : situation matériellement bonne, moralement
incertaine. Fluctuation d'études diverses à ce crépuscule de l'année,
où ma liberté est entière. » Son cours donnera « la conscience de son
histoire, de sa nationalité, sa nationalité étendue, généralisée, en
même temps qu'approfondie. »

---

1. Mais dont la traduction venait de paraître.

2. Voici le schema du cours : « La *vie* s'engendrant dans la *vie*, la
science dans la *science*, et tout aboutissant à l'*art*. La science même en est
la servante. Il y a bien des arts : art de la morale, art du droit, art des formes, etc... L'un sculpte un marbre, une statue ou un poème, l'autre un peuple, un code, et l'autre son âme, un saint. Ce sont des ouvrages d'art.

« Je veux entrer avec vous dans l'intelligence de l'art, de l'activité
humaine, voir comment ses manifestations diverses en se développant chacune, ont influé l'une sur l'autre, c'est-à-dire qu'en analysant une statue, je
montrerai la part qu'y ont eue la religion, le droit social; qu'en analysant un
code, je dirai ce que la religion donnait de facilités, d'obstacles, comment
le sentiment du beau, du génie, d'art qu'on avait alors, en modifiait alors non
seulement la forme, mais le fond. »

C'est donc seulement le 6 décembre qu'il arrête le sujet du cours qu'il va commencer le 22. Il va prendre ses exemples, non dans la Renaissance des xv⁰ et xvi⁰ siècles, mais dans la longue renaissance qui commence en l'an 500. Il donnera une idée des éléments qui ont contribué à former la nationalité française des origines au xiii⁰ siècle. Là viendront converger tous ses travaux depuis 1830 sur la religion, le droit, l'art. Il écrit le 10 décembre :

> « Je me sais gré d'avoir enfin aperçu hier
> 1° que la méthode était tout, le sujet secondaire;
>   donc je pouvais prendre quinze siècles aussi bien qu'un siècle;
>   la Renaissance moderne depuis le christianisme et l'invasion aussi bien
>   que la Renaissance du xvi⁰ s.
> 2° qu'au milieu de mon œuvre (et plus qu'au milieu de ma vie),
>   je devais embrasser le tout;
>   critiquer ce que j'ai fait, le transformer pour préparer ce qui reste à
>   faire;
> 3° et peut-être dans cette harmonisation de mon œuvre
>   trouverai-je ma propre harmonie.

Le 7 décembre, il établit un plan. Il laissera entièrement de côté la suite connue des événements de l'histoire politique pour retrouver la vie morale du peuple et le rôle joué par le peuple dans la formation de la nation. Le cours du semestre d'hiver aurait pour titre : *La vraie vie du Moyen-Age*. Il devait comprendre treize leçons, car Michelet, s'étant mis si tard à sa besogne de préparation et se sentant d'ailleurs si mal portant, avait demandé à M. Letronne et à l'assemblée des professeurs, dès le 13 novembre, de ne faire qu'une leçon par semaine [1].

On se demandera comment les leçons sur les Jésuites ont pu devenir la seconde partie de ce cours sur l'Esprit du Moyen-Age. En 1869, Michelet a prétendu le dire et l'expliquer :

Cours de 1842-43. Cours sur le Moyen-Age; l'élévation des *Rustici barbari*, l'ascension des classes rurales, comme éducation sociale.
Idée forte et naïve d'éducation, qui préparait de loin *le Peuple, la Sorcière*.
Cours maladroit qui donnait prise (quoique dès avril 1842 j'eusse tranché contre le M-A). Ce cours était naïf et profond, parce qu'il se plaçait aux racines sociales où la légende progressive, l'association, etc.. font l'éducation.
L'association, la fraternité me conduisirent à ce qui les commence; l'éducation donnée par la mère et la mère-Patrie : l'école, le collège, les Universités,

---

1. Letronne lui répond le 14 : « Monsieur et cher confrère et collègue, l'Assemblée de MM. les professeurs du Collège de France a décidé sur votre demande que l'autorisation de ne faire qu'une leçon par semaine vous serait accordée pour le premier semestre de l'année scolaire 1842-43; mais elle m'a chargé spécialement de vous prier de présenter à l'avenir un suppléant qui fera la seconde leçon exigée par le règlement. »
Michelet ne devait jamais faire dorénavant plus d'une leçon par semaine et jamais il ne proposa le suppléant. Ce devait être une des causes de la suspension dont il fut frappé en janvier 1848. Michelet ne fit même pas les treize leçons projetées pour le premier semestre. Il s'arrête à la douzième et les leçons du second semestre sur les Jésuites ne furent qu'au nombre de six, de sorte que dans toute l'année il fit dix-huit leçons au lieu des quarante réglementaires.

le Collège de France et l'éducation des adultes dans le métier même, qui devient art, etc...
Au second semestre la recherche du procédé de la vie me conduisit aux procédé de la mort, machine à penser. Je citerai les Jésuites pour exemple. »

Cette explication n'a pas été inventée vingt-six ans après [1]. Michelet la donne déjà dans la préface à la première édition des *Jésuites*, le 26 juin 1843. Il y raconte « que par le progrès de mon travail et le plan même de mon cours, je venais à eux (les Jésuites). Occupé jusqu'ici d'expliquer et d'analyser la vie, je devais naturellement mettre en face la fausse vie qui la contrefait; je devais placer en regard de l'organisation vivante le machinisme stérile. »

En réalité cette explication n'en a pas moins été trouvée après coup; rien, dans le cours de l'hiver 1843, ne pouvait faire imaginer que Michelet allait parler des Jésuites. Pas une seule des notes de l'hiver ne le fait pressentir. D'ailleurs Michelet l'avoue lui-même dans cette introduction des *Jésuites*. Il était, en 1842, tout occupé de son travail solitaire, de son rêve des vieux temps. Il en a été réveillé par ses ennemis « qui se sont enhardis et ont cru qu'on pouvait impunément venir par derrière frapper le rêveur. » Il s'est retourné et a frappé à son tour.

Le cours de 1843 contient quelques-unes des choses les plus poétiques, les plus éloquentes que Michelet ait fait entendre à ses auditeurs. Il répétait chacune de ces leçons, après les avoir professées au Collège de France, à ses élèves des Tuileries qui furent, cet hiver-là, outre la princesse Clémentine, la duchesse d'Orléans, la duchesse de Nemours, la grande-duchesse de Mecklembourg, qui avait pour Michelet une admiration enthousiaste. Nous savons par ses lettres, par celles de Mme Angelet, combien ces leçons étaient goûtées par les princesses.

Le cours du premier semestre commença par une protestation violente contre l'esprit mécanique et scolastique qui inspirait l'éducation, la religion et la science historique modernes. On analysa cette leçon dans quelques journaux, en particulier dans le *Journal des Étudiants*, et Michelet s'éleva avec énergie, au début de sa seconde leçon, contre ces sténographies qui prétendaient reproduire ses paroles et qui ne pouvaient en rendre ni l'accent personnel, ni l'esprit, seules choses qui comptassent pour lui. Publier un de ces discours, c'est en supprimer un des éléments essentiels, les auditeurs, qui ne font qu'un avec le maître.

« Je vous parle avec confiance, à vous, à vous seuls, et non aux gens du dehors. Je ne vous confie pas ma science, mais ma pensée intime, sur le sujet le plus vital...
Il semble qu'un seul parle ici : erreur, vous me parlez aussi. J'agis et vous réagissez. J'enseigne et vous m'enseignez. Vos objections, vos approbations me sont très sensibles. Comment, on ne peut le dire, c'est le mystère des grandes assemblées, l'echange rapide, l'action, la réaction de l'esprit.

---

1. Sur la chemise du journal intime de 1843, Michelet a aussi écrit : « Vie du Moyen-Age. Fausse vie, Jésuites ».

La parole, c'est la personne, ma parole surtout. Qu'y trouve-t-on ? des faits ? peu. Des formules, des théories stéréotypées ? moins encore. Ce qui y est, c'est justement ce qu'il y a de plus fluide, de moins saisissable : un esprit.

Donc, il faut laisser voler ces paroles ailées, qu'elles se perdent, qu'elles s'effacent de votre mémoire. Si l'esprit en reste, c'est bien. C'est là ce qu'il y a dans l'enseignement de touchant et de sacré, que ce soit un sacrifice, qu'il n'en reste rien de matériel, mais que tous en sortent forts, assez forts pour oublier ce faible point de départ.

Quant à moi, si je croyais que mes paroles risquassent de geler en l'air et d'être reproduites ainsi, isolées de celui pour qui vous avez quelque bienveillance, je n'oserais plus parler.

Comment, par exemple, hasarderais-je, si je croyais que ceci doit transpirer au dehors, de vous dire, comme je vais faire, *l'humble commencement* de mes études, qui pourtant n'en fut pas moins tout le principe de ma méthode, la véritable raison pour laquelle je me suis séparé, non de cœur, mais de méthode scientifique, de mon vénérable maître, M. de Sismondi, et des autres historiens illustres de ce temps, qui sont mes amis ? »

Il montre alors ce qu'a été Sismondi, un Genevois protestant, surtout critique et négatif, avec une fibre plébéienne, qui a fait de l'histoire de France une critique des erreurs de l'Église et de la monarchie. Il montre ensuite les autres historiens, Guizot, Thierry, sortis de l'opposition politique et devant en partie leur succès à ce qu'ils ont transporté dans le passé les préoccupations du présent, avec une très noble sympathie pour les vaincus, les opprimés de tous les temps.

« Mon point de départ a été tout autre; je lui dois peut-être la seule faculté que je revendique, d'avoir été plus dégagé de tout point de vue exclusif qu'aucun de ce temps. »

Il se montre alors, comme il l'a fait dans son cours de 1836, recevant de Paris où il est né, du Musée des monuments français, l'intuition, le sentiment de la France, de la France comme personne vivante.

Dans sa troisième leçon, il fait entendre un véritable hymne d'adoration à la France, à l' « aimable France aimée de Dieu », qui jamais ne désespère, qui ne croit pas à la mort, qui, aux plus sombres jours d'hiver, entend toujours chanter l'oiseau bleu, couleur du temps. Il chante « Au gui l'an neuf ».

« La merveille de la France et par où elle ne ressemble à aucun pays, c'est qu'avec son système de provinces, avec son harmonie de Frances diverses et identiques, avec ses centres secondaires et son centre principal, elle est, non seulement une nation, mais une initiation, une éducation. »

Le cours qu'il va faire aura précisément pour objet de savoir ce qu'est la France, comment elle s'est faite. « Qui suis-je? Qui sommes-nous? » dit-il à ses auditeurs.

Pour bien comprendre la France, il faut se placer au centre, à Paris; et pour bien voir Paris, se recueillir dans une de ces solitudes peuplées où l'on est à l'écart du tourbillon et d'où l'on voit le mouvement, comme l'a été le Musée des Augustins. Après ce musée, c'est Sainte-Geneviève qui a été pour Michelet le second lieu d'initiation. Il en parle le 12 janvier avec une émotion d'autant plus profonde qu'on venait de décider d'enlever la bibliothèque Sainte-Geneviève, où il avait passé tant de belles heures, de la partie la plus ancienne des bâtiments du collège Henri IV pour la transporter dans les bâtiments nouveaux où nous la voyons aujourd'hui.

C'est au v⁰ siècle que se forme une âme nouvelle par l'union de l'Église et des peuples dont sainte Geneviève est le symbole. A côté de sainte Geneviève, il place saint Martin, le soldat impérial devenu évêque et missionnaire, et saint Éloi, un ouvrier devenu ministre et évêque. Après avoir indiqué le rôle des grands propriétaires, celui des évêques, Michelet consacre une leçon à la vie monastique, par laquelle l'Église se rapproche des peuples des campagnes et de la nature, et ennoblit, en le sanctifiant, le travail des mains, jusque-là réservé aux esclaves. On voit alors (VIII⁰ leçon) les légendes pieuses sortir du cœur du peuple, et la puissance religieuse et morale de l'Église, de cette Église qui plus tard l'opprimera, sortir du peuple même.

Dans la dixième leçon, il insiste sur le rôle des simples et sur le caractère chrétien de cette primitive Église.

« La légende a été grandissant dans la famille, comme un enfant auprès de l'enfant, et peu à peu l'enfant, l'animal même, toute la famille rustique est entrée dans l'Église. L'Eglise est apparue comme la famille et la maison de la famille, ce qui fait que la maison est devenue une Église.

Dans tout ceci, je suis parti de ce principe qu'un âge vraiment chrétien, c'était le triomphe des simples, le règne des petits, des humbles, d'autant plus humbles et plus selon Dieu qu'ils ne savent pas leur influence sur le monde d'en haut qui croit régner. »

Mais ce peuple, ces petits, sont sans cesse menacés. Le besoin de protection fait naître d'une part le monde féodal créé pour la défense, et qui, bientôt, devient oppressif, et, d'autre part, les associations populaires par lesquelles le peuple saura se protéger, se créer une vie harmonique et hiérarchique.

La féodalité asservit la terre et la personne. L'Église, qui lutte contre les abus et les violences de la féodalité, s'y associe aussi.

« A ce moment, (fin de la XI⁰ leçon), j'entends dans toute la chrétienté un grand bruit de fer, des pas d'hommes, les pas d'une foule; ce sont les communes en marche. La liberté en péril a suscité une force contre la force féodale qui, née de la liberté, en est déjà l'ennemie. »

Alors, le peuple, qui a créé, du v⁰ au vii⁰ siècle la famille, l'Église et le monarchisme, du viii⁰ au xi⁰ la féodalité, crée maintenant, écrasé par cette féodalité et cette Église, des associations de travailleurs.

« La beauté du Moyen-Age chrétien, c'est moins l'association, fait universel, que la variété d'associations qui répondaient aux besoins les plus divers, et le progrès harmonique de l'initiation qui créait d'excellentes habitudes morales et rendait à chaque degré digne d'un degré supérieur. »

Une treizième leçon devait être consacrée à célébrer la beauté de l'élan de vie du xii⁰ siècle, le grand siècle du Moyen-Age, et à indiquer le rôle joué, après la formation des communes et des associations de

métiers, par les Écoles dans la Renaissance chrétienne qui a formé
la société du Moyen-Age. Mais Michelet, pris d'une subite lassitude,
arrêta tout à coup son cours, le 16 mars, bien que les vacances
régulières du Collège de France ne commençassent que le 9 avril [1].
Il devait reprendre le 27 avril. Le 10 (après avoir demandé le 8 avril
à ne faire qu'une leçon dans le second semestre comme dans le
premier), il cherche à trouver un lien entre les leçons des deux semes-
tres. Ce lien sera l'*Éducation*. Après avoir en 1842, indiqué la marche
générale de l'évolution humaine, après avoir montré dans l'hiver
de 1842-43 l'éducation du Moyen-Age, et avant de montrer la vraie
éducation moderne, celle de la Renaissance, du xvııı^e siècle et de la
Révolution, il veut montrer la fausse éducation catholique que les
Jésuites ont voulu imposer au monde.

En réalité, il voulait dire son mot dans la bataille qui se livrait autour de lui, et où il avait reçu les premiers coups.

S'il avait arrêté son cours du premier semestre, à la douzième leçon, à l'établissement des communes, et sans aborder la vie des Écoles,
le développement du xıı^e siècle, c'est que probablement il comptait
continuer dans le second semestre à parler de la vie du Moyen-Age.

Dans son *Journal intime*, il n'y a pas un mot sur les Jésuites, pas
même sur les polémiques religieuses qui se livrent alors, avant le
début du cours. Nous voyons seulement qu'il se trouvait en proie à
une immense lassitude, accrue encore par la pensée de perdre prochainement sa fille, officiellement demandée en mariage par M. Dumesnil père, pour son fils, le 5 avril, et qui devait se marier à l'automne. Il écrit le 6 avril :

« Fatigué. Tout cela venu tard, après un long chemin — usé mes souliers
de fer !... Jeté ma vie à pleines mains dans mon livre, dans mon cours ma vie
intime. »

Le 14 avril :

« Bizarre contraste. La foule à mon cours, pour mes livres vente honnête et
ferme, qui ne se dément pas, et chez moi, *la solitude*. C'est que, chez moi, je
ne suis pas l'homme du cours. Je suis faible et vide, sauf quelques moments.
Quand je compare les pensées du lit, du matin, autrefois et aujourd'hui, je
sens qu'une vertu s'est retirée.
Je pensai à mon plan, à mon livre, aujourd'hui.
Donc, patienter un peu dans ce moment d'affaissement, puis se recueillir,
et peut être reviendra l'homme d'autrefois — d'autrefois ? Non, mais un autre
d'avenir. Ayant la méthode, l'application de la méthode, la mettre à l'état fécond — et formulée, et vivante » (Le 5 mai, il ajoute à cette note celle-ci) : »
A quoi j'ajoute le mot de Luther « Mais Dieu me fit enfin une grâce par ses
chers anges : celle de combattre et d'écrire. »

S'il entreprit la bataille contre les Jésuites, ce ne fut donc pas
en vertu d'un plan prémédité et naturel, mais par une inspiration
soudaine. Une lettre d'Alfred Dumesnil, revenu à Paris quelques jours
après la demande en mariage, confirme cette idée (8 mai) :

1. Il continue au château jusqu'au 3 avril.

« M. Michelet était dans un extrême affaiblissement. Je craignais beaucoup de ce découragement moral dans un si grand état de fatigue; mais les Jésuites sont venus à point; depuis huit jours, plus que jamais il est vivant, actif, il parle, écrit. »

D'où vient cette brusque résolution et cette décision d'improviser un cours pour lequel il n'était nullement préparé et qu'il a fait semaine après semaine, ce qui explique qu'il soit si peu nourri de faits et paraisse superficiel et décousu?

C'est d'abord une raison toute personnelle, intellectuelle et très légitime. En cherchant à ressusciter l'âme du vieux peuple de France du Moyen-Age, il était entraîné à mettre en lumière tout ce que le Moyen-Age eut de touchant et de grand. Il avait l'air de faire l'apologie de ces grands âges catholiques au moment même où il sentait de plus en plus la nécessité de résister aux attaques du parti catholique contre la société moderne et de montrer les voies nouvelles de l'avenir. Ses leçons de l'hiver de 1842-43 pouvaient paraître un retour en arrière, une réparation faite au Moyen-Age. Michelet voulut montrer qu'il n'en était rien.

Ce désir de ne laisser se faire aucun malentendu sur sa pensée était confirmé par les attaques de plus en plus violentes dont la pensée libre, l'Université, les professeurs les plus éminents, enfin lui-même et son ami Quinet, étaient les objets. En 1842, les évêques s'étaient mis à se déchaîner avec un merveilleux ensemble contre l'Université, tandis que l'*Univers* avait entrepris une campagne où il prenait personnellement à partie les professeurs les plus distingués de la Sorbonne ou du Collège de France. Villemain et Mignet n'avaient pas hésité, en 1842, à attaquer les Jésuites dans des circonstances solennelles. Le 31 mars 1842, les rédacteurs de l'*Univers* avaient signé et publié une pétition contre les professeurs de l'Université, où Quinet était particulièrement attaqué, mais aussi Michelet, comme donnant un enseignement anti-catholique. Le 6 et le 31 mai, l'*Univers* attaquait l'enseignement philosophique des collèges ; le 10 juin, l'éducation universitaire, qu'il traitait de monstrueuse. Enfin quand eut paru le *Monopole Universitaire* (fin de mars 1843), l'*Univers* lança le 6 avril un article contre Michelet, Cousin, Damiron, et donna le 7 un article très élogieux sur l'ouvrage attribué à Desgarets.

Ces attaques contre tous ceux qui dans l'enseignement osaient penser et parler librement furent certainement un des motifs qui poussèrent Michelet à répondre à ces attaques, en attaquant à son tour l'enseignement des Jésuites.

Un autre motif y contribua aussi, je pense. C'est le désir de s'associer à Quinet, peut-être de devancer Quinet dans les jugements que celui-ci était forcément amené à prononcer sur les Jésuites. Quinet, dans les leçons sur l'Italie, était arrivé au xviᵉ siècle. Il avait parlé du Tasse, du Concile de Trente. Il devait fatalement parler dans le second semestre des Jésuites. Rien ne l'obligeait à y consacrer toutes les leçons de ce second semestre; mais l'étude de l'organisation de l'ordre des Jésuites, de leur influence et de leur littérature était

naturellement amenée par le sujet de son cours, et Michelet ne pouvait
l'ignorer. Prévoyant que son ami allait prendre parti dans la lutte
qui passionnait alors tous les esprits, il ne voulut pas le laisser seul.
Il ne voulut pas non plus paraître obéir à une suggestion de Quinet;
il prit les devants, et, dès le 27 avril, commença son cours sans avoir
prévenu Quinet, ni rien combiné d'avance avec lui. Mais, dès le 30,
il va chez Quinet pour s'entendre avec lui sur la *Guerre aux Jésuites*
et pour se partager les rôles.

Dans une note mise à la fin de la première leçon, il essaie d'expliquer qu'il a ignoré les projets de Quinet, et n'a connu qu'après sa
seconde leçon le *Monopole universitaire* [1]. Cette note est peut-être vraie
d'une vérité littérale, mais elle n'est pas vraie d'une vérité morale.
Elle n'est pas, reconnaissons-le, exempte d'une certain jésuitisme [2].

Michelet dit donc vrai quand il affirme ne pas s'être entendu d'avance
avec Quinet; mais il est impossible qu'il ne prévît pas que Quinet allait
parler du rôle des Jésuites dans la réaction catholique. Tout le monde
s'y attendait; Michelet nous dit que quand Quinet rouvrit son cours
le 3 mai et fit une leçon sur Christophe Colomb, ce fut un désappoin-
tement pour l'auditoire [3].

Michelet dit également dans cette note que ce fut à son insu que sa
première leçon fut analysée dès le soir même dans la *Patrie*, et que
cette analyse fut reproduite le lendemain dans le *Siècle*. Je veux bien le
croire, d'autant plus que le texte de la *Patrie* est différent de celui
que Michelet publia dans son volume; mais il va trop loin en déclarant ignorer la part que la presse allait prendre à cette lutte. Il avait

1. On lisait aussi dans l'Avant-propos du Vol. des *Jésuites* : « La force des
choses a conduit les auteurs de ces leçons à traiter le même sujet dans leur
enseignement. Cette rencontre s'étant faite d'abord à l'insu l'un de l'autre, a
été l'œuvre de la situation même. Plus tard, ils se sont accordés pour se
distribuer les questions principales que le sujet présentait. »

2. D'ailleurs la note que Michelet fit mettre par son ami Chambolle dans
le *Siècle* du 27 avril indique nettement le cours comme une riposte, non pas
au *Monopole universitaire*, mais à une série d'attaques et à un dénigrement
systématique.

La Patrie du 27 avril au soir, donne une analyse de la première leçon
reproduite le lendemain par *le Siècle*. Elle l'annonce en ces termes : « M. Michelet ayant à se défendre pour sa part contre un parti qui en veut à l'Université tout entière, a été amené à prononcer aujourd'hui devant un auditoire nombreux et sympathique les paroles suivantes... Plusieurs membres du
clergé assistaient à la leçon. »

Lerminier, (*Revue des Deux Mondes*, 15 oct. 1843), prétend que Michelet a
été, avec une respectable candeur, d'autant plus outré des attaques dont il
était l'objet, qu'il se croyait des droits à la reconnaissance de l'Eglise et
qu'alors il a perdu toute mesure dans la polémique.

3. Colomb représente pour lui l'alliance de la croyance et de la liberté
dans l'esprit de l'homme; cette alliance a fait jaillir le verbe qui enfanta un
nouveau monde.

Ce ne fut que le 10 mai qu'il entra dans son sujet en revendiquant la
liberté de discussion en matière religieuse, même sur les Jésuites, et en déclarant qu'il devait parler pour répondre aux injures qui se produisaient au pied
même des chaires du Collège de France.

de nombreux amis dans la presse. Lui-même donne ses leçons au *Siècle* et va les y corriger. Libri pouvait n'avoir pas informé Michelet de l'article qu'il publia le 1er mai dans la *Revue des Deux-Mondes* contre les Jésuites; mais, quelques jours après, nous le voyons chargé par Michelet de proposer à la *Revue* un article de Louandre, et annonçant à Michelet qu'un second article de lui sur les Jésuites paraîtra le 15.

Au *National* qui, avec le *Constitutionnel*, prend parti pour Michelet, dès le 5 mai la campagne est menée par Génin, ami intime de Michelet. Génin était lié avec Sacy et Alloury, rédacteurs des *Débats*, et il ne resta pas étranger à la campagne de presse que ceux-ci menèrent en mai, car, le 28, il se plaint dans son journal que les *Débats* s'endorment. Michelet ne fut pas l'organisateur de cette campagne de presse, à laquelle prirent part aussi la *Revue Indépendante*, le *Courrier Français*, mais il ne s'en désintéressa pas et n'était plus du tout dans les sentiments qui, le 22 décembre 1842, lui faisaient expliquer à ses auditeurs qu'il ne pourrait souffrir que ses leçons fussent sténographiées et publiées.

Telles sont les conditions dans lesquelles ce cours fameux a pris naissance.

Le catholicisme autoritaire, étroitement dogmatique, ennemi de toutes les libertés intellectuelles, comme des libertés politiques du xvie et du xviie siècles, incarné dans la Société de Jésus, devait tout naturellement s'opposer dans l'esprit de Michelet à ce catholicisme des premiers siècles du Moyen-Age, qui avait été vraiment œcuménique, nourrice sublime et tendre du monde moderne encore enfant, et qui avait, sous les voûtes immenses de ses cathédrales, dans l'enceinte de ses cloîtres, dans les auditoires de ses Universités, donné asile à toutes les aspirations de toutes les classes d'hommes. Ici, la sève puissante de la vie au milieu de germes encore mal définis; là un esprit de mort qui cherche à détruire tous les germes de vie nouvelle que la Renaissance apporte au monde. Mais pour que Michelet sautât brusquement du xiie au xvie siècle et abordât l'étude du Jésuitisme sans avoir achevé le programme qu'il s'était tracé à lui-même, il fallut l'aiguillon de la lutte entreprise par le clergé et le parti clérical contre l'Université et la libre-pensée, les attaques réitérées dirigées contre lui-même et qui avaient leur contre-coup dans les protestations intempestives qui venaient troubler son cours et celui de Quinet. Cette lutte, ces attaques, furent non la cause profonde, mais l'occasion.

Il n'y a pas à s'arrêter aux motifs que M. Thureau-Dangin attribue à Michelet et Quinet. Il y voit d'abord une simple riposte aux attaques dirigées contre eux par le *Monopole universitaire*. Mais ces attaques ne sont qu'un détail dans une querelle qui se poursuit depuis des années ; nous trouvons dans les cours de Michelet, de 1831 à 1838, des jugements sur les Jésuites identiques à ceux de 1843, bien qu'un peu plus modérés dans l'expression. M. Thureau-Dangin nous dépeint ensuite Quinet comme un révolutionnaire et un antichrétien fanatique. Quinet était un esprit profondément religieux et attaché de toutes les forces de son âme à la tradition chrétienne [1]. Quinet n'est pas non plus un révolutionnaire en politique [2]. Pour Michelet, M. Thureau-Dangin parle de sa sensibilité douloureuse, de sa vanité, des souffrances de son enfance, et cherche une explication dans son désir de se venger des injures reçues. Il l'accuse d'avoir cherché dans les succès de la popularité une compensation à ses déceptions mondaines. Or, Michelet, depuis 1829, avait marché de succès en succès; il avait eu toutes les satisfactions d'amour-propre; ses seules vraies douleurs, à cette époque, sont les épreuves qui avaient ravagé sa vie domestique; mais il était entouré de l'admiration des hommes dont le suffrage lui importait le plus, celle de ses collègues les plus illustres et des premiers hommes de lettres de son temps; les organes les plus importants de la presse chantaient ses louanges; enfin, il était un familier des Tuileries et de Neuilly; au début de sa campagne contre les Jésuites, il y trouve même des encouragements, et, au plus fort de la lutte, il est invité à Vincennes avec Quinet, chez le duc de Montpensier. Il se préoccupe d'ailleurs si peu de l'appui des puissants, qu'à peine la lutte contre les Jésuites finie, il donne sa démission de professeur aux Tuileries pour pouvoir parler au Collège de France avec une pleine liberté.

On ne doit donc chercher aucune mesquine explication à la résolution prise par Michelet et Quinet. Une grande lutte était engagée; on voyait les défenseurs du catholicisme à la fois réclamer la liberté d'enseignement pour eux et appeler les rigueurs du pouvoir contre leurs adversaires. Le gouvernement avait une situation fausse, n'osant ni donner aux catholiques la liberté qu'il leur avait promise, ni protéger la liberté des écrivains et des professeurs. Il faisait des procès aux Saint-Simoniens, aux Pierre Leroux et aux Lamennais, aux protestants coupables de tenir des réunions religieuses non autorisées; aux applaudissements des apôtres de la liberté d'enseignement, il révoquait un professeur d'histoire qui avait osé dire que Luther avait rendu des ser-

---

1. Il y a dans sa première leçon un admirable morceau où il salue le mouvement religieux qui emporte le monde à l'heure où il parle, mouvement qui se manifeste non seulement dans le catholicisme mais aussi dans le protestantisme, non seulement dans la foi positive, mais aussi dans la philosophie, chez ceux qu'on appelle des hérétiques comme chez les orthodoxes. Il fait honneur de ce réveil religieux aux penseurs, écrivains, philosophes, qui, en France et en Allemagne, ont commencé les premiers à rappeler ce grand fond de spiritualité qui est comme la substance de toute foi réelle. Mais il proteste contre ceux qui, comme les Jésuites, veulent circonscrire à une seule religion, asservir à une secte ce mouvement profond et universel qui veut un Christ agrandi, renouvelé, sorti une seconde fois du sépulcre, pour se partager, se donner, se communiquer à tous.

2. Certes il est violemment hostile à la politique extérieure de M. Guizot qu'il considère comme humiliante pour la France, de même qu'il trouve humiliantes pour l'Université les affirmations de M. Cousin déclarant que la religion catholique est la base même de la philosophie universitaire; mais il ne professe point d'idées républicaines, il fréquente chez les princes, et la duchesse d'Orléans lui offre la place de précepteur du Comte de Paris.

vices à l'esprit humain; il enlevait à Bersot sa place de professeur de philosophie à Bordeaux, parce qu'il avait osé critiquer Lacordaire. Il laissait en Alsace les catholiques empiéter tous les jours sur les droits des protestants et les chasser peu à peu des églises protestantes dont la jouissance avait été accordée aux deux cultes par le *simultaneum*. A l'exception du journal hebdomadaire protestant, *Le Semeur*, qui réclamait la vraie, la complète liberté pour tous, et demandait avec Lamartine la séparation de l'Église et de l'État comme condition de cette liberté, les journaux qui encourageaient le gouvernement à résister aux attaques de l'épiscopat et du parti clérical ne savaient que défendre le monopole universitaire et réclamer, eux aussi, des mesures répressives contre leurs adversaires. Michelet et Quinet ont pensé que la nature même de leur cours les autorisait à intervenir dans la lutte, à faire entendre une parole libre de toute contrainte, de toute duplicité, de toute contradiction, pour revendiquer sans ménagements les droits de la liberté. Ils ont été accusés par toute la presse catholique d'avoir pris hypocritement les Jésuites pour but de leurs attaques et d'avoir en réalité visé le catholicisme lui-même. Ils se sont défendus, au contraire, d'avoir voulu attaquer le catholicisme; ils ont affirmé n'attaquer que ceux qui, après avoir asservi l'Église, voulaient se servir d'elle pour asservir la société entière. Il y a là du vrai et du faux. Il est très vrai que Michelet et Quinet avaient de la sympathie pour la masse du petit clergé, dominé par les évêques et supplanté dans les confessionnaux comme dans les écoles ecclésiastiques par les congrégations; il est vrai aussi qu'ils ont eu spécialement en vue les excès de la casuistique, du système d'éducation ,de propagande et de direction des Jésuites; mais il n'est pas douteux que Michelet et Quinet visaient, au-delà des Jésuites, l'esprit même du catholicisme et travaillaient à une réforme religieuse et morale qui mettait la France de la Révolution en opposition avec l'Église du Concile de Trente. Quinet et Michelet ne pouvaient méconnaître, comme le disait Vinet dans ses beaux articles sur Bourdaloue, que « le jésuitisme est du catholicisme concentré, et que le catholicisme est du jésuitisme dilué. » Aussi, malgré les méfiances et les répugnances que la Société de Jésus excitait chez beaucoup de prêtres et chez beaucoup de laïques bons catholiques, tous se sentirent atteints par les leçons du Collège de France et à de rares exceptions près, prirent en main la défense des Jésuites comme étant la défense du catholicisme lui-même [1].

Quelle a donc été la substance de ces deux cours, car nous ne pouvons les séparer l'un de l'autre? Michelet affecte de ne considérer le cours de Quinet que comme des leçons sur la littérature des Jésuites.

En réalité, il laisse à son ami le soin de faire l'histoire de la Société de Jésus et d'appuyer son réquisitoire sur des faits et des textes. Lui-même se charge de faire, si je puis dire, la philosophie du jésui-

---

1. Cf. Raymond Brucker : *Les docteurs du jour devant la famille*, Paris, 1844.
Crétineau Joly, t. V, p. 76, et chap. VII.

tisme, à marquer sa place dans l'histoire de la pensée religieuse, de l'Église et de l'éducation.

Quinet avait commencé par la biographie, et une biographie impartiale, d'Ignace de Loyola, et le récit de la fondation de son Institut. Il reconnaît son génie, mais lui reproche de réduire la religion à un automatisme. Quinet aborde ensuite l'étude de l'ordre, de ses constitutions, et montre que tout s'y ramène à l'obéissance aveugle. S'appuyant sur les *constitutions* il définit le caractère propre de la Société au milieu des ordres monastiques et la montre comme une société de prêtres enrégimentés pour exercer une action politique et sociale. De sa défiance de l'esprit, de son culte de la lettre, naissent les abus de la casuistique et le pharisaïsme. Quinet passe ensuite aux missions des Jésuites, dans lesquelles, après une période admirable, ils sacrifient au succès les principes essentiels du christianisme en Inde, en Chine, au Paraguay. Leurs théories politiques sont la négation des idées modernes, bien qu'ils aient cherché à mettre la démocratie au service de la théocratie. Ils ont, en fait, plié leurs idées à leurs ambitions politiques. Dans l'ordre intellectuel, leur éducation a été stérile, et leur *Ratio studiorum* n'est qu'un système de mécanique mentale. Ils réduisent la philosophie à une gymnastique scolastique et la théologie à la paraphrase des décisions de Trente. L'obéissance au pape sera au fond leur seul dogme.

L'exposé de Quinet est sérieux, solide, grave, bien composé, riche de faits et appuyé sur les textes. On le sent préparé de longue date [1]. Michelet non plus ne s'est pas attaqué sans préparation à un si redoutable et difficile sujet. Il avait déjà étudié l'histoire de la Société pour son *Précis d'histoire moderne*. Il en avait parlé à ses élèves de l'École Normale en 1831; il y était revenu encore à propos de ses cours sur la Renaissance et la Réforme. Néanmoins, on sent, en le lisant, ce qu'il y eut de hâtif et d'incomplet dans l'élaboration de ce cours. Les leçons en sont moins mûries, moins ordonnées, que celles de Quinet; le style offre des disparates, des soubresauts, parfois même, quoique rarement, des violences. Son plan est assez net, mais chaque point de son plan est traité d'une manière heurtée, saccadée et comme décousue, et, disons-le, extrêmement superficielle. C'est la plus faible des œuvres de Michelet, bien que ce soit une de celles dont le retentissement et l'influence ont été le plus grands.

Les deux cours se complétaient plutôt qu'ils ne se doublaient, et Michelet semblait tracer dans ses grandes lignes le programme dont Quinet fournissait ensuite le détail et les preuves; en même temps, il donnait la philosophie des faits exposés par Quinet [2].

---

1. Mme Quinet ose dire que Quinet parlait sans aucune note, sans rien écrire d'avance (*Cinquante ans d'amitié*, p. 119), et pourtant les leçons paraissaient le lendemain dans le *Siècle*, non sur une sténographie, mais sur le texte envoyé par Quinet d'avance à l'imprimerie.

2. Je dois ajouter qu'on publia (j'ignore qui) comme « complément indispensable aux œuvres de MM. Michelet et Quinet » sous le titre de *Compen-*

J'ai fait justice de la légende qui veut que les jugements de Michelet sur les Jésuites aient été inspirés par le désir de se venger des attaques lancées contre lui par les Jésuites dans le *Monopole universitaire*. Il suffit de lire ce qu'il disait en 1831 dans une de ses petites leçons de l'École Normale, pour se convaincre que ses sentiments nettement hostiles à la Société de Jésus étaient fixés depuis longtemps et remontaient à une époque où les journaux catholiques célébraient les louanges de Michelet, où Montalembert, Nettement, Lamennais, le baron d'Eckstein et toute l'école de l'*Avenir*, le considéraient sinon comme un des leurs, du moins comme un allié et un ami : « C'étaient de vilaines gens [1]. »

Ce sont les mêmes idées que nous retrouvons exposées dans la première leçon sur les Jésuites, où est résumée toute la pensée de Michelet : « Au xvi° siècle, dit-il, on se battait pour la religion, et alors un vaillant homme, Ignace de Loyola, comprit la religion comme une machine de guerre. Ses fameux exercices sont un manuel de tactique religieuse, où la milice monastique se dresse à certains mouvements: il y donne des procédés matériels pour produire ces élans du cœur qu'on avait toujours laissés à la libre inspiration [2]. »

---

dium ou *Code des Jésuites*, d'après plus de 3oo ouvrages des casuistes Jésuites, un recueil de propositions toutes plus ou moins révoltantes. Ce recueil, qui eut 5 éditions, de 1843 à 1845 (en vente rue du Hasard-Richelieu, 5, sans nom d'éditeur) est un recueil où les citations sont données sans aucune exactitude et qui est rempli d'erreurs. On y lit entr'autres que le cardinal Bellarmin fut canonisé. On peut juger de l'esprit de ce livre par cette seule citation : « Le Manuel de la Confession de M. Bouvier archevêque de Reims, est un livre plus immoral que les œuvres du marquis de Sade. Les assassins de la Saint-Barthélemy, les Inquisiteurs et les Jésuites sont des monstres enfantés par des imaginations malades. Ce sont les alliés naturels de l'esprit des Ténèbres et de là mort. La religion du Christ est au contraire une révélation sublime de la vie et de la lumière ».

1. [Voy. le passage dans *Michelet à l'Ecole Normale*]

2. « L'homme qui a inventé une puissante machine est toujours un homme de génie; mais les hommes qu'il soumet, qu'il ploie à son mécanisme, passent à l'état de ressorts. La machine, une fois inventée, servit à mille usages : à l'enseignement, aux missions lointaines, et même aux martyrs. La machine eut enfin beaucoup d'action; mais l'action voilà tout ce qu'on peut exiger d'une machine; ne lui demandez pas de personnalité. De là, nécessairement, la stérilité littéraire de la milice que vous savez, malgré une grande mise de talents, une grande dépense de ressources, et l'intervention de mérites que je suis loin de méconnaître. La mécanique des Jésuites a été active et puissante; mais elle n'a rien fait de vivant; il lui a manqué ce qui est le plus haut signe de vie, le grand homme. Pas un grand homme en 3oo ans.

« A qui cette milice a-t-elle été funeste? A qui pourrait-elle l'être si elle reparaissait encore? Ce n'est pas à nous, fils de la Révolution; elle pourrait tout au plus mêler notre nom à quelque nom indigne et s'efforcer de *produire quelque confusion. A qui donc serait-elle funeste? A l'Eglise, au clergé, parce qu'elle forcerait le clergé à devenir violent, à attaquer de front le monde moderne qui, Dieu merci, lui tend la main; elle le forcerait à attaquer lorsque la violence lui répugne, à haïr, lorsqu'il est sans haine : faire semblant de haïr, est-il pour des hommes, pour un clergé, une nécessité

Si les Jésuites se donnent en public pour des représentants de la liberté religieuse et de l'avenir, avec la haute société où ils cherchent leurs appuis, ils se donnent pour les défenseurs de la tradition, du passé, pour les vrais fils du Moyen-Age.

Michelet qui, lui, se considère comme le vrai interprète du Moyen-Age, proteste en son nom, comme il a protesté tout à l'heure au nom du clergé. Le Moyen-Age a été fécond, vivant, s'est renouvelé toujours. Il a été l'opposé de l'esprit jésuitique, qui fait de l'immuabilité sa règle et son devoir. Aussi les Jésuites n'appartiennent ni au présent, ni au passé. Leur doctrine est une doctrine de mort.

Michelet terminait sa leçon par un appel à la concorde :

« Nous voulons suivre la voie du travail et de la paix. Nos adversaires, je ne dis pas nos ennemis, suivent la voie de la polémique et du combat. Si j'avais un conseil à leur donner, je leur dirais : laissez la guerre, ne vous tourmentez pas, et provisoirement ne haïssez pas; vous que votre fondateur appelait *milites* remettez votre épée dans le fourreau; prenez la voie pacifique et au lieu de songer à ressusciter le passé, donnez-nous en l'explication vraie et intelligente[1]. »

Ainsi Michelet ne se posait pas en ennemi de l'Église et du clergé[2]. Il prétendait, au contraire, défendre les traditions anciennes de l'Église contre ceux qui l'en avaient fait dévier[3]. Il prétendait aussi apporter des paroles de paix à ceux qui n'avaient jamais voulu que la guerre, et il terminait sa dernière leçon par un appel aux catholiques :

(et puissent ceux-ci entendre une voix libre au fond de leur servage) qu'ils nous aident de leur courageuse parole ou de leur sympathie silencieuse, et que tous ensemble bénissent, de leurs cœurs et de leurs autels, la sainte croisade que nous commençons pour Dieu et la Liberté. »

Cette attitude pourrait être taxée d'insincérité.

Il est certain que, dès ce moment, Michelet et Quinet ont conscience que ce n'est pas seulement la Société de Jésus, mais le catholicisme lui-même qu'ils vont avoir à combattre. Ce n'est plus aux Jésuites, c'est à l'Église catholique moderne que Quinet s'attaquera dans son cours sur l'*Ultramontanisme* et Michelet dans son livre du *Prêtre*. Et

plus désolante ? » [Notez que ce passage est sensiblement différent de celui qui a été imprimé dans les éditions de 1843. Le second paragraphe y manque totalement.]

1. [Ce passage non plus n'est pas absolument conforme au texte des éditions.]

2. Nous voyons par le journal de Michelet qu'il avait lu et annoté l'ouvrage que venaient de publier deux prêtres, les frères Allignol, sur l'*État actuel du clergé en France*, où ils se plaignaient amèrement de l'état d'abaissement et d'abjection où le clergé inférieur se trouvait réduit par la tyrannie épiscopale et par la suppression détournée de l'inamovibilité paroissiale. Un journal *Le Bien public*, avait été fondé pour soutenir les droits du clergé.

3. 2e leçon. « Faire connaître les tyrans du clergé, qui sont les Jésuites, c'est rendre au clergé le plus grand service, préparer sa délivrance. Nous ne confondons nullement les tyrans et les victimes. Qu'ils n'espèrent pas se cacher derrière ce grand corps qu'ils compromettent en le poussant dans la violence, lorsqu'il ne voudrait que la paix. »

Michelet dépassait bientôt son ami, qui restera toujours chrétien de cœur, en posant la Révolution en antagonisme à l'idée chrétienne elle-même. Mais en 1842 et 1843, bien que Michelet ait résolument rompu en lui-même avec la tradition catholique, depuis qu'il a vu l'Église prendre violemment parti contre les idées modernes et contre l'Université, il ne considère pas sans douleur ce combat; il espère encore trouver dans le clergé même des alliés pour sa lutte contre les Jésuites et contre l'esprit ultramontain qui prédomine dans l'Église. Les Jésuites avaient alors des adversaires décidés (ils en ont encore) au sein du clergé séculier et des autres ordres religieux; nous voyons par la correspondance de Michelet qu'il reçoit des prêtres des encouragements dans sa campagne religieuse. Il ne faut pas oublier que tous ceux qui avaient, comme Michelet, pris part au mouvement de réaction spiritualiste contre le sensualisme et l'irréligion du XVIIIe siècle, avaient considéré le mouvement de renaissance religieuse au sein du catholicisme avec une profonde sympathie, que Michelet s'était senti uni de cœur à Chateaubriand et aux rédacteurs de l'Avenir. Il ne faut donc pas mettre en doute sa sincérité quand il dit n'avoir voulu s'attaquer qu'aux Jésuites et non à l'Église.

A tort ou à raison, Michelet avait vu de tout temps dans les principes et la conduite des Jésuites l'opposé de toutes les idées qu'il regardait comme essentielles à l'éducation de la démocratie moderne. Il veut la sincérité et il assure que les Jésuites enseignent l'hypocrisie; il veut la liberté et il ne trouve dans les doctrines des Jésuites d'autres principes que l'obéissance; il veut développer l'individu que les Jésuites ne songent qu'à comprimer; il enseigne la religion du cœur et les Jésuites réduisent la religion à des formules mécaniques; enfin, Michelet voit dans la vie, dans le travail libre de l'homme sur lui-même la seule source du progrès dans l'humanité, et les Jésuites veulent la figer dans une immobilité qui est la mort.

En tout cas, Quinet et Michelet ne pouvaient ignorer que leurs leçons seraient regardées comme une riposte à toute la campagne dirigée contre l'Université et le monopole universitaire, campagne où les évêques jouaient un rôle aussi considérable, plus considérable même que les Jésuites, et qu'ils allaient soulever des colères presqu'universelles dans les rangs catholiques.

Les protestations se produisirent d'abord dans l'enceinte même du Collège de France, pendant les leçons des professeurs. Il faut toutefois se garder de prendre au pied de la lettre le récit enflammé qu'après Chassin Mme Quinet a fait de ces désordres [1], récit qui a été encore amplifié par Thureau-Dangin [2].

---

1. Je crois que Mme Quinet n'a fait que suivre le récit de Chassin dans son livre sur *Edg. Quinet* de 1859, p. 5o. — Sainte-Beuve, qui admirait beaucoup les leçons de Quinet, disait de celles de Michelet qu'elles étaient emphatiques et un peu burlesques. Il fait de Michelet le fondateur de l'école illuminée : « Jamais le *je* et le *moi* ne s'est guindé à ce degré ». Il mérite non l'outrage, mais le sourire.

2. Gabriel Monod a fait la critique de ces récits et ramené les événements

Rien, ni dans les journaux du temps, ni dans le journal intime de Michelet, ni dans les récits des témoins contemporains, ne permet de croire que de pareils tumultes se soient produits [1].

On les avait redoutés, car nous savons par le journal de Michelet que, le 6 mai, Letronne avait invité Quinet à la prudence en lui disant que, s'il y avait des troubles, le gouvernement pourrait bien fermer certains cours. Mais, deux jours après, il rassurait Michelet. D'ailleurs, si le cours sur les Jésuites soulevait quelques protestations, il excitait aussi de vives sympathies et même des approbations ardentes. On ne voit pas sans surprise dans le journal de Michelet que, pendant le mois de mai, au plus fort de l'émotion causée par ses leçons, l'abbé Grivet, chanoine de Saint-Denis, l'abbé Gratry, l'abbé Cœur, sont en relations sympathiques avec lui. L'abbé Grivet, aumônier de la Chambre des Pairs, s'associe avec lui pour obtenir la grâce de condamnés à mort [2]. L'abbé Grivet et l'abbé Cœur sont d'accord pour essayer d'empêcher l'archevêque de Paris d'intervenir en faveur des Jésuites. Le docteur en théologie Carl, dans son livre sur la *Liberté d'Enseignement*, attaque les évêques et l'enseignement des séminaires; cela indique assez qu'il n'y avait pas un complet accord dans les rangs du clergé.

Dans le monde littéraire, le monde universitaire, le monde officiel même, Michelet et Quinet trouvaient de chauds partisans.

à leur juste proportion dans *Les Troubles du Collège de France en* 1843 (*Séances et Travaux de l'Acad. des Sc. mor. et pol.*, 1909, t. II, p. 407-423)

1. Thureau-Dangin prétend (V. p. 606) que ce calme fut dû aux conseils du P. de Ravignan. C'est peu probable; mais l'*Univers* qui faisait une campagne des plus vives et des plus brillantes contre Michelet et Quinet dans une série d'articles intitulés *La Ligue Universitaire* et qui sont, je pense, de Veuillot, blâmait ceux qui voulaient empêcher les professeurs de parler et réclamait dans certains articles une liberté d'enseignement égale pour tous, tout en s'étonnant dans d'autres que le gouvernement laissât attaquer la religion nationale.

2. Affaire Hourdequin je pense.

CHAPITRE II

La polémique sur les « Jésuites » et la liberté
de l'enseignement.

La presse libérale tout entière, même la plus modérée, prit ardemment fait et cause pour les deux professeurs, le *National* [1], le *Constitutionnel*, le *Courrier français*, avec une extrême virulence; le *Siècle*, qui publiait les leçons de Michelet et de Quinet (à mesure qu'elles étaient prononcées), avec un ton plus grave et plus modéré; le *Journal des Débats* avec plus de vivacité qu'on n'aurait pu s'y attendre. Sans doute, l'influence de Villemain qui, ministre de l'Instruction publique, était tenu à une grande réserve, mais qui, au fond du cœur, partageait l'hostilité des universitaires contre les Jésuites, fut pour beaucoup dans cette attitude du *Journal des Débats* [2]. Ceux qui menèrent la campagne furent surtout Saint-Marc Girardin et Sylvestre de Sacy. Saint-Marc entama, avec une malignité spirituelle, la discussion, et Sacy continua avec la hauteur de style et d'esprit d'un homme nourri des traditions du xviie siècle et du jansénisme. Cuvillier-Fleury, un des familiers des Tuileries et de Neuilly, secrétaire des commandements du duc d'Aumale, y écrivait, à propos du P. de Ravignan : « Les Jésuites ont osé, quatorze ans après la révolution de Juillet, ce qu'ils n'avaient jamais osé, même sous la Restauration : ils se sont nommés. » Dès le 8 mai, il écrivait à Michelet une lettre de sympathie, et, après l'apparition du volume (27 juillet), une lettre de félicitations et d'adhésion enthousiaste [3].

1. Dans le *National*, c'était Génin, professeur de littérature française à la Faculté des lettres de Strasbourg, en congé depuis 1837 sous prétexte de maladie, qui menait une campagne des plus vigoureuses. Ses articles furent réunis en volume en 1844 sous le titre : *Les Jésuites et l'Univers* et ce volume eut un grand retentissement, car il mettait en lumière tout ce qu'il y avait eu de plus outrageant et de plus mensonger dans les attaques lancées contre les universitaires. Génin était un philologue distingué et aussi un musicien. On joua de lui en 1843 un opéra comique sur des paroles de Planard : *On ne s'avise jamais de tout.*

2. On sait que lorsqu'en 1844 il fut en proie à une agitation maladive d'esprit qui l'obligea à résigner ses fonctions, un des caractères de sa maladie fut la terreur d'être victime des machinations des Jésuites.

3. [Ces lettres de Cuvillier-Fleury ont été publiées par G. Monod, *Revue historique*, t. LXXXIII, p. 78-79. La lettre du 25 (ou 27 ?) juillet commence, dans son texte complet, par ces mots, qui ont disparu dans l'imprimerie : « Mille remercîments, Monsieur. Vous savez ma sympathie pour vos nobles efforts et mon admiration pour votre talent ». Elle se termine ainsi : « Gloire

Le 7 août il transmettait à Michelet les remerciements et les félicitations du duc d'Aumale pour son livre et pour le mariage de sa fille.

Un seul journal en dehors de la presse catholique eut une attitude hostile aux deux professeurs. Ce fut *le Globe* [1]. Dans le ministère Soult, Guizot et Martin du Nord représentaient en effet la politique qui espérait, par un esprit de large libéralisme et par de multiples concessions, désarmer l'hostilité acrimonieuse d'une partie de l'épiscopat, des ordres religieux et de la presse catholique. M. Guizot se flattait même d'obtenir bénévolement de la Cour de Rome la dissolution de l'ordre des Jésuites en France, l'interdiction pour eux d'y avoir des écoles et des noviciats et d'y vivre autrement qu'en simples prêtres. M. Rossi fut envoyé à Rome en 1844, pour y poursuivre, en remplacement de M. de Latour-Maubourg, cette délicate négociation, auprès de Grégoire XVI. En 1845, il obtint en effet l'engagement du P. Roothaan, général des Jésuites, que les Jésuites de France seraient invités à se dissoudre et à fermer leurs maisons. Mais les promesses du P. Roothaan, contredites d'ailleurs par l'action secrète du P. Rozaven, son assistant pour la France, ne furent que très mal exécutées. L'attitude prise dans le débat par *le Globe* consistait à tenir la balance égale entre les adversaires, à se plaindre que l'administration de M. Villemain permît à Michelet et à Quinet de s'occuper de questions étrangères à leur enseignement, insistant sur la nécessité d'une religion, revendiquant pour l'Église le droit de déclarer immorales leurs doctrines comme eux-mêmes déclarent immorales les doctrines des Jésuites [2], trouvant l'Université compromise par les écrits de Michelet et de Quinet [3] autant que l'était l'Église par les écrits des Desgarets et de leurs émules. Il raillait l'esprit d'intolérance et l'amour du gain des Universitaires [4], tout en faisant un grand éloge du t. VI de *l'Histoire de France* de Michelet [5]. *Le Globe*, qui avait pris à tâche de soutenir toutes les thèses conservatrices, non seulement la cause de la monarchie, mais aussi celle des propriétaires d'esclaves et celle des droits illimités des patrons de l'industrie sur leurs ouvriers, alla plus loin. Il fit l'éloge des Jésuites par hostilité contre le protestantisme.

« La tâche des Jésuites, écrivait-il le 15 août 1843, n'a pas été seulement une tâche évangélique, ç'a été une œuvre de civilisation, une œuvre puissante, dont la France a recueilli les fruits..... L'éducation des Jésuites, excellente

---

à *votre* compagnon de lutte, et veuillez agréer et transmettre avec mes sincères félicitations, mes remerciements et mes hommages ». L'imprimé donnait : « vos compagnons ».]

1. L'ancien organe libéral, puis saint-simonien, devenu entre les mains de Granier de Cassagnac, (pourtant ancien ami et admirateur de Michelet), l'organe du conservatisme le plus étroit. Il dépassait de beaucoup dans cette voie les idées de M. Guizot, qui avait pourtant été l'auteur de cette transformation, et avait cru trouver en Cassagnac un agent de sa politique.

2. 6 novembre.

3. « Paladins surannés de la philosophie voltairienne », 13 nov.

4. 11 déc.

5. 26 déc.

comme éducation, excellente comme morale, posant des fondements indestructibles comme religion, l'éducation par les Jésuites n'était que la forme sensible de leur action sur la société. Oui, nous le reconnaissons, ils se proposaient un but plus haut; celui de barrer le chemin au protestantisme; oui, de leurs mains de prêtres ils ont voulu entourer la religion catholique d'une inexpugnable enceinte, et quand la France, par une gratitude singulière, les a chassés de son territoire, Dieu merci la besogne était faite. Les Jésuites sont tombés; Voltaire et Diderot ont régné sans partage et 93 est venu; mais le catholicisme vivait, feu sacré, feu gardé et entretenu en lieu sûr [1]. »

Le journal protestant *Le Semeur*, dont l'opinion avait d'autant plus d'importance qu'il combattait avec les catholiques en faveur du réveil des idées chrétiennes et qu'il était ardent défenseur de la liberté d'enseignement, exprimait assez bien le sentiment de tous les libéraux de l'époque.

Avec beaucoup d'élévation et d'impartialité il critiquait le caractère trop absolu et trop général des condamnations portées par Michelet et Quinet contre les Jésuites et publiait trois admirables articles de Vinet sur Bourdaloue où une éclatante justice était rendue non seulement au talent, à la profondeur psychologique et à la puissance de dialectique du grand prédicateur, mais aussi à son élévation morale. Vinet insistait sur l'injustice de ceux qui attribuent à tous les Jésuites les excès de quelques-uns ou qui les rendent seuls responsables de conceptions et de pratiques qui existaient avant eux. Mais *Le Semeur* approuvait Michelet et Quinet dans les deux critiques essentielles qu'ils adressaient à la Société de Jésus : la place non seulement prépondérante mais presque exclusive faite à l'obéissance dans les devoirs du chrétien et du religieux qui substitue dans la piété et dans la morale le mécanisme à la vie, et l'accommodation de la religion à des fins politiques ou mondaines et au succès temporel. *Le Semeur* insistait aussi sur l'injustice commise par ceux qui taxaient Michelet et Quinet d'impiété, alors que pas un mot dans leurs leçons ne touche ni au dogme, ni à la constitution de l'Église, et qu'un esprit profondément spiritualiste et religieux les anime :

« Ce qui est essentiel à nos yeux, disait *le Semeur* du 2 août en rendant compte du volume des *Jésuites*, c'est le sentiment sérieux, c'est la pensée d'avenir qu'ils expriment et qui n'altère ni chez M. Michelet l'originalité de la forme, ni chez M. Quinet la spécialité de l'étude.

Nous aimons entendre dire au premier : « Devenir de plus en plus négatif, c'est vivre de moins en moins. Que Dieu rentre dans la science. Comment a-t-elle pu s'en passer si longtemps ? Revenez chez nous, Seigneur, tout indigne que nous sommes... Ah! que vous serez bien reçu ! » Nous aimons entendre dire au second : » Si, comme je l'ai toujours cru, l'âme trop délaissée a besoin de nourriture, si la pensée religieuse souffle de nouveau sur le monde, si l'étoile nouvelle se lève, ne restons pas en arrière, et marchons les premiers au devant de ce Dieu qui se réveille dans nos cœurs. Que la génération nouvelle, sans se laisser endormir par un trop grand soin des petites choses, aspire à continuer la tradition de vie. »

1. Le Globe d'ailleurs (8 août) alla jusqu'à faire l'éloge d'une brochure de M. Voisin, qui demandait le rétablissement du catholicisme comme religion d'Etat : *Union intime et nécessaire entre la religion et la politique, et du catholicisme comme religion d'Etat.*

« Nous n'avons garde de demander aujourd'hui une doctrine formulée aux hommes qui parlent ainsi, et nous n'en demanderons de longtemps une à la jeunesse à laquelle ils s'adressent; que ces besoins si douloureusement avoués de l'humanité et de la science soient de plus en plus sentis et nous serons satisfaits. C'est que ce sentiment s'il devenait général et profond, ne serait rien moins que le saint ébranlement pour lequel Dieu se prépare, quand il lui plait, un peuple de bonne volonté. »

Cette sympathie pour l'esprit qui animait les cours des deux professeurs n'empêchait pas *Le Semeur* de relever ce qu'il y avait d'étrange et de dangereux dans la conception de Quinet par laquelle il semblait vouloir créer une sorte de religion d'État représentée par les institutions mêmes sorties de la Révolution et fondée sur l'égalité des cultes. D'après Quinet la France professe et enseigne l'unité du christianisme, par dessus la diversité des Églises particulières. L'ultramontanisme est ainsi l'opposé du dogme social et religieux inscrit dans la contitution de la France. « Il faut, disait Quinet, ou que la France renie sa communion politique et sociale ou que le catholicisme devienne véritablement universel en comprenant enfin ce qu'il se contentait de maudire. »

Le Semeur relève non sans ironie les termes par lesquels Quinet se déclare « de la communion de Descartes, de Turenne, de la Tour d'Auvergne et de Napoléon » et exprime la crainte que cette conception d'une religion civile, d'une religion d'État ne puisse conduire à une intolérance d'un nouveau genre, aussi redoutable que celle de l'ultramontanisme.

La Revue de l'Instruction publique [1], publiée par la maison Hachette prenait hautement la défense de l'Université attaquée, protestait contre les perturbateurs qui au Collège de France menaçaient la liberté de l'enseignement supérieur [2] et donnait le 15 septembre une approbation sans réserve au livre des *Jésuites* [3]. La *Revue des Deux Mondes* par la plume érudite et spirituelle de Libri, publiait deux mordants pamphlets (1er mai et 15 juin) intitulés, *Lettres sur le clergé* [4]. Dans le premier qui portait comme sous-titre : *La liberté de conscience*, il faisait un piquant tableau de l'intolérance et de la mauvaise foi qui

1. 15 mai et 15 nov.

2. 15 juin.

3. Elle dépasse même de beaucoup Michelet et Quinet dans la dureté de ses jugements. « Le jésuitisme, dit-elle, n'est que l'esprit de ruse et de mensonge ».

4. Une note du journal de Michelet nous apprend que le 6 juin, au moment même où Libri venait de faire visite à Michelet en vue de sa candidature au Collège de France et où il priait Michelet d'employer toute son influence en sa faveur contre Cauchy, dénoncé comme le candidat des Jésuites, Michelet fut averti par Weiss, le bibliothécaire de Besançon, l'éditeur des papiers de Granville, que Libri était un voleur : « Rubbiano », écrit-il en italien de fantaisie, terrible révélation. De même que Guizot, le protecteur de Libri, avisé de ses vols dans les bibliothèques, avait enfermé le rapport qui confirmait ses vols dans son bureau où il fut retrouvé après le 25 février. Michelet ne semble pas avoir donné suite à cette révélation et se contenta de se tenir à l'écart de Libri.

inspiraient les factums dirigés contre l'Université; dans le second : *Y a-t-il des Jésuites?* Libri cherchait à montrer les Jésuites reconstitués prenant la direction du clergé de France. Quatre mois plus tard, (15 octobre), *La Revue* revient à la charge dans un article de Lerminier sur *l'Église et les philosophes.* Nous nous rappelons que Lerminier, après avoir été pendant dix-huit ans au Collège de France, dans la chaire de législation comparée, le représentant des idées presque révolutionnaires, et à la *Revue des Deux Mondes* l'adversaire déclaré de la renaissance catholique, s'était fait tout à coup le défenseur de la monar-. chie constitutionnelle. Son article du 15 octobre, quoique beaucoup moins agressif que ceux de Libri, témoigne qu'il n'avait rien abandonné de son voltairianisme et que la manifestation de ce voltairianisme n'était pas mal vue dans les régions officielles. Il dénonce la prétention de l'Église d'être seule capable de donner à l'enseignement des bases morales et de reprendre dans la société la position qu'elle avait avant 1789. Se voyant impuissante, constatant la faiblesse de l'enseignement des séminaires, l'Église a dû appeler à son aide les Jésuites.

« Nous ne confondons pas l'Église et les Jésuites, mais nous disons que les Jésuites sont aujourd'hui nécessaires à l'Église. L'état de ses affaires ne lui permet pas de congédier de pareilles troupes. »

Le gallicanisme est mort, l'ultramontanisme triomphe dans le clergé; aussi les Jésuites deviennent-ils tout puissants; les uns invoquent, les autres subissent leur intervention. Pour contrebalancer cette attaque très vigoureuse mais courtoise de ton, Lerminier critique assez vivement l'intervention de Michelet et de Quinet, qu'il trouve excessive et maladroite. C'est qu'en effet dans les cercles officiels il ne manquait pas de gens pour trouver que les deux professeurs avaient eu tort de dire si haut ce que l'on pensait tout bas et qu'ils avaient justifié les Jésuites en mettant tous les catholiques dans la nécessité de se solidariser avec eux et de les défendre.

La *Revue Indépendante,* l'organe du parti avancé où écrivaient Pierre Leroux, George Sand, Pascal Duprat, Godefroy Cavaignac, Victor Schœlcher, Eugène Burnouf, était à la fois nettement hostile à l'esprit voltairien du xviiiᵉ siècle et au catholicisme[1]. Elle rêvait une révolution religieuse qui mettrait à la place des Églises chrétiennes existantes, un nouveau christianisme, fils de la démocratie révolutionnaire et des aspirations sociales modernes. A la différence du *Semeur* elle applaudissait aux paroles par lesquelles Quinet annonçait une future unité religieuse[2].

1. Danton, dans une lettre à Michelet, accuse la *Revue indépendante* de vouloir tenir la balance égale entre l'Université et le clergé.

2. *Revue des Cours,* n° du 28 mai.

Le philosophe, Ch. Renouvier, qui était alors à ses débuts (il avait trente ans) écrivit dans la *Revue indépendante* du 15 juillet un article inspiré des leçons de Michelet et de Quinet sur *le Retour des idées religieuses en France,* où il attaque vivement les Jésuites, qu'il accuse de vouloir s'emparer du monde et le conduire par l'éducation, par le confessionnal, par l'Etat, et de

On voit dans la chronique politique du 10 juin, consacrée à la liberté
d'enseignement, que *La Revue Indépendante* ne serait pas éloignée de
désirer l'établissement par l'État d'une Église unique, d'une éducation unique, enseignant une doctrine unique, sous prétexte de la fraternité de tous les hommes, fils d'un même Dieu. Mais manquant de
confiance dans le gouvernement actuel, incapable de créer une bonne
éducation nationale, et redoutant qu'une théocratie d'un nouveau
genre ne sortît de cette unité morale imposée par l'État, elle demande
au contraire la liberté absolue d'association et d'enseignement, mais
la liberté vraie, non la liberté telle que la comprennent les catholiques
l'abbé Chatel. La *Revue Indépendante* apportait à Michelet et à Qui-
qui, tout en réclamant la liberté, ont fait fermer l'église française de
net une approbation un peu compromettante, car elle n'hésitait pas
à déclarer qu'il est vain d'espérer une réforme du catholicisme ou
même sa séparation d'avec l'esprit jésuitique :

> « Le catholicisme doit rester ce qu'il a toujours été, ou cesser d'exister.
> La maxime des Jésuites : *Sint ut sunt, aut non sint*, est aussi la sienne, et
> c'est pourquoi il est en complet désaccord avec la civilisation moderne, et
> qu'il se trouve fatalement en hostilité avec elle... Sa nature et sa vie sont
> de commander. Il se croit anéanti dès qu'il cesse de régner. L'esprit reli-
> gieux a pu ailleurs se montrer humble et conciliant. Dans le catholicisme
> il a toujours été dominateur[1]. »

Indépendamment des appuis que Michelet et Quinet trouvaient dans
la presse, les encouragements et les applaudissements leur arrivaient
en foule du monde des lettres et de l'Université. Nous avons déjà cité
la lettre de Cuvillier Fleury, qui surpasse toutes les autres en violence.
Mais il n'est pas sans intérêt de passer en revue quelques-uns de ces
témoignages. Ils sont signés de noms célèbres ou connus[2], nous
donnent une idée de l'état des esprits en cette année 1843 et nous

subsister à la politique à ciel ouvert l'intrigue, à la science, la scolastique et
la mémoire des mots, à la morale, la casuistique. Il salue la renaissance religieuse du xix° s. et même la renaissance catholique due aux historiens et aux
philosophes; mais il voit l'avenir de ce mouvement religieux, non dans le
catholicisme dont les doctrines sont incompatibles avec la pensée moderne,
mais dans un christianisme transformé, fondé sur l'histoire, la philosophie
et la science.

1. Eugène Sue devait, en 1844, prendre part à la lutte contre les Jésuites
par un roman d'un parti pris violent et même grossier : *Le Juif errant*, qui parut dans le *Constitutionnel* et n'eut pas le succès des *Mystères de Paris*.

2. Gens de lettres : Gautier; Pongerville, Mérimée, Emmanuel Gonzalès,
Michiels.

Historiens : Vallet de Viriville, Avenel, Lehuérou, Lacroix.

Universitaires : Nicolas, Mourier, Danton, Olleris, Chérel, Vacherot, Macié.

Publicistes : Hennequin, Faucher, etc.

Etrangers : Merle, Cherbuliez.

Duc et Duchesse d'Abrantès, très véhéments.

Ravaisson était un de ceux qui encourageaient le plus Michelet.

Le 27 fév. il était venu raconter à Michelet que Cousin avait été ordonné
prêtre à Saint-Nicolas du Chardonnet.

Le 30 juillet, cinq élèves de l'Ecole Normale : Cucheval, Dreyss, Geffroy,
Belhomme et Robiou viennent apporter à Michelet les félicitations de l'Ecole.

font comprendre le succès retentissant qu'obtinrent les leçons de Michelet et de Quinet quand elles parurent en volume [1].

Ce n'est pas seulement dans le monde des lettres et de l'enseignement qu'ils trouvaient des appuis; dans la magistrature, dans la haute administration, dans le parlement, ils rencontraient aussi de nombreuses sympathies. A la cour même leur hardiesse recevait des encouragements. Pas auprès du roi Louis-Philippe, excédé de tout ce tapage et dont le voltairianisme ne comprenait ni l'intransigeance fanatique avec laquelle les catholiques dénonçaient les philosophes universitaires, ni la ferveur mystique avec laquelle les apôtres d'un nouveau christianisme prétendaient servir le spiritualisme et la religion en faisant la guerre aux Églises établies. Pour lui, il le déclarait bien haut, ces querelles étaient des querelles de *cuistres et de bedeaux*. La reine Marie-Amélie, qui d'ailleurs avait toujours été pieuse, redoublait de dévotion et de sympathie pour l'Église depuis la mort tragique du duc d'Orléans. La sœur du roi, Mme Adélaïde, qui avait été de tout temps sa conseillère politique, son Egérie, se rapprochait peu à peu du parti catholique. Mais il en était autrement des princes. Si le duc de Nemours, régent éventuel, gardait une prudente réserve, le duc d'Aumale et le duc de Montpensier ne cachaient pas leur sympathie pour Michelet et Quinet. Le 29 mai le duc de Montpensier les invitait à dîner au château de Vincennes avec Ad. Régnier, le précepteur du comte de Paris et le général Duvivier. L'*Univers* signalait ce dîner comme un scandale. La duchesse d'Orléans [2], le 13 mai, félicite Michelet à Neuilly après sa troisième leçon et lui dit : « Vous avez été hardi. » Le 16, Michelet la trouve refroidie, mais le 23 elle a repris toute sa chaleur. Toutefois Michelet sent à la cour des influences hostiles. Pour être libre de continuer sans entraves la lutte qu'il a entreprise, il doit rompre ses attaches officielles. Dès le 11 avril il avait dit à Boismolon, le trésorier de la liste civile, qu'il désirait renoncer à son traitement au château. Le 21 juillet il fait pressentir sa démission. Il la donne deux jours après, le 23 juillet, à la duchesse d'Orléans.

Le parti catholique s'étonnait des attaques véhémentes dirigées contre les Jésuites; mais il ne devait s'en prendre qu'à la manière violente outrageante, calomnieuse dont avait été menée toute la campagne contre l'Université. C'est l'intransigeance des catholiques, voulant simultanément conserver un droit de surveillance sur les établissements de l'État, et dans les établissements religieux une liberté sans contrôle et sans conditions de diplômes, qui fit échouer les divers projets préparés par le gouvernement de 1833 à 1844 en faveur de la liberté d'enseignement promise par les chartes; nous avons raconté comment, à

---

1. Du 20 juillet au 30, 3 éditions in-12, 2 édit. in-8°

C'est le 28 juillet que Michelet voit, je crois, pour la première fois Béranger dont il est charmé et qui lui dit : « Si les sciences sont matérialistes, c'est que les savants n'ont pas de cœur ».

2. La princesse Clémentine était mariée depuis le 20 avril, mais la duchesse d'Orléans avait voulu que Michelet continuât pour elle les leçons qu'il donnait au château.

côté des premières interventions très nobles et dignes, malgré leur vé-
hémence, de Montalembert, de Lacordaire et de leurs amis, certains
évêques comme celui de Belley [1] et surtout celui de Chartres, Clausel
de Montals[2], donnèrent le signal d'une campagne de diffamation contre l'Université [3]. C'est à cette campagne que les Jésuites se mêlèrent
avec une intempérance qui pouvait d'autant plus sûrement amener
des représailles que la Compagnie de Jésus n'avait pas d'existence
légale en France et, obligée sous Charles X de se dissoudre de nouveau,
ne s'était peu à peu reconstituée sous Louis-Philippe que grâce à la
tolérance du gouvernement[4]: Les pamphlets dont ils furent les inspi-
rateurs n'étaient pas signés par des membres de la Compagnie, mais
on peut assez aisément en découvrir l'origine. Ils parurent ou bien anonymes, ou bien sous la signature de prêtres séculiers qui. en prenaient
la responsabilité. Le premier parut en 1840, sans nom d'auteur; il était
inspiré par les Jésuites de Nancy, rédigé par l'aumônier du Collège, l'abbé Garot, et relativement modéré de forme. Il se présentait
d'ailleurs comme l'œuvre d'une société d'ecclésiastiques présidée par
l'abbé Rohrbacher, ancien rédacteur de *l'Avenir* et professeur au collège de Juilly. Il avait pour titre : *Le monopole universitaire dévoilé à la
France libérale et à la France catholique.* Il se contentait d'accuser
l'Université de tyranniser la jeunesse pour lui enseigner avec le panthéisme les abominations du paganisme et avec le déisme la religion
de Robespierre.

Au commencement de 1843, parut un nouvel écrit, cette fois en un
énorme volume de 675 pages, *Le Monopole Universitaire*, dont plus
tard le chanoine Desgarets se déclara l'auteur[5]. Il avait été préparé
par les Pères Jésuites de Lyon, rue Sala, 14[6]. Cette fois, on prenait di-

1. Qui appelait les collèges des « écoles de pestilence » (Mgr Devie).
2. Qui accusait· l'Université de « transformer les enfants en animaux
immondes et bêtes féroces » et Jouffroy d'avoir « encouragé le parricide et
les voluptés les plus infâmes ».
3. A laquelle malheureusement *l'Univers*, dont Montalembert avait fait
son principal organe, prêta son appui en dénonçant le 31 mars 1842 dans une
pétition à M. Villemain, 18 professeurs de l'Université : Cousin, Jouffroy,
Charma, Gatien-Arnould, Nisard, Ferrari, Labitte, Boullier, Jules Simon,
Michelet, Lerminier, Boguet, Quinet, Chasles, Michel Chevalier, Ampère,
Laroque, Damiron.
4. Les Jésuites avaient des noviciats à Saint-Acheul et à Laval, des maisons à Paris, Lyon, Avignon, Nancy, etc..
5. Dans une lettre du 25 mai à *l'Univers*. Dans l'avis mis en tête du volume, Desgarets disait n'être que l'éditeur d'un volume qu'on lui avait remis
à Lyon. On l'attribua au Père jésuite Deschamps.
6. Nous trouvons dans *la Vie du R. P. Xavier de Ravignan* par le P. A.
Ponlevoy (Paris 1862) t. I p. 272 la preuve que le livre de Desgarets émanait
des Jésuites et que les Jésuites avaient poussé aux manifestations contre le
Collège de France. Ravignan fut obligé à la fin de 1843 de se défendre auprès
du Révérend P. Général Roothaan (qui lui avait fait écrire par le P. de Ville-
fort) contre les dénonciations lancées contre lui par des Jésuites de France.
On l'accusait d'avoir appelé le livre du *Monopole Universitaire* un malheur
immense, blâmé le ton injurieux du livre, trouvé sa publication inopportune.
On l'accusait aussi d'avoir refusé l'absolution aux manifestants du Collège de

rectement à partie les professeurs de l'Université et du Collège de France, Cousin, Jouffroy, Daunou, Villemain, Guizot, Ampère, Chasles, Labitte et tout particulièrement Michelet et Quinet. Des citations travesties et tronquées étaient accompagnées des plus grossières injures: « *La Revue des Deux Mondes* est un recueil abominable qu'on dirait écrit pour les mauvais lieux ». *Les Débats* sont une « feuille dégoûtante ». Michelet unit dans ses cours « l'immoralité à l'impiété » Cousin « l'insolente grossièreté à la plate hypocrisie du valet ». M. Laroque, le recteur de Cahors, est comparé à Lacenaire[1].

Le libelle de Desgarets ayant été blâmé par Mgr. Affre pour sa violence et traité d'œuvre calomnieuse par Villemain à la Chambre, l'auteur répliqua par un nouveau volume moins violent: *L'Université jugée par elle-même*, qui parut en septembre. Il répondait aux *Jésuites* de Michelet et de Quinet « extravagant fatras d'injures et de plates calomnies » et déclarait la cause des Jésuites, grande, belle, constitutionnelle et légale.

D'autres pamphlets de la même nature et de la même inspiration accompagnèrent ceux-là.

L'Église et les Jésuites avaient heureusement pour eux de meilleurs défenseurs.

C'est l'*Univers* qui apporta à cette guerre de plume le plus de verve et d'esprit[2]. Montalembert avait procuré à sa rédaction une recrue brillante, Louis Veuillot[4], qui donna au journal une allure bien plus agressive que Montalembert lui-même n'aurait voulu, et qui devint l'âme du journal. Sa campagne contre Michelet et Quinet est des plus amusantes. Je ne dis pas qu'elle soit toujours de la plus parfaite bonne foi. Par exemple, il affectait de protester contre les perturbateurs des cours du Collège de France et de revendiquer la liberté pour les adversaires des catholiques comme pour les catholiques eux-mêmes; en même temps, non seulement, il exagérait les troubles du Collège de France pour inviter le gouvernement à intervenir, mais il applaudissait à tous les actes du gouvernement portant atteinte à la liberté des professeurs ou à la liberté des cultes. Il exigeait que l'État interdît à ses professeurs toute attaque contre les catholiques, la charte ayant promis respect et protection à tous les cultes. De même l'*Univers* du premier août accusait Michelet et Quinet d'être des calomniateurs: ils avaient raconté en s'en indignant la conduite du curé de Baldenheim près de Schlestatt. Celui-ci avait profité de la circulaire de M. Martin (du Nord) autorisant les catholiques à réserver pour leur culte exclusif le

France. Il s'est contenté d'exhorter les jeunes gens à l'abstention. M. Thureau-Dangin s'est fondé là-dessus pour prétendre que ce fut le P. de Ravignan qui arrêta les manifestations.

1. Guillotiné en 1836.

2. La *Gazette de France*, de M. de Genoude, à la fois légitime et gallicane, avait une situation à part. L'*Univers* lui faisait la guerre et elle était interdite à Rome. Elle attaquait violemment le gouvernement sans faire ouvertement campagne pour la liberté d'enseignement.

3. L'*Univers* fondé par Migne en 1830.

4. Jusqu'en 1840 journaliste gouvernemental en province.

chœur des églises, très nombreuses alors en Alsace, où existait le simultaneum, pour faire enlever trois grandes pierres tombales de familles protestantes seigneuriales, effacer les inscriptions et combler de gravier les caveaux, puis enlever l'autel et les bancs des protestants sans avoir prévenu ni le consistoire luthérien, ni l'autorité municipale[1]. Le curé cité par les protestants devant le tribunal de Schlestadt, avait été acquitté : mais le tribunal avait blâmé ses agissements. Devant la cour d'appel de Strasbourg, le 23 juin, il fut acquitté purement et simplement, et il avait fait condamner, le 20 juillet, à 300 francs d'amende et 3.000 francs de dommages et intérêts le journal l'*Alsace* qui avait fait un récit dramatique et très exagéré de l'affaire en lui prêtant des paroles odieuses. *L'Univers* déclare que ce sont Michelet et Quinet qui ont été condamnés comme calomniateurs. Il oublie de dire que les faits stigmatisés par eux étaient véritables, mais que les tribunaux favorables au curé de Baldenheim avaient simplement jugé qu'ils ne constituaient pas un délit. Veuillot n'était pas non plus de très bonne foi quand il prétendait que le ministre de l'Instruction publique, les membres du Conseil royal et les professeurs s'étaient réunis en sanhédrin pour décider qu'il fallait aboyer, mais que pour ne pas compromettre l'Université, ils avaient choisi pour aboyer non des universitaires, mais des professeurs du Collège de France[2]. Veuillot intitule ses articles *Ligue universitaire* et suppose partout qu'on est en présence d'un véritable complot contre la religion. Mais s'il a apporté dans la lutte une constante violence, s'il a systématiquement défiguré ou exagéré les opinions de ses adversaires, il faut reconnaître la verve gouailleuse et l'éloquence entraînante de ses articles, à vrai dire un peu prolixe. Dans celui du 23 juin, Michelet était caricaturé d'une manière perfide mais comique.

Bonnetty, dans les *Annales de philosophie chrétienne*, sur un ton plus grave que Veuillot, défendait les Jésuites par des arguments plus solides. Il invoquait surtout contre Michelet l'opinion de savants universellement respectés, Cantu, Hurter et Ranke. Nous sommes en effet tout disposés à penser que Ranke ne devait guère goûter le ton apocalyptique que prenait trop souvent Michelet.

Le plus redoutable adversaire de l'Université fut le *Correspondant*. Cette revue mensuelle, fondée en 1829 et qui avait pendant quelques années porté le nom de *Revue Européenne* avait été réorganisée en 1840 sous la direction d'Edmond de Cazalès[3]. Elle réunissait dans sa rédaction les représentants les plus remarquables de ce qu'on a appelé plus tard le catholicisme libéral, Montalembert, Lacordaire, Carné.

---

1. Cf. la brochure de 38 p. 8° imp. à Berne chez Ch. Fischer 1843 *Wahrhafter Bericht über die Verfälle im Chor der Simultankirche zu Baldenheim im Elsass* qui apporte les preuves absolues des violences commises par le curé de Baldenheim et aussi des abus commis à Gundershoffen. — L'app. II est un rapport détaillé fait par le pasteur Nessler au Directoire de Strasbourg le 6 avril 1843 sur les affaires de Baldenheim.

2. *Univers* 27 juillet.

3. Qui se préparait alors à Rome à recevoir la prêtrise en suivant les leçons des Jésuites du Collège Romain.

Falloux, Ozanam, Bautain, Eugène Forcade[1]. A la date où nous sommes, la scission qui devait se produire plus tard entre les tenants de l'ultramontanisme, dont Veuillot fut le plus ardent, et les catholiques libéraux n'existait pas encore. Veuillot écrivait au *Correspondant* et c'était Montalembert qui l'avait appelé à Paris pour écrire dans l'*Univers*. Le *Correspondant* et l'*Univers* défendaient la même cause, celle de l'Église et de la liberté d'enseignement au profit de l'Église, quoique avec un ton bien différent. La polémique du *Correspondant* n'est ni injurieuse ni calomnieuse. Elle est fondée sur une argumentation assez solide, elle va assez au fond des choses pour que nous nous y arrêtions un instant.

Je ne m'arrêterai pas aux articles sur la liberté d'enseignement, dont les plus remarquables sont dûs à L. de Carné. Il déplorait avec une émotion sincère les querelles entre l'Église et l'Université[2]. Il déclarait comme contraire à la charité de servir chaque matin un Jésuite à ses lecteurs ou de trouver du plaisir à manger du professeur, et tout en réclamant pour les catholiques le droit de confier leurs enfants à des instituteurs de leur choix, il acceptait (ce que ne faisaient pas tous ses amis) et la surveillance de l'État et même l'obligation de grades académiques imposée aux professeurs libres.

Quant à la querelle sur les Jésuites — qui seule nous intéresse ici — ce sont les trois articles d'Eugène Forcade (juillet, septembre et décembre 1843) sur *les Récentes attaques contre l'Église*, sur *les Jésuites* de Michelet et de Quinet, et sur *la Philosophie officielle* qu'il faut lire pour apprécier l'attitude du *Correspondant*.

Il commence par réfuter vigoureusement la singulière conception de Quinet d'après laquelle la France enseigne dans sa constitution même l'unité du christianisme sous la diversité des Églises particulières. Forcade répond avec raison que la charte accorde une liberté égale à tous les cultes et subventionne les cultes chrétiens, sans se mêler ni de les unifier, ni de les approuver, et il n'a pas de peine à montrer tout ce qu'il y a d'arbitraire dans cette idée de Quinet que la « Révolution française, dans son principe, est plus véritablement chrétienne que l'ultramontanisme, parce que le sentiment de la religion universelle est désormais plutôt en France qu'à Rome. »

Puis il aborde la question même des Jésuites[2]. Il dit avec raison qu'avant de porter un jugement sur les Jésuites d'aujourd'hui, il faut approfondir trois choses : 1° la pensée même de l'ordre et les ouvrages

---

1. Le *Correspondant* tout en ayant une dignité et une modération dans son langage qui le distinguait du reste de la presse catholique, de l'*Ami de la Religion* ou de l'*Univers*, se montrait cependant non seulement d'une stricte orthodoxie, mais d'un traditionalisme excessif. Dans son premier numéro, Veuillot écrivait sur Notre-Dame de Lorette un article où il soutenait l'incontestable historicité de la translation miraculeuse de la Casa Santa de Palestine en Italie. Il voulait bien admettre que ce miracle ne fût pas un article de foi. Le *Correspondant* faisait l'apologie de la Ligue et se gardait de toute critique à l'égard non seulement de l'Église, mais de tous ceux qui l'avaient défendue, n'importe par quels moyens.

2. Décembre 1843.

du fondateur et les constitutions; 2° l'histoire de l'ordre et les causes qui ont amené sa suppression par le Saint-Siège; 3° les conditions de rétablissement de l'ordre et les garanties qui peuvent être cherchées pour éviter les fautes du passé. Quinet a rendu un bel hommage au génie de saint Ignace, mais il a défiguré son œuvre. Il fait des *exercices spirituels* une pure gymnastique spirituelle, une dévotion toute machinale. « Les *Exercices spirituels*, par lesquels, dit le titre même du livre, l'homme est mis en état de se vaincre soi-même et de régler sa vie par une détermination libre de toute affection coupable » ont pour objet non d'imposer à chacun un programme immuable et détaillé d'exercices réglés d'avance, mais de fournir un plan général de méditations, à savoir la contemplation et l'imitation de la vie de Jésus-Christ en mettant en œuvre toutes les puissances de l'âme : imagination, intelligence, volonté. Quinet énumère les divers exercices que, d'après lui, saint Ignace prescrit pour arriver à la sainteté en réunissaant arbitrairement des préceptes recueillis soit dans les *Exercices spirituels*, soit en dehors, non sans y introduire des contre-sens pour triompher plus aisément[1].

Forcade proteste contre l'identification de la Société de Jésus avec l'Église même. Cette société constitue une des formes prises au sein du catholicisme par la vie religieuse. Chacune a son droit à l'existence. Refuser la liberté à l'une d'elle par peur qu'elle ne nuise à la liberté, c'est le prétexte qu'invoquent toutes les intolérances qui ont peur de la lutte à ciel ouvert. C'est le refus de la liberté aux Jésuites et aux catholiques qui peut au contraire entraver la liberté des professeurs de l'État, car s'ils ont seuls droit à la parole, ils ont pour devoir absolu d'observer une neutralité complète entre les opinions religieuses et de s'abstenir d'en parler.

Dans une conclusion très éloquente, Forcade accuse l'opposition inventée par Michelet et Quinet entre *l'esprit de vie* et *l'esprit de mort* d'être un jeu de mots : la vraie opposition qui domine la vie humaine est celle des instincts inférieurs de notre nature avec les aspirations morales et vertueuses. Tous les chrétiens, saint Ignace comme les autres, ont cherché à enseigner à l'homme à vaincre les désirs inférieurs par la contemplation des destinées immortelles de l'âme Et d'ailleurs, regardez autour de vous. Voyez où sont les œuvres de vie? Elles sont dans ces œuvres de relèvement social, d'assistance et de charité qui sont toutes dues à l'esprit religieux.

Forcade avait déjà, en juillet, traité la question des Jésuites dans son article sur les *Attaques récentes contre l'Église*. Tout en prétendant que Michelet et Quinet ne s'en étaient pris aux Jésuites que pour attaquer le christianisme et en se refusant à rendre le catholicisme solidaire de tout ce que les Jésuites ont fait et écrit, il prenait la défense des Jésuites sur le point qui, depuis les *Provinciales*.

---

1. [Voy. Bœhmer, *Les Jésuites*, p. xii]. Toutefois il y a du vrai dans l'observation de Quinet, car saint Ignace dit qu'il faut entre chaque respiration ou soupir, dire un mot de la prière, et employer le temps de la respiration considérer la signification du mot !

paraissait le plus vulnérable : le relâchement de leur morale par la casuistique et le probabilisme. Forcade oppose à Michelet et à Quinet le passage célèbre de Voltaire faisant grief à Pascal d'avoir attribué à toute la Société les opinions extravagantes de quelques Jésuites flamands et espagnols, opinions que des casuistes non jésuites ont aussi défendues[1], et il prend la défense de la casuistique elle-même. Une publication récente et anonyme avait attiré l'attention sur les côtés scabreux de celle-ci. L'adjoint au maire de Strasbourg, Frédéric Busch avait publié à 84 exemplaires sous le titre: *Découverte d'un bibliophile ou Lettres sur différents points de morale enseignés dans quelques séminaires de France* une analyse d'un *compendium theologiæ moralis* usité dans le séminaire de Strasbourg, publié à Fribourg en Suisse en deux volumes, en 1834, par le Père Jésuite Moullet d'après les ouvrages du bienheureux Liguori et de nombreux casuistes, et où se retrouvent toutes les théories du probabilisme et de la direction d'intention stigmatisées par Pascal[2]. *Le Semeur* du 3 mai, puis les *Débats* reproduisirent les passages les plus saillants de la brochure. Libri dans la *Revue des Deux Mondes*, Génin dans le *National* avaient fait ressortir tout ce qu'il y avait de dangereux pour les pénitents comme pour les confesseurs à étudier en détail les raffinements du vice et aussi ce qu'il y avait de dangereux au point de vue moral à chercher les atténuations ou les excuses qui pouvaient être admises pour certaines fautes. Forcade répond que le catholicisme seul peut apporter au pécheur un appui efficace et éveiller en lui une vigilance suffisante par l'aveu détaillé des fautes, et par une gradation des péchés, et des pénitences qui permet de monter un à un tous les degrés de la sanctification. Il se garde bien d'ailleurs de discuter les singulières excuses inventées par les casuistes et la théorie même du probabilisme; il ramène toute la question de la casuistique à celle de la confession et il montre dans la réprobation de la confession catholique une conséquence des idées protestantes sur le péché et sur la grâce. Il écarte donc les Jésuites du débat; il demande qu'on n'en parle plus, car on n'en a parlé que pour exciter les esprits contre le catholicisme en agitant un épouvantail imaginaire.

Dans cet article, Forcade met en cause un personnage bien plus important que Michelet et Quinet. Cousin était alors, au Conseil royal de l'Instruction publique, non seulement le directeur de l'enseignement philosophique en France, mais le véritable grand-maître de l'Université, et l'on peut dire qu'il parlait au nom de celle-ci lorsqu'il prenait la parole à la Chambre des pairs. Forcade prétend, comme Foisset l'avait aussi prétendu dans un article de juin sur les *Pensées* de Pascal, que c'est Cousin qui a donné le signal de la levée des boucliers contre les Jésuites. On saisit là combien les passions polémiques du moment altéraient le sens de la justice et de la vérité

---

1. *Siècle de Louis XIV*. Chap. du Jansénisme.

2. Il réimprimait aussi un commentaire sur le VIe commandement de S. Soettler revu par l'abbé Rousselet, professeur au séminaire de Grenoble, paru en 1840.

chez les hommes les plus modérés. Cousin, dans l'avant-propos qu'il avait mis en 1843 à son Rapport à l'Institut sur le manuscrit des Pensées de Pascal, avait soutenu la thèse, très vraie d'ailleurs, que Pascal avait fondé l'apologie de la religion sur le scepticisme philosophique, se mettant ainsi en opposition avec Descartes, Malebranche, Bossuet, Fénelon, Leibnitz, et tous les cartésiens. Cousin fait remarquer que, par une étrange coïncidence, Pascal se trouvait devenir l'allié de ses propres adversaires. En effet, d'accord en cela avec Huet, l'évêque d'Avranches, leur fidèle ami qui fondait son apologétique sur la *Faiblesse de l'esprit humain* et sur le pyrrhonisme, combattait le rationalisme cartésien aussi bien que le platonisme chez les Port-Royalistes, à l'Université de Paris, chez les Pères de l'Oratoire et chez ceux même des Jésuites qui, tel le père André, avaient des tendances platoniciennes, Cousin ajoutait que si les Jésuites soutenaient Aristote contre Platon, c'était pour défendre l'autorité contre le rationalisme, de même qu'ils défendaient la formule péripatéticienne : *Nihil in intellectu quod non fuerit prius in sensu*, laquelle fit d'eux au xviii° siècle et au commencement du xix° les partisans du sensualisme condillacien contre les cartésiens. — Cousin montrait enfin que les représentants les plus illustres de l'Église de France, de Bossuet à Mgr Frayssinous, avaient été fidèles à la tradition cartésienne et opposés à la méthode de Pascal et des Jésuites. Il montrait en Lamennais un nouveau représentant de la pensée de Pascal. Rien dans cet exposé tout historique, ne justifie à un degré quelconque l'accusation d'avoir, comme l'écrivait Foisset, « fait appel aux passions qui ont démoli l'archevêché de Paris » et « fait rétrograder les discussions de doctrines jusqu'à l'ornière du *Constitutionnel* » ou d'avoir soulevé les passions contre les Jésuites pour échapper aux colères qu'il avait suscitées parmi les libres-penseurs en tâchant d'empêcher la publication du morceau célèbre de Jouffroy « *Comment les dogmes finissent* » paru dans les *Mélanges posthumes*.

La cause de cette irritation contre Cousin, nous la voyons dans l'article de Forcade de juillet, comme dans celui qu'il écrivit en décembre sur la *Philosophie officielle*, comme dans un fragment de la Revue politique du *Correspondant* d'avril 1843 : Cousin et ses élèves, tout en affirmant sans cesse l'accord de la religion et de la philosophie, prétendaient être arrivés à faire de la philosophie une *science formée* seule capable de fonder en raison les vérités métaphysiques que la religion impose d'autorité[1]. Forcade et le *Correspondant* ne tombaient pas dans le ridicule de faire de Cousin un panthéiste et un athée déguisé, accusation dont il se défend à la fin de son avant-

---

1. Forcade, disait p. 4o3 que pour oser établir une philosophie officielle il faudrait : 1° qu'il y eût une philosophie complètement maîtresse de ses principes; 2° que cette philosophie certaine et invariable s'imposât par son évidence à tous les esprits; 3° que cette philosophie fût imposée dogmatiquement par l'Etat. Forcade dénonce les deux premières propositions comme absurdes et la 3° comme une atteinte à la liberté de penser.

propos avec une rhétorique émue; mais ils lui reprochaient non sans
raison, de croire et d'enseigner que la philosophie peut se suffire
à elle-même, de vouloir établir une philosophie d'État, et constituer ainsi une sorte de religion laïque. L'évêque de Châlons avait
dénoncé avec fureur à la sévérité des pouvoirs publics le principal
de Vitry-le-François, qui, dans un discours de distribution de prix,
avait présenté « la philosophie et la religion comme deux sœurs
admirables d'accord et d'harmonie, mais indépendantes l'une de l'autre. » « Le jeune homme qui entre en philosophie avec la foi l'y conserve; celui qui a déjà eu le malheur de la perdre y acquiert toutes les
croyances morales dont la pratique constitue l'honnête homme et
peut le conduire à sa fin. » Ces paroles ne nous paraissent pas irréligieuses. Elles semblaient pourtant à Forcade une énormité, car, dit-il,
« une philosophie qui croit pouvoir tenir lieu de religion est responsable de toutes les mauvaises actions qui ne peuvent être prévenues
que par la discipline qui procède du dogme. » La seule philosophie
que l'Église puisse accepter est celle qui ne prétend fournir que les
prémisses de la foi. Vouloir faire de la philosophie et de la foi des
sœurs, c'est les rendre ennemies. — On comprend dès lors pourquoi,
en 1844, à la Chambre des Pairs, quand on discuta la loi d'enseignement, tous les représentants du parti catholique demandèrent la suppression de la classe de philosophie.

A côté du *Correspondant*, qui avait porté le débat à un niveau
plus élevé, d'autres voix encore défendaient les droits des catholiques et la cause des Jésuites sur un ton moins passionné que celui
de l'*Univers*. C'était d'abord celle de Montalembert. Pendant ces
années 1842-1843, il se trouvait éloigné du champ de bataille, devant
séjourner à Madère la plus grande partie de l'année, pour la santé
de sa femme[1]. Néanmoins, il écrivit à Madère même, une brochure[2]
sur le *Devoir des catholiques dans la question de la liberté d'enseignement*, où il leur recommandait de constituer un parti politique
comme l'avaient fait les catholiques belges. Montalembert blâmait
tout bas les excès de style de Veuillot comparant les phrases de Michelet à des saucisses sur une devanture de charcutier. Mais il préférait, comme Lacordaire, ces violences à la modération des prudents
et des conciliateurs. « Ce Veuillot m'a ravi, écrivait-il à Foisset le
11 novembre. Voilà un homme selon mon cœur. Quant à ces catholiques (les modérés), je les donne aux cent mille diables. Ce sont
nos pires ennemis, mille fois plus dangereux et plus odieux que les
philosophes. » Montalembert ne trouvait pas mauvais que la cause
catholique fût défendue à la fois sur le mode grave et sur le mode
violent[3]. Lacordaire écrivait aussi à Montalembert, le 21 juillet,

1. Cf. Lecanuet, t. II.
2. Publiée en décembre 1843.
3. Il était, dit Sainte-Beuve (chronique p. 149) un homme de conscience et
de talent; mais après avoir été l'élève de Lamennais et de V. Hugo il s'était
mis à « la suite de J. de Maistre, de la famille des esprits élevés, mais arro-
gants. » Sa brochure était émaillée de violences, de personnalités injustes.
Sainte-Beuve croit que sa brochure fera du tort à sa cause.

en parlant de l'*Univers* : « Ce sont des gens droits et courageux, et leurs excès de journalistes sont bien difficiles à éviter dans une polémique quotidienne[1]. »

Mgr Affre, que Montalembert avait fait arriver au siège archiépiscopal de Paris, était au fond du cœur un gallican et un de ces modérés que Montalembert envoyait aux cent mille diables. Il avait osé blâmer le chanoine Desgarets; mais, en présence de l'émotion causée par les cours et le livre de Michelet et de Quinet, il se sentit obligé de prendre parti dans la lutte. Il le fit par une brochure intitulée : *Observations sur la controverse élevée à propos de la liberté d'enseignement*. Quinet y répondit aussitôt dans la *Revue des Deux Mondes* (1ᵉʳ septembre), par une lettre où il développe l'idée déjà indiquée dans ses leçons, : le droit et le devoir pour l'État de conserver le monopole de l'éducation, afin d'associer dans une unité supérieure les membres des diverses religions qui, sans cela, créeraient dans le pays le schisme, l'anarchie et la guerre civile.

Mgr Affre, dans sa brochure, tout en renouvelant ses blâmes antérieurs contre les excès de la polémique, prenait la défense des Jésuites dont la règle est moins oppressive que la discipline militaire, et, d'ailleurs n'est imposée qu'à ceux qui l'acceptent librement. Au reste, Mgr Affre considère les attaques dirigées contre les Jésuites comme visant au fond tout le clergé. Quant à la liberté d'enseignement, il dit très nettement que « si le monopole de l'enseignement pouvait réunir tous les esprits dans la profession des vrais principes en morale et en religion, et établir l'unité nationale (c'est-à-dire s'il était entre les mains de l'Église), il ne songerait pas à réclamer sa liberté. »

La liberté à ses yeux (et il dévoile ici le fond de la pensée de tous les catholiques), n'est donc qu'un palliatif au mal produit par l'indifférence de l'État en matière religieuse. Si celui-ci mettait sa force au service de l'Église, on ne lui demanderait pas la liberté.

Mgr Parisis, évêque de Langres, soutenait dans son *Examen de la liberté d'enseignement* les mêmes théories que Mgr Affre.

Enfin, le père de Ravignan qui, après de brillants débuts dans la magistrature, était entré à vingt-sept ans, en 1822, dans la carrière ecclésiastique, qui, après deux ans de noviciat chez les Jésuites de Montrouge, avait reçu la prêtrise en 1828, et depuis 1837, attirait des foules immenses à ses conférences de Notre-Dame, prit la défense de son ordre en janvier 1844, par une brochure retentissante, intitulée : *De l'existence et de l'Institut des Jésuites*, où il réclamait hautement pour ceux-ci le droit à l'existence légale[2]. A sa demande, M. de Vatimesnil[3] publiait en même temps une *Lettre au Père de Ravi-*

---

1. Montalembert fondait en décembre 1843 le Comité catholique pour la liberté religieuse.

2. Il finit même par réclamer pour les Jésuites une plus grande part dans l'enseignement.

3. Vatimesnil avait été ministre de l'Instruction publique en 1828 avec Martignac, avait pris part à la fermeture des collèges de Jésuites, avait été un des 221 et avait adhéré avec éclat aux journées de juillet.

gnan et Mémoire sur l'état légal en France des associations religieuses non autorisées, dans laquelle il soutenait que la Charte de 1830,
en proclamant la liberté religieuse, avait levé toutes les incapacités qui pesaient auparavant sur les ordres religieux non autorisés.

Ravignan, dans sa très éloquente préface, revendique son droit,
comme Français, d'être et de se dire Jésuite, sans rien sacrifier de
ses devoirs de citoyen ni renier sa patrie et ses lois. D'après lui
ces Jésuites français, représentés comme les maîtres du clergé, sont
en tout 206 en France, disséminés en petits groupes dans le diocèse,
et 315 à l'étranger [1], sans compter, il est vrai, les novices et les frères,
ce qui peut bien tripler leur nombre. Puis il prend pour défendre son
ordre l'attitude à la fois la plus digne et la plus habile. Au lieu
de répondre à des attaques qu'il juge calomnieuses et mensongères,
il se contente d'exposer l'esprit des *Exercices spirituels* de saint Ignace,
la nature de l'obéissance imposée par les *Constitutions*, l'apostolat
exercé par la Compagnie dans les missions, enfin ses doctrines [2].

Je n'entrerai pas ici dans l'analyse de ces divers points. Disons seulement que, sous sa plume, les *Exercices* ne sont qu'esprit et vie,
amour et mysticité; l'obéissance imposée par les *Constitutions* l'a été
presque dans les mêmes termes, par tous les ordres religieux, l'œuvre des missions des Jésuites est une histoire héroïque, qui a donné
au christianisme des provinces entières [3]; enfin, les doctrines qu'on
a le plus reprochées aux Jésuites, le probabilisme, le droit au tyrannicide, ne leur sont pas propres, et d'ailleurs sont très loin d'être approuvées par l'ensemble de la Société.

Les deux écrits de Vatimesnil et de Ravignan firent une impression
profonde [4]. Il était impossible de présenter avec plus de talent et
avec une conviction plus sincère, une apologie plus habile des principes de la Société de Jésus et de ses œuvres. Je dis : des principes,
car le Père Ravignan s'est tenu, sauf en ce qui concerne les missions, sur le terrain des doctrines. Or, ce qui a, tant de fois, attiré
sur les Jésuites l'animadversion publique, la réprobation de beaucoup de catholiques et même des autorités ecclésiastiques, c'est bien
plus ce qu'ils ont fait que ce qu'ils ont enseigné.

D'ailleurs, beaucoup d'esprits libéraux, nullement suspects de sympathie pour la Compagnie, trouvaient excessives et injustes les accusations portées contre elle. Ils penchaient vers l'application la plus
libérale de la Charte, soit à l'égard des congrégations religieuses, soit

1. Sainte-Beuve (*Chronique* p. 45) donne le chiffre de 900 qui n'est peut-
être pas exagéré, ni contradictoire. Il dit que les Jésuites n'avaient jamais
quitté leur résidence de la rue du Regard. Un journal, l'*Union catholique*,
était rédigé par eux.

2. Sainte-Beuve p. 181 dit que l'écrit de Ravignan est le « premier sorti des
rangs des catholiques qui soit digne d'une grande et sainte cause » et reconnaît qu'il réfute, en partie du moins Michelet et Quinet. Il forcera ceux
qui parlent en conscience à y regarder à deux fois et à distinguer ce qui est
respectable.

3. Ravignan dans la première édition parle de 200 millions de convertis.
Il a supprimé ensuite cette évaluation très exagérée.

4. 25.000 exemplaires de la brochure de Ravignan furent vendus en 1844.

à l'égard des écoles ecclésiastiques. C'était le cas d'Alexis de Tocqueville, ami de Quinet et de Michelet, et qui se sépara d'eux à ce moment[1]. Il écrivait, ainsi que Louis de Cormenin, dans le journal *Le Commerce*. Louis de Cormenin, qui, sous le pseudonyme de Timon, avait fait au gouvernement de Louis-Philippe une guerre terrible de pamphlets, se rangeait à la Chambre du côté de la droite, qui réclamait la liberté de l'enseignement. Emile de Girardin, dans la *Presse*, prenait aussi parti pour les solutions les plus libérales, et quand on sait à quel point Guizot et le gouvernement étaient disposés à réaliser graduellement les promesses de la Charte sur la liberté d'enseignement, on est obligé de reconnaître que si aucun des projets présentés aux Chambres n'a abouti, la faute en est essentiellement à l'intransigeance des catholiques. Ils ont suivi la politique du tout ou rien et n'ont cessé de vouloir être dans leurs écoles maîtres sans contrôle, tout en gardant une part de contrôle sur les écoles de l'État.

Le gouvernement, d'ailleurs, n'était pas sans reproche. Sa conduite était hésitante et contradictoire comme celle du Parlement. Au mois de mai 1843, deux séries de pétitions furent apportées à la Chambre des Pairs et à la Chambre des Députés, les unes émanant des protestants, s'élevant contre les condamnations qui les avaient frappés pour avoir tenu des réunions et ouvert des lieux de culte sans autorisation; les autres de catholiques réclamant, non seulement la liberté absolue de l'enseignement, mais la constitution de jurys non-universitaires pour la collation des grades. Les protestants soutenaient conformément aux déclarations expresses faites aux Chambres en 1834, que l'article 5 de la Charte établissant la liberté des cultes, rendait l'article 291 du Code pénal inapplicable aux réunions religieuses et à la création de lieux de culte faite par un culte reconnu. Malgré les éloquentes protestations du duc de Broglie, de Gasparin et Pelet de la Lozère, la Chambre des Pairs approuva Martin (du Nord), quand il maintint l'obligation de l'autorisation des maires pour la tenue de réunions religieuses, et celle du ministre des Cultes pour la création de lieux de culte nouveaux[2]. M. Barthe, qui avait soutenu en 1834, comme garde des sceaux, le principe de la liberté des réunions religieuses, le combattit en 1843. Dans le débat à la Chambre des Pairs,

---

1. Mme Quinet (*Quinet avant l'exil* p. 329) dit que Tocqueville écrivit à Quinet pour adhérer aux leçons du Collège de France. C'est certainement faux et la lettre que cite à l'appui Mme Quinet, sans date, se rapporte à un cours précédent. Michelet dit dans son journal que Quinet le prévient le 5 juin que Tocqueville et Courcelles ne sont plus avec lui.

2. Rôle étrange de Martin (du Nord) né à Douai en 1790, avocat depuis 1810; sous la Restauration et dès 1814 bruyamment légitimiste, et dès la révolution de 1830, non moins bruyamment orléaniste. Député le 28 octobre 1830 de Douai. Son zèle gouvernemental le fait nommer le 6 août 1833 avocat général à la cour de Cassation; procureur général en 1834, c'est lui qui requiert contre les accusés d'avril, puis contre Fieschi; ministre de la justice du 20 sept. 1836 au 1er avril 1839; puis de nouveau du 24 octobre 1841 jusqu'au 15 janvier 1847, date à laquelle il abandonne brusquement son poste. Le 13 mars 1847 il se suicidait. On attribua sa démission et son suicide à ce qu'il était compromis dans une affaire de mœurs.

le marquis de Dreux-Brézé posa la question dans les termes les plus élevés et les plus forts, en présentant la liberté de l'enseignement comme un corollaire indispensable de la liberté des cultes ; mais le marquis de Barthélemy gâta la thèse catholique en exigeant que la philosophie de l'Université fût, comme l'exigeait son décret de fondation, en 1808, basée sur la religion catholique. Le gouvernement n'osa pas prendre nettement position[1]. Villemain, dans des termes vagues et généraux, déclara que l'éducation religieuse est inséparable de l'instruction et que l'Université restait et devait rester catholique. Cousin fut plus catégorique encore :

« Vous êtes des hommes d'État dit-il aux Pairs ; eh bien ! je vous affirme qu'à l'heure où je parle il ne s'enseigne dans aucun cours du royaume une seule proposition qui puisse porter atteinte directement ou indirectement aux principes de la religion catholique, sur laquelle est fondé l'enseignement non seulement philosophique, mais tout l'enseignement de l'Université. Ce fait je le proclame bien haut, parce que je désire que mes paroles soient entendues et qu'on sache que si un seul professeur s'écartait du devoir qui lui est imposé, il y serait énergiquement rappelé. »

On allait jusqu'à prétendre que, parlant à des évêques qui lui avaient demandé audience, il leur avait dit : « Si vous avez dans votre diocèse quelque professeur dont vous soyez, je ne dis pas mécontent, mais dont vous ne soyez pas tout à fait content, écrivez-moi et j'en fais mon affaire. »

Les mesures prises vis-à-vis du professeur d'histoire de Mâcon, mis à pied pour avoir parlé avec admiration de Luther, et vis-à-vis de Bersot[2], venaient à l'appui de ces déclarations. En même temps, on interdisait dans les collèges l'*Histoire de France* de M. de Bonnechose, bibliothécaire du roi à Neuilly, parce qu'il était protestant[3].

A la Chambre, le 27 mai, M. de Ladoucette présenta les pétitions en faveur de la liberté d'enseignement, et M. de Carné les appuya avec son élévation de parole habituelle, mais en accusant à tort Mi-

---

1. Cousin fut violemment attaqué par les journaux libéraux quand parut en 1842 le volume posthume de Jouffroy *Mélanges philosophiques* et qu'on sut que, sur ses instances, Damiron avait supprimé dans le travail sur l'*Organisation des études philosophiques* le morceau qui fut publié par Pierre Leroux sous le titre *Comment les Dogmes finissent*, où se trouve le fameux récit de « la nuit de Jouffroy. »

2. C'était en 1841 que Bersot avait écrit les *Réflexions sur M. Lacordaire* et avait répliqué aux critiques qu'on lui avait adressées. Il s'était élevé contre la prétention de Lacordaire de démontrer philosophiquement la révélation et s'était déclaré de l'avis de Pascal qui n'admettait pas l'ingérence de la raison dans les choses de la foi. Le recteur et le proviseur demandaient la révocation de Bersot. On les mit à la retraite mais on les remplaça par d'autres aussi bornés ou aussi timorés qui persécutèrent Bersot et finirent par le faire mettre en congé à la fin de 1842. Bersot en profita pour achever sa thèse qu'il passa en été 1843. On l'envoya à la Faculté de Dijon comme suppléant mais il réclamait sa réintégration à Bordeaux.

3. M. Duchatel, ministre de l'Intérieur, faisait désavouer dans les journaux ministériels de province les attaques des *Débats* contre les Jésuites et traiter les professeurs du Collège de France de brouillons et cerveaux fêlés.

Discours de Després à la rentrée de la cour de Cassation de nov. 1843 sur Et. Pasquier et les Jésuites, prononcé malgré l'intervention de Martin (du Nord).

chelet et Quinet d'avoir combattu la liberté d'enseignement tout en
réclamant la liberté de la parole. Tout au plus pouvait-on prétendre
que la théorie de Quinet sur le devoir de l'État d'enseigner une
religion supérieure à toutes les confessions particulières conduisait au
monopole. Villemain, qui, au fond, était partisan du monopole, se
tira d'affaire par une équivoque, disant que le gouvernement de 1830
avait pris deux engagements : celui d'assurer la diffusion de l'instruction, celui de donner la liberté d'enseignement, qu'il avait été
absorbé jusque-là par la première de ces tâches et qu'il allait s'occuper maintenant de la seconde [1]. Enfin, à la réception du 1er mai,
le roi, dans une allocution à l'archevêque de Paris, dictée par Martin
(du Nord), avait dit : « Vous savez toute l'affection que je porte au
clergé et tout le bien que je lui ai fait. Je veux lui en faire plus
encore; mais il faut tenir compte des difficultés des temps, et qu'elles
soient levées [2]. »

A ces avances, les catholiques, par la plume de Veuillot, répondaient en septembre à Villemain : « Vous n'aurez point de vacances,
M. le Ministre, car les catholiques ne veulent plus interrompre la
guerre qu'ils livrent à l'enseignement de l'État », et Veuillot ajoutait
la menace : « Tout croule quand nous ne sommes plus là. Vingt empires dorment dans les tombeaux qu'ils nous ont creusés [3]. »

Les avances de Cousin aux catholiques furent aussi mal reçues par
ceux-ci que par les libres-penseurs. Des deux côtés, on l'accusait d'hypocrisie. En réalité sans qu'il fût croyant ses instincts conservateurs lui faisaient considérer le catholicisme comme une force morale et sociale, qu'il importait de ne pas ébranler. D'autre part, il
était arrivé à se persuader que la philosophie éclectique, nouveau
cartésianisme platonicien, était seule capable d'établir sur des bases
scientifiquement démontrables les grandes vérités du spiritualisme,
et qu'ainsi il apportait à l'Église un concours d'un prix inestimable.
Enfin, il concevait les dogmes catholiques comme une forme traditionnelle et symbolique, utile pour les masses, des vérités éternelles
du spiritualisme. Dans une lettre adressée à la fin de mai aux journaux, Cousin se plaignit que le *Moniteur*, dans le passage que nous
avons cité plus haut, eût altéré son discours en lui faisant dire que
l'enseignement philosophique est fondé sur la religion.

1. Les sous-ordres dépassaient encore les chefs. M. Laforest, inspecteur
primaire de la Dordogne, envoie en janvier 1844 une circulaire pour se plaindre que des instituteurs aient introduit dans les écoles des Bibles et des
Evangiles « qui renferment des préceptes contraires à la vraie religion » et
il les menace de venir avec le curé pour brûler ces livres. Le seul livre de
religion permis dans les écoles est le catéchisme.
Le préfet de la Gironde, en oct. 1844 en arrivait à donner des autorisations
individuelles pour tenir une réunion religieuse. Vingt-six personnes sont autorisées à se tenir dans un château.
2. A la récepton du 1er janvier 1844 en réponse à Villemain, le roi insistait
sur la nécessité de l'enseignement religieux.
3. Le gouvernement en nov. 1843 poursuivait l'évêque de Chalons, M. de
Prilly, comme d'abus pour avoir dans une lettre à l'*Univers* menacé d'enlever l'aumonier du collège.

« Une telle disposition écrivait-il, n'existe pas. La philosophie enseigne ces grandes vérités naturelles que, grâce à Dieu, la raison nous découvre et sur lesquelles reposent partout, et la famille, et la morale publique et privée, et la dignité de la vie humaine, et la sûreté des États. Ces grandes vérités composent un corps de doctrines ferme et solide, qui n'est pas et ne peut pas être l'enseignement religieux lui-même, mais qui s'y lie heureusement [1]. »

Si Cousin s'était contenté d'affirmer pour l'Université le droit et le devoir de la neutralité, on aurait pu accepter son point de vue. Mais l'espèce d'alliance qu'il prétendait imposer à l'Église et à l'Université, le catholicisme étant considéré par lui comme une forme populaire du spiritualisme et la philosophie comme une forme intellectuelle et épurée du christianisme, ne pouvait satisfaire ni les catholiques, qui trouvaient dédaigneux et méprisants ses respects pour leur foi, ni les universitaires, qui voulaient être libres et demeuraient en grand nombre voltairiens.

La situation était donc à la fois trouble et violente, et le gouvernement ne pouvait l'éclaircir ni la pacifier, incapable et de résister aux prétentions excessives des catholiques et de rendre leurs prétentions inoffensives en leur accordant les libertés légitimes.

Sainte-Beuve, dans les Chroniques de la *Revue Suisse*, a suivi avec une attention passionnée et très pénétrante tout ce mouvement d'idées.

Il en fait un résumé remarquable, où il signale très justement comme le fait capital de l'histoire du catholicisme au xixe siècle, la ruine de l'esprit gallican et l'identification de plus en plus étroite de l'ultramontanisme et du catholicisme. Il se trompait cependant en croyant que le catholicisme était destiné à perdre de plus en plus de terrain. Il ne comprenait pas combien était profonde et vraiment religieuse, nullement mondaine, la renaissance de l'esprit catholique. Il ne voyait pas qu'on était à la veille d'une révolution, qui, faite par les adversaires du principe d'autorité, rendrait momentanément à celui-ci des forces nouvelles et donnerait aux Jésuites eux-mêmes une liberté d'action que ni la Restauration, ni le gouvernement de Juillet ne leur avait accordée.

Nous verrons peu à peu se développer toutes ces conséquences.

1. Sainte-Beuve prétend, *Chroniques*, p. 117, que Cousin avait préparé un catéchisme qui ne vit jamais le jour parce qu'il avait oublié le purgatoire.

CHAPITRE III

1843 est l'année où Michelet, avec son volume sur Louis XI, achève son *Histoire de France* au Moyen-Age, où, avec les *Jésuites*, il prend à l'égard du catholicisme une attitude de combat qui s'étendra bientôt au christianisme lui-même, où il abandonne ses leçons des Tuileries, donnant, le 23 juillet, une démission qui ne deviendra définitive qu'en 1845. D'autre part, le mariage de sa fille Adèle avec Alfred Dumesnil lui donne l'impression d'une rupture définitive avec le passé, bien que son gendre et sa fille viennent presque aussitôt après habiter auprès de lui, dans la maison de la rue des Postes, où il avait recueilli son vieil oncle Narcisse, et où il vivait entre son père et son fils Charles, alors élève du collège Henri IV, et âgé de quatorze ans. Le volume sur Louis XI, commencé le 11 octobre 1841, auprès du lit de maladie de Mme Dumesnil, ne fut terminé que le 4 décembre 1843. Il paraissait deux jours après. Il avait été écrit pendant des années de trouble moral et intellectuel intense. Chose curieuse, rien dans ce livre ne se ressent du moment où il fut écrit. Il appartient entièrement à la période antérieure de la vie de Michelet, à celle de l'École Normale et de la Faculté des Lettres. Il respire un esprit d'impartialité, d'objectivité, de sérénité plus grand qu'aucun des volumes précédents. C'est le plus solide peut-être au point de vue historique, et un des plus parfaits au point de vue littéraire. Michelet y reste le grand coloriste, le grand évocateur qu'il est toujours, et il a mis en relief avec une puissance admirable la lutte entre Charles le Téméraire, dernier représentant de la grande féodalité, dévot, chaste, héroïque et féroce, et Louis XI, roi moderne et bourgeois, diplomate et administrateur. Bien qu'il ait cédé une ou deux fois à la tentation d'exagérer le modernisme et la valeur politique des idées de Louis XI, il avait trop le sens du réel et de la vie pour ne pas voir que ce roi très habile a été surtout un homme actif et très intelligent, merveilleusement servi par les circonstances.

Michelet aurait voulu, une fois achevé le *Louis XI*, entreprendre aussitôt un volume sur Charles VIII, l'Italie et la Renaissance. Il en avait déjà écrit en 1842 la préface, dont il donna lecture à la duchesse d'Orléans, à Neuilly. Cette préface avait dû primitivement figurer en tête du volume sur Louis XI, considéré comme marquant les temps modernes. Michelet reconnut vite que ceux-ci s'ouvrent seulement avec les guerres d'Italie et la découverte de l'Amérique. Il chercha d'autre part pendant toute l'année 1844 dans l'histoire de la Renaissance et de la Réforme un aliment suffisant à ses aspirations d'avenir ; il eut beau faire, la situation présente, politique et religieuse, l'exemple de Quinet, de Mickiewicz, de Lamartine, le propre mouvement de sa pensée, tout l'entraînait à franchir les siècles et à commencer son Histoire moderne de la France par sa conclusion : la Révolution française[1].

Nous allons le voir, en effet, après avoir poussé Quinet à donner pour titre à son cours de 1844 *Rome et la France*, s'approprier ce titre, non sur l'affiche du Collège, mais dans les notes où il prépare ses leçons.

La question religieuse est devenue, depuis la crise de 1842, la principale de ses préoccupations.

La question politique y était intimement liée. Il se sentait entraîné vers les idées républicaines, et son cours de 1844 devait être hostile à la fois à la royauté et à l'Église.

Il crut, dans ces conditions, ne pouvoir conserver au château la position qu'il y occupait depuis 1828. La princesse Clémentine venait d'ailleurs d'épouser, le 21 avril 1843, le prince Auguste de Saxe-Cobourg. Cependant la duchesse d'Orléans demandait à Michelet de continuer ses leçons au château. Malgré cela, dès le 11 avril, il avait consulté le trésorier de la liste civile, M. Boismilon, et exprimé le désir d'en être rayé. Le 20 juillet, il offrit sa démission à la duchesse d'Orléans. Le 21, il expliquait à Boismilon l'impossibilité où il était de parler devant des personnes d'opinion différente des siennes. Sans doute la duchesse refusa-t-elle de recevoir la démission offerte, car nous voyons dans son journal qu'il toucha son traitement jusqu'au 15 juin 1845, et continuait à rendre visite à la duchesse. Il avait peine à rompre ses liens avec une famille qui le traitait comme un ami. On se fera une idée du ton amical de ces relations par une lettre que lui adresse le 25 août Mme Angelet, au moment où la princesse Clémentine revient en visite avec son mari au château d'Eu.

« Monsieur... La Princesse ne se ressent plus des fatigues de son voyage, sa santé est bonne. Elle est parfaitement heureuse avec le mari de son choix ; c'est un vrai culte qu'il a pour elle, et comme c'est un bon jeune homme d'une grande moralité, avec d'excellents principes, j'aime à penser que cette union durera toujours ainsi ; en vérité, pour eux, je ne puis souhaiter rien autre chose. L'expression *paternelle* dont vous vous êtes servi, m'autorise à

---

1. En juillet 1843 il croit encore qu'il va écrire la Renaissance, mais il sent qu'il le fera avec une tout autre allure que celle de ses précédents volumes. Le 5 juillet il écrit : « Que je le veuille ou non, l'histoire de France sera modifiée. Qu'elle le soit selon le vrai. J'entre dans la Renaissance, les guerres d'Italie etc. Il était grand temps que je prisse nettement parti contre le parti de la mort. » et le 26 juillet il écrit : « Se concentrer. Le décousu, voilà surtout ce qui me frappe. Les masses ! les masses ! les masses ! Pour cela il faut planer. *Die Flügel, die Flügel*, dit Rückert, des ailes par delà la vie, des ailes par delà la mort. Marche ! Marche ! Et quiconque s'arrête s'enfonce au sol et disparaît... Ils sont donc excusables ceux qui, pour *aller* encore, *changent d'allure*, et ne pouvant plus marcher se mettent à voler, à nager. Ballard a donc tort de me plaindre d'avoir modifié ma vie ; on a tort de reprocher la même chose à Lamartine. »

vous donner ces détails. Malgré votre recommandation, j'ai fait lire votre
lettre à la Princesse. Elle en a été touchée beaucoup, et cela précisément
parce qu'elle est princesse et qu'elle sait que les sentiments vrais sont rares
et précieux. Quant à moi, Monsieur, je vous ai compris parfaitement; le
contraire m'aurait étonnée. La princesse me charge donc de vous féliciter
du mariage de votre fille, de vous remercier et de vous dire qu'elle compte
bien que vous viendrez la voir cet hiver; car elle doit passer l'hiver à Paris;
mais nous ne reviendrons qu'au mois de janvier. Je ne finirai pas cet article
sans vous dire que partout la princesse a eu les plus grands succès, que l'on
a remarqué la facilité, la variété de sa conversation, le sentiment des arts et
une grande élégance de manières. De tout ceci, Monsieur, beaucoup de choses
vous regardent particulièrement... »

Michelet ne cessa pas d'entretenir des relations de respectueuse
amitié avec la duchesse d'Orléans et sa mère, la grande-duchesse
douairière de Mecklembourg-Schwérin. Jamais il ne se livra à aucune
attaque contre la famille d'Orléans. Néanmoins il lui paraissait incor-
rect de conserver une situation officielle auprès d'elle, quand ses amitiés et ses idées politiques le portaient du côté républicain. On ne peut
que respecter et approuver ce scrupule.

Ce qui est curieux, c'est qu'en cette même année 1843, il fut mis
par la duchesse d'Orléans en relations avec un pasteur luthérien d'une
haute valeur intellectuelle et d'une grande largeur d'idées, M. Ed. Verny,
par l'intermédiaire de qui fut ébauché un projet de mariage dans le
monde protestant, projet qui fut abandonné au mois de décembre 1843.
On peut le regretter, car, dans les années qui suivirent, Michelet se
trouva entraîné dans une liaison qui pesa lourdement sur sa vie, et,
nous donne des indications curieuses sur sa psychologie. Une dame,
qui avait été l'amie de sa femme et l'avait choisi pour confident de ses
chagrins domestiques, réussit, après la mort de son mari (mai 1844), à
émouvoir sa pitié, et d'août 1844 à juillet 1846, s'établit entre eux une
intimité que Michelet se reprochait, à laquelle il tentait constamment
de s'arracher, et qu'il rompit enfin en 1846, au moment où il commençait d'écrire l'*Histoire de la Révolution*. Il y fut aidé par la pensée que cette relation toute de faiblesse et de complaisance, où le
cœur ne jouait presque aucun rôle, n'était pas digne de celui qui
allait raconter la période héroïque de la France.

En 1843, après le cours sur les Jésuites, le grand événement de la
vie de Michelet avait été le mariage de sa fille. Il était prévu dès 1841,
décidé dès 1842. En 1842 Michelet avait fait son voyage d'Allemagne
avec ses trois enfants, Adèle, Alfred et Charles. Toutefois, la demande
officielle ne fut faite par M. Dumesnil que le 5 avril 1843. Michelet
alla à Rouen du 8 au 10 juillet, pour s'entendre sur les questions d'intérêt et de contrat, avec M. Dumesnil dont la situation était toujours obérée, et le mariage eut lieu le jeudi 3 août, d'abord à la
mairie, devant un adjoint paysan, puis dans une vieille petite église
du faubourg de Rouen, avec une messe basse dite par un jeune desser-
vant.

Michelet quitte alors les jeunes gens et s'en va avec ses amis
Eug. Noël et Delaunay, visiter le musée et Saint-Ouen, plus sombre

que jamais. Il pense en regardant ces pierres à la Méditation de Vinet qu'il avait lue dans le *Semeur* sur les Pierres des Temples, intitulée : « Est-ce là ce que vous regardez? » où Vinet opposait la religion de l'esprit à celle de la matière et de la lettre. Cela répondait bien aux préoccupations de Michelet et aux rêveries qui remplirent pour lui toute la matinée du vendredi; il la passa seul à Saint-Ouen, qu'on restaurait ridiculement. Il les nota sur un papier qu'il conserva et il les développa le lendemain. Notes curieuses où l'on saisit la pensée au moment où elle jaillissait du cerveau :

« Descendu seul à Saint-Ouen. Mes derniers adieux au passé. *Novissima verba*. Redevenir l'homme d'airain que je fus.

« Le christianisme a deux chances : périr ou se transformer. Se transformera-t-il? et dans quelle proportion restera-t-il? Ceci diminue... tué par les siens. »

Il s'indigne alors de la « conjuration du maçon et du prêtre », qui défigure les monuments gothiques; mais, dit-il, « ils me rendent un grand service », en le détachant de ces pierres. « Saint-Ouen est en rose... On attife Saint-Germain-des-Prés en noir, réquisitoire contre la raison ». Les marchands de modes dans le sanctuaire mérovingien — et dans le blanc et solennel habit de saint Dominique ». Il imagine aussitôt un livre, où l'on peut voir le germe du *Prêtre*. Il s'écrie « Vieux prophètes du Moyen-Age, qui nous promettez l'Évangile éternel : venez à notre aide! » Puis il rêve de l'avenir.

« Architecture rayonnante, par exemple douze galeries hautes et sévères, comme Saint-Étienne de Caen, aboutissant à un dôme, chacune amenant sa tribu. » Il s'adresse alors aux catholiques :

« Je leur ai tendu la main de ma barque, les priant de se sauver. Ils n'osent, ils restent sur le grand vaisseau qui enfonce. Ces grosses poutres les rassurent. » Il est repris alors par la beauté de Saint-Ouen, son église si aimée :

« Saint-Ouen. J'y restai longtemps assis. C'est chose faite exprès, très méthodique, après avoir tout comparé; un *consummatum est*. Vitraux d'en bas, tableaux très suivis; dais trop pompeux, pompe un peu vide et le haut de la croisée très clair, admirable en ce moment parce que très noir. »

Et alors, en quittant l'église, il dit adieu au catholicisme.

« Je regardai dans le bénitier l'église renversée et je lui dis, comme Juliette à Roméo : Il me semble que d'ici je te vois dans un tombeau. »

Le lendemain, il développait ces émotions poétiques de la veille dans un morceau qui est vraiment ses *novissima verba*, son adieu définitif au passé, un appel à l'avenir.

On saisit là, sur le fait, le travail littéraire de Michelet.

Le mardi 8 août, il partait pour la Suisse avec Charles. Il devait en revenir trois semaines après, le 1er septembre. Il visita successivement Lyon, Genève, Lausanne, Fribourg, Berne, Lucerne, Aarau, Bâle, Thann, Strasbourg et Nancy.

Quel était le but de ce voyage? Que doit-il nous apprendre sur Michelet? Sans doute, il est déjà attiré vers la Suisse, entrevue en 1838, en se rendant à Venise, par la beauté incomparable de ses lacs et de ses montagnes, peut-être aussi par une pensée sentimentale, l'idée de faire le voyage qu'il avait projeté en 1841 avec Mme Dumesnil; mais d'autres préoccupations le hantent. Il va d'abord à Lyon, où les deux grandes questions qui se partagent le monde moderne : la question religieuse, la question ouvrière, se posent en antagonisme. Il porte déjà en germe dans son cerveau les deux livres : le *Prêtre* et le *Peuple*. Ce qui l'attire en Suisse, c'est le pays qui fut le berceau de la Réforme française, dont il prépare l'histoire, et dont les rudes habitants jouèrent un si grand rôle dans les guerres de la Renaissance où ils furent les alliés de la royauté française[1]. C'est donc un voyage d'historien, plus encore qu'un voyage de nature qu'il entreprend. A Lyon ses amis Bouillier, V. de Laprade, professeurs à la Faculté; Macé, Dun, Brevin, Boistel, professeurs au collège; le docteur Lortet, lui racontent à l'envi des anecdotes contre le clergé. L'Église accapare les héritages. C'est un des résultats de l'égalité des partages établie par le Code civil, et qui fait hériter les femmes. Les paysans élevés dans les séminaires appliquent leur ruse native, âpreté gasconne ou grâces béarnaises, à cette chasse à l'argent. Michelet s'indigna de « ce Mammon de l'iniquité. Saint-Argent, sauvez-nous; Saint-Argent, priez pour nous. »

L'Église partout cherche à mettre la main sur les femmes. La confession les lui livre dans les couvents d'éducation. Macé lui raconte que toutes les servantes s'affilient à l'ordre des Blandines. La directrice les fait venir à cinq heures du matin pour les interroger sur leurs maîtres. Elles sont d'ailleurs sûres et honnêtes. L'Ordre les nourrit et les place.

Partout il retrouve le culte de Marie, chez les Cordeliers, chez les Maristes de Fourvières. « Dieu a changé de sexe. Marie en avant, et, derrière, Jésus, le doux Jésus, efféminé, lui aussi. » « Hier, dit-il, monté à Fourvières dans l'orage, à travers toute cette idolâtrie, qui fondait le chemin. » Il prétend, d'après V. de Laprade, que le clergé, qui « ne voit nul intervalle pour la femme entre la religieuse et la prostituée, éloigne les filles du mariage. » Le père de Laprade, homme d'esprit, blâme doucement Michelet de son ardeur anticléricale : « Ménagez le clergé, lui dit-il. Quelqu'un a dit : Partout où sont les Jésuites, les curés sont des cocus spirituels ». Le gouvernement passe du côté du clergé et des Jésuites. Le préfet, à Lyon, défend bien l'en-

---

1. Il y va aussi pour s'enquérir de la grande lutte religieuse et politique qui s'y livre depuis 1830. Elle était triple et entretenait en Suisse un état permanent de guerre civile : lutte dans l'intérieur des cantons entre partis démocratique et aristocratique; lutte entre les démocrates centralisateurs et les aristocrates particularistes, enfin lutte pour et contre les congrégations religieuses, surtout Jésuites, Lucerne, Fribourg, Argovie. Cette crise politique ne se résoudra que par les révolutions démocratiques qui de 1846 à 1848 feront passer le pouvoir aux radicaux à Genève, Lausanne, Berne, Zurich, etc. par la constitution fédérale de 1848 et par l'écrasement du Sonderbund et l'expulsion des Jésuites.

seignement secondaire, mais il livre à l'Église l'école primaire. Laprade père prétend que Louis-Philippe aurait voulu faire Ravignan archevêque de Paris.

Macé raconte aussi qu'on est obligé de compter avec les Jésuites. Il a dû les menacer d'un procès pour les empêcher de reproduire dans le *Monopole universitaire* les calomnies qu'ils avaient répandues à Lyon sur sa moralité. Jules Simon les a désarmés en leur donnant cinq francs pour l'association catholique de mission pour convertir l'Angleterre. Les Jésuites de la rue Sala ont déjà une bibliothèque de quarante mille volumes. Michelet est effrayé de leur puissance. « Qu'est-ce, dit-il, que mes six ou huit mille exemplaires contre tel de leurs journaux qui tire à trente mille? »

Michelet va voir le monde ouvrier, et après avoir deviné en lui l'auteur du *Prêtre*, nous trouvons l'auteur du *Peuple*. Dun le conduit aux salles d'asile, pleines d'enfants scrofuleux, fondées par Mme de Gasparin. Il prétend que les prêtres les voient d'un mauvais œil, à cause de leur fondatrice, et les refusent à la procession. Pourtant, le doyen des curés est parmi les protecteurs. L'école protestante est mieux tenue, les enfants plus aisés. Il visite « les bas quartiers de Lyon, jadis inondés, sombres, humides, pleins de petits enfants qui ne naissent que pour mourir. »

Comme il l'a déjà fait en 1839, il s'enquiert des conditions de l'industrie de la soie. Il va visiter des patrons et les interroge. L'un d'eux petit fabricant, sans invention, laborieux, mais chagrin, parle de retourner cultiver les champs. Il se plaint de tout, du gouvernement, des accapareurs de soie et des négociants et des ouvriers qui, dit-il, sont insociables. Michelet lui suggère qu'on pourrait s'associer dans de grandes maisons pour douze ménages, avec chauffage commun. Un autre fabricant s'occupe, au contraire, d'enseigner aux ouvriers le moyen de passer sans frais d'un modèle à un autre.

Un troisième, ex-dessinateur, associé à un négociant, est optimiste; il ne désire pas que les ouvriers s'associent; cela diminuerait la force d'invention. La souffrance est une source de progrès. Pour lui, le dessinateur est tout, l'ouvrier peu de chose.

A côté de Fourvières Michelet a vu les communistes de la Croix-Rousse. Il éprouve une profonde tristesse : « J'errai seul avec des yeux refroidis, ou négatifs, entre ces deux grands peuples, tous les deux fermés pour moi : le peuple religieux, le peuple ouvrier. »

Cette pensée, à peine ébauchée ici, persistera chez Michelet pendant des années et s'épanouira en 1853, dans le morceau qu'il écrivit sur Lyon dans le *Banquet* et le *Dialogue des Deux Montagnes* [1].

Le 12 après-midi, Michelet part pour Genève par Nantua et le Fort l'Écluse.

Sauf le pèlerinage obligé à Ferney, « triste et froid exil, d'où l'on n'a pas même la vue du lac », Michelet a passé les quarante-huit heures qu'il donna à Genève à causer avec quelques hommes

---

1. *Banquet*, p. 158, 160 et 162, 165, 168.

distingués, MM. Cherbuliez, professeur de droit; Adert, professeur de philosophie; Roget, le futur historien de Genève; Diodati, Adolphe Pictet, Merle d'Aubigné, le pasteur Martin. Il semble que Michelet ait songé à lancer avec les protestants de Genève un journal populaire qui ferait la guerre aux Jésuites et s'opposerait aux trente mille exemplaires du *Journal de la Propagation de la Foi*. Le rédacteur du *Fédéral*, dont il ne dit pas le nom [1], s'oppose au projet, déclarant qu'un tel journal ferait l'union des catholiques et des radicaux contre la vieille bourgeoisie genevoise encore très menacée par Fazy depuis l'adoption de la constitution du 7 juin 1842. Les conservateurs étaient encore en majorité dans les deux conseils du canton; les radicaux tenaient le conseil municipal. Peu de temps avant la venue de Michelet, le 13 février 1843, ils avaient tenté une insurrection qui échoua, mais devait réussir en 1846.

Quoique Michelet se plaigne de n'avoir appris que peu de choses de ses interlocuteurs il semble avoir vu admirablement le côté tragique de la situation de Genève : les conservateurs condamnés à perdre le pouvoir par le développement même de la démocratie, mais leur ruine risquant de détruire tout ce qui avait fait l'originalité et la fécondité de Genève.

« Ils ne sentent même pas le besoin (les conservateurs) de s'entendre avec nos protestants de France. Ils périront... Quoi! ce grand nom de Genève périrait... [2] »

Le 15, Michelet va de Genève à Lausanne en quatre heures; hôtel Gibbon. Le soir, il reçoit M. Monnard, « triste, éteint; sa femme silencieuse comme le tombeau ». Olivier vient aussi. Le lendemain, il va à Beaulieu, avec M. Villemin, voir la propriété où Vinet habite et où Mme Necker mourut. Cependant il ne voit pas Vinet et se contente de son beau-frère, M. Gilliard, de Monnard, du pasteur Cérésoles et de Jacquet, conseiller d'État.

Fribourg, où il passa le 17 août, l'intéressait plus que Lausanne. C'était la forteresse du jésuitisme. On sent que Michelet y arrive tout frémissant, prêt à voir des choses terribles. L'arrivée est pourtant aimable. Il a pour compagnon un jeune patricien fribourgeois dont la famille est liée avec les catholiques violents, les O'Mahony, les Saint-Victor, mais d'une excellente éducation, qui se dit tout Français et qui loue la sociabilité des mœurs fribourgeoises et la gaieté de la population.

Michelet rencontre aussi, en arrivant, le fameux père Girard, cordelier, l'apôtre de l'enseignement mutuel.

Mais la ville, « cette rude ville de combat », produit sur lui une impression saisissante, avec le profond ravin de la Sarine qui l'entoure des deux côtés et sur lequel elle surplombe comme un cap de cinquante mètres de haut.

---

1. Le directeur du *Fédéral* était M. Jean Huber Saladin.
2. Voy. la suite dans G. Monod, *Michelet à Genève en 1843* (*Semaine littéraire* de Genève, 4 mars 1911, p. 100).

« La ville improbable, absurde, *la ville du vertige*. Le miracle habituel dans les ex-votos des chapelles, c'est de tomber sans se tuer, soutenu par la Vierge. La Vierge aussi tient Fribourg en l'air, sur le penchant des abîmes. Mais voici la science moderne qui entre en concurrence avec la Vierge et fait aussi ses miracles. Elle jette un pont du diable, deux ponts, tant qu'on en voudra, à 100 pieds, à 200 pieds. Quoique très fatigué en arrivant, je passai, par un grand soleil, les ponts, les rampes, regardant sans trop de vertige ces affreux abîmes, le serpent de la Sarine rudement tordu, la ville descendant à rangs serrés de maisons, sur son roc, entre deux plis du torrent. Une ville plus vieille que les vieilles et plus jeune que les jeunes (par les ponts du moins), le tout sous le double et triple fort des Jésuites, qui de plus ont leurs Liguoristes au bas, leurs Maristes, leur théâtre où l'on met en contraste l'élégant élève des Jésuites avec le lourdaud du collège laïque. »

Michelet, naturellement, se rencontre à Fribourg avec les quelques libéraux qui s'y trouvent encore. Il ne trouve plus M. Schaller, qui est mort, ni le conseiller d'État, M. Charles, seul conseiller libéral, mais qui est obligé de mettre son fils aux Jésuites, pour lui conserver l'héritage d'une tante. Il voit, par contre, l'historien de Fribourg, M. Berchtold, médecin de l'hôpital, et il est piloté par M. Dageret, qui va quitter Fribourg, où il n'a rien à espérer, pour aller à Porrentruy, diriger une école normale primaire. Il a été élevé chez les Jésuites et les défend contre le reproche d'encourager la délation chez leurs élèves, bien qu'ils les encouragent à parler les uns sur les autres ouvertement. Dageret fait remarquer que les jeunes filles que les deux promeneurs rencontrent les regardent d'un air sombre et farouche, parce que Dageret est un adversaire des Jésuites. A Berne, où il passe le 19, Michelet ne fait que visiter quelques personnes, M. de Rodt, Zerleeder, Fetscherin Tillier, de Rougemont, le colonel May. Il suit toujours son idée de lutte religieuse, prêche la nécessité de s'entendre pour combattre par la presse; prend le titre des *Erinnerungen*, d'Ernst Münch, sur les Jésuites de Louvain, et apprend de M. de Rougemont qu'il a vu à Rome une lettre de Vuarin, le curé de Genève, qui se vantait d'avoir joué Fazy et les radicaux. Il dit que les riches Bernois sont hantés par le fantôme du communisme. Le colonel May est effrayé parce que le gouvernement veut centraliser les biens communaux des pauvres.

Lucerne, naturellement, intéresse Michelet plus que Berne, comme Fribourg l'a plus intéressé que Lausanne, parce qu'il y retrouve la seconde des forteresses du Jésuitisme.

Pendant la nuit, il songe à reprendre dans son cours toute la polémique de la Réforme — les idées de Luther sur la confession. On le voit esquisser tout un chapitre du *Prêtre*, d'une déplorable fantaisie.

« Au Moyen-Age, la confession était moins absurde. On hésitait moins à envoyer sa femme à un homme d'une vie si exceptionnelle, si abstinente. Le jeûne explique une foule de choses au Moyen-Age. Aujourd'hui, au contraire, l'homme épuisé c'est le mari, par le travail, par les soucis de la concurrence. Le prêtre agit avec une force tout intime. Si le prêtre veut qu'on lui confie ce qu'on lui confiait alors, qu'il se mette par le jeûne dans la même situation. Ajoutez qu'au Moyen-Age l'âme n'ayant pas encore la faculté analytique pour se révéler et s'analyser elle-même ne présentait pas au prêtre les mille fils par lesquels il la prend aujourd'hui, la prend, la garde, la tire à volonté. Prenez le prêtre le plus sage et la femme la plus sage, il sera bientôt le vrai mari spirituel. Avec qui ressuscitera-t-elle ? Avec celui qui déjà sur la terre la menait à Dieu. Quel est l'ignoble époux qui voudra d'un tel partage? A lui, le corps, au prêtre le cœur! Cela prouve que le mariage n'est pas constitué encore; il impliquerait l'union des cœurs, la communication d'esprit habituelle. »

Il visite le collège des Jésuites, l'Arsenal où il voit le casque de Zwingle; — le lion de Thorwaldsen lui paraît moins tragique en réalité qu'en reproduction. Le nonce, Italien de trente ans, très gai, paraît être le roi, plus que le roi, Dieu le père; il conclut que la Suisse catholique n'est pas une République[1].

Il entre le soir, en attendant la poste d'Aarau, à l'église des Jésuites, très parée, très coquette, pleine de marbres.

Fresques déplorables représentant la vie de saint François Xavier, jusqu'à son apothéose, où le Pape et toute l'Église le voient de terre monter au ciel, ou plutôt triompher dans le ciel sur un char attelé d'un éléphant et d'une girafe. Rien de plus burlesque.

Il y avait une foule le matin aux églises. Aux Jésuites il entrait trois femmes, une dame et deux paysannes qui attendaient pour se confesser. Un gros sacristain à figure avachie, mine basse, lèvre pendante, leur dit rudement d'entrer. Elles disparurent (les confessionnaux qui sont dans l'église ne servent à rien apparemment). Nous nous acheminâmes pour sortir et il claqua la grille sur nous avec autant d'humeur que s'il avait su qui j'étais.

Sur la route d'Aarau, le 22 août il rencontre de longues files de femmes condamnées conduites au travail par un homme avec fusil chargé. Les condamnées vivent ainsi en plein air, travaillent et se portent bien.

Ses préoccupations religieuses le poursuivent. Au premier village il remarque des bénitiers sur les tombes « pour empêcher, dit-il, les malins esprits d'emporter, de promener les corps, d'en faire des vampires ». Il relève à Munster une épitaphe qui l'émeut profondément : « Je suis un enfant de deux ans. Quelle chose horrible qu'il faille si petit, comparaître devant Dieu. »

Il ajoute « croyance vraiment horrible qu'un innocent ait à craindre Dieu. On sent aussi que ce sont les meilleures âmes, les plus douces et les plus tendres qui sont le plus tourmentées, le plus asservies!... parce qu'elles donnent, par le cœur, une prise plus forte que les autres (de là le charme des catholiques et des peuples catholiques, mais en même temps toutes les misères de la tutelle, sous un tuteur rusé, dépravé). »

A Aarau, où il descend à *l'Homme Sauvage*, il va voir le vieux Zschokke, « vieilli, alourdi, mais énergique, cordial ». Il cause avec

1. Michelet assiste le 21 à une séance de la Diète, où l'on ne parle guère qu'allemand.

lui « de Charles le Téméraire, mais aussi des catholiques ». Zschokke croit que le soulèvement des catholiques est l'ouvrage des couvents. Les couvents de femmes lui paraissent peu dangereux. « Ce sont de vieilles filles ignorantes qui ne peuvent élever des demoiselles. »

A Aarau il s'occupe surtout de recueillir des renseignements bibliographiques sur l'histoire suisse. Il admire la collection Zurlauben [1].

D'Aarau à Bâle Michelet est préoccupé des souvenirs des guerres civiles qui avaient ensanglanté ce pays de 1831 à 1833, quand le mouvement démocratique soulevé à la suite de la Révolution de 1830 eut à lutter, pour amener une révision libérale des constitutions cantonales, contre la résistance des partis conservateurs. Dans le canton de Bâle, la campagne avait obtenu en 1832 et maintenu en 1833 son indépendance, Bâle-Campagne vis-à-vis de Bâle-Ville. Michelet se trouve dans la diligence avec un paysan qu'il pense être un des habitants de Liestal qui battirent le 13 août 1830 le colonel bâlois Vischer dans la forêt de la Hardt :

« Nous avions dans la diligence un curieux échantillon du paysan arrivé d'hier à la vie civile : un homme de Liestal, 5o ans, les yeux durs et saillants, pommettes des joues très grosses, bossu, nez triangulaire, tous les traits comme poussés en avant et ramassés vers une pointe, une proue, un grouin de sanglier, *fulmineus sus*. De grandes mains, mais blanches, et qui n'ont pas travaillé à la terre, la voix haute, âpre, rieuse, les yeux inquiets, la tête à droite, la tête à gauche. La vraie figure d'un bon tireur, alerte, la main sûre, qui n'aura pas manqué son coup dans la forêt de la Hardt, au 13 août. Il nous montre lui-même les lieux où l'affaire se passa.

Michelet fait ainsi la psychologie un peu imaginative de tous ceux qu'il rencontre sur sa route. On saisit là un des dons et des dangers de son génie :

Autre compagnon de voyage : un petit homme en blouse, l'air vif, brusque, inquiet, quelque chose de sagace et de hardi, mains blanches (un fraudeur ?)

Un autre encore, un Français venant de Milan, parlant les trois langues, mains de cordonnier, habits de velours de coton, l'air bas, sensuel, rusé, — très suspect.

A Bâle, où il descend à la *Couronne*, au bord du Rhin, près du pont, Michelet oublie les disputes contemporaines et se laisse emporter par les grands souvenirs de la ville des conciles et de la Réforme. Ces pages sont les plus belles du journal. Il écrit le 24 août en contemplant le Rhin :

« Combien cette vue dut charmer ceux qui virent dans le Rhin la barrière de la liberté religieuse, les Erasme, etc... Moi-même je m'y trouve d'autant plus animé à défendre toute la suite de nos traditions modernes, Erasme et Luther, Dumoulin, Shakespeare et Molière, Voltaire et Rousseau, tous ces chercheurs, ces douteurs qui parurent flottants, et qui, dans leurs incertitudes, n'en ont pas moins fondé. Ils ont fondé la liberté de chercher encore, et préparé les garanties de toutes sortes qui font notre sécurité, notre dignité. S'ils ont souffert pour nous fonder cette commune patrie moderne (*qui sanguine nobis hanc patriam peperere suo*) nous souffrirons aussi pour défen-

---

1. Question des couvents — Argovie en 1841.

dre leur mémoire, à laquelle restent attachées tant de belles et grandes choses dont jouissent leurs ennemis mêmes. Temps sombre, pluie, ciel plomb, à peine un point bleu. Le pont et le Rhin presqu'entièrement dans l'ombre. »

Il visite le Musée, l'Arsenal. Le professeur de théologie Stehelin est le seul savant qu'il rencontre dans sa jolie maison du Petit-Bâle. Stehelin lui dit qu'à Bâle il n'y a pas de banquiers, mais que beaucoup de Bâlois pratiquent le prêt d'argent. Le 25, Michelet va seul à la salle du Concile pour y rêver de passé et d'avenir.

De Bâle, Michelet va à Thann voir son cousin Lefebvre et visiter la vallée de Saint-Amarin. Puis il se rend à Strasbourg. Ici toute sa hantise anti-catholique le reprend, et il voit l'Alsace livrée au plus dur cléricalisme, et par là ennemie de la France. Il va voir à Urbès la Vierge qui y a été peinte en commémoration d'une apparition.

« Elle est représentée, dit-il, écrasant le serpent, sur le globe du monde. Un peu au-dessus de la tête du serpent est écrit *Frankreich*. Voilà comment ils associent l'idée de la France à celle du mal par excellence... et cela sur la frontière. Rapprochez cela du plaisir qu'ont les Alsaciens à voler les Welches, selon Mme Barbet[1]. »

A Strasbourg, à la cathédrale, tout lui parle de fanatisme religieux.

Michelet rentre de Strasbourg à Paris par Saverne, Sarrebourg, Lunéville, Nancy, l'Argonne, Châlons et Meaux. Il se sent tout ravivé quand il quitte l'Alsace pour la Lorraine.

« Lundi 28, à 4 heures, partis par un froid brouillard, qui sent son septembre, et monté, monté du Rhin à Saverne, de Saverne à la digne colonne qui nous dit toujours *Alsace*, pour dire que Louis XIV a fait de grandes choses, durables et que nous n'en faisons guère. Ce que le valet de chambre disait tous les matins à Saint-Simon : Monsieur le Duc, levez-vous, vous êtes né pour les grandes choses » il faut le dire tous les matins à tous depuis que tous sont anoblis, tous sont ducs et pairs... sacrés par la Révolution... »

Nous rencontrâmes la Lorraine au sommet, pauvre et sèche en comparaison de la grasse Alsace, mais tout autrement vive et énergique, avec la dure petite tête qui porte de si lourds fardeaux.

Suit un ravissant tableau de campagne.

A Nancy, où il est conduit par son élève Goguet, professeur de rhétorique au collège et par son collègue Bontoux de philosophie, il visite le champ de bataille où périt Charles le Téméraire et fixe au confluent de deux ruisseaux la place où il périt. Ses amis le ramenèrent à la question religieuse qui ranime tout, au recteur Magin qui met sa fille au Sacré-Cœur et combat Lacordaire. L'aumônier du lycée, ami de Lacordaire, parlant de Damiron un jour d'exécution capitale, dit que les guillotinés sont moins coupables que lui.

Michelet note à Nancy la forte persistance de l'esprit local associé au patriotisme ardent.

« Aujourd'hui encore, dans Nancy, fort esprit de localité, gloriole d'ex-

---

1. Dans le *Tableau de la France* il n'a pas compris l'Alsace qui pour lui est Allemagne.

capitale, que combat l'esprit de guerre, l'esprit français, l'instinct démocratique de la grande patrie. »

A Meaux, il retrouve le souvenir de Bossuet qui a toujours exercé sur son esprit un incroyable prestige. Déjà en 1839 il s'était promené et avait médité dans ce jardin épiscopal « ce noble jardin sans ombre, comme l'âme du grand orateur ». Il y avait encore en 1842 admiré le palais de Bossuet « la sombre allée d'ifs séculaires, enlaçant leurs vieux bras, comme de funèbres songes s'enchaînent dans une longue nuit ». Toutes les fois qu'il rencontre Bossuet son image lui arrache de fortes paroles. Voici ce qu'il écrit le 1er septembre 1843 :

« Revu la cathédrale et le jardin de Bossuet (le palais fermé faisait illusion. On eût dit que Bossuet était mort la veille) les charmilles solitaires qui me firent penser à Vascœil, à Madame dont le portrait est au cabinet de Bossuet; enfin monté sur la terrasse, entré sans être conduit par personne à ce cabinet de travail triste et sec, boisé sans goût, où l'on croirait retrouver la sèche tristesse du prêtre, et les moments de recueillement (et d'incertitude ?) si ce pompeux génie en connut jamais. Oui, ces ifs qui mêlent leurs pointes, n'ont jamais ombragé de doute. D'ici pourtant la vue n'est plus harmonisée, dominée par l'imposante cathédrale. D'ici, on ne voit ni Meaux, ni Versailles. Et qui empêche qu'une libre pensée ne s'y fasse jour... Si l'orgueil le permettait, si les temps écoulés ne pesaient, les triomphes de la chaire. — Tout cela aboutissant aux défaites de Louis XIV. La France s'en va sous les Jésuites, et dans l'Europe, le petit juif Spinoza qui les engloutira tous... Donc, que Bossuet même fasse la révérence au Pape et finisse son grand combat. »

A sept heures du soir Michelet rentre à Paris et retrouve

« Alfred, Adèle, que je n'espérais pas revoir — mon père et sa joie parleuse, Gazelle et Marie. M. Michel, la maison, la même amie, douce et triste, — sauf cet aimable jeune bonheur. »

Il résume ses impressions.

« Ce voyage plein de choses fortes qui m'arrivaient par éclairs, n'a pas eu d'ensemble. J'avais deux pensées : 1° mon Charles le Téméraire, sur lequel j'étais assez froid; 2° ma polémique, sur laquelle j'étais non pas refroidi, mais fatigué.
Je vis les Alpes et m'élevai peu. Seulement j'ai vu Ferney et seul, la salle du concile de Bâle tout illuminée par la lumière du matin. »

Michelet revenait en effet de son voyage tout rempli des pensées d'où allaient sortir son cours sur Rome et la France et son livre du *Prêtre*, dont cependant l'idée ne lui vint avec netteté qu'en 1844.

Mais il lui faut avant tout achever son *Louis XI* et c'est à cela qu'il travaille au retour, non sans peine et toujours tiraillé par ses idées de polémique religieuse, au point qu'étant allé passer à Rouen les 1er et 2 octobre pour régler avec le notaire des Dumesnil des affaires d'argent, il en revient avec des idées d'une abstraction toute métaphysique sur ce que doit être la philosophie de son cours.

« Le temps moderne, (sans penser à Dieu comme Dieu personne) a fait les œuvres de Dieu, comme fils, amour égal pour tous, et comme père ou créateur. Mais la seule pensée a été pour Dieu substance (Spinoza). Maintenant il faut que l'esprit moderne retourne au Dieu cause qui donne l'unité. »

Il se met avec ardeur au *Louis XI*. Le 3 novembre il termine *Charles le Téméraire*. Le 6 il commence le dernier chapitre. Le 4 décembre il finit l'ouvrage et le 6 est achevée l'impression. L'ouvrage sera mis en vente le 4 janvier.

Ce n'est que le 13 décembre qu'il commence à préparer son cours. Le 20, il en fixe les six premières leçons. L'idée centrale sera : au xvII^e siècle Rome et l'Espagne tarissent, la France croît — mais elle se rapproche de Rome et dès lors décroît.

Michelet allait commencer seul son cours avec Mickiewicz dans des dispositions assez mélancoliques. Quinet avait reçu des observations de Villemain parce qu'il prétendait donner pour titre à sa chaire : *Littérature et institutions de l'Europe méridionale.* Il demande un congé pour aller en Espagne et part le 8 novembre pour revenir le 22 février 1844. Le 12 novembre les professeurs du Collège de France décident en l'absence de Michelet que les professeurs qui ne font qu'une heure devront se faire remplacer pour l'autre (contre Michelet). Le 15 octobre Lerminier publie dans la *Revue des Deux Mondes* un article contre Michelet et Quinet. Les brochures contre les professeurs se multiplient. On lacère les affiches du *Louis XI*. Capefigue dit à Michelet le 4 octobre : « Avant trois ans on vous destituera ».

CHAPITRE IV

Le Cours de 1844 et le " Prêtre "

J'ai dit dans quel état de désarroi moral et intellectuel se trouvait
Michelet en l'année 1844. Il aurait pu avoir dans son intérieur une
vie heureuse et calme entre son père et le jeune ménage Dumesnil;
mais il avait laissé sa vie sentimentale aller à la dérive; tout en se
le reprochant, il ne pouvait s'arracher aux liaisons inférieures auxquelles il s'était laissé prendre; il les transformait en un sentiment
de communion mystique avec le peuple, il essayait même une éducation qui aurait peut-être abouti, s'il avait eu affaire à une nature
mieux douée, à un mariage qui eût été la pire des catastrophes. Il
s'en doutait, car en septembre, étant à Rouen avec ses enfants et
rencontrant une dame à l'œil dur qui était une ancienne servante,
il parle avec énergie du danger de pareilles unions. En outre commençait pour lui un souci qui allait le harceler pendant vingt ans. Son
fils Charles, qui arrivait à ses quinze ans, lui causait des inquiétudes et des chagrins grandissants. C'était pourtant un aimable enfant,
point sot et doué admirablement pour le dessin, mais incapable de
travail assidu. Il passait d'école en école, mécontentant partout ses
maîtres par sa paresse et son inconduite. Et quoique Michelet s'en
montre constamment et douloureusement préoccupé, lui qui se croyait
appelé à refaire l'éducation de la France et du monde était au fond
incapable de diriger celle de son fils.

Intellectuellement son désarroi n'est pas moins grand. Sur quel
plan va-t-il continuer son *Histoire de France?* Il continue à travailler à son volume de la Renaissance, écrit même tout le règne de
Charles VIII et le porte à l'imprimerie le 31 juillet. En même temps
il se sent invinciblement attiré vers la question religieuse et la préparation de la Révolution. En mars il fait annoncer dans les journaux qu'il publiera le 15 avril son cours du Collège de France sous
le titre *Rome et la France.* En avril il projette un livre un peu différent qui sera intitulé : *l'Église et la famille.* Au commencement d'août
il pense à publier *l'Évangile éternel.* Enfin le 9 août il commence le
Prêtre dont le titre complet sera *Le Prêtre, la Femme et la Famille,*
livre tout préparé par les lectures faites pour son cours *Rome et la
France.* Il y travaille désormais sans désemparer, l'achève le 10 janvier 1845 et le met en vente le 20 janvier.

En réalité depuis son cours sur les Jésuites sa pensée n'avait pas
quitté la disposition polémique où l'avait jeté la bataille du prin-

temps de 1843. Son cours de 1844 qui avait pour sujet : *Rome et la France* en est une preuve nouvelle.

Si Michelet avait traité ce sujet avec le sérieux et l'objectivité de l'historien, il y avait là matière à une étude ample et belle. La France de Henri IV et de Richelieu donnait l'exemple d'un pays où le pouvoir royal sortait fortifié d'une période d'anarchie, et où malgré un réveil religieux au sein de l'Église, malgré les soubresauts de la turbulence à la fois féodale et républicaine des huguenots, le pays jouissait d'une liberté religieuse unique en Europe, pendant que l'Allemagne et l'Angleterre étaient en proie aux plus sanglantes convulsions et que l'Italie et l'Espagne subissaient une décadence progressive sous le joug de la tyrannie religieuse la plus oppressive. Cette situation privilégiée, la France la perd à la fin du siècle, en partie, je le veux bien, par l'excès des ambitions de Louis XIV, mais plus encore par sa politique religieuse qui marque l'abandon de la tradition de Henri IV et de Richelieu. Il y avait là une magnifique introduction à l'histoire intellectuelle et religieuse du xviie siècle. Michelet l'a entrevu. Mais il n'a su exécuter son plan d'une manière digne ni de lui ni du sujet lui-même. Il a improvisé son cours et s'est laissé entraîner à une polémique constante et souvent à une rhétorique bien vide.

On peut lui trouver, si l'on veut, une excuse dans l'état général des esprits, dans l'atmosphère de bataille où l'on vivait alors.

La lutte religieuse commencée continuait avec un redoublement d'ardeur et la politique incertaine et contradictoire du gouvernement accroissait l'audace des partis. D'un côté le roi, à la réception du 1er janvier, se plaignait à l'archevêque de Paris de l'attitude séditieuse d'une partie de l'épiscopat; le gouvernement faisait condamner à quinze jours de prison et 4.000 francs d'amende l'abbé Combalot pour avoir accusé les professeurs de l'Université d'impiété dans son *Mémoire aux évêques de France et aux Pères de Famille sur la guerre faite à l'Église et à la société par le Monopole Universitaire*, et Louis Veuillot, ainsi que le gérant de l'*Univers*, à un mois de prison et 3.000 francs d'amende pour avoir pris la défense dudit Combalot. En même temps le ministre de l'Instruction publique, Villemain, prenait en toute occasion la défense des professeurs attaqués par les évêques. Par contre le ministre de la Justice Martin (du Nord) et le ministre de l'Intérieur Duchatel ne manquaient pas une occasion d'entraver par des arguties légales la liberté de culte des protestants. On faisait condamner à un an de prison et à 6.000 francs d'amende un curé démissionnaire de Senes, M. Maurette, qui s'était permis d'exposer dans une brochure *Le Pape et l'Évangile* [1], les motifs de sa démission [2]. On condamnait de même sous prétexte d'attaques contre un culte reconnu une brochure de M. Toussaint Michel [3]. Si on laissait les journaux ministériels atta-

---

1. Lyon chez Denis, 1844.
2. Et on l'enfermait avec un escroc pour faire sa peine.
3. On condamnait celui-ci à six mois de prison et 2.000 frs d'amende. Ce pauvre diable restait en prison, sa peine finie, faute de pouvoir payer son

quer avec la dernière violence les Jésuites, on laissait d'autre part ceux-ci reconstituer leurs établissements et leur hiérarchie en France. On laissait Lacordaire rétablir sans autorisation l'ordre de Saint-Dominique en France, et les congrégations enseignantes de femmes se multiplier à l'infini. Dans le procès fait à l'*Univers* on avait entendu l'avocat général de Thorigny louer le gouvernement de ses efforts pour établir l'unité religieuse en France. Jamais cette incohérence gouvernementale ne s'était manifestée avec plus d'éclat que dans la discussion de la loi sur l'enseignement secondaire qui eut lieu en 1844, d'abord à la Chambre des Pairs, puis à la Chambre des Députés. C'était la troisième fois que le gouvernement de Louis-Philippe tentait de légiférer sur la liberté d'enseignement, promise par la charte de 1830 et réclamée à grands cris par le parti catholique moins au nom des principes que dans un esprit d'animosité violente contre l'Université. Son intransigeance devait faire échouer le projet de 1844 comme les précédents. Le projet de 1844 [1] concevait la liberté de l'enseignement en ce sens que tout collège libre dont les professeurs de rhétorique et de philosophie seraient licenciés ès-letttres et qui aurait un maître bachelier ès-sciences mathématiques serait considéré comme collège de plein exercice. Les élèves pourraient se présenter au baccalauréat avec un certificat d'études délivré par leurs parents, et qui d'ailleurs ne serait exigé que des élèves de moins de 25 ans. C'étaient là de bien modestes garanties exigées par l'État. Le projet ministériel laissait subsister le privilège des petits séminaires, c'est-à-dire de toute une série d'établissements catholiques libres d'enseignement secondaire [2]. A la Chambre des Pairs un rapport admirable de lucidité et d'élévation d'esprit, dû au duc de Broglie, amenda sur deux points importants le projet du gouvernement. Les petits séminaires devaient être soumis à la règle générale; d'autre part, comme c'était l'enseignement de la philosophie universitaire qui était le principal objet des attaques du clergé et des cléricaux [3], M. de Broglie demandait qu'il fût supprimé des collèges et reporté à l'enseignement supérieur où il était mieux à sa place. Bien que M. de Montalivet, intendant de la liste civile, eût soutenu cette proposition par un argument des plus fâcheux en rappelant que le décret de 1808 faisait de la religion catholique la base de l'enseignement secondaire; bien que Cousin eût défendu avec éloquence la philosophie spiritualiste enseignée dans les collèges, fondée sur des principes aussi certains que ceux de la physique et de la chimie, la Chambre des Pairs adopta l'amendement de la commission tout en maintenant le privilège des séminaires [4]. A la Chambre des Députés, la

---

amende et on l'enfermait à Sainte-Pélagie avec deux banqueroutiers. Michelet obtint sa liberté par Hébert, le procureur général.

1. Présenté par M. Villemain, mais on reconnaît aussi l'influence de Guizot.

2. On avait voulu ainsi se concilier les évêques.

3. Voyez les discours dans ce sens de Beugnot et de Quentin Bauchart.

4. Avril et mai 1844.

commission dont le rapporteur fut M. Thiers, rendit plus rigoureuses les garanties exigées des professeurs de plein exercice, rétablit les études philosophiques dans les collèges et soumit les petits séminaires au régime des ordonnances de 1828. La majorité de la Chambre donna raison sur tous les points au lumineux rapport de Thiers, mais la loi violemment attaquée par tout l'épiscopat ne fut pas représentée à la Chambre des Pairs et le système du monopole subsista avec l'agitation permanente dont il était l'occasion.

A l'excitation que causaient chez Michelet ces agitations du dehors se joignaient les attaques dont lui-même ou ses amis étaient constamment l'objet. A chaque instant paraissaient des brochures où ils étaient bafoués. C'était, en février les deux petits volumes anonymes du P. Cahour : *Des Jésuites par un Jésuite*, où l'on relevait les erreurs de textes et d'interprétations commises dans leurs leçons sur les Jésuites par Michelet et surtout par Quinet; c'était au même moment le *Simple coup d'œil* de l'abbé Védrine [1]; c'était surtout en septembre la brochure : *Les nouveaux Montanistes au Collège de France*, également anonyme et d'une verve comique, dirigée contre Michelet, Quinet et Mickiewicz [2].

Enfin dans les Chambres on réclamait périodiquement du gouvernement qu'il empêchât les professeurs du Collège de France de transformer leurs cours en prédications révolutionnaires ou irréligieuses. Le 17 janvier, à la Chambre des Députés, de Tocqueville reproche au ministère de rester silencieux devant les agressions des évêques « qui croient pouvoir impunément attaquer, injurier, calomnier une institution de l'État, et devant les manifestations d'hommes considérables qui, irrités par ces attaques injustes, parlant au nom de l'État, dans des chaires créées et maintenues par l'État, attaquent non plus seulement telle portion du clergé qui menace l'instruction laïque, non plus même le clergé tout entier, mais le catholicisme même, mais le christianisme même ».

Le 16 avril, à la Chambre des Pairs, Montalembert tout en proclamant son respect pour la liberté absolue de l'enseignement supérieur, protestait contre le scandale des cours du Collège de France et s'étonnait de l'indulgence qu'on leur témoignait. Le 9 juillet, à la discussion du budget de l'instruction publique à la Chambre des Députés, Lespinasse se plaignait que Mickiewicz, Michelet et Quinet donnassent un enseignement contraire à la morale publique et à tous les dogmes religieux. Il déclarait que « l'instruction donnée au Collège de France était pernicieuse pour la nation et était la cause de tous les embarras suscités par le clergé ». Villemain sentait bien que l'enseignement des trois professeurs n'était pas précisément ce qu'on pouvait souhaiter dans un établissement chargé de représenter la

---

1. Qui complétait le *Monopole universitaire* du chanoine Desgarets.
2. Au commencement d'avril dix évêques de la province de Paris adressaient un mémoire au roi contre l'enseignement universitaire, où Michelet et Quinet étaient particulièrement pris à partie.

science sous sa forme la plus élevée et la plus sévère : en particulier les prédications de Mickiewicz sur les révélations de Towianski, n'avaient qu'un rapport éloigné avec les langues et littératures slaves. Il indiqua à la Chambre que des représentations leur avaient été adressées et qu'on les avait invités à se renfermer plus étroitement dans le programme de leurs cours. Cependant il défendait dans un langage très élevé la liberté de l'enseignement du Collège de France. Il soutenait et avec raison que l'on avait rapporté inexactement leurs paroles et déclarait : « L'enseignement du Collège de France qui est destiné à des adultes, qui n'est imposé à aucune classe d'étudiants, n'a pas de rapports avec l'enseignement plus restreint, plus grave, plus surveillé, de l'Université. C'est un établissement de haut et libre enseignement. »

Mais il ajoutait aussitôt : « Les professeurs de cet établissement, par cela seul qu'ils professent sous la protection de l'État, je ne dirai pas au nom de l'État, ont des devoirs très étroits, très impérieux, des devoirs de modération, de gravité, de réserve, des devoirs que nous n'oublierons jamais de leur rappeler au besoin. »

C'est ce que Michelet aurait dû comprendre. Du moment qu'il allait soutenir des idées en contradiction avec les croyances traditionnelles de la France, il devait donner à son langage une gravité d'autant plus grande, éviter dans l'expression, tout ce qui pouvait sentir la passion, surtout nourrir son enseignement de faits précis et remplir attentivement toutes ses obligations de professeur.

Michelet ne fit rien de tout cela. Son cours de 1844 fut peu préparé, peu nourri, et ce fut avec peine qu'il parvint à tirer treize leçons [1] du sujet qu'il avait choisi. Il lui aurait été facile, il est vrai, d'en faire davantage s'il avait voulu simplement professer d'avance au Collège de France des chapitres de son livre sur *Le Prêtre* [2]. Il ne le fit pas, arrêté par un scrupule très respectable. Attaquant directement l'institution catholique de la confession, il y traitait une série de questions de psychologie morale trop délicates pour en parler dans un cours public [3]. Il commença son cours le 3 janvier et continua régulièrement tous les jeudis jusqu'au 7 mars. Puis il prit un mois de congé, reprit son cours le 18 avril pour le terminer le 9 mai. Le 18 mai, il partait, la conscience tranquille, pour un voyage d'un mois en Provence, Languedoc et Auvergne.

Les neuf leçons du premier semestre furent consacrées au XVIIe siècle. Il montre Rome affaiblie à la fin du XVIe siècle surtout en face d'une France sortie renouvelée des guerres civiles, puis reprenant peu à peu son empire au XVIIe siècle par la direction spirituelle, par cet art insinuant et secret qui convenait à merveille à une société apaisée et policée où la conversation avait pris une importance capitale. Les

---

1. Au lieu de 4o leçons que le règlement exigeait de lui.

2. Les onze chapitres du deuxième livre sur la direction spirituelle au XVIIe siècle auraient fait onze leçons très sérieuses.

3. De même que dans son cours sur les Jésuites il n'avait pas dit un mot des excès et des scandales de la casuistique.

agents les plus actifs de cette direction spirituelle sont les Jésuites, qui ont su par les doctrines et les pratiques de la dévotion aisée répondre aux besoins d'une société avide de vie religieuse, mais attachée en même temps aux agréments de la vie mondaine et très hostile à l'austérité calviniste. La doctrine du Jésuite espagnol Molina [1], très habilement, conciliait le libre arbitre avec l' « action de la grâce par la présence divine, Dieu donnant sa grâce, nécessaire au salut [2] », à ceux dont il sait que leur volonté est disposée à l'accepter. Malgré les attaques des dominicains et les méfiances de Rome, elle fournissait aux Jésuites une doctrine théologique à opposer aux calvinistes et qui laissait à tous l'espoir du salut. François de Sales, ami des Jésuites, leur apportait par son génie aimable et gracieux les formules de la dévotion aisée. A la conception religieuse des Jésuites, Michelet opposait dans sa troisième leçon ce qu'il appelle la *sainteté laïque*, c'est-à-dire tout le mouvement intellectuel libre du xviie siècle dont Descartes est le représentant le plus typique et dont Michelet trouve dans l'art un interprète en Rembrandt. C'est cette sainteté laïque des grands travailleurs de la pensée qui prépare l'œuvre du xviiie siècle. Dans la quatrième leçon il racontait l'histoire religieuse de 1656 à 1682, la ruine du jansénisme sous les coups des Jésuites, de la papauté et de Louis XIV, la résistance momentanée du roi contre une abdication trop complète en 1682, suivie bientôt d'une obéissance absolue à la papauté et aux Jésuites. La cinquième leçon était consacrée au quiétisme, de Molinos à Mme Guyon. Tartufe y figurait aussi, car Tartufe aux yeux de Michelet est un directeur quiétiste. Le quiétisme, si dangereux pour la moralité de ceux qui se laissaient aller à ses alanguissements et à cette doctrine où les actes devenaient presque indifférents pour ceux qui se sentaient unis avec Dieu, fut en général combattu par les Jésuites. Ils avaient avec le Père Seguerc condamné Molinos [3]. Michelet, dans son livre du *Prêtre*, présente le quiétisme comme une sorte de conséquence naturelle de la direction spirituelle donnée par les Jésuites; et il a signalé leurs complaisances à l'égard du quiétisme. Il y a là, avec certaines exagérations, une vue juste, et Michelet a très bien deviné les liens entre François de Sales, les Jésuites et Fénelon. On peut se faire une idée de ce que dut être cette leçon, la précédente et la suivante, par les chapitres V et VI du *Prêtre* qui vont des débuts du jansénisme à

1. Né à Cuenca 1535, mort à Madrid 1600, professeur à Evora.
2. *Liberi arbitrii cum gratiae donis divina praescientia... et concordia.* Lisbonne 1588 et Venise 1595.
3. M. Henri Brémond dans un article bizarre et intéressant du *Correspondant* (25 fév. 1910) *Un complot contre Fénelon, la Solitaire des Rochers* démontre que les *Lettres de la Solitaire* répandues par le Janséniste P. Luc de Bray à la fin du xviie siècle (et publiées en 1787), ont été fabriquées par lui. Il a montré aussi que les Jésuites ont soutenu Fénelon dans sa lutte contre Bossuet par haine pour le jansénisme. Nicole les avait déjà dénoncés. Le P. Guilloré, le P. Vautier et d'autres étaient suspects de quiétisme.

la dévotion du Sacré-Cœur [1]. La sixième était intitulée : *L'art, Tartufe*. C'est l'art jésuite dont Michelet bafouait la fadeur et l'afféterie voyant un effet direct du jésuitisme dans les restaurations de mauvais goût dont on abîmait depuis 1840 les églises de Saint-Germain des Prés, de Saint-Ouen, de Notre-Dame. Ce n'était qu'à moitié juste. Le romantisme décadent et le mauvais goût du temps y étaient pour la majeure partie. Dans les trois dernières leçons du premier semestre, Michelet montrait la réaction se produisant contre cet aveulissement de la volonté et cet abâtardissement de la pensée, un équilibre tendant à s'établir vers 1700. Michelet définit dans la neuvième leçon, ce que sera la Révolution ou plutôt la fondation du monde moderne.

Les quatre leçons du second semestre paraissent avoir été consacrées à préciser ce qu'a été l'œuvre du xviiie siècle. La première, il est vrai, est de pure polémique contemporaine, un retour offensif contre les Jésuites et le clergé. Mais les trois autres ont un caractère un peu plus historique. Michelet les résume en ces mots : « Le xviiie siècle a continué légitimement l'anti-symbolisme. Combien l'anti-symbolisme a servi l'humanité. »

La dernière leçon se termine par un véritable hymne à la France et au génie français. Elle montre la France faisant au xve, au xvie, au xviie siècle tous ses efforts pour trouver un terrain de conciliation entre Rome et l'esprit moderne, puis ne réussissant pas à entraîner Rome dans les voies du progrès, réalisant elle-même ce que Rome était chargée d'accomplir, l'unité du genre humain.

Il est nécessaire de noter ces effusions hyperboliques d'un patriotisme que surexcitait à ce moment le sentiment que la politique française venait d'être humiliée par les événements de 1840. Elles n'avaient qu'un lien éloigné avec le sujet des cours de 1844; mais elles se rattachent directement au livre du *Peuple* de 1846 et à l'idée mystique que Michelet se fera du rôle messianique de la Révolution française.

Le résultat sérieux de ce singulier cours, qui heureusement sera suivi en 1845 d'un cours bien autrement solide et nourri, a été le livre *du Prêtre, la Femme et la Famille* auquel Michelet se mit au commencement d'août après avoir achevé en juillet son *Charles VIII* et qu'il écrivit en deux mois dans une sorte de fièvre. Il parut le 20 janvier 1845. Le succès en fut énorme [2]. Il eut trois éditions dès la première année. La presse catholique tout entière l'attaqua. Les évêques le stigmatisèrent dans leurs mandements et l'évêque de Chartres en particulier, en donnant son adhésion au mandement de l'archevêque de Lyon Mgr de Bonald, contre les doctrines gallicanes, prit

---

1. Nous savons qu'il y a fait une place à la peinture de la vie de couvent au xviie siècle, qui se trouve au chapitre 4 du livre I du *Prêtre*.

2. Carlyle qui, dans son opuscule sur *Jeanne d'Arc* de Michelet traite Michelet avec grand dédain, dit que le *Prêtre* est le seul de ses livres connu en Angleterre et que c'est un mauvais livre.

Voy. la traduction de cet opuscule par M. de Contades 1909 « rapsodie incohérente ». La traduction anglaise du *Prêtre* eut 3 éditions en 1845.

Michelet à partie de la manière la plus violente [1]. Ce qui était plus grave pour Michelet, comme pour Quinet qui venait de publier son cours de 1844 sur l'Ultramontanisme, c'est que la presse libérale ministérielle se mettait elle aussi à les critiquer et à les attaquer; Granier de Cassagnac, ancien ami de Michelet, menait dans le *Globe* une campagne violente contre lui et qualifiait le *Prêtre* de « livre fort scandaleux et fort odieux ». Les *Débats*, après avoir continué pendant le premier semestre, par la plume de Cuvillier Fleury, la campagne contre les Jésuites prenait au contraire à partir du mois de juillet le parti du gouvernement contre les deux professeurs qu'on accusait de sortir du cadre de leurs cours. Mickiewicz avait déjà été suspendu en 1844 à cause de sa propagande bonapartiste, belliqueuse et mystique. M. de Salvandy avait remplacé au ministère de l'Instruction publique M. Villemain [2] que ces luttes avaient jeté dans un état d'agitation nerveuse confinant au dérangement cérébral. Le nouveau ministre menaçait Michelet et Quinet d'une mesure semblable à celle qui avait frappé Mickiewicz. M. Guizot venait d'entamer à Rome par l'intermédiaire de Rossi, envoyé comme plénipotentiaire extraordinaire, la suppression à l'amiable des établissements des Jésuites en France et il ne voulait pas que cette mesure eût le caractère d'une hostilité contre le catholicisme.

Il n'entre pas dans le plan de mon cours de faire l'examen et la critique du livre du *Prêtre;* mais je dois indiquer cependant sa place dans l'œuvre de Michelet.

La seule partie historique est la première, sur la direction au xviie siècle. J'en ai déjà indiqué les traits essentiels. Il montre que même avec des hommes supérieurs, saint François de Sales, Fénelon et Bossuet [3] et surtout avec des hommes supérieurs s'adressant à des âmes d'élite, mais exaltées, la direction de conscience éveille inévitablement chez la pénitente avec l'amour de Dieu, une sorte d'amour pour le prêtre qui parle en son nom et que même quand cette mysticité amoureuse reste pure, elle a l'immense danger de faire de la pénitente dans la main de son directeur un instrument passif qui perd toute volonté propre. Michelet montre la haute spiritualité d'un François de Sales, d'un Fénelon, d'un Bossuet, aboutissant sous l'influence combinée du jésuitisme et du quiétisme à la dévotion équivoque, sensuelle et matérialiste du Sacré-Cœur, née des visions de la visitandine Marie Alacoque, propagée avec ardeur par les Jésuites, et consacrée par l'établissement de la fête du Sacré-Cœur en 1697. On peut certainement trouver à redire à cette histoire de la direction au xviie siècle, y relever un certain parti-pris de malveillance et d'exagé-

---

1. Au mois de mars une pétition du clergé de Marseille réclamait l'interdiction des cours de Michelet et de Quinet, qualifiés de lettrés du dernier ordre.

2. En janvier 1845.

3. Mme de Chantal, Saint François. — Mme Cornuau, Bossuet. — Mme de la Maisonfort, Fénelon.

ration [1]. Néanmoins, la valeur historique en est grande Michelet a retracé là avec une réelle pénétration une partie importante de l'histoire religieuse du XVIIe siècle; il a écrit des pages délicieuses sur saint François de Sales et Mme de Chantal, sur Fénelon et Mme Guyon, sur Bossuet et la sœur Cornuau. Le reste de l'ouvrage est surtout polémique. La deuxième partie est consacrée à la direction de conscience en général, surtout au XIXe siècle. On y trouve des observations vraiment profondes sur la psychologie de la direction, mais le tableau qu'il fait des couvents et de la direction au XIXe siècle est certainement très poussé au noir [2]. La dernière partie traite de la famille. Michelet la montre désagrégée par la confession, qui met la femme et la fille dans la dépendance du prêtre et les sépare du mari et du père. Il trace un tableau de la famille idéale, telle qu'il la rêve, celle où la mère est le vrai centre, la protectrice de l'originalité des enfants contre l'éducation publique et contre le père même. Le chapitre II du livre III est à quelques égards une ébauche du livre de l'*Amour* que Michelet écrira plus tard.

Même si l'on trouve que Michelet a jugé avec prévention le rôle du clergé et de la confession, il faut rendre justice aux sentiments qui l'ont inspiré. Son œuvre a été dictée par une idée des plus élevées, celle même qui lui dictera plus tard un de ses cours du Collège de France et aussi son livre de la *Femme*, le rôle éducateur de la mère qui doit faire d'elle la directrice de l'homme et de l'enfant.

Le *Prêtre* valut à Michelet une correspondance volumineuse. Elle

1. En particulier Michelet a été très injuste pour Bossuet dont le rôle comme directeur de la sœur Cornuau est tout le contraire de ce qu'il prétend, et a été une merveille de prudence, de bon sens, de discrétion et d'élévation morale. Ses *Lettres sur la direction* sont un chef d'œuvre de raison en même temps que de piété. Michelet, ici comme pour les Jésuites, n'aurait-il pas été bien plus fort s'il avait commencé par montrer les raisons très élevées et légitimes qui ont donné naissance et à la confession et à la direction, les services moraux que l'une et l'autre de ces institutions religieuses peuvent rendre entre des mains sages et délicates — et seulement alors les dangers auxquels elles peuvent conduire, même chez des hommes supérieurs comme saint François de Sales et Fénelon, surtout chez Fénelon qui mérite en partie les sévérités pourtant excessives de Michelet. Si la direction dans le sens du jésuitisme et du quiétisme conduit à l'anéantissement de la volonté et de la personnalité et à tous les dangers de l'abandon de l'âme entre les mains du prêtre, cela n'est pas une conséquence fatale de la direction, et Bossuet l'a prouvé.

2. Il ne se borne pas à la critique de la confession et de la direction. Il rattache à la doctrine théologique de la grâce cet anéantissement de la personnalité humaine que la direction, selon lui, produit fatalement, et on voit s'ébaucher dans son esprit cette opposition entre la grâce et la justice, entre la morale théologique et la morale laïque qui fera la base de son Introduction à la Révolution française. Il oublie que la grâce ne joue pas du tout dans la théologie catholique le rôle qu'il lui prête, que le catholicisme fait très large la part du libre arbitre et des œuvres, tandis que la grâce augustinienne a été la théorie du jansénisme et du protestantisme qui n'ont jamais été accusés d'amollir les caractères, de détruire la personnalité et de diminuer la responsabilité morale. De sorte que la psychologie de Michelet se trouve bien contestable.

serait curieuse à feuilleter : lettres de prêtres demandant à Michelet
d'entreprendre une campagne contre le célibat ecclésiastique, ou contre la tyrannie épiscopale; lettres de femmes qui applaudissaient à ses
attaques contre la confession et le régime des couvents; une entr'autres racontant l'histoire navrante d'un ménage de commerçants dont
la fille avait été en secret attirée à la vie conventuelle et dont on
force les parents désolés et indignés à payer une dot conventuelle
sous peine de voir ruiner leur commerce par une souscription publique; lettres de professeurs et d'élèves de l'École Normale qui assu-
rent Michelet de leur sympathie et protestent contre l'article que
Saisset vient de publier contre lui dans la *Revue des Deux Mondes* du
15 février sous le titre *La Renaissance du Voltairianisme*; lettres d'inconnus de tout ordre, de toute classe et de toute éducation, dont les
unes exposent à Michelet des théories religieuses et sociales souvent
extravagantes, dont d'autres racontent les aventures de leur vie, dont
beaucoup cherchent à intéresser pécuniairement Michelet à leur sort.
Les lettres enthousiastes ne manquent pas. C'est Eugène Noël écri-
vant : « Ce livre, cette préface qui vient comme un *rinforzando*, vous
mettent à la tête de l'Europe. Vous étiez digne de ce grand rôle ».
C'est la nièce de Lamartine, la comtesse de Pierreclos, qui écrit le
24 février 1845 : « Ce précieux volume qui m'a rendue si fière et si
heureuse va devenir un des trésors les plus chers et les plus appréciés,
un des plus souvent relus de ma petite bibliothèque. Je fais des
vœux pour que votre parole, ce sénevé de Dieu, lève et fructifie,
qu'elle devienne un grand arbre sous lequel la pauvre humanité
si lasse, puisse s'asseoir et se reposer. » C'est le poète Jules
Barbier qui lui écrit le premier mars : « J'ai été des premiers à saluer
d'acclamations l'œuvre admirable de l'écrivain et mieux que cela,
l'acte courageux du citoyen et du père de famille. » C'est le philosophe Ch. Bénard qui lui écrit le 16 janvier : « Ce livre est un événement moral et social... Vous avez la sympathie de toute la génération
sur laquelle repose l'avenir du pays. » D'autres professeurs, Delcasso
de Strasbourg, Charma de Caen écrivent dans des termes aussi enthousiastes. M. Jules Bonnet et d'autres encore suggèrent à Michelet
l'idée de se mettre à la tête d'une congrégation laïque pour lutter
contre les congrégations cléricales. Plusieurs correspondants lui disent que le seul moyen de lutter est de s'appuyer sur le protestantisme. Il recevait même une lettre le mettant en garde contre des
complots formés en vue d'un attentat contre lui, à Lyon, sous l'inspiration de M. de Bonald.

Michelet recevait aussi des lettres nombreuses de désapprobation,
de longues réfutations de Ponton d'Amécourt, des injures anonymes
et d'autres signées [1], des lettres émouvantes de femmes qui lui reprochaient de leur enlever leur consolation et leur appui spirituel sans
rien leur donner à la place, et lui affirmaient qu'elles trouvaient

---

1. Des moqueries comme celles de ces étudiants qui lui envoient un
mouchoir pour étancher ses larmes.

dans la direction de leur confesseur des règles de vie pour leurs devoirs de femmes et de mères.

Michelet avec son exquise urbanité et sa courtoisie répondait à tout et tâchait de démontrer qu'il avait voulu faire une œuvre d'a-mour et non de haine. La plus curieuse de ces correspondances fut celle que Michelet entretint avec une religieuse habitant le couvent des Carmélites, rue de Vaugirard, 72. Nous avons treize lettres d'elle à Michelet. Cette religieuse, sœur Marie, écrivit le 15 janvier à Miche-let pour lui demander de lui passer les volumes de Mme Guyon de la Bibliothèque Royale, qu'il avait entre les mains. Michelet répon-dit qu'il avait rendu les livres et lui envoya le *Prêtre*. Elle lut, et fut si épouvantée qu'elle s'évanouit de douleur. Elle n'en continua pas moins à écrire à Michelet, le suppliant de revenir à l'Église, et lui envoya un manuscrit et des vers d'une religieuse qui avait été séquestrée au couvent de Bon-Secours et pour laquelle M. Tilliard avait fait publier un mémoire. Michelet va la voir ; la négociation se complique. Michelet d'une part hésite à profiter des indiscrétions d'une religieuse, puis trouve que sœur Marie manque de franchise; il se méfie et finit, le 9 mai, par rompre avec elle. Elle lui récrit encore deux lettres de confidences et d'appels éperdus, le 12 juin et le 19 juillet. Il n'y répond pas. Cette aventure ne fit que confirmer Miche-let dans ses idées sur le fréquent détraquement moral, la fausse et sensuelle sensibilité souvent produite par la vie conventuelle et dont la sœur Marie était un admirable exemple, et aussi sur les cas trop nombreux de séquestration dans les couvents dont plusieurs à cette époque eurent des suites judiciaires. Cette histoire de la sœur Marie des Anges forme un curieux épilogue au livre du *Prêtre*.

CHAPITRE V

Voyage de Provence — Le Voltairianisme

Revenons en arrière : le 18 mai 1844, Michelet part avec Charles et les Dumesnil pour faire le dernier de ses grands voyages en France. L'exploration méthodique de notre pays, qu'il menait avec tant de ténacité depuis 1831, était encore incomplète. Il lui restait à connaître la Provence, le Languedoc et l'Auvergne. Il passe de nouveau, bien entendu, par Lyon qui avait pour lui un attrait tout particulier. Déjà le projet du livre du *Peuple* se dessinait confusément dans son esprit.

Il y arrive dans la nuit du dimanche au lundi et passe la journée du lundi à faire des visites. Une des personnes qui l'intéressent le plus est le professeur de philosophie Jean Noirot qui de 1827 à 1850 exerça une grande influence à Lyon par son système de philosophie chrétienne. Il juge avec une telle liberté la société lyonnaise et les questions religieuses que Michelet se demande s'il n'est pas sceptique. Blanc, Saint-Bonnet, Laprade, Ozanam étaient ses élèves. Noirot se plaint des élèves qui lui viennent des Jésuites de Fribourg ou des petits séminaires et qui sont les moins religieux de tous. Il fait un triste tableau de la société lyonnaise; les femmes honnêtes, mais sans culture profonde, s'ennuyant, dirigées par les prêtres, les hommes n'admettant la religion que comme un frein pour les femmes et les enfants, et, disait Noirot, les fortifications, les prisons et le clergé.

Mais le plus curieux, c'est que Noirot, de même qu'un fabricant de soierie, Haidan, est hanté de rêves communistes et influencé par Cabet [1] dont les livres sont alors le texte le plus commenté par les ouvriers de la Croix-Rousse. Ces derniers sont d'ailleurs divisés et méfiants, peu accessibles à l'influence du clergé. Michelet préconisait des associations partielles locales, pour des buts spéciaux. Noirot et Haidan rêvent d'une grande communauté, d'une refonte totale de la société. Michelet croit que le fabricant flatte le communisme pour acquérir la confiance de ses ouvriers. Il va voir aussi le grand industriel Arlès-Dufour qui a écrit une *Histoire de l'Industrie Lyonnaise* et le médecin Montfalcon auteur d'un *Code moral des ouvriers*. Il se procure leurs livres et y recueille tout en voyageant, des renseignements techniques et statistiques sur l'industrie lyonnaise.

Il s'arrête à Grenoble et à Valence; il note surtout le charme et la richesse de ce pays de vignes, de blé et de mûriers. Ce n'est qu'à Avi-

---

1. Qui venait de publier en 1842 le *Voyage en Icarie*.

gnon, où il reste plusieurs jours (24-27) que nous retrouvons l'historien.

Le Palais des Papes le jette dans une véritable exaltation. Il décrit en artiste les peintures, alors mieux conservées que de nos jours, et en historien visionnaire les scènes d'inquisition qui se seraient passées dans ce palais plein des souvenirs des papes, des rois et de la Révolution : « Babel sur Babel, s'écrie-t-il, en arrivant. Inquisition et cours d'amour, le tout vengé par les sauvages à la Glacière. » Michelet se souviendra de ces impressions quand il écrira l'admirable et effroyable chapitre III du livre VI de sa Révolution.

Voyons d'abord l'artiste. Voici la description des fresques de la Chapelle de la Tour [1], où priaient les inquisiteurs. Elles représentent la vie du Christ :

« D'abord la Vierge [2] qui accouche. C'est son triomphe. Elle est forte, calme, rayonnante. Les assistants regardent, non la Vierge mais leur pensée. C'est là qu'on voit combien la religion de la Vierge était différente alors. Au pied du Christ crucifié elle est ferme et forte, un peu osseuse et virile; la bouche et le menton fortement marqués indiquent un caractère remarquable de force, de foi résignée. De l'autre côté, loin, derrière Jean, les pharisiens discutent entr'eux d'un air sardonique. En présence de cette terrible réalité les malheureux scolastiques disputent encore. Le regard du Christ posé sur saint Jean, regard admirable, harmonisé, extraordinaire, et très probablement le plus haut point où le christianisme ait porté son idéal (celui de L. de Vinci est un philosophe résigné). Saint Jean, qu'on a vu jeune et suivant l'attrait de la parole de Jésus, est ici un homme; c'est lui et non la Vierge qui exprime l'*amour* au pied de la Croix. Loin, bien loin, la Madeleine de Rubens [3], et les conceptions sensuelles du christianisme décrépit. Le regard du Christ exprime la *réalité*, la *vérité*... le point juste où le vrai s'est fait réel, où l'absolu s'est fait relatif. Plus bas saint Jean agenouillé, tout petit — devant l'immense, gigantesque, fantasmagorique figure blanche du Christ ressuscité, dont les yeux sublimes nagent entre la mort et le ciel. Quelle terrible condamnation de la monstrueuse Babel que là même se soit conservée, par ces peintures, l'inspiration de la nouvelle Eglise, de l'Evangile éternel. »

Voici maintenant l'historien visionnaire qui a l'âme hantée par les souvenirs de l'Inquisition et qui accepte aveuglément les récits terrifiants que lui fait une vieille gardienne « aux yeux brillants et sinistres (deux charbons sur une omelette) » qui avait vécu cinquante-huit ans dans ce palais. Fille de l'ancien concierge, elle regrettait le bon temps du régime pontifical, où tout était si bon marché, où le palais restait encore dans sa splendeur et n'avait pas encore été abîmé pour en faire une caserne (depuis 1812).

« Celui, dit Michelet, qui sentira mollir en lui le sens de la Révo-

---

1. C'est la Chapelle du Consistoire, qui se trouve dans la Tour Saint-Jean.
2. C'est sainte Elisabeth.
3. En 1837, Michelet avait dit de celle-ci : « En bas, le repos, la Madeleine à genoux, un doux sein de jeune femme pour le recevoir, la femme terrestre, mais si blonde et pure qu'elle ne rappelle en rien les péchés de la Madeleine. Théophile Gautier a tort de dire : « son divin amant ». La Madeleine de Rubens est la plus puissante, mais la plus pure beauté ». — « C'est dans ce tableau que Rubens a atteint la plus haute idéalité. »

lution et de la liberté, qu'il vienne au Palais d'Avignon. » — La gardienne leur détaille :

« Cette belle et regrettable justice. La salle inférieure où priaient les juges, afin d'endurcir leurs cœurs et de résister aux séductions dangereuses de la pitié. La salle supérieure où le misérable devait, enchaîné, entendre la messe; enchaîné sur un banc de pierre dans l'embrasure de la profonde croisée, il voyait l'autel au coin opposé, et au plafond la peinture énergique et dérisoire, où son pauvre prédécesseur dans cette route d'enfer, mené par les sbires, vêtu de la chemise fatale, fait une dernière, une tremblante apologie... Le bel homme gras qui le mène, regarde froidement le ciel, et paraît n'entendre pas plus qu'il ne voit. Une galerie, aujourd'hui détruite, menait de cette petite tour à la tour plus grande où se trouvait le bûcher, immense cheminée pyramidale, comme l'autre tour construite exprès pour la torture. Jamais il n'y eut ailleurs un tel luxe de constructions pour de tels objets. Ces horreurs, qui sont les parties honteuses de la justice, sont ici dans une triomphale grandeur. Le contraste détestable d'une paternité doucereuse, qui torturait par derrière, se sent à l'art infernal qui disposa les voûtes de manière à contenir, étouffer, absorber les cris. Cette entente précoce de l'acoustique est l'horrible originalité de ce Palais. Douce et humaine Venise, que sont auprès de ceci vos puits et vos plombs.

La superbe salle pyramidale du bûcher, malgré sa hauteur énorme, est frappée, par places, de suie, dans laquelle la chair brûlée doit être pour quelque chose [1]. »

« A l'endroit même où le bourreau pontifical jetait les corps demi brûlés dans la chaux de la Glacière, le meurtrier révolutionnaire a lancé 80 cadavres; un torrent de sang a rougi pour jamais une arête de la voûte. De ces 80, deux furent lancés dans les oubliettes de l'Inquisition. On y retrouva, outre ces deux, 15 squelettes de gens qu'elle y avait abandonnés pour mourir de faim (la vieille fit cet aveu précieux) [2]. Il était essentiel que les cris ne pussent être entendus; ils auraient tristement accompagné la musique du bal et le chant des cours d'amour. L'empereur Charles de Luxembourg les eût entendus peut-être au bal où il baisa Laure. Notre Charles VI en eût été contristé dans les faciles amours dont le régala le Pape.

Cette visite, sous la conduite de cette sybille, ne me sortira pas de la mémoire. »

« J'ai vu au plafond Luther enchaîné, dans une peinture menteusement prophétique. J'ai vu le banc de pierre où le condamné était ferré et scellé pendant la messe, déferré seulement à l'élévation, pour qu'il se mît à genoux. Sur ce banc, deux ou trois places. J'y vois Quinet, moi, Alfred. Eh bien ! dressons trois tentes, Seigneur !... Mon imagination parcourut mille lieues, mille ans, mille aventures de héros et de martyrs [3]. En parcourant l'un des cachots et lisant les inscriptions patiemment gravées par les pauvres prisonniers, je fus étonné de la douceur apparente dont elles témoignent. Quoi donc ? le corps étant dompté, brisé, le cœur l'est-il en même temps ? On voudrait croire le contraire. Cependant l'Autriche a de nos jours pratiqué cet art, dans les prisons du Spielberg. S'il y a un enfer et dans l'enfer un dernier degré, qu'il soit pour ceux qui attentent au Dieu intérieur de l'âme, qui font vivre l'homme en détruisant l'homme, afin de pouvoir le montrer humilié, changé, *converti* comme ils disent. Et que dire, si ce changement est sincère, si l'homme à la longue perd sa personnalité, sa rancune, et

---

1. Ce sont les cuisines pontificales ! Mérimée avait dit les mêmes sottises dans ses *Notes d'un voyage dans le Midi de la France*, 1835.

2. Il n'y a pas à la tour de la Glacière d'autres oubliettes que les latrines du personnel du Palais. Les Papes et les Cardinaux avaient les leurs.

3. Impossible de savoir à quoi cela se rapporte, sinon peut-être aux ferrures de la chambre du Trésor.

tombe à l'état du chien qui aime et lèche son tyran. *Exsurge, Domine!* et que le soleil de la liberté luise pour tant d'infortunés, hommes ou peuples, qui languissent, attendent, ou qui même n'attendent plus! Exécrable!... Et si tout cela c'est pour la foi du prêtre sans foi, pour le Dieu des politiques sans Dieu... à deux pas des banquets, des danses, en sorte qu'il ait fallu construire exprès, pour que le râle des mourants ne se mêlât pas aux *canzonette...* alors la parole manque, le langage est impuissant, il reste l'horreur muette[1]. (Prédication des Jésuites).

Cette vieille Babylone aujourd'hui Carliste et cafarde me fit vivement sentir la pureté, l'élévation de Pétrarque. Vaucluse est un paysage spiritualiste. Là, rien pour les sens. Le site est austère. Je fus très touché, et je crus un moment que je dirais en vers l'amour de Pétrarque pour la France, l'hymne futur de la France et de l'Italie.

O pur et noble cœur, tendre amant de la France!

Tu crus aimer en vain. Ne pleure point, ami.

La rime me manque pour dire que cet amour serait tôt ou tard couronné par le mariage des deux contrées.

En se rendant à Toulon par Aix, Michelet fait des observations intéressantes sur le paysage et des types humains :

« Les lieux parlent, les villes, qui semblaient de fer ou de cuivre, les montagnes brûlées du Vivarais, les torrents, les terres déchirées de la Drôme et de la Durance, tout porte un caractère de contraste, dur et fantasque qui fatigue. Jusqu'au pays entre Aix et Toulon, je n'ai rien vu dans la population que de rude, rien qui rappelle la grâce qu'on attribue à ce pays. La Provence grecque commence visiblement près de Toulon avant Ollioules[2].

La physionomie est partout très expressive. J'en fus frappé à Isle, près Vaucluse, dans la belle église de Mignard. Les femmes étaient laides, brûlées, plusieurs hideuses, mais toutes les figures parlaient. Une femme écoutait l'orgue avec une expression singulière de langueur passionnée, la tête retombant sur l'épaule. »

A Toulon Michelet note des impressions que nous retrouverons vingt-cinq ans plus tard dans son *Louis XIV* :

« A l'Hôtel de Ville les deux Atlas du Puget. Souffrance savamment étudiée. Sentiment profond de la vie misérable des marins. Virgile : *Miseris velamina nautis.* »

Puis la poignante impression du souvenir des protestants martyrisés.

« Toulon me laissait assez froid, jusqu'à ce qu'il me revint en mémoire que ce bagne avait été le domicile des saints et martyrs du protestantisme au xviie s.

---

1. On connaît aujourd'hui très bien l'histoire du Palais où travaillèrent à construire et développer Jean XXII, surtout Benoit XII et Clément VI, puis Innocent VI, et Urbain V. Cf. Ehrle *Historia bibliothecae Romanorum pontificum* 1890 ou *De historia palatii Rom. Pont. Acenionensium.*
Voyez F. Digonnet. *Le Palais des Papes d'Avignon.* Avignon et Paris 1907. Il n'y a jamais eu au Palais d'Avignon ni tribunal ni prison d'inquisition. Les prisons du Pape étaient hors du Palais, à la vice-gérance. Quand les prisonniers d'Etat furent gardés au Palais, ils furent très bien logés. Le seul tribunal du Palais était l'*Audience*, le tribunal de Rote, où se jugeaient les questions litigieuses de droit international, civil et ecclésiastique, soumises au Pape.
2. Et Arles ? Et Marseille ?

A l'arsenal, au bagne, tout semble neuf; on n'a rien conservé de l'armement des galères, si brillant, si superbe et si cruel, rien qui rappelle les chiourmes, ces représailles féroces de la férocité barbaresque, rien qui fasse penser aux pauvres ministres des Cévennes, qui ont ramé sous les coups, entre les voleurs et les assassins, à ces héros enfin de la charité qui furent envoyés aux galères pour le seul crime d'avoir fait échapper des protestants. »

L'archiviste s'éveille en Michelet. Il recherche au Bureau du Commissaire des Bagnes ce qui peut rester des anciens registres. Il apprend qu'on en avait vendu une partie, livré d'autres à l'artillerie pour faire des cartouches, que d'autres sont dans un grenier. C'est là qu'en 1853, l'amiral Baudin les retrouva et en fit publier des extraits. Michelet, avec son émotion toujours en éveil, les a décrits très exactement sans les avoir vus:

« Je me doute bien qu'on doit trouver peu de chose dans ces brèves et sèches indications, les seules pourtant qui puissent rester de ces destinées méprisées. On n'a enregistré ni les gémissements, ni les protestations, les appels au ciel, les prières, les psaumes chantés silencieusement parmi les blasphèmes... Mais l'on aura noté les *causes d'entrée*, par ex. *pour cause de religion*, les signalements qui donnent l'aspect des victimes, les morts plus ou moins promptes qui indiquent les degrés dans la résignation ou le désespoir. Dix lignes pour un saint, trois lignes pour un martyr ! mais les vertus des hommes sont écrites encore ailleurs. « Les péchés de l'homme sont marqués sur la pierre et sur le marbre » comme disait Christophe Colomb. »

Dans sa visite au port, l'imigination divinatrice de Michelet se réveille; il montre ces vaisseaux « attendant majestueusement un événement inconnu, peut-être une guerre, peut-être la sentence définitive des arts nouveaux qui les rendront inutiles. »

A Marseille Michelet ne s'est occupé que des mœurs des habitants : les femmes plus délaissées que nulle part ailleurs, ou dévotes ou frivoles, les hommes occupés avec acharnement à gagner de l'argent et ayant tous des maîtresses par luxe. Les enfants au collège, peu visités par le père ou même par la mère, au dire d'un professeur, de Lafage. Michelet avait passé à Toulon les 30 et 31 mai et s'était rendu le 1er juin à Marseille où il resta jusqu'au 4. Il ne s'arrête pas à Arles qu'il définit un peu au hasard « la forte Provence assise au repos, rare et originale exception à la mobilité provençale, entre les deux déserts de la Crau et de la Camargue. »

Il ne s'arrête qu'à Nîmes. où il entend trois sermons, un catholique et deux protestants; il voit des pasteurs, des professeurs, et le maire M. Girard qui lui dit que dans cette ville on ne fait d'émeutes que pour des idées. Michelet n'a pas eu le temps d'écrire ses impressions sur Nîmes. Il y a une grande page blanche juste au moment où il commence à parler des monuments romains. Il n'en dit que ces seuls mots, d'ailleurs admirables : « Les monuments romains, sans rapport avec le pays, y apparaissent toujours comme des conquérants étrangers, sous un aspect souverain et grandiose [1]. »

---

1. Il n'a rien écrit sur Montpellier et Cette, où il est allé par Arles avant

Son imagination lui fait trouver dans l'aspect du pays la raison du succès du protestantisme dans ces contrées. « Une race énergique, une nature mesquine, des paysages de cailloux, une Judée enfin, tout cela prédisposait le pays à prendre aisément l'esprit judaïque, biblique, le protestantisme. » Explication bien fantaisiste, car le pays de Montpellier, bien plus aride encore que celui de Nîmes, est resté catholique [1].

Parti le samedi 15 à quatre heures du matin, Michelet voyage sans désemparer jusqu'au dimanche à quatre heures, d'Alais au Puy par la Grand'Combe, Aubenas, Mayres, où il dort quelques heures de nuit. Il traverse ainsi presque tout le département du Gard et celui de l'Ardèche. Il est très frappé de la prospérité que ce rude pays de montagnes a dû à la culture du ver à soie et à l'industrieuse agriculture des habitants. Toute cette description est délicieuse. Je n'en citerai que deux passages :

Cette Ardèche que la nature a faite affreuse, l'homme l'a empreinte d'un charme moral qui me gagnait peu à peu. Un si grand pays cultivé, transformé par une si industrieuse patience, c'est un vrai miracle.

Petites maisons monumentales. L'escalier, de grandes marches (souvent étroit en bas, large en haut), perrons spacieux, le rez-de-chaussée en grandes arcades, portant la maison elle-même en arcades, et à côté de la maison, une sorte de place couverte où on dévidait la soie, à ce beau moment de l'année. Rien de plus original, dans cette campagne de pierres, dans cette noire maison de pierre sèche; près du petit jardin indigent, maigret, une famille aisée, joyeuse, le plus souvent une jeune fille souriante qui piétinait la pédale du dévidoir et filait de l'or.

Voici maintenant les bords de l'Ardèche, après Aubenas. Nous remontions l'eau le long des rochers, souvent très beaux, très bizarres; ici parés de châtaigniers, là soudés sur des prismes basaltiques et portant eux-mêmes de petites plaines fort bien cultivées, tout cela doré, harmonisé du soleil du soir. Tout semble si beau, à cette heure; chaque site est alors le plus beau site. Cette maison, cette famille réunie devant laquelle vous roulez si rapidement (vous, étranger, passant) c'est la maison, la famille heureuse entre toutes.

Haut, bien haut, plane un donjon noir, pour témoigner seulement des mauvais temps qui ne sont plus, pour faire bénir l'heureuse époque où la terre plus âpre appartient à celui qui la cultive. Ici, ce droit semble sacré; cette terre n'existait pas. Le seigneur n'a pu l'inféoder, c'est le paysan qui l'a faite [2]. »

La ville si originale du Puy devait enchanter Michelet :

« Situation très belle mais singulière. Ces pics étonnent de leur étrangeté sublime. L'homme est en rapport avec la nature. Population violente, mœurs passionnées, tragiques. Les hommes, qui boivent, plantent leur couteau sur la table pour s'en servir au besoin. En sortant nous voyons un café brûlé par la maîtresse, qui tue son mari, fuit avec son amant. On dit que ces faits ne sont pas rares. »

d'aller à Nîmes. Il était à Nîmes le dimanche 9 juin et resta là et aux environs jusqu'au samedi 15.

1. Et d'ailleurs à Nîmes même le bas peuple est resté catholique aussi.
2. Voyez la note de la page 56 du *Peuple*.

Le lundi 17, Michelet va à Clermont par Brioude et Issoire. L'arrivée à Clermont est admirablement décrite en deux lignes :

« Nous quittons l'Allier et nous découvrons, assise dans la plaine, parmi la cour majestueuse des montagnes qui se tiennent autour, la dominante Clermont. Son vrai nom, c'est le nom du petit fief des Pascal. »

Il y est admirablement reçu par le bibliothécaire, M. Gounod, historien de l'Auvergne, éditeur des *Grands jours* de Fléchier. Michelet retrouve les préoccupations qui lui font écrire le *Prêtre*. M. Gounod est libéral, sa femme dévote « l'homme à gauche, dit Michelet, la femme à droite. Ici comme partout. »

Le proviseur du collège lui raconte qu'à Montaigut, « la femme d'un capitaine de gendarmerie ne reçoit pas l'absolution parce qu'elle a mis son fils au collège; elle persiste; le curé refuse de faire communier l'enfant, mais, sachant qu'il communierait à Clermont, grâce à l'évêque, le curé cède à la fin. Rare fermeté dans une femme; mais que serait-il arrivé si l'évêque aussi avait refusé la communion? »

Le 22, Michelet était rentré à Paris, après avoir demandé à tous les archivistes et bibliothécaires des villes où il avait passé des documents pour son histoire du xvie siècle et amassé en lui des impressions qu'il devait retrouver toutes fraîches encore vingt et trente ans après.

Il retombait à Paris en pleine bataille. En réponse aux attaques des évêques, les auditeurs et les amis de Michelet et de Quinet avaient ouvert une souscription pour élever une statue à Voltaire et à Rousseau. Le projet finit par échouer [1].

C'est évidemment le bruit fait alors autour du nom de Voltaire qui inspira à Saisset le titre de l'article qu'il consacra au *Prêtre* dans la *Revue des Deux Mondes* du 15 février 1845 : *La Renaissance du Voltairianisme*, titre au premier abord incompréhensible, car rien n'est plus éloigné de Voltaire par le ton comme par l'esprit, que Michelet. Il n'y a chez lui ni les ménagements affectés pour l'Église établie, si habituels chez Voltaire, ni la moquerie à l'égard des choses religieuses, ni le froid déisme rationaliste de celui-ci. Rien de moins voltairien que l'exaltation mystique de Michelet et ses effusions sentimentales. Saisset n'a vu qu'une chose, c'est que l'ouvrage de Michelet était une déclaration de guerre au catholicisme et au christianisme lui-même. c'est une fois encore, sous une forme nouvelle, le cri de guerre de Voltaire: *Ecrasez l'infâme.*

Émile Saisset avait été, à l'École Normale, l'élève de Michelet, mais il était aussi, avec Jules Simon, le plus brillant des disciples de Cousin, celui qui avait adopté avec le plus d'ardeur l'attitude que Cousin prétendait imposer à la philosophie dans le conflit engagé entre l'Église et l'Université. A ce point de vue, son article est vraiment

---

1. Voy. l'art. de G. Monod *La statue de Voltaire et de Rousseau, documents inédits*, dans *Le Censeur* du 9 mars 1907. Monod y reproduit de nombreuses lettres reçues à cette occasion par Michelet.

curieux, et aussi des plus critiquables. Après avoir exprimé son admiration et même son affection pour Michelet, après avoir reproché au gouvernement de n'avoir pas su arrêter les violences de l'épiscopat qui ont justement indigné l'historien, il expose avec vigueur les idées de celui-ci sur la confession et le célibat des prêtres. Il le met en contradiction avec lui-même, en rappelant l'admirable passage du tome III de l'*Histoire de France*, où il avait fait l'éloge du célibat ecclésiastique, « de ce virginal hymen du prêtre et de l'Église », qui ne devait pas être troublé par un hymen moins pur. « C'en était fait du christianisme si l'Église amollie et prosaïsée dans le mariage se matérialisait dans l'hérédité féodale. Le sel de la terre s'évanouissait et tout était dit. Dès lors, plus de force intérieure ni d'élan au ciel. »

Saisset serait tout prêt à donner raison à Michelet sur le chapitre du célibat et de la confession. Seulement Michelet veut davantage:

Son livre est un manifeste violent contre le sacerdoce et la religion catholique, contre tout sacerdoce et toute religion positive... La tendance du livre, c'est de porter toute l'activité intellectuelle, toute la force philosophique de notre temps, vers la ruine des institutions re ligieuses. »

Saisset reproche alors à Michelet d'avoir perdu son ancienne impartialité vis-à-vis de l'Église, d'avoir faussé la doctrine de celle-ci sur la grâce, et d'avoir dénaturé le caractère et le rôle de Bossuet: « Le livre de Michelet est un livre de colère et de haine, et non un livre de science et de sérieuse critique. »

En opposition à la négation violente et haineuse de Michelet, qui prétend substituer au christianisme une sorte de religion de la Famille, où la Trinité du Père, de la Mère et de l'Enfant remplacera la trinité théologique, il expose la thèse que M. Cousin prétendait faire accepter par l'Église et par l'État.

Ceux qui veulent renverser la religion chrétienne ne peuvent espérer la remplacer que par une religion nouvelle, ou par la religion naturelle ou par l'Église. La religion naturelle n'existe pas. C'est une fantaisie de l'imagination. Sans doute les idées fondamentales de la religion et de la morale se rencontrent en germe chez tous les hommes, mais elles ont pris des formes positives diverses dans la civilisation ; l'homme de la nature est un fantôme, et le *Vicaire savoyard* un simple prêtre philosophe.

Créer une religion nouvelle est une chimère non moins déraisonnable. Toutes les tentatives de cet ordre ont sombré dans le ridicule. Quant à la philosophie, elle ne peut avoir la prétention de parler au nom de Dieu et de la vie future. Elle ne serait pas comprise. Elle n'a ni concile, ni pape, et si elle prétendait régner seule on verrait naître par millier les sectes les plus folles.

Il faut donc admettre que la philosophie et la religion subsistent côte à côte, s'acceptant l'une l'autre parce qu'elles sont deux formes et deux faces de la vérité : « La vérité se montre ici sous la forme d'une religion; là, sous la forme d'une philosophie. A travers la variété de ces formes, la raison garde son identité. »

Saisset n'ose pas le dire en propres termes, mais visiblement pour lui la religion est la philosophie du peuple, et la philosophie la religion de l'élite. Il laisse entendre que la philosophie est destinée à étendre de plus en plus son empire, mais il ne faut pas prétendre hâter le moment où tous pourront s'y soumettre. Ce serait, créer l'anarchie morale dans les esprits, comme si l'on voulait faire participer subitement la masse des citoyens au gouvernement. On a vu pendant la Révolution où conduisait la prétention de substituer une philosophie à la religion. Le seul moyen de réprimer les empiètements du clergé c'est d'être envers lui déférent et modéré, de respecter ce qu'on a vaincu sans le détruire.

Je n'ai pas besoin d'insister sur ce que ce point de vue, qui est ce lui même de Cousin, a de factice et de ruineux. Il suppose d'abord qu'il n'y a qu'une philosophie, la philosophie cousinienne définie comme la vérité et la raison mêmes. Il suppose aussi que l'Église peut accepter que la religion soit traitée comme une forme populaire, et grossière, de la vérité philosophique. Mais comment faire respecter ce qu'on déclare soi-même inférieur et superstitieux? Au fond, il y a plus de déférence pour la religion dans les attaques de ceux qui la combattent que dans le respect de ceux qui la traitent comme une inoffensive mythologie.

Michelet aurait pu répondre aisément à l'argumentation de Saisset, qui offrait suffisamment prise à la critique pour qu'on pût lui riposter avec courtoisie et solidité.

Mais Michelet supportait mal la critique; il y voyait le dessein de le désigner aux rigueurs du pouvoir et surtout il était irrité de voir l'Université, dont il avait pris la défense, repousser son dangereux appui. Il envoya aux journaux une lettre où il accusait Saisset d'avoir dénaturé sa pensée, et où il repoussait son attaque sans la réfuter [1].

Le *Siècle*, la *Réforme*, publièrent sa lettre. D'autres, comme les *Débats*, qui l'avaient jusque-là défendu, refusèrent de l'insérer. Et la *Revue des Deux Mondes*, y répondit sans l'insérer, par une déclaration de guerre hautaine et menaçante.

Michelet laissa tomber cette polémique religieuse, il ne devait la reprendre que sous une forme très générale dans sa *Révolution*. Il avait senti que même les journaux amis, le *Siècle*, le *National*, le *Constitutionnel*, ne le suivraient pas, que d'autres étaient prêts à le combattre Il préféra se rejeter vers les questions politiques et sociales et, tout en continuant à traiter dans son cours des causes et des antécédents de la Révolution, il entreprit d'écrire un livre de philosophie et de psychologie sociale : *Le Peuple*.

1. C'est Quinet qui fit à Saisset la vraie, la digne réponse dans sa leçon du 12 février intitulée : *De la tactique parlementaire en matière de religion et de philosophie*, le *Christianisme et la Révolution Française*.

CHAPITRE VI

Le Cours de 1845. — Le voyage de Cherbourg

Quinet était seul à Paris, le 20 juin, pour recevoir la députation de la jeunesse des écoles qui venait lui apporter, en même temps qu'à Michelet, l'expression d'une sympathie enthousiaste.

Il publia ses leçons sur l'*Ultramontanisme* dès le mois de juillet. Michelet ne se mit que le 9 août à écrire le *Prêtre*. Il avait pratiqué le système de travail qu'il exposait le 6 mai 1845 à Mme Aubépin : « Travailler peu ordinairement, s'économiser l'été pour produire l'automne, en une fois, comme une pluie d'orage. »

Il attendit d'avoir achevé le *Prêtre* le 10 janvier et de l'avoir publié le 15, pour commencer son nouveau cours le 16 janvier 1845. Ce cours sur les *Préliminaires, l'esprit et la portée de la Révolution* était la suite naturelle des leçons du deuxième semestre de 1844 sur l'esprit du xviiiᵉ siècle. Bien que Michelet n'eût pas encore résolu, à cette date, d'écrire l'*Histoire de la Révolution*, il s'y trouvait poussé par le mouvement naturel de son esprit. Mais, auparavant, il se laissera encore pousser à un intermède. Le cours de 1844 l'avait entraîné à traiter la question religieuse, celui de 1845 va l'entraîner à traiter la question sociale.

Quinet allait commencer son cours quinze jours après Michelet, et développer ses idées sur l'évolution religieuse de l'Europe occidentale dans une série de quinze leçons qui formeront *Le Christianisme et la Révolution française*, en traitant exclusivement des questions d'histoire religieuse, il prétendait ne pas sortir du cadre de sa chaire sur les littératures de l'Europe méridionale, car, disait-il, il resterait à la surface des choses « s'il n'embrassait dans une même vue les révolutions religieuses, dont les institutions politiques, les littératures et les arts sont une conséquence[1]. »

---

1. Quinet dans une lettre de 1846 à l'administrateur du Collège, prétendit se justifier par le texte d'une soi-disant ordonnance royale y relative : « Le Collège de France, placé au sein de la capitale et comme au centre de l'instruction publique, semble inviter plutôt à ses leçons ceux qui se livrent volontairement et par goût aux recherches générales et spéculatives; ceux qui se proposent d'acquérir non point la pratique, mais la théorie des sciences, non point la notion matérielle des faits de l'histoire, mais l'intelligence de son esprit, non point l'usage mécanique des langues vulgaires, *mais l'application des divers idiomes à la discussion critique des doctrines philosophiques et religieuses.* » C'était la définition même du cours de Quinet. Ce texte n'était nullement le texte d'une ordonnance, mais un passage d'un discours de M. de Montalivet.

Il insistait, non sans raison, sur l'unité de vues qui avait, depuis qu'il enseignait, dirigé tous ses cours. A Lyon, enseignant la littérature grecque, il avait fait sortir de l'étude des mythologies le *Génie des religions*. Il avait passé de là aux origines du christianisme et écrit son *Essai sur la Vie de Jésus-Christ, de Strauss*. A Paris, ses cours sur l'Italie racontaient, au fond, l'histoire de la papauté; l'Espagne l'amenait aux Jésuites et à l'ultramontanisme, et, maintenant, c'était l'évolution même de l'Église en face du mahométisme et du protestantisme qu'il allait étudier. Il se considérait, comme chargé d'une œuvre d'éducation intellectuelle et morale parallèle à celle de Michelet et à celle de Mickiewicz. Mais cette trinité était déjà brisée, quand s'ouvrit le cours de 1845. On venait d'interdire à Mickiewicz de remonter dans sa chaire.

Quinet savait sa situation menacée, elle aussi. Dans la presse, dans les Chambres, on lui avait reproché de traiter des sujets étrangers aux littératures, aux langues du Midi. On insinuait que, s'il préférait enseigner l'histoire religieuse, c'est qu'il ignorait ces langues, et le ministère commençait à s'émouvoir de cette situation. C'est à ces plaintes que Quinet cherchait à répondre dans sa première leçon. Michelet était plus libre, mais nous avons vu que, lui aussi, avait été en 1844 dénoncé à plusieurs reprises au Parlement.

On reprochait autre chose aux deux professeurs : c'était d'en prendre par trop à leur aise avec le règlement qui leur imposait quarante leçons. En 1884, Quinet en avait fait neuf et Michelet 13. En 1845, Quinet en fit quinze et Michelet douze. Si l'administration et le gouvernement ne prenaient pas de mesures disciplinaires pour les ramener à la règle, c'est qu'on était au fond bien aise que ces cours, causes de tant de récriminations et d'agitations, fussent aussi rares.

Le cours de 1845 de Michelet offre néanmoins un beaucoup plus grand intérêt et une substance plus solide que celui de 1844. Ce n'est pas qu'il ait été l'objet d'une longue préparation. Michelet, comme Quinet, a improvisé son cours, et cela ne se sent que trop.

Toutefois, il avait l'avantage d'avoir en provision des montagnes de notes accumulées pendant les années où il avait enseigné sans rien publier, et que ce prodigieux liseur n'avait pas cessé d'accroître.

Le premier semestre du cours de Michelet ne se composa que de cinq leçons, du 16 janvier au 27 février.

Rien de plus difficile que d'en faire l'analyse d'après les notes qui nous ont été conservées, tant la substance historique en est absente, tant les idées générales y sont peu appuyées sur des faits méthodiquement coordonnés, tant enfin l'élément subjectif, l'hypertrophie de la personnalité, y déborde, étouffant l'histoire même. Nous avons signalé chez Michelet dès ses débuts cette inquiétante et dangereuse conviction d'une identification de l'histoire et de sa propre personne, si bien que c'est dans son propre cœur qu'il trouve le sens et l'explication du passé. Tout homme est dans une certaine mesure un abrégé et un représentant de l'humanité; un homme de génie qui a passé vingt ans à scruter l'histoire peut légitimement chercher dans ses propres expériences et dans le retentissement de l'histoire en son propre cœur, l'explication du passé et surtout les rapports du passé avec le présent et l'avenir. Mais chez un homme d'une sensibilité aussi maladive que Michelet, cette intervention de sa personnalité dans l'histoire risquait de transformer l'enseignement de l'histoire en un exposé désordonné et hyperbolique des émotions que soulevait en lui le spectacle du passé et la méditation de l'avenir.

Il commence par une profession de foi : la Révolution est la philosophie même de l'histoire, dans le monde et dans la France; elle est la France même. « On ne doit pas dire la Révolution, mais la *Fondation*, car elle n'a balayé que des ruines. Il n'y a de légalité que dans la Révolution, en sorte que, traitant de la Révolution, je m'asseois sur la base, sur la pierre fondamentale des lois. Oui, c'est là que je m'adosse, en face de l'armée du mensonge, et de là, je ferai le triage des vrais amis de la liberté. »

On voit ici apparaître la pointe polémique. Michelet soutient alors que la monarchie était impuissante à rien réformer.

« Pouvait-on, avec le *grand abus* (centre fortifiant des égoïsmes inférieurs), réformer tous les *petits abus?* Turgot lui-même ne le put. » Michelet attribue cette impuissance non à la personne, mais à l'institution. Ce fut celle de Napoléon, Louis XVIII, Louis-Philippe. « Pouvait-on, avec la vieille incarnation (divine et royale), réformer les petits dieux, noblesse et clergé? »

Non, il fallait prendre l'incarnation à l'envers, à l'unité substituer le nombre. Seulement Michelet reconnaît aussitôt que le nombre n'a ni un instinct sûr ni la raison.

Il développe alors avec beaucoup d'ingéniosité et d'éclat une idée que je crois en grande partie fausse et qui lui a été inspirée par la conception de Vico de l'humanité se faisant à elle-même sa destinée.

Michelet affirme que les cahiers de 1889 nous font illusion, que la nation était peu préparée à la Révolution, qu'elle était inférieure aux nations protestantes et, sans la Révolution, condamnée à baisser de plus en plus. Le peuple était ignorant, ne sachant écrire, incapable même de se plaindre de ses misères, incapable aussi de voir les lumières de la philosophie. Le clergé n'était plus rien, la philosophie peu de chose. « Donc, le peuple serait resté dans ce cercle vicieux, si la plus profonde des révolutions, brassant cette mer jusqu'au sable, n'eût (à quel prix, Dieu le sait), donné au peuple la seule éducation possible, l'expérience, expérience de la Révolution, expérience des armées, voyages, une tradition qui peut sommeiller, mais qui dort dans les masses. »

En quoi il oublie que l'œuvre durable de la Révolution, celle qui en fait, comme il le dit, un droit, a été une œuvre consciente de légistes et de législateurs.

Mais Michelet revient à son idée et y insiste :

« Je résume: Le Peuple, dit-il, pour sa leçon du 27 février, n'avait ni histoire ni éducation, donc ni passé, ni avenir. Tout est dans un présent, un *fiat.* Pour la première fois c'est le *fiat* d'un peuple et ce peuple fut le prophète de la pensée pure — sans grands hommes, sans faux dieux. Le grand homme a des avantages et des inconvénients; on compte sur lui, on se fie au Dieu, l'invention cesse.

Les seuls héros qu'elle ait mis sur l'autel sont les héros de la pensée : Rousseau, Voltaire lui donnait, par négation du faux, un positif vrai : le Dieu supérieur à toute forme religieuse. Rousseau donnait le même positif religieux, mais non le positif politique de sa petite ville, donc négatif aussi en politique (Montesquieu est un modèle étranger).

Donc le peuple est un *tabula rasa*, n'ayant du clergé, rien de l'ancienne littérature, rien. Les Allemands sont enchaînés par les souvenirs païens et chrétiens, des Niebelungen et de Luther; ici le peuple est libre de souvenirs, même la tradition militaire qui eût enchaîné le peuple est affaiblie. Rocroi affaibli par Rosbach.

I. Qu'y a-t-il comme histoire ? Rien sauf Rome, par un souffle de Rousseau, de Plutarque.

II. Qu'y a-t-il comme loi ? la loi romaine entrait dans la loi civile comme équité, par les légistes, mais négativement, comme condamnation des coutumes féodales, locales. Les légistes sont un mauvais instrument ignorant l'histoire, abstracteurs, sans instinct populaire, reviennent vite à la servilité impériale.

III. La question économique, l'idée réelle pour eux et pour tous, ce fut la liberté, et l'égalité dans la fraternité pour tous, pour toujours. L'idée réelle de la masse fut que l'homme a la propriété de son travail (Turgot), le travailleur la propriété de la terre travaillée. »

On retrouvera ces idées en partie dans la préface de la *Révolution*.

Michelet se demande encore, et ceci est profond, pourquoi la Révolution s'est trouvée entravée, et momentanément vaincue. C'est que :

« Le peuple a eu sentimentalité, sympathie, bon cœur, il n'a rien pu formuler; il n'avait pas de formule politique; l'assemblée se consume dans l'ouvrage impossible de concilier la royauté et la république. Il n'avait pas de symbole religieux, l'ancien a péri, le nouveau ne peut être trouvé, la lutte l'empêche et l'assemblée empêche aussi, protestant qu'elle ne croit plus. Là est le péril. Le temps arrive des épreuves, du sacrifice, le temps qui jugera. Quand il posera cette question : Voulez-vous mourir pour le nouveau principe ? n'est-il pas à craindre qu'on se demande : « Quel est le *nouveau principe* ? » *Liberté* ? mais la liberté n'est pas un principe, c'est la faculté de penser, de faire. Penser quoi ? faire quoi ? *Egalité* ? civile ? sociale ? mais un peuple nivelé serait inharmonique et désarmé.

C'est un problème grave d'appliquer ces mots généraux à une telle société dont tous repoussent le passé.

Quelque amour d'abstraction que puisse avoir un peuple, la majorité vit d'exemples, de types. Ici il n'y a ni formule, ni symbole, ni types. Le peuple n'avait rien lu, rien vu.

Un peuple entier obligé devant une telle complication de faire comme Descartes, de nier tout provisoirement.

Mais la majorité ne peut se passer d'exemples, de types à contempler.

L'antiquité les fournit. Ils en ignorent tout le mécanisme original (qui les eût découragés) en ignorant l'aristocratie. Toute l'antiquité est traduite démocratiquement.

Absurde ? non.

Quelle plus féconde éducatrice qu'Athènes ?

Quelle plus puissante initiatrice que Rome ?

Il suffit de regarder leurs monuments pour être plus homme.

Cela nous relève des misères de la spécialité moderne qui fait de l'homme une chose.

La Grèce c'est l'*homme complet*.

Rome c'est l'*homme uni*. Par force ? non. Grâce à l'immensité de l'Empire, le plus bel ouvrage humain.

Même à prendre l'antiquité par un côté moins original, par le côté individuel.

Combien elle relève le peuple!

Quand l'horloger, père de Rousseau, avait Plutarque sur sa table, il oubliait banque, industrialisme, contrebande genevoise.

Quand son fils trouve la prosopopée de Fabricius, il jette son bel habit de caissier et devient Rousseau.

Et ce même Plutarque, il passe à Mme Roland; là, sur le quai du Palais de Justice, quand elle avait gravé le jour avec son père, elle lisait le soir, et voyait Paris de l'Arsenal à Chaillot. Et ce Plutarque, elle le retrouve en prison, à la veille de sa mort.

Ainsi toute la classe moyenne a Rousseau et Plutarque, y puise :

1° La dignité des mœurs, rare, difficile alors, devant ce monde gâté, artificiel, insolent. Caton le censeur, le sage Phocion, le modeste Philopoemen.

2° Le dévouement universel, vulgaire, simple : « Passant va dire à Sparte ». Rome en fait formule : Curtius, Decius. Le dévouement descend à tous, tous sachant mourir pour tous. Caton montre le chemin pour la liberté. L'esclave d'Antoine lui enseigne à mourir. Ici se cache un christianisme non mystique.

Enfin la femme là, la famille, combien relevées. Cette poupée de l'ancien régime veut être une femme. Rousseau lui rend son enfant. Reviens à la nature. Plus que nature. Marcia de Caton, Cornélie, Volumnie, Corday, Kéralio, Olympe de Gouges, Lucile Desmoulins, Theroigne, Momoro, les Duplay. »

Michelet rêve alors à ce qu'aurait pu être ce moment, de 1769 à 1789, si toute cette génération douce, un peu chimérique, ardente pour l'humanité, avait pu, au lieu d'être dévorée par la mort ou annulée par la Terreur, travailler harmonieusement à faire une France nouvelle. Il dresse un tableau émouvant des grands hommes nés depuis 1732, et qui avaient en 1790 cinquante, quarante, trente, vingt ans. Il imagine ce qu'aurait pu être cette période de 1769 à 1789, avec l'union morale, la réalisation de la pensée civile, le développement de la pensée religieuse.

« *Periere innocentes.*

Ah! 1ere génération 89 : Bailly, Barnave, Mirabeau, à l'égout.

Ah! 2eme génération 90 : Roland, Vergniaud.

Ah! 3eme génération 91 : Danton, Fabre.

La quatrième, la plus splendide, la plus criminelle : Robespierre, Saint-Just, si pur, si souillé.

Perte irréparable d'une génération bénie.

Ceux-ci sont connus, sont nommés. Leurs noms sont gravés dans gloire, mais je ne doute nullement que leurs innombrables frères, qui naquirent à cette heure bénie, qui grandirent dans cette histoire héroïque, inspiratrice, n'aient eu des dons aussi. La puissante chaleur vitale du merveilleux orage n'a pas fait, croyez-le, éclore quelques hommes seulement. Des millions en naquirent, pleins de la flamme du ciel. Hélas! et pourquoi donc n'ont-ils pas pu produire. Pourquoi ? demandez à la mort.

La mort! Je ne parle pas seulement de cet ange de meurtre qui a passé et repassé sur la France, marquant toute porte de l'épée, toute maison de deuil. Je parle de la mort des âmes, de l'affaiblissement et de l'extinction des sentiments bienveillants, sympathiques qui font la fécondité morale, l'invention du cœur, qui enfantent, sans qu'on sache comment, les grandes pensées morales et religieuses. »

On retrouvera cette admirable page développée au chapitre premier
du livre IV de la *Révolution*, où Michelet indique les obstacles intérieurs qui empêchèrent le rêve de la fédération, rêve de justice et de
bonté, de se réaliser.

Après avoir montré la légitimité de la Révolution et le rôle du
peuple, Michelet en montre la nécessité.

> Quand le grand héritier, le peuple, est rentré dans sa maison, il l'a trouvée
> *vide.*
> C'est-à-dire, ni Royauté, ni Église, ni Parlement.
> Ces grands instruments avaient servis :
> L'Église avait été peuple, elle était devenue féodalité, noblesse.
> Le Parlement avait été peuple, mais il recule et maintient « nulle terre
> sans seigneur, » et diversité des coutumes.
> La Royauté avait été peuple mais s'était livrée à la noblesse.
> Le Peuple ainsi livré à lui-même fut admirablement désintéressé et spiri-
> tualiste. La France révolutionnaire fut anti-éclectique, c'est-à-dire originale
> dans son fonds, anti-jésuite, c'est-à-dire noble et hardie dans le procédé,
> anti-maçon, (sic) anti-matérialiste. Elle fut spiritualiste dans la loi civile
> qu'elle étend à toute la France, dans la Presse qu'elle libère, même dans la
> guerre, puisqu'elle décréta la victoire par un acte de foi.

Michelet étudie alors au point de vue philosophique les trois procédés de l'évolution historique :

> 1° Le moment de *génération* d'une chose viable, parce qu'elle est simple,
> implique exclusion, négation de ce qui n'est pas elle : négation exagérée
> mais utile. Ex. Descartes, Révolution.
> 2° Le moment de *dissolution* d'une chose qui a vécu, qui n'est plus simple.
> Elle admet les éléments étrangers, se transforme en eux et les transforme en
> soi.
> 3° Entre ces deux moments il y a celui où une chose se sentant faiblir
> admet des éléments étrangers et sans les transformer se corrompt par leur
> juxtaposition.

Laissant de côté la Révolution elle-même, il montre la corruption de l'idéal révolutionnaire par le catholicisme (Buchez et Lacordaire), par l'éclectisme de Cousin, le romantisme, qu'il a toujours
détesté, enfin par les maçons, la papimanie, l'anglomanie.

L'article de Saisset venait de paraître, et Michelet, quinze jours
avant Quinet, fait une charge à fond contre l'éclectisme.

La Révolution se perd si elle oublie son originalité première, son
principe vital spiritualiste, pour s'égarer dans les imitations, et Michelet institue un grand tableau historique du mal causé à travers l'histoire par les imitations. On n'imite jamais; on suit et on se perd.

Cette page amusante contre l'éclectisme était bien peu à sa place
dans ce cours, si toutefois Michelet l'a servie à ses auditeurs.

Enfin, Michelet quitte le rôle de témoin pour se faire le prophète de
l'avenir. On prévoit d'après lui l'avenir d'un être de deux manières :
par l'histoire et l'éducation, 1° en interrogeant sa nature, sa naissance, son passé, en le *sachant;* 2° en développant sa nature, en lui
donnant une seconde naissance, en le *faisant.* Le peuple avait fait son
passé, mais il l'ignorait; il cherchait aussi une aide du dehors pour son

avenir, quand tout devait venir du dedans, de ses souffrances et de sa volonté.

Comment prévoir l'avenir ? en le faisant. Les Grecs le conjecturaient; les Juifs le couvaient, le créaient par le désir. Nous par la volonté, par l'action sur les germes du passé qui dorment en nous.

Alors, emporté par son subjectivisme, il refait toute l'histoire de ses livres et de ses idées. Il montre que lui, lui seul, a recréé en lui la conscience du peuple du Moyen-Age, et que lui, par conséquent, peut dicter au peuple de la Révolution son avenir. Ce sera, au fond, le but de son Histoire.

« Pour savoir, il fallait porter le peuple en soi et voir dans une courte destinée d'homme, comment se faisait la transformation. Ne pas renier ses origines, comme ceux qui cachent sous des gants jaunes leurs grosses mains. C'est ce cœur filial qui a été récompensé en moi. »

Il termine ces pages en posant le 12 février, le cruel problème de l'inégalité sociale. C'est ce problème qu'il tâchera de résoudre dans *Le Peuple* — car *Le Peuple* sera un essai sur l'éducation destinée à fixer l'avenir de la France révolutionnaire, dans laquelle subsistent deux Frances opposées.

Ses leçons du deuxième semestre renferment beaucoup de passages dignes d'être notés, mais moins de vues originales.

La première, consacrée à un tableau de la propriété paysanne au moment de la Révolution, semblait devoir conduire à une étude des transformations de cette propriété. C'est en effet ce qu'il tenta de faire. Il montre l'affranchissement graduel du travail agricole, le mariage du paysan avec la terre, et proteste au nom de la petite propriété contre les théories de Babœuf. Tout cela se retrouvera en partie au chapitre premier du *Peuple*.

La seconde nous lance dans un tout autre sujet, étroitement lié aux leçons sur l'avenir. Il y traite de l'Éducation, et c'est aussi une préparation au *Peuple*. Mais l'idée qui domine ici, c'est l'exposé des raisons historiques qui ont créé en France les antagonismes de classes et d'idées, et des moyens de ramener l'union. La troisième leçon, sur l'Association, est assez étroitement liée à la seconde et a un fond historique. Après un exposé de l'histoire des associations dans l'ancienne France il embouche de nouveau la trompette prophétique pour annoncer comment, après la ruine des associations anciennes par la Révolution, de nouvelles associations d'âmes et d'idées doivent prendre naissance. Sur la couverture de la dernière leçon, Michelet a écrit : « Le second semestre, très important et très neuf comme histoire de la liberté de penser aux trois derniers siècles. »

Cette note ne s'applique qu'aux quatre dernières leçons. Michelet les avait sans doute depuis assez longtemps préparées. La quatrième a pour titre : « L'esprit captif du Globe. Liberté de penser, d'imprimer, de lire. »

Michelet dresse un vrai martyrologe de tous ceux qui ont été persé-

cutés et brûlés pour avoir formulé des hérésies et des impiétés.
Les protestants y tiennent naturellement une large place. Déjà, on
prévoit le *Louis XIV*. Michelet montre comment les philosophes et
surtout Voltaire, ont rendu impossible la continuation de ces per-
sécutions. Il termine par une attaque très vive contre le clergé de
l'ancien régime.

« Cette séparation du peuple en deux peuples qui vient de l'abandon total
où le clergé laissa sa mission : l'éducation populaire, fit la violence, l'horreur de la Révolution et la punition du clergé. Il supporta pendant six ans
les lois qu'il avait appliquées 3oo ans aux protestants et aux philosophes. Ce
que Louis XIV avait tiré des proscriptions du xvie siècle, ce que Louis XV
avait codifié en 1724 fut copié dans la loi des Suspects. »

La cinquième leçon, très nourrie, est une histoire de la Bastille, que
Michelet termine par le récit du quatorze juillet 1789 qui formera
un des plus beaux morceaux de la *Révolution*, et il parle « de cette
terrible fureur qui fut un fruit de la pitié », de la fureur des femmes.

La sixième, très originale et très touffue, est une histoire des polémiques de presse au xviie et au xviiie siècles, polémiques qui aiguisent
et libèrent la pensée. Nous y retrouvons Voltaire, comme dans la
Bastille.

Enfin, la dernière leçon, très étudiée et solide, elle aussi, est consacrée aux œuvres d'éducation de la Révolution : École polytechnique,
centrale, Écoles normales, primaires. Michelet reconnaît que la vie
leur a manqué, par défaut d'organisation, mais il rend un très bel
hommage au magnifique épanouissement de l'esprit scientifique pendant la Révolution [1]. On en trouvera la substance au chapitre 5
du livre III du *Peuple*. La leçon se termine par tout un programme
d'avenir auquel il reviendra dans le *Peuple* et à la fin de sa vie dans
Nos fils.

Le cours de 1845, tel que je viens de l'analyser, n'aurait pas été
fait pour éveiller les susceptibilités du pouvoir ni celles de l'Église,
si Michelet n'y avait constamment fait allusion à l'époque présente
et donné à chacune de ses leçons une tournure polémique. Lors de ses
trois premières leçons du second semestre sur la propriété, l'éducation, l'association, il avait eu d'abord l'intention de consacrer tout
le semestre à étudier les causes et les résultats sociaux de la Révolution, tâche importante et neuve. Mais il se trouva, non sans raison,
insuffisamment préparé et, dès le lendemain de la troisième leçon,
le 25 avril, il se décide brusquement à traiter la question de la
liberté de penser et les œuvres d'instruction de la Révolution, sujets
sur lesquels il avait beaucoup de notes, et qui aussi lui permettront
de donner plus libre cours à son ardeur combative. Il écrit le 25 avril
dans son *Journal* : « Plusieurs choses me firent sentir le besoin de
retenir mon cours dans la voie polémique, et ajourner socialisme,
éducation », et quand il a fait sa quatrième leçon sur la liberté de

---

1. Michelet dans sa *Révolution* s'est arrêté au 8 thermidor et dans son *Histoire du* xixe *s.* n'a pas touché à l'œuvre scolaire de la Convention.

penser, il note « très polémique, fort et familier ». Si j'en juge d'après les notes du cours de 1845, cette polémique devait être souvent très vive. Il y accuse directement le clergé d'avoir constamment arrêté le développement de l'esprit humain, empêché la diffusion des lumières.

On a fait souvent l'histoire positive des trois derniers siècles. Reste à faire leur histoire *négative*, celle de tout ce que le clergé devait faire, ne fit pas, empêcha.... triste, sombre difficile histoire — l'histoire du néant, hélas, c'est celle du peuple !

Cette négation, ce meurtre immense de l'esprit, nous ne pouvons l'apprécier que par les actes positifs pour empêcher la diffusion des livres. Nous ne pouvons estimer les millions d'hommes qui n'ont rien lu, rien vu, ni les livres utiles qui se seraient faits et qu'on a empêchés de naître, mais bien les livres qu'on a brûlés, les auteurs qu'on a brûlés, et dont la mort a effrayé, tué d'avance des légions d'esprits inconnus.

Le positif est limité, le négatif illimité. Comme un meurtre sur une grande route empêchera d'y passer bien des milliers de passants.

Il n'attaquait pas seulement le clergé, il attaquait tous ceux qu'il considère comme unis à lui par intérêt ou par faiblesse, les architectes qui abîment les monuments anciens, sous prétexte de les restaurer, les romantiques qui font du faux Moyen-Age, les philosophes éclectiques qui veulent réconcilier le catholicisme et la philosophie; enfin, tous les monarchistes, juste milieu ou conservateurs, et le gouvernement lui-même. Il semblait s'ingénier à soulever contre lui toutes les colères à la fois. Je ne puis croire qu'il ait dit dans ses cours tout ce qu'il a mis dans ses notes, mais il a dû en dire une bonne partie, puisqu'on l'a accusé dans la presse et à la tribune d'avoir prêché la Révolution.

Il accuse en février de l'impuissance et de l'inertie de la France :

1° Les Jésuites et le clergé;

2° Le Juste milieu pourri ,si bas tombé qu'il a cru se soutenir par les Jésuites;

3° Les anglomanes et les papimanes;

4° La barbarie romantique, qui, à bout de ses forces, a fini comme tout mensonge finit, par donner la main aux pères du mensonge (toujours les Jésuites).

« Tout cela est encore obscur parce que l'opposition, centre gauche crée un faux espoir.

Il faut que le mensonge ait son dernier avènement en Thiers, plus discordant que Guizot, étant le ministre bonapartiste du système anglomane avec prétention à l'esprit de la Révoluion, que Bonaparte a détruit. Thiers a pris le Bonapartisme sous la Restauration, comme Chateaubriand le catholicisme sous Bonaparte, comme une force toute faite.

Là le péril sera pour nous, en présence du tout puissant journaliste qui, ayant autour de lui nos amis mêmes, nous frappera étourdiment, pour consoler le clergé ! pour se ramener la cour !

    Il faut :

Un esprit vivant, sans formule, sans drapeau tout fait;

ni classique, ni romantique;

ni ultramontains, serfs de Rome;

ni gallicans, serfs du Roi;

ni chrétiens aveugles (principe de l'Imitation);

ni anglomanes;
ni vieille France (à la Genoude)
ni bourgeois philippistes;
ni 93;
ni bonapartistes (aveugle adoration de la force et du succès);
encore moins barbouilleurs éclectiques de religion et de révolution (à la Buchez) pour marier Robespierre et Jésus-Christ.

Michelet ne demande pas une Révolution, mais il l'annonce, ce qui pouvait être considéré comme à peu près la même chose.

« *L'État continue l'œuvre impie du clergé pour faire deux peuples*. Tâchons, avant la crise, de nous reconnaître, de nous entendre, et de nous donner la main (entre les deux peuples). Nous le pouvons encore. Je vous prie, que l'Europe ne nous trouve pas divisés à ce moment solennel. Ne voyez-vous donc pas l'ombre qui croît sur l'Europe, l'ombre de ces deux géants, l'Angleterre et la Russie? J'ai quarante-cinq ans, trois gouvernements ont passé, quinze ans chacun. »

« Celui de *l'épée*, brisé, moins par l'accord de l'Europe que pour avoir établi, en France même, cette opinion qu'il était inconciliable avec la paix et le travail, caractère spécial de la civilisation moderne.

Celui du *droit divin et du prêtre*, brisé, moins encore comme imposé par l'Europe que comme trop convaincu pour se corriger jamais.

Celui de *la Banque*, des gros propriétaires et des gros industriels, c'est-à-dire d'une minorité dans ce pays agricole, fondé par un banquier bonapartiste (Laffite) défendu par un banquier (Périer) maintenu par les Anglais et les Juifs (énervé le jour où les grands débouchés extérieurs sont définitivement bouchés).

Pour comble de faiblesse il a été chercher secours dans le parti prêtre, celui de la branche aînée, celui du droit divin immolé par lui.

Les trois gouvernements ont exploité à plaisir une même chose : la peur de la Révolution, cette tête de Méduse, que Bonaparte montrait au parti du Moyen-Age, en peur de l'avenir; il fait peur à la bourgeoisie : « Serrez-vous bien contre nous, prenez garde. Seul je vous défends. Voici le peuple qui monte, voici les barbares. Rappelez-vous ces temps affreux. » Parole impie qui crée deux peuples.

Michelet prend alors la défense de ces barbares, ces barbares dont il est, comme Béranger et tant d'autres, sortis du peuple :

« Nous, hommes sortis hier du peuple, nous, avenir en chemin; nous, passé, présent, avenir. Nulle autre différence aujourd'hui que le peuple d'hier et celui d'avant-hier —
Avant-hier Lamennais, Lamartine, Chateaubriand.
Hier Victor Hugo, Quinet, familles militaires.
Aujourd'hui Béranger, moi, Leroux, industriels.
Notre invasion continuelle, à nous barbares, est indispensable pour réchauffer ceux qui montent dans une atmosphère plus froide, plus lumineuse peut-être, de notre féconde chaleur. Plus barbares, nous sommes plus passé, plus intelligents des âges passés, plus historiens (les âmes de nos pères vibrent en nous pour des douleurs oubliées); nous sommes plus avenir, nous sommes plus nature, plus logiques. »

J'arrête là ces citations que je pourrais multiplier. On comprend sans peine que cette manière d'enseigner la Révolution en marche et d'encourager à la continuer n'était de nature à satisfaire ni le gouvernement, ni ceux, députés, professeurs, journalistes, industriels ou commerçants, que le gouvernement de Juillet satisfaisait parfaitement.

En même temps, Quinet faisait son cours sur le *Christianisme et la Révolution.* Il y montrait la Révolution et non l'Évangile comme véritable héritière du christianisme primitif et même du Concile de Nicée. Il traçait à la démocratie un programme de révolution religieuse et morale, en contradiction aussi bien avec le mouvement purement utilitaire qui emportait la France officielle d'alors, qu'avec le catholicisme. On comprend que les deux professeurs aient été, en 1845 comme en 1843, l'objet des mêmes protestations, des mêmes attaques. Le nouveau ministre de l'Instruction publique, de Salvandy, devait naturellement chercher tous les moyens pour mettre le holà à un enseignement dont le caractère révolutionnaire n'était pas niable. L'article de Saisset avait été le premier coup de clairon [1]. Quelques jours après, le 14 février, dans son cours à la Sorbonne, l'abbé Cœur faisait une sortie contre *Le Prêtre.* Les journaux d'extrême-gauche l'accusèrent d'avoir dit que « les jeunes gens qui propageaient l'ouvrage de Michelet n'étaient que des piliers d'estaminet, des malheureux que le bagne réclamerait un jour. » L'abbé Cœur fut obligé de protester dans une lettre au *Siècle* du 28 février; il déclara distinguer du livre qu'il blâme, l'homme, qu'il honore, et dont il a publiquement, à plusieurs reprises, loué le caractère.

Michelet reçut le 25 février une lettre de deux jeunes gens qui lui annonçaient qu'ils allaient siffler l'abbé Cœur. Il dut, dans sa leçon du 27 février, prendre la défense de celui-ci au nom de la liberté de parole.

Au même moment (24 février), l'évêque de Chartres, dans une lettre adressée à l'archevêque de Lyon, injuriait violemment Michelet, et, quelques jours plus tard, quatre-vingt-neuf habitants de Marseille adressaient au gouvernement une pétition sollicitant son intervention. *Le Globe,* dans un article du 30 mars, s'associait avec virulence à cette demande. Une partie de la presse catholique cependant, *L'Univers* en tête, tout en publiant presque chaque jour les articles les plus violents contre Michelet et Quinet, protestait, au nom de la liberté d'enseignement, contre toute atteinte à la liberté de leur parole.

M. de Salvandy aurait bien voulu trouver un moyen de ramener Quinet et Michelet à plus de modération, et surtout Quinet à une plus exacte observation de ses devoirs professionnels, sans empiéter sur les droits des professeurs. Le 29 mars, Letronne fait venir Quinet et l'informe que Salvandy voudrait faire prononcer contre lui un blâme par ses collègues. Mais Letronne refuse au ministre de faire cette proposition à l'assemblée des professeurs.

Le 14 avril, l'affaire fut portée devant la Chambre des Pairs. L'ordre du jour appelait le rapport de M. Tascher de la Pagerie sur la

---

1. Les amis de Michelet prétendaient que Thiers et Rémusat y avaient collaboré. C'est Louis Reybaud qui vint l'affirmer à Michelet.

pétition des quatre-vingt-neuf pères de famille de Marseille, électeurs
et éligibles. Le rapporteur désigne nommément Michelet et Quinet,
leurs livres du *Prêtre* et de *l'Ultramontanisme*, et déclare ces livres
et l'enseignement qu'ils représentent en contradiction avec la
charte qui a promis aux cultes liberté, respect et protection. Toutefois, il propose de passer à l'ordre du jour, en remettant au gouvernement le soin d'apprécier le mal et ses remèdes. Le marquis de Barthélemy appuie les conclusions de M. Tascher, et il attaque spécialement les passages les plus vifs et les théories les plus osées du livre
de Quinet.

Dupin, subtilement, sépare le livre, qui est libre, de l'enseignement,
où les professeurs doivent respecter tous les cultes établis. Montalembert, après avoir attaqué et jugé avec une extrême sévérité les idées
et les paroles de Michelet et de Quinet, réclame la liberté absolue de
l'enseignement : « Dans un pays libre, il faut savoir supporter ce qui
fait horreur. Nous saurons apprendre à nos adversaires cette nécessité de la liberté. » Il loue la franchise des attaques de Michelet et de
Quinet, il la préfère aux respects hypocrites des éclectiques. Il se plaint
seulement que le gouvernement ne donne pas aux catholiques la liberté
qu'il laisse à leurs adversaires.

De Salvandy fait alors un exposé très complet, à la fois historique
et théorique, de la liberté dont doivent jouir les professeurs du Collège
de France. Ils sont eux-mêmes les maîtres de leur discipline. Le seul
droit de l'administration est de les inviter à examiner s'il y a lieu
d'exercer leur pouvoir disciplinaire.

Cousin défend Michelet et Quinet, qui venaient cependant de l'attaquer avec la dernière vigueur, en niant qu'ils aient enseigné l'impiété et l'irréligion, et en rejetant la responsabilité de leurs violences
sur les injures lancées contre l'Université et contre eux. « L'impunité
que vous accordez aux Jésuites, en dépit de tant de lois, couvre aussi
MM. Michelet et Quinet. »

La Chambre des Pairs passa à l'ordre du jour. Quinet envoya le
18 avril aux *Débats* une longue lettre, dans laquelle il soutint le
droit pour les professeurs d'étudier librement l'histoire des religions
et la nécessité pour lui de faire entrer l'histoire des institutions religieuses dans son cours d'Histoire des littératures du Midi [1].

La congrégation de l'Index tira à sa manière la conclusion de la
séance du 14 avril en mettant d'un seul coup à l'index le *Prêtre* de
Michelet, le *Cours de Philosophie* de Cousin et le *Manuel de droit
ecclésiastique français* de Dupin, fraternellement unis dans la même
réprobation.

Le gouvernement se trouvait dans la position la plus fausse.

Au lieu d'adopter la politique préconisée par Montalembert, laisser la liberté aux professeurs du Collège de France, mais la donner
aussi aux catholiques y compris les Jésuites, il cherchait à faire ac-

---

1. Les *Débats* avaient dit le 16 : Quelques sages avertissements suffiraient
sans doute à faire rentrer Quinet dans le programme de son cours. »

cepter à Rome, par le Père Roothaan lui-même, les lois qui interdisaient en France l'existence des Jésuites, et Guizot avait dû, le 2 mars, envoyer à Rome Rossi pour cette difficile négociation. Mais, donnant sur ce point satisfaction à l'opinion libérale, il prétendait en échange imposer à Michelet et à Quinet la cessation de leurs attaques contre le catholicisme. Ce système de bascule amena, le 2 mai, le gouvernement à accepter, après une interpellation de M. Thiers, un ordre du jour l'invitant « à faire respecter les lois de l'État » c'est-à-dire à expulser les Jésuites. Michelet assistait à la séance. Il dit dans son *Journal* qu'il s'y trouvait « force prêtres attendant leur condamnation » et que Berryer fut un « virtuose admirable ». Ce fut en effet un de ses plus beaux discours, et Lamartine, à la vive indignation de Michelet, défendit la liberté des congrégations.

Les négociations que Rossi poursuivit à Rome avec le cardinal Lambruschini aboutirent à des mesures déplorablement hypocrites. Tandis que le *Moniteur* célébrait le succès du gouvernement et annonçait que les Jésuites se dispersaient, fermaient leurs noviciats, ne laissant dans leurs maisons que les prêtres soumis à l'ordinaire, le P. Roothaan fermait, il est vrai, les maisons de Paris, Lyon, Avignon, Saint-Acheul et les trop nombreux noviciats, mais en déplaçant simplement les religieux et en les répandant ainsi sur la France entière qui n'y perdit pas un seul Jésuite. « Nous devons, disait le général, tâcher de nous effacer un peu. » Guizot, qui conduisait toute cette affaire, avait, en réalité, joué les libéraux. En même temps, il voulut que les professeurs du Collège de France payassent les complaisances apparentes du Saint-Siège; et de Salvandy qui gardait rancune aux libéraux des mépris que lui témoignaient leurs journaux, y compris le journal des *Débats*, s'y prêta avec empressement [1].

Avant d'aller plus loin, il nous faut revenir en arrière pour dire quelques mots des voyages de Michelet dans cette année 1845 et du livre du *Peuple*, mis en vente le 28 janvier 1846.

Les voyages de Michelet avaient été jusque-là des voyages d'historien, de géographe et d'artiste. Cependant dès 1843, nous l'avons vu à Lyon et en Suisse ardemment préoccupé des questions religieuses d'où sortira le livre du *Prêtre* et accorder à Lyon et à Saint-Étienne une attention passionnée à la condition des travailleurs. Ses fréquents voyages à Rouen, ses relations avec Eugène Noël, l'ami des Dumesnil, qui vit au Tôt, au milieu de la population manufacturière rouennaise, le font pénétrer dans la vie des ouvriers du coton et de la laine. On voit naître peu à peu dans son esprit, pendant qu'il étudie pour ses cours les causes et l'esprit de la Révolution française, l'idée du livre du *Peuple*. Sa passion d'apostolat est une passion d'éducateur. Il a montré dans son cours de 1845 que la Révolution n'a pu accomplir son

---

1. Ce sont les affaires du Collège de France qui décident Michelet à rendre irrévocable sa démission de professeur au château. Il sait le 3 juillet que le roi a grondé Salvandy de n'avoir pas obtenu le blâme du Collège contre Michelet et Quinet.

œuvre parce que le peuple, qui depuis 1789 est devenu le principal personnage de l'histoire, ne connaît ni son passé, ni son avenir. Michelet, qui est sorti du peuple, qui a senti revivre en lui-même toute
l'histoire de France et du peuple français, éprouve l'impérieux besoin
de tracer pour ses contemporains, pour la jeunesse surtout, le programme d'éducation morale, sociale et religieuse qui permettra à la
France de la Révolution d'accomplir ses destinées. Michelet a été frappé
par ce qu'il y a de généreux dans les utopies socialistes sans avoir jamais
accepté les théories de reconstitution sociale ni des Saint-Simoniens,
ni des Fouriéristes, ni des communistes à la Cabet ou à la Louis-Blanc.
Il leur reproche à tous d'ignorer l'histoire et la patrie. La patrie et son
histoire, voilà la base religieuse de la réforme qu'il appelle de ses
vœux et qui consistera non dans l'organisation d'une société nouvelle,
mais dans une révolution morale. La rénovation sociale se fera par
l'union volontaire des classes, aujourd'hui séparées et ennemies et où
les riches sont, sans le savoir, eux-mêmes victimes de l'oppression et
de la misère dans laquelle vivent les classes pauvres, ouvriers et paysans. C'est à la jeunesse d'accomplir ce miracle d'union par lequel la
France de la Révolution, haïe et redoutée de l'Europe, s'élèvera bien
au-dessus de tous les pays d'ancien régime.

Telle est l'idée générale à laquelle Michelet avait été peu à peu
amené de 1842 à 1845 par ses méditations philosophiques et religieuses.

Le 10 janvier il avait achevé le *Prêtre*, dont l'impression était
finie le 15. Le 16, il avait commencé son cours sur la Révolution,
qui est à ses yeux sortie du peuple, faite par et pour le peuple,
mais que le peuple n'a pas comprise. Michelet lui en donnera le sens.
Avec cette promptitude improvisatrice si étrangement unie chez lui à
une lucidité presque infaillible, il écrit dans son *Journal* : « Le
24 janvier, je conçus et j'écrivis le titre *Peuple*, voulant l'achever au
24 janvier 1846. » Ce n'est que le 31 août que Michelet commença
de l'écrire quand il fut libéré de ses cours et de ses polémiques [1]. Mais
on peut dire que les neuf mois précédents avaient été des mois de
gestation pendant lesquels son œuvre s'organisait dans son cerveau [2].

---

1. Il avait continué à être occupé par le *Prêtre*, pour lequel il écrivit
une importante préface nouvelle du 7 au 18 mars, qui parut le 25 mars
en tête de la 3e édition.

2. Indépendamment du mouvement propre de ses pensées, Michelet a certainement été poussé à écrire *le Peuple* par le désir de donner sa propre solution au problème social qui agitait son temps et qui avait produit tant de
rêves socialistes dont Michelet avait été touché sans les partager. Lamennais,
son ami, avait publié en 1837 *Le livre du Peuple* qui n'est guère qu'une
vague lamentation sur les misères du peuple, mais qui fit sans doute une
impression décisive sur Michelet. Nous savons quel intérêt en 1830 et 1832
il porta aux prédications Saint-Simoniennes. Il avait lu aussi Fourier qui,
mort en 1837, avat publié en 1835-36 ses deux volumes de la *Fausse industrie* et un *traité d'Association industrielle et agricole* réimprimé en 1841
en 4 vol. comme *Théorie de l'Unité universelle*. Considérant, avec qui il
était en relations après avoir dirigé *la Phalange* de 1836-45 qui avait succédé
au *Phalanstère* de 1832, publiait la *Démocratie pacifique*. Cabet, son *Voyage
en Icarie*, 1842; Louis Blanc, *l'Organisation du Travail*, 1840.

Quand il se mit à l'écrire, il le fit sans désemparer, d'un élan ininterrompu. En février il lit Louis Blanc, l'*Organisation du Travail* et les premiers volumes de l'*Histoire de dix ans;* et aussi *les Paysans* de Balzac. Il en est mécontent parce que Balzac accentue la séparation des classes urbaines et agricoles. En mars il fait des extraits de Proudhon, sans doute l'*Avertissement aux propriétaires* (1842) et la *Création de l'ordre dans l'humanité* (1843) et il le réfute. Il lit aussi un article de Louandre sur le *Travail des femmes.* Il va voir Villermé dont les deux volumes, *Tableau de l'état physique et moral des ouvriers dans les fabriques de coton, de laine et de soie,* seront une des bases de son livre. Il est en rapports constants avec son ami Faucher dont il chauffe la candidature académique [1] et dont les articles à la *Revue des Deux-Mondes* (en particulier celui du 15 novembre 1844 sur le *Travail des enfants à Paris*), et les *Études sur l'Angleterre* parues en 2 volumes en 1845 lui fourniront une foule de points de comparaison intéressants. Il se renseignait aussi auprès de Louis Reybaud qui avait publié en 1843 les deux volumes de ses *Études sur les réformateurs socialistes,* et en 1843 les trois volumes de son amusant *Jérôme Paturot.* Il lisait encore Frégier qui avait publié en 1839 et 1840 deux volumes sur les *Classes dangereuses de la population dans les grandes villes,* ainsi que le livre de son ancien secrétaire Toussenel sur les *Juifs, rois de l'époque.*

La pensée de son livre le suivait dans ses voyages. Il en fit trois en 1845. Celui de Fontainebleau du 10 au 14 octobre avec Alfred et Charles fut une pure distraction de nature et d'art sur laquelle il n'écrivit que peu de notes. Les deux autres méritent de nous arrêter davantage.

Du 11 au 16 juin, Michelet alla avec son gendre Alfred à Rouen, au Tôt ou Noël avait une petite filature et à Vascœuil, la propriété des Dumesnil. « Samedi 14, arrivée à Vascœuil, singulièrement beau, triste, fantasmagorique, sombre au dedans, au jardin lugubrement gai, avec ses innombrables juliennes blanches en longues files comme des nonnes. »

C'est là que le dimanche 15 « après s'être promené sur la route avant déjeuner et tandis que les prairies fêtent le dimanche, recevant ce jour-là l'eau que les cieux ne retiennent plus » il écrit le plan de son livre qu'il avait le 13 raconté à Noël pendant que celui-ci lui exposait les misères des petites filatures. Il visita aussi Rouen avec Noël, mais Saint-Ouen, son église de prédilection, ne lui fait plus d'impression maintenant qu'on la restaure.

Le voyage à Cherbourg du 28 juillet au 12 août montre encore mieux les préoccupations sociales et économiques de Michelet. Il visite les monuments d'Évreux, de Caen, de Bayeux, mais ne leur accorde que peu de place dans son journal. C'est la situation des paysans et des marins qui seule l'intéresse vraiment et rien n'est plus remarquable

---

[1] Il fut battu par le médiocre Villeneuve Bargemont soutenu par Guizot, Duchatel, etc...

que la précision avec laquelle il s'en informe et note les moindres
détails.

Pendant ces quinze jours il n'avait cessé de ruminer son livre. C'est
le 12 août en revenant de Rouen à Paris qu'il en a définitivement arrêté le plan. Il devait commencer à l'écrire le 31.

L'artiste qu'était Michelet ne pouvait pas fermer les yeux et nous
trouvons dans ce journal quelques notes de nature admirables. Mais
son grand souci est de connaître la situation exacte des populations maritimes. Il avait certainement l'idée à ce moment de consacrer un chapitre dans son livre aux marins, à leurs souffrances, aux
inconvénients de l'inscription maritime. Il y a renoncé. On ne retrouve
dans le *Peuple* que peu de chose des renseignements si curieux recueillis dans le voyage à Cherbourg. Sans doute la situation des marins lui parut-elle au fond bien moins misérable que celle des paysans
et des ouvriers des manufactures. S'il avait pu étudier les souffrances
de la grande pêche de la morue ou du hareng, peut-être en aurait-il
jugé autrement, mais il n'a vu que les pêcheurs de Trouville et des
ports du Calvados, qui étaient relativement heureux. Il n'a pas
connu les abus commis par les armateurs de Bretagne et des ports
au nord de la Seine, abus qui d'ailleurs ont beaucoup grandi depuis
l'époque où il écrivait [1].

1. Toutefois on retrouve quelque chose des observations faites pendant
le voyage de Normandie dans les premières pages du chapitre III du livre III
sur l'Association. Il y parle avec émotion des associations de pêcheurs normands et il trouve quelques phrases émues (p. 296) pour « la grande race
des marins normands. »

CHAPITRE VII

Le Peuple

Il n'est aucun livre que Michelet ait porté aussi longtemps dans sa tête et dans son cœur que le *Peuple*. Il n'en est aucun où il ait mis autant de lui-même. Il n'en est aucun qu'il ait écrit d'un élan plus passionné [1].

Ce livre occupe une place centrale dans l'œuvre de Michelet. Il est comme un résumé de ses réflexions, de ses expériences, de sa vie antérieure; il y a exprimé sa conception de la vie, de l'éducation, de la religion, de l'histoire. Écrite en 1845, c'est-à-dire quand il était *nell' mezzo dell' camin della vita*, à égale distance de ses débuts dans la vie

---

1. Voir pour la caractéristique du *Peuple* le passage capital de la conclusion de l'*Etudiant* p 288-289.

Il est intéressant de voir dans son journal avec quelle hâte fiévreuse il écrivit ce livre, faisant imprimer ses chapitres au fur et à mesure qu'il les composait, suspendant parfois ce double travail pour continuer ses recherches. Le 4 septembre, il arrête le plan, et se donne à lui-même cette formule directrice : « l'Amour seul constructeur de la cité ». Le 6, il y travaille beaucoup. Le 8 il porte déjà de la copie à l'imprimerie; mais — « heureusement », dit-il — le caractère manque. Les 11 et 12 il lit Villermé et en fait des extraits; le 13, il lit Wolowski sur l'hypothèque. Le dimanche 14 le plan des trois premiers chapitres est arrêté. Le mardi 16, il met sous presse « le Paysan », puis suspend l'impression. Les 17-20, il lit Raspail et Agricol Perdiguier, il refait le progrès de l'ouvrier, du détaillant, du bourgeois. Le 21 il fait des extraits de Perdiguier et discute la thèse de Louis Blanc. Les 22-25, nous le voyons étendant de jour en jour le programme de son livre, suspendre l'impression, écrire l'argument des deux chapitres sur les riches. Après un voyage à Fontainebleau (10-19 octobre) avec Alfred, il écrit « peu et mal » sur l'ouvrier. Il écrit, sur la 2ᵉ partie : « se passer d'aimer ». Les 23-24, il écrit sur « l'Instinct ». Le 23, il refait « le paysan » qu'il renverra le 3 novembre à l'imprimerie, et le 30 octobre, « l'ouvrier ». Les 5-7, il traite de « l'ouvrier-machine et de l'ouvrier-homme »; les 10-12, du « fabricant, du marchand, du fonctionnaire »; il communique ces chapitres à Lefebvre, à Troyon, à Noël. Les 15-30 il achève et imprime l'Instinct. Le 5 décembre, il écrit l'Enfant, 1ᵉʳ ch. de la 2ᵉ partie. « J'avais déjà fait les ch. 2 à 5. » Le 6. « Fini ch. 8, 1ʳᵉ partie, ajourné jusqu'ici comme les amitiés. 11, instinct du peuple. 14, écrit l'adoption. 16, écrit l'Association. 17, écrit la Patrie. 21 Génin me rapporte mes feuilles, 23-24, écrit l'instinct du peuple. A et B. » — 1846, « 3 janvier, refait le résumé de la 2ᵉ partie et commence le 3ᵉ, amitié. 11, achevé *le Peuple*, moins la préface. 21, écrit la Préface. 24, achevé la Préface. 25, achevé les notes de la préface. 28, mise en vente du *Peuple*. 29, 1ʳᵉ leçon. »

activə et de sa mort, cette œuvre est vraiment comme le nœud de
son existence intellectuelle et morale.

Simultanément, Quinet et Michelet se dédiaient l'un à l'autre les
deux livres où ils avaient mis les idées directrices de leur vie. Le
28 juillet 1845, Quinet offrait à Michelet son cours de 1845, *Le christianisme et la Révolution française.*

Et Michelet de son côté dans sa préface du 26 janvier 1846 s'adressant à Quinet, lui disait :

Ce livre est plus qu'un livre; C'est moi-même. Voilà pourquoi, il vous appartient. C'est moi et c'est vous mon ami, j'ose le dire. Vous l'avez remarqué
avec raison, nos pensées communiquées ou non, concordent toujours. Nous
vivons du même cœur.

Belle harmonie qui peut surprendre, mais n'est-elle pas naturelle! Toute
la variété de nos travaux a germé d'une même racine vivante : le sentiment
de la France et l'idée de la Patrie. Recevez-le donc, ce livre du Peuple, parce
qu'il est vous, parce qu'il est moi. Par vos origines militaires, par la mienne
industrielle, nous représentons nous-mêmes, autant que d'autres peut-être,
les deux faces modernes du Peuple et son récent avènement. »

Dans cette préface où il s'est, comme il le dit, mis tout entier lui-
même, il indique les trois sources auxquelles il a puisé : ses souvenirs personnels, ceux d'un travailleur fils de travailleurs qui a commencé sa vie en travaillant de ses mains, et sa conscience qui s'est
identifiée avec celle du peuple dont il a écrit l'histoire et avec l'histoire
même de l'humanité; en second lieu, l'histoire même à laquelle il a
consacré sa vie, les précédents historiques du peuple de France et de
toutes les classes populaires; enfin les voyages qu'il a entrepris depuis
1834 à travers la France et les enquêtes sur le vif qu'il a poursuivies
sur la condition des habitants des villes et des campagnes. Il ne se
vante pas en disant qu'au cours de ses voyages il n'a jamais perdu
de vue cette enquête et que son livre s'est fait ainsi, jour à jour, année après année, dans son esprit [1].

Je ne résumerai pas les pages où il raconte sa propre histoire, les
plus célèbres peut-être de Michelet et qui sont dans toutes les mémoires. Elles sont immortelles. Il faudrait les citer toutes.

Je ne referai pas le récit de ce qu'il appelle son initiation par la
vie dure et populaire de son enfance, puis par l'enseignement qui l'a
réconcilié avec l'humanité et qui fut pour lui l'humanité. Ce qui le distingue de tous les autres historiens, dit-il, c'est d'avoir aimé davantage. C'est aussi d'avoir plus souffert et d'être resté peuple.

Il se fait gloire d'être un barbare comme ce peuple dont l'ascension
paraît une invasion. Et c'est à cette sève populaire qu'il attribue le
don de la vie qui a été son originalité comme historien.

Ayant ainsi marqué ce qu'il est et ce qu'il a fait, il dit le sens et
la raison d'être du livre qu'il publie et qui va lui attirer des inimi-
tiés. Il l'écrit parce qu'il est effrayé de voir la France divisée en elle-

---

1. Il se plaint ailleurs que « de nobles écrivains de génie aristocratique »
aient peint les bagnes, les prisons, les mauvais lieux pour peindre le peuple.
P. 180. Est-ce Sue ? p. 14.

même par les luttes de classes et affaiblie vis-à-vis de l'étranger. « Pendant que nous sommes à nous quereller, ce pays enfonce. » Il proteste contre cette ruine « qui ne vient que de nous, du manque de confiance en nous-mêmes. Qui a une littérature, qui domine encore la pensée contemporaine? Nous, tout affaiblis que nous sommes. Qui a une armée? Nous seuls. » Et Michelet invite la France à n'avoir confiance qu'en elle-même, à ne chercher d'appui ni en Angleterre, ni en Russie, deux géants bouffis. Il proteste au nom du paysan de France, qui se souvient de Waterloo, contre les humanitaires. La France sera sauvée si elle sait être unie. Elle sera toujours pour les autres nations, toutes aristocrates, un objet de haine et d'envie parce qu'elle est le pays de la Révolution.

Le livre du *Peuple* aura donc pour objet de montrer aux Français ce qu'il y a de douloureux, d'injuste dans la condition du paysan et de l'ouvrier et les conséquences funestes pour la prospérité et pour la puissance nationales de cet état social défectueux.

La première partie : *Du Servage et de la Haine*, étudie les causes historiques et contemporaines de l'antagonisme des classes. Le premier chapitre expose les souffrances du paysan dont la situation empire de jour en jour par la ruine des industries familiales agricoles [1], par l'oppression fiscale, par l'extension de l'usure. Michelet prétend que le nombre des petits propriétaires diminue rapidement. Il signale l'exode des paysans vers les villes, et comment les gains relativement élevés des ouvriers excitent l'envie des paysans. Il a consacré quelques-unes des plus belles pages de son livre à décrire le rôle du paysan, son droit à la terre, sa déception de n'avoir pas tiré de la Révolution qu'il avait faite et défendue les avantages qu'il espérait.

Le chapitre sur les servitudes de l'ouvrier, dépendant des machines, n'est pas seulement d'une pénétrante éloquence, il est aussi un document historique d'un intérêt capital. On y saisit sur le vif les impressions produites au moment de sa première expansion par ce machinisme qui a aujourd'hui tout envahi et auquel nous sommes résignés. Michelet en reconnaît les avantages au point de vue de la production à bon marché et du développement d'un certain confort dans les classes pauvres, mais il proteste contre la diminution de la valeur individuelle et artistique des objets fabriqués, contre la banalisation et l'uniformité de la production mécanique. Il déplore la disparition des métiers à tisser dans les familles et surtout l'écrasement de l'enfant par l'usine. Il montre l'ouvrier de fabrique à cette date tellement épuisé par l'excès de travail qu'il n'a plus aucune force de réaction. Combien tout cela a changé. Michelet résume avec puissance et émotion ce que Villermé, Faucher, Frogier, les économistes réformistes d'alors, avaient signalé dans leurs minutieuses enquêtes.

A ce chapitre de douleur et de désespérance en succède un autre

---

1. Voy. dans Sion, *Normandie orientale*, dans Demangeon, *Picardie*, La ruine des industries familiales.

de relèvement et d'espoir. Il nous montre l'ouvrier amené à l'époque moderne à un sentiment plus complet de sa dignité d'homme, avide d'instruction et de lecture, et exprimant même dans des poésies maladroites et touchantes ses aspirations vers une vie plus intellectuelle.

Quel que soit le danger de ces aspirations insuffisantes, vers une culture qui ne peut être que mal digérée, il faut respecter cet effort qui contient tout un avenir.

Les quatre chapitres suivants sont peut-être les plus originaux. Ils traitent des servitudes du fabricant, du marchand, du fonctionnaire, du riche, c'est-à-dire de la répercussion sur les classes aisées, de la lutte toujours plus âpre et plus difficile pour la fortune, et de l'hostilité entre le prolétariat et la bourgeoisie : l'industriel et le marchand poussés par la nécessité du gain à la dureté et à la fraude, le fonctionnaire mal payé par un État qui ne s'intéresse qu'au progrès matériel, soumis à une écrasante routine, obligé à toutes sortes de compromissions et de servilités pour avancer, le riche vivant dans l'égoïsme, dans la crainte et l'ignorance du peuple.

Le patriotisme ombrageux et enthousiaste de Michelet se fait sentir ici à chaque page. Il déplore que la France, par égards pour les industriels, émules des Anglais en qui ils croient à tort trouver des associés, ait renoncé en 1840 à faire la guerre pour conquérir le Rhin, et il voit dans l'armée sa ressource suprême, la garantie de sa noblesse morale.

L'appel qu'il adresse à la jeunesse des classes riches n'est pas moins éloquent. Il fait remarquer avec raison que malgré la Révolution, la fusion des classes n'est pas faite. Les barrières légales entre les classes étant supprimées, les riches se tiennent d'autant plus à l'écart du peuple qu'ils ont peur d'être confondus avec lui. Il voit dans l'entente sociale le salut du pays.

Il rêve de voir sortir du peuple l'historien du peuple qu'il aurait voulu et n'a pu être.

Il mesure la valeur de chaque classe à son amour pour la patrie et il montre les classes populaires patriotes bien plus ardentes que les classes aisées, qu'il accuse de ne songer qu'à leur intérêt et d'être inféodées à l'Angleterre. L'influence de Toussenel lui fait même écrire un couplet anti-sémitique.

Il lance alors une protestation contre ce qui lui paraît à la fois la caractéristique et la plaie de l'âge moderne, le machinisme universel : machinisme industriel, machinisme politique et administratif, machinisme pédagogique par la philosophie d'État cousinienne, par la haine de la poésie et de l'Idéal.

Quel est le salut? Il est dans le cœur, dans le relèvement des âmes, dans l'association des bonnes volontés. Le peuple seul a dans son instinct, dans son inspiration, la réserve de forces nécessaires à cette œuvre, et c'est aux hommes d'étude, de réflexion, de le comprendre et de lui donner conscience de lui-même. Michelet consacre les livres II et III de son ouvrage à exposer comment la France pourra être affranchie par l'amour, des maux causés par le machinisme et la séparation des classes. Ces livres ont pour sous-titres l'un *La Nature*, l'autre *La Patrie*.

Dans le premier Michelet développe non sans prolixité, cette idée que le peuple a l'instinct obscur, mais sûr, de l'avenir et de la vérité sociale, qu'il conserve la simplicité du cœur, souvent prophétique, des enfants; c'est à l'homme de génie, qui lui aussi garde cette simplicité, ce don de durable enfance, cette source vivante d'inspiration, unie à la réflexion et au raisonnement, d'interpréter l'instinct populaire. Michelet avait certainement la prétention orgueilleuse, peut-être légitime, d'être cet homme-là.

On a beaucoup critiqué ce qu'on a trouvé dans cette partie du *Peuple* d'excessif et de chimérique. Il est certain qu'il est difficile d'y découvrir des recommandations positives et pratiquement applicables. Michelet y a laissé déborder sans mesure les trésors de sensibilité et de poésie que renfermait son cœur.

Mais on y trouvera des pages admirables, et en foule les observations psychologiques les plus fines sur l'esprit populaire.

Les passages sur les enfants et sur la mort sont délicieux et sublimes à la fois.

Dans son amour éperdu pour les êtres instinctifs et simples, il ne se borne pas à réclamer en faveur du peuple et de l'enfant, il réclame aussi en faveur de l'animal que l'homme opprime au lieu de le développer. On peut deviner et le futur auteur de l'*Oiseau* et de l'*Insecte*, et celui de la *Sorcière* et de la *Bible de l'Humanité* [1].

Sur l'homme de génie, il trouve aussi des accents qu'on admire d'autant plus quand on se souvient de tout ce qu'il y avait en lui de candeur et de bonté.

Naturellement la revendication de Michelet embrassait aussi les sauvages, les barbares. Il a des paroles éloquentes en faveur des Indiens, des Africains que nous combattons en Algérie et qu'il faut comprendre et il termine par une péroraison d'une incomparable grandeur, une invocation à la Cité future qui l'amène tout naturellement à son troisième livre [2].

C'est là que se trouve l'essentiel de sa doctrine : l'union des classes se fera par et dans le patriotisme et la patrie devra être enseignée comme une religion.

La démocratie doit être avant tout une amitié qui dès l'école devrait être enseignée. Il le dit d'une manière touchante en rappelant sa première amitié, celle avec Poinsot.

L'amour et le mariage complètent ce que l'amitié a commencé. Ici c'est le futur auteur de l'*Amour* et de la *Femme* qui apparaît; ce sont aussi les pensées actuelles de l'homme qui, engagé dans une liaison singulière avec une fille du peuple, cherchait à l'élever à lui et croyait

---

1. Voyez aussi ces observations, si fines sur l'augmentation du sentiment de la souffrance à mesure qu'elle diminue (p. 167-68, p. 195-96).

2. Et pour laquelle il utilisait des notes qu'il avait écrites quand il composait l'*Histoire romaine* en 1830.

par elle apprendre à connaître l'âme du peuple qui a fait la Ré·
volution. Il rappelle combien souvent l'amour unit les fils de la bour·
geoisie et les filles du peuple; combien souvent aussi ces unions se
dénouent par l'abandon le plus cruel et le plus égoïste. Il supplie
les jeunes gens de comprendre leurs devoirs envers la jeune fille qu'ils
ont séduite et aimée et il voit dans ces unions entre enfants de deux
classes une espérance de régénération de la race. Il fait appel aux
femmes en faveur des femmes.

Dans son chapitre sur l'Association, il déplore que les anciennes
associations industrielles, agricoles, aient toutes disparu et qu'un
esprit d'insociabilité ait semblé se développer depuis la Révolution.

Il n'a que vaguement prévu la forme nouvelle que pouvait prendre
l'association par la coopération, le syndicalisme. Il n'a pas bien dis-
cerné la part d'avenir fécond et pratique contenue dans les rêves du
socialisme. Il repousse dans une note de la page 303 le retour aux
corporations, l'étatisme et le socialisme. Pourtant il désire ardemment
voir se former des associations et il prévoit qu'elles devront être surtout professionnelles, et diverses suivant les nations [1].

Son cœur noble et chimérique indique l'amour comme la seule base
solide de ces groupements futurs. Combien nous sommes loin de cet
idéal! Enfin il aperçoit au-dessus des associations particulières une
grande association, qui sera l'autel, le Dieu-Verbe pour qui l'on
sacrifiera ses égoïsmes particuliers, en qui l'on communiera. C'est la
Patrie.

Ces pages n'ont rien perdu de leur force, de leur vérité, je puis dire
de leur opportunité. Elles posent la question de savoir si les nationalités doivent disparaître. Pour le croire, il faut, dit Michelet, ignorer
la nature de l'histoire. Les nationalités, loin de s'effacer, se caractérisent moralement avec toujours plus de force. La France par exemple
a justifié son unité, son individualité par la suppression des individualités provinciales.

Le chapitre qui suit est une protestation contre le cosmopolitisme
et contre sa bête noire l'anglomanie. Il proclame que si la France
n'est pas la première dans le domaine matériel, elle est la première
dans l'ordre spirituel. Et il la célèbre avec un enthousiasme filial.

Seule la France a continué l'idée romaine et chrétienne, enseigné la
fraternité. Elle a à la fois le principe et la légende, et la tradition la
plus suivie. La France est la patrie universelle. Elle est plus qu'une
nation. Elle est la fraternité vivante. Elle seule a le droit de s'enseigner elle-même parce que seule elle a confondu son intérêt et sa
destinée avec ceux de l'humanité. Aussi doit-elle s'enseigner à ses enfants, comme foi et religion. La Révolution n'a pas su accomplir
l'œuvre d'éducation nationale que la Convention avait rêvée. Les
Français n'avaient pas reçu une éducation vivante qui leur mît au

1. Ce chapitre sur l'association fut accueilli comme une indication importante par quelques-uns des lecteurs. M. Emile Barrault qui avait joué un
rôle considérable dans le Saint-simonisme — (son rôle en Egypte, Suez) lui
écrit à ce sujet.

cœur une foi. Tout était formule et abstraction au xviii⁰ siècle. Le sang de la Terreur acheva de faire perdre aux Français la foi en la France et en eux-mêmes. C'est par la foi que la France doit vivre. Le dernier chapitre est un hymne et un acte de foi en la Patrie.

Pour réaliser ce vœu, Michelet veut ce que nous voudrions aussi : l'école primaire commune. L'enseignement secondaire complétera ce premier enseignement en le reliant à la connaissance totale de l'histoire. Enfin il voudrait que cette éducation patriotique fût continuée au régiment, puis dans la vie comme culture religieuse et morale par les bibliothèques populaires, les spectacles, les fêtes et les chants. On voit ici le futur auteur de *Nos Fils*, l'Éducation doit durer toute la vie.

« Quelle est la première partie de la politique : l'Éducation.

La deuxième : l'Éducation.

La troisième : l'Éducation. »

Il conjure alors les Français de ne pas laisser périr la France. Pour cela, il faut l'aimer.

Tel fut ce livre, qui me paraît être la clef de toute l'œuvre de Michelet. Il porte sa date et exprime avec une éloquence hyperbolique les inquiétudes, les angoisses, les désespoirs, les colères des âmes les plus ardentes à la veille de la Révolution de 1848. On y trouve tous les sentiments religieux qui ont fait des premiers jours de cette révolution comme une idylle politique et sociale. Ce livre, qui porte si fortement l'empreinte d'un homme et d'une époque, garde encore sa valeur présente et nous offre des leçons dont nous pouvons profiter. Les divisions, les haines entre les classes ont grandi depuis 1846 avec les progrès de ce machinisme dont Michelet espérait contrebalancer les effets par l'amour de la France. Plus que jamais, il est nécessaire de dire aux Français de toutes les conditions que s'ils n'apprennent pas à s'aimer, ils périront. Plus que jamais aussi il faut apprendre à l'école, dans les écoles de tous ordres, que cet enseignement de la fraternité humaine ne peut avoir une base solide et une source vivifiante que dans la connaissance et l'amour de la patrie et dans la foi en elle.

Nous ne devons pas cependant méconnaître les défauts du *Peuple* et ce qu'il y a d'outré dans une grande partie des affirmations de Michelet. Je ne pense pas qu'il ait exagéré les souffrances de la classe ouvrière et de la classe agricole à l'époque où il écrivait, mais il a certainement exagéré l'égoïsme et l'incapacité de la bourgeoisie. Les réformateurs socialistes, les Saint-Simoniens en particulier, étaient sortis de la bourgeoisie. Dans la classe industrielle elle-même, se produisait un mouvement très marqué non seulement de philanthropie, mais de réforme sociale sur le terrain pratique et par la voie législative. Michelet connaissait Arlès-Dufour et ses amis de Lyon; il avait vu à l'œuvre André Kœchlin, Jean Dollfus à Mulhouse[1]. C'est sur la

---

1. D'ailleurs il a, dans son 4⁰ chapitre sur le fabricant, admirablement parlé de ce qui a été fait dans ce sens à Lyon et à Mulhouse. Cités ouvrières, sociétés de secours mutuels.

seconde partie du livre qu'on peut faire les plus grandes réserves.
Certes on doit admettre que l'instinct et l'intuition, restés souvent plus
vifs dans les âmes simples, peuvent être une source féconde d'action et
d'inspiration. Mais il serait souverainement injuste et dangereux de
déprécier, comme Michelet semble le faire, le rôle de la réflexion et
de la raison qui doivent après tout avoir le contrôle suprême et le
dernier mot dans la recherche de la vérité. D'autre part ce serait céder
à la plus périlleuse des illusions, que de doter le peuple de vertus dont
il n'a pas plus que les classes supérieures le monopole, de ne pas voir
en lui les défauts qui sont ceux de la société tout entière et d'attendre
de lui une régénération nationale qu'il n'est pas en état d'accomplir.
Charles de Rémusat, avec son esprit si fin, s'est fait l'interprète de
ces critiques dans la lettre qu'il adressa à Michelet le 10 février 1846.

Il n'y a qu'un petit nombre de correspondants de Michelet qui lui
aient fait des critiques précises. Seul son cousin Gustave Millet a osé
lui dire que le livre portait la marque d'une rédaction un peu préci-
pitée. Mais plusieurs, tout en lui exprimant leur admiration, laissaient
entendre qu'ils ne l'approuvaient pas sur tous les points.

En général Michelet recevait des remerciements et des félicitations
que ne tempérait aucune critique. Je ne puis citer toutes ces lettres.
Il y en a de tout genre, lettres de prêtres, lettres d'ouvriers, de cultivateurs, d'aristocrates. Le duc d'Harcourt y coudoie des paysans.

Mais Michelet fait remarquer que quand il retourna à l'Académie
après la publication, presque tous ses collègues évitèrent de lui parler
de son livre.

Je regrette de n'avoir pas retrouvé de lettres de la famille de Michelet, de ses parents de Renwez. Je sais seulement, grâce à une
lettre de son cousin Millet, le père de Gustave, que la famille de Renwez, loin d'être touchée et flattée de ce que Michelet avait dit d'elle
dans sa préface, avait été très mécontente qu'il insistât sur ses origines plébéiennes, ouvrières et paysannes, et fut offensée qu'il les eût
fait descendre d'un échelon dans la hiérarchie sociale. Millet lui-même
s'est senti un peu atteint.

Si le *Peuple* avait créé à Michelet, comme tous ses ouvrages, un
cercle d'admirateurs, de dévots même, l'accueil qui fut fait au livre
dans la presse fut très mélangé. En province il y eut des articles très
chaleureux, de Doniol dans la *Presse judiciaire* de Riom, de Saint-
René Taillandier dans l'*Indépendant de Montpellier*; mais à Paris on
fut plus réservé. Le *Siècle* (Wolowski) et le *National* firent des articles
volontairement pâles. Le *Constitutionnel* fut un peu plus chaud, mais
le *Courrier français* plutôt hostile. Naturellement la presse conserva-
trice, la *Quotidienne*, le *Globe* de Cassagnac, l'*Univers* de Veuillot l'at-
taquèrent violemment.

Ce dernier, très injuste, accuse Michelet de tout soumettre à l'É-
tat, alors qu'au contraire il cherche à réduire son rôle.

Les revues prêtent plus d'attention au *Peuple* [1]. L'*Artiste* (Esquiros)
la *Revue Indépendante* (Rochery) firent des articles importants et élogieux : le *Semeur* lui consacra une très belle étude, peut-être de Vinet,
où on lui reproche seulement de méconnaître les vertus sociales du
christianisme et d'attribuer à l'amour de la Patrie une valeur mystique où Dieu s'incarne dans un Peuple.

Mais la *Revue des Deux Mondes*, qui avait rompu avec Michelet depuis l'article de Saisset, se moque amèrement par la plume de l'ex-
révolutionnaire jacobin Lerminier, des extravagances de pamphlétaire
de ce jeune homme de cinquante ans.

La vérité est que ce qu'il y avait d'outré, d'emphatique, d'inco-
hérent parfois dans le *Peuple* rendait aisé de le critiquer, mais que
surtout la bourgeoisie satisfaite de l'époque se sentait atteinte au
cœur par ce qu'il y avait de vrai dans le sombre tableau que faisait
Michelet de l'état social de la France.

1. Traduction anglaise de Ch. Coks qui signait Crookes et avait déjà traduit *le Prêtre* et *les Jésuites*.

CHAPITRE VIII

Le Cours de 1846

*Avant d'aborder l'étude du cours de 1846 et des premiers volumes
de l'*Histoire de la Révolution, *Gabriel Monod avait consacré une leçon
d'ensemble (la première de sa dernière année d'enseignement) à ce
sujet :* Michelet et l'histoire de la Révolution française. *Cette leçon
a été intégralement publiée dans la* Revue internationale de l'enseignement, 1910, I, p. 414-437. — *En réalité, le sujet en était double.
Monod y montrait d'abord que, dans la conception que Michelet s'était
faite de la philosophie de l'histoire de France, il devait nécessairement être amené à écrire l'*Histoire de la Révolution *avant même d'a-
voir achevé son* Histoire de France, *et à considérer la Révolution comme la plus éclatante manifestation du rôle messianique qu'il attri-
buait à la France.*

*Après avoir montré comment s'explique la composition de l'*Histoire
de la Révolution, *Monod essayait de déterminer la place de l'œuvre
de Michelet au milieu des livres consacrés, avant et après elle, au
drame révolutionnaire. Il passait en revue ceux de « Deux amis de
la Liberté », de Toulougeon, de Pierre Paganel, de Fantin-Désodoqrds,
de Rabaut-Saint-Étienne, de Mme de Staël, de Charles Lacretelle, de
Thiers et de Mignet, de Carlyle, Lamartine, Michelet lui-même et Louis
Blanc, puis de Granier de Cassagnac, de Tocqueville, Quinet, Taine,
von Sybel, Albert Sorel, de MM. Chuquet, Aulard et Jaurès].*

1846 est, dans la vie de Michelet, une date presque aussi importante
que 1842..

Il commence l'année en publiant le *Peuple*, le 28 janvier. Le lendemain 29, il ouvre son cours sur la Nationalité, qui est dans sa pensée une introduction à la Révolution considérée comme seule capable
de créer une véritable unité nationale. Toute l'année, il travaille à la
préparation de son premier volume de l'*Histoire de la Révolution*,
qu'il commence d'écrire le 26 septembre et d'imprimer le 19 octobre.

Le 8 février 1847, le livre est achevé, et mis en vente le 10.
Cette composition, cette impression d'une rapidité vertigineuse est d'autant plus surprenante que pendant tout le mois de novembre Michelet avait été absorbé par la maladie et la mort de son père; ce père
qui avait toujours été associé à sa vie, et qu'il n'avait quitté que pendant ses voyages. Atteint le 5 novembre d'une congestion pulmonaire,
Furcy-Michelet paraissait perdu le 9; le 13 on le crut sauvé; il fut
emporté par une syncope le 18; et le 20, Michelet fidèle aux idées

qu'il défendait depuis trois ans, lui faisait faire des obsèques purement
civiles. Cette mort l'amena à prendre plus nettement encore conscience
de sa pensée philosophique et religieuse et à affirmer sa foi en un
avenir religieux opposé au christianisme du Moyen-Age. En même
temps, il repassait dans sa mémoire ce que fut son père et ce qu'il
lui devait.

Il y a là un témoignage où l'on pourrait trouver beaucoup d'orgueil
s'il avait été écrit pour le public; mais dans ce soliloque du journal,
il y a à la fois un acte touchant de piété filiale, en même temps qu'un
acte de foi en soi-même qui ne manque pas de grandeur.

Ce prodigieux travailleur ne fut pas arrêté dans son œuvre par
cette douleur pourtant cruelle, qui ne cesse de le harceler. Il écrit le
1er décembre dans son journal : « Froid; neige *sur Lui !* »

Une grippe obstinée qui le tint toute la fin de décembre ne l'arrêta
pas davantage, et il amena son œuvre à l'achèvement quatre mois et
demi après l'avoir commencée.

La mort de son père n'avait pas été d'ailleurs le seul événement
grave de sa vie intérieure en 1846. Il avait été troublé à mainte reprise par les efforts qu'il dût faire pour rompre le lien qui l'attachait
depuis plus de trois ans à Mme Aubépin et que celle-ci, devenue veuve
en 1845, espérait bien voir transformer en lien légitime. Mais Michelet
qui s'était laissé attirer dans cette liaison plus qu'il ne l'avait cherchée, sentait la nécessité d'y mettre fin. Il dut s'y reprendre à plusieurs fois, et son journal renouvelle en plusieurs endroits la mention d'un adieu définitif. Dès février, nous le voyons prendre « bonne
résolution ». Ce n'est qu'en juillet qu'il inscrit « Ma vie simplifiée
pour l'Histoire de la Révolution ». C'est en janvier 1847 seulement
que Mme Aubépin renonça à tout espoir et rompit sans retour.

Depuis 1843, nous l'avons vu, Michelet avait tendu toute sa pensée
vers l'*Histoire de la Révolution* ; et les *Jésuites*, le *Prêtre*, le *Peuple*,
étaient comme des préliminaires de sa grande œuvre. Dans les notes
très nombreuses où il parle de ses cours et de ses livres, il est
préoccupé de bien établir ce qu'il y eut de systématique, d'organique,
dans tout son travail depuis 1842, travail qui, dans ses cours et aussi
un peu dans ses livres, se présentait cependant sous une forme si
improvisée, parfois même si incohérente et si fantaisiste.

Nous avons cité la note du 7 février 1847, sorte de plan de ses
travaux depuis 1842.

Ce plan apparaît en lui-même comme parfaitement logique et bien
coordonné. La nationalité avait légitimement sa place dans une étude
des préliminaires de la Révolution; il n'est pas douteux que celle-ci
a exercé une action décisive sur la formation et l'unité de la nation
française. Les deux parties du cours de 1846 consacrées dans le premier semestre à déterminer ce qui constitue la nationalité française et
dans le second à marquer les étapes par lesquelles cette nationalité
s'est formée, sont en elles-mêmes parfaitement conçues. Malheureuse-

ment, l'exécution resta très inférieure à la conception. Le cours de 1846, comme tous les cours de Michelet depuis 1843, fut improvisé. Les traits de génie y abondent, on y trouve la substruction des études antérieures, parfois très solides, mais chaque leçon a le caractère d'une conversation éloquente, entraînante, amusante, d'une richesse incroyable d'idées et d'images, plutôt que d'une solide construction critique et scientifique. Il ne pouvait en être autrement. Michelet avait été occupé tout l'automne de 1846 à écrire *Le Peuple*. A peine *Le Peuple* paru (le 28 janvier) il commence son cours le 29. Il se jugeait légitimement dispensé de faire son cours tant qu'il était occupé d'écrire un livre. Il estimait remplir aussi bien de cette façon son devoir de professeur. Mais on conçoit qu'un cours préparé dans ces conditions l'ait été très superficiellement, d'autant plus que pendant les quatre mois qu'il le professa, il travaillait surtout à des dépouillements formidables en vue de son *Histoire*. S'il n'avait pas eu pour l'aider des montagnes de notes anciennes, sa prodigieuse mémoire et sa fécondité non moins prodigieuse d'idées, avec la capacité de jeter sur le papier en quelques heures tous les éléments d'une leçon souvent sous une forme littéraire d'une rare beauté, il n'aurait jamais pu arriver à mettre sur pied même les quinze ou seize leçons qu'il improvisait ainsi.

Les neuf leçons du premier semestre furent consacrées à définir la nationalité et les éléments vraiment originaux et vivants de la nationalité française dans la *littérature, l'art*, la *guerre*, le *droit* et la *religion*.

La leçon d'ouverture développait une idée qu'il exposait déjà en 1845 : que la spontanéité est seule une source de vie, que toute imitation est une mort.

. Dans les trois leçons consacrées aux manifestations de la nationalité par la littérature et l'art, Michelet montre que les nationalités sont indestructibles, que ce qui semble leur mort est souvent une cause de leur vivification, telles la Grèce, l'Italie, la Pologne, l'Allemagne, l'Angleterre, et que même quand les peuples travaillent contre leur propre nationalité, en s'abandonnant à l'imitation, comme la France l'a fait trop souvent, la nationalité reprend le dessus.

Ses jugements sur la France prêtent singulièrement à la critique et portent la marque de parti-pris littéraires fort bizarres, bien que l'on démêle une idée intéressante et juste sous cette affirmation paradoxale que la France a toujours travaillé contre sa nationalité, mais travaillé en vain, sa nationalité ayant triomphé malgré tout. La France au xvi⁰, au xvii⁰ siècle, a voulu imiter l'Italie et l'Espagne; malgré cela elle est restée elle-même, comme au début du xviii⁰ siècle, malgré l'imitation anglaise, comme à la fin du xviii⁰ et au début du xix⁰, malgré l'imitation anglaise et allemande. L'engouement de la France dans les trente premières années du xix⁰ siècle pour l'Angleterre et l'Allemagne, était fait, dit Michelet, en bonne partie d'ignorance. Il s'en accuse lui-même et parle de sa *simplicité* en 1828. Ce n'est qu'après son voyage qu'il sentit combien les deux nations restaient inintelligibles l'une à l'autre, Gœthe ne comprenant ni Molière, ni

La Fontaine, et les grands admirateurs de l'Allemagne en France ne sachant pas l'allemand, « si étrangers à sa littérature qu'ils. la prenaient par ce qu'elle a de plus français, si étrangers à sa musique qu'ils mêlaient au Conservatoire Beethoven avec toutes choses. »

La manière dont Michelet apprécie au point de vue spécialement français la littérature de son temps est faite pour surprendre. C'est, d'après lui, surtout au xixᵉ siècle que la France a travaillé contre elle-même, d'abord en se livrant à l'école du faux, Chateaubriand, Mme de Staël et les romantiques; puis en se laissant aller à la désespérance et à l'école de la mort avec Grainville et Sénancour. Mais elle ressuscite, retrouve la tradition de la langue nationale, celle de Rousseau, avec Lamennais, Béranger, G. Sand. Il n'ose ajouter : Michelet.

Rien de plus curieux que le point de vue de Michelet sur la crise morale par laquelle aurait passé la France sous l'Empire et la Restauration, crise de mort d'où surgit la vie.

Ce sont, pour Michelet, les gouvernements étrangers qui ont créé l'Empire en voulant étouffer la Révolution. Celle-ci n'a été cruelle que par la résistance qu'elle a rencontrée, et les peuples pleureront un jour de l'avoir détruite.

« Mais le terrible ce ne fut pas l'invasion extérieure de 1815, ce fut l'*intérieur*, la tentation que la France a eue de douter de soi. Cela commença ainsi : la Vendée toucha les vainqueurs. « J'ai vu, dit Hoche, des royalistes pleurer de joie de nos victoires. » L'héroïsme, le sang versé malgré eux. La vieille France que la Révolution n'avait pas traduite et assimilée, revint protester et revint à faux. On se dit : La Révolution n'a rien fait. Voyez son système d'éducation. A-t-elle pu l'organiser? Et alors on alla chercher M. de Fontanes, pour copier les vieilleries. Il fallait un génie nouveau pour les faire passer : ce fut M. de Chateaubriand, novateur dans le langage, copiste dans les idées. Il entreprit de biffer d'un seul coup la langue du xviiiᵉ siècle, celle de Rousseau. Cette langue, c'est celle qu'a parlé la Révolution, celle qui l'avait préparée, langue robuste, rhétorique du peuple adolescent. A ce double titre elle est consacrée. Les défauts de Rousseau n'y font rien.

M. de Chateaubriand a une grande gloire qui le sépare des romantiques, il n'a rien pris à l'étranger. Il n'a pas ces tristes mélanges qui commencent par Mme de Staël.

Revenons à 1800. Voilà ce grand homme (Napoléon) qui fait taire sa presse nationale pendant que celle de l'Europe tire sur lui. Il s'isole de sa racine, apparaît comme un effet sans cause. Même en France une école anti-nationale se déclare et la France court après... ô l'adultère, ô l'adultère aurait dit Ezéchiel. C'est le salon de Mme de Staël, qui séduit le préfet chargé de la garder et fait écrire M. de Barante contre la France. »

Michelet montre alors cette déviation de l'esprit français produisant le désespoir, le goût de la mort :

« Tous les moyens de destruction sont employés : 1º l'abdication du moi, 2º l'admiration du non moi. Hoche respecte la Vendée. Bonaparte respecte l'élément italien et catholique, agit en gentilhomme sorti des écoles militaires, est hostile à la Révolution, accepte l'égalité pour tous, non la liberté, fait taire la presse nationale, mais non la presse anti-nationale de Mme de Staël, Chateaubriand, Nodier. La Révolution n'ayant pas senti sa dérivation légitime du passé, ce passé revient à faux avec de Maistre, Chateaubriand, Fontanes, J.-J. Rousseau est proscrit, sa langue dédaignée. Il revient par Sand, Lamennais. La France découragée sous l'Empire dit sa mort. C'est quelque chose de dire sa mort. Ceux là seuls réclamaient vraiment pour la vie vraie de la France, accusée à tort de mélancolie égoïste alors qu'elle ne souffrait que de sa nationalité défaillante. Les représentants de cette école de la mort sont Sénancour, Grainville, Chateaubriand dans *René*. Ils ont gardé le sépulcre, défendu l'âme mourante des nations.

Michelet, qui se plaint de ce désespoir, affirme cependant lui-même, comme il l'a fait déjà dans *Le Peuple*, que la France est dans une période d'affaiblissement et de décadence.

« La vie ? la mort ? Question très grave pour nous. Nous sombrons tout doucement. La France possède encore plusieurs des hommes de génie qui ont fait sa gloire. Eh bien ! si je leur demande, ils déclarent que leur production n'est plus ce qu'elle fut. Dans l'art, beaucoup de choses passables, nulle importante ! La caricature tombée ! Maintenant descendons à nos hommes ordinaires. Demandons-nous si nous avons la même espérance au cœur. Dans des circonstances si graves, le professeur de morale devait s'inquiéter; le professeur d'histoire devait s'informer. Au milieu de ces signes de mort il devait se demander ce qu'est la mort et la vie. La vie, la mort nationale décident en grande partie de celle de l'individu. Défaites-vous de cette idée que l'individu puisse être grand avec une patrie petite. Nous la ressentons partout, nous la respirons, *in ea movemus et sumus.*

Nous en vivons, nous en mourons. Dans la première leçon j'ai raconté la mort de l'empire romain, par imitation, et, dans la seconde j'ai exprimé l'espoir que les vraies nationalités ne meurent pas; la nôtre serait morte, ayant si bien travaillé contre elle — par l'école de la mort qui sentit la mort, et l'école du faux qui ramena la France au Moyen-Age ou l'égara à l'imitation étrangère.

Aujourd'hui cette nationalité dans l'art est-elle morte ? Non, mais très malade, surtout par l'oubli de soi-même, par l'ignorance de sa propre tradition. »

Étudiant après les manifestations de la nationalité française dans la littérature celles qui la caractérisent dans l'art, Michelet montre la France exprimant au XVIe siècle son originalité avec Goujon et Germain Pilon, mais laissant son esprit national mollir au XVIIe siècle, sous l'influence de l'Italie et de l'antiquité, avec Poussin et Lebrun, qui y mêle l'emphase espagnole. Michelet ne semble pas avoir connu les frères Lenain, car il déclare qu'au XVIIe siècle, aucun peintre ne prit pour modèle le peuple de France. Puis l'esprit national reprend vigueur avec Watteau (dont il devait parler si délicieusement dans son *XVIIIe Siècle*), Lancret, Pater, Boucher, qui, toutefois, se restreignent à peindre une société exceptionnelle; mais cette veine nationale est de nouveau étouffée avec Vien et son élève David. C'est surtout un parallèle entre David et Géricault qui fait le fond de la troisième leçon. Autant qu'on peut en juger par ses notes très fragmentaires, jetées à la hâte sur le papier, il dut parler admirablement de David, grand dans le portrait, où il obéit à la nature, grand professeur qui forma un artiste supérieur, Gros. Celui-ci commença par des chefs-d'œuvre d'observation et de réalisme (*Jaffa, Eylau*), puis finit par se laisser entraîner par le faux classicisme, la banalité et la sécheresse des autres élèves de David, Guérin, Gérard, Girodet, qui n'est plus qu'un littérateur.

« Voilà la Révolution, le peuple arrive. Apparemment il aura son artiste ? Nullement. David n'a pas peint la Révolution. Il ne s'est pas spécifié. Il voulut toujours généraliser. Son *Marat* est mou et vague.

Vien prend l'élève d'un architecte et pour le soustraire à son temps, à Boucher (oncle de David), il lui fait copier l'antique. Ce qu'on connaissait alors de l'antique était : 1° d'un mérite secondaire; 2° immobile comme représentant des Dieux. Nous avons su depuis que les anciens copiaient aussi la nature et le mouvement et qu'ils ont uni la vie, la nature avec la sublimité des formes. Il ne suffit pas d'étudier la nature extérieure, mais la nature intérieure et l'anatomie. Les anciens l'ont su parfaitement, ayant à disséquer des esclaves. Pourquoi ces grands peintres du xvie siècle peignaient-ils sans modèle ? C'est qu'ils savaient, non seulement les formes, mais les causes des formes et les causes des variations de formes, des mouvements. Autrement il faudra peindre les figures au repos, faire poser constamment, c'est-à-dire copier ou les trivialités du réel, ou les froideurs de la sculpture antique, et David croit être antique, et n'a du marbre antique que le rigide du marbre. C'était une volonté violente. Il disait : « Le sentiment perce le rocher ». Mais Rome le stéréotypa. Il fut paralysé par l'antique, non antique complet organisé, mais des fragments d'antiques, souvent médiocres. »

Et Michelet dit avec originalité : « C'était la Terreur en peinture : nul respect de l'individualité, et avec tout cela, c'était un maître. »

Gros avec *Jaffa*, Prud'hon avec son *Crime*, annonçaient une ère nouvelle. Mais c'est Géricault qui incarne la peinture moderne :

« Géricault commence par une spécification puissante. Il étudie à la caserne de Courbevoie les croupes des chevaux. Il embrasse à la fois la nature, la tradition et l'idéalisme. La *nature* dans les dessous, les causes (*le guillotiné*), autrement on n'a pas le droit de changer, on ne peint que l'immobile — dans les analogues (l'homme n'est pas compris dans l'animal; comme G. St Hilaire. Vit à Montfaucon. — *Tradition* : le musée d'un bout à l'autre. Sans danger pour lui; subjuguait. *Idéalisation* : trouvait le vrai par le réel. Ex. le *chasseur* et l'idée et l'histoire de l'Empire — 1814 au carabinier; atteint le peuple, en bon géant, qui descend à l'abîme. Méconnu, découragé, va en Italie; chevaux — mais revient à la France, 1819. *Méduse*, encore l'idée historique, encore le portrait de la grande nation qui entrait dans le tombeau.

Méconnu. Voyage d'Angleterre et suite : 1° on disperse et cache ses dessins. Son tombeau même s'en va (Michelet demande qu'on fasse un musée Géricault). 2° On lui reproche ses excès. Seul, sans famille ni encouragement. 3° moi, j'admire sa vertu; nulle jalousie, nulle impatience de succès. Arrêté dans son épopée héroïque. Vivait déjà dans l'éternité (Charlet aussi a senti la France, mais dans le réel anecdotique qui est souvent faux). »

De la leçon sur l'architecture il ne reste que peu de notes. Nous voyons seulement que Michelet aimait les monuments du xviie siècle, qu'il trouvait, non sans raison, une manifestation plus vraie de l'esprit français dans les Invalides, le Val-de-Grâce, le Panthéon, que dans Poussin, Lebrun ou Vien. Il rêve une architecture de l'avenir qui construira des temples pour la religion de la Patrie et de la Démocratie.

La leçon sur la nationalité dans le meuble et le vêtement doit avoir été très originale : la Révolution a uniformisé le costume et rempli de meubles les maisons même des pauvres — grâce au bon marché créé par le machinisme. Mais cette démocratisation du meuble et du costume a produit une affreuse monotonie et une dénationalisation. Monotonie cependant transitoire. Le climat, la race, l'individualité humaine, réclameront. Avec la démocratie l'ouvrier redeviendra artiste. Tout métier redeviendra art :

« Chaque nationalité, se comprenant mieux, voulant plus et pouvant plus, ne se soumettra plus à la tyrannie du monopole, du machinisme, du vil prix, mais fabriquera selon son génie ou achètera suivant son génie, et il faudra que les nations fabricantes imaginent la diversité selon les diverses nationalités. Là, la France aura avantage sur l'Angleterre. »

La leçon sur la nationalité dans la guerre mettait en lumière le génie si français et si humain de Hoche et de Marceau. On la retrouvera dans les *Soldats de la Révolution*.

La septième leçon fut consacrée à la nationalité dans le droit [1]. Michelet y montre dans toute l'histoire de France la poursuite du droit abstrait, idéal, parfait et social, et les violents démentis donnés par les faits au droit. La loi écrite fut pendant longtemps une exception ou un idéal qui ne répondait pas à l'usage universel ; il y avait un droit romain, un droit ecclésiastique, des droits féodaux, un droit royal. Le droit unique, loi morale et sociale, n'existait pas. Quand il tente de se formuler, il est en avance sur les mœurs, montre ce qui devrait se faire et ne se fait pas.

« Cette misère qui existe partout au Moyen-Age est plus visible pour la France, où tout est visible. Depuis 1300, on peut suivre authentiquement le bien et le mal; la tendance à l'unité rationnelle et les rechutes. Le droit est moins dominé par les précédents en France que partout ailleurs. De bonne heure le Parlement oppose au droit coutumier féodal, local, fatal : 1° la raison écrite; 2° la grâce royale qui dispense souvent d'équivoque. Mais rechutes. Pose Etats Généraux 1300 non généraux. Pose droit administratif 1413 et ne peut. Pose pouvoir laïque indépendant de Rome, et la Saint-Barthélemy éclate dans le siècle du droit; entre Cujas et Dumoulin. Pose le droit chrétien avec Domat, Lamoignon, D'Aguesseau, et la révocation de l'Edit de Nantes brise toutes les règles du juste.
Enfin vient la Révolution qui réalise la longue aspiration de la France vers le droit. Elle (Assemblée constituante) procède du droit *romain* par la liberté dans les conventions civiles, et l'égalité dans les droits de propriété, de succession, etc...
Elle procède du christianisme en ceci qu'elle admet la liberté d'action de l'homme, base du mérite et du démérite, et l'égalité de nature et d'origine.
Elle n'est pas chrétienne en ce qu'elle fonde le droit, non sur un commandement divin, révélé dans le temps, mais sur la raison éternelle. Elle abolit le bien héréditaire (noblesse) et le mal héréditaire (confiscation, flétrissure et incapacité). Elle est plus spiritualiste que ne fut le gouvernement royal — brise le noyau matériel, fatal, du diocèse, de la province, et fait du département, de la plus grande unité, un monde, une paix de Dieu — sépare les

---

1. Cette leçon fut empruntée en partie pour les idées à La Ferrière : *Essai sur l'histoire du droit français*, 1836-1838.
Il était professeur à Rennes, inspecteur général des Facultés de droit, et se considérait comme l'élève de Michelet. Peut-être aussi Michelet a-t-il utilisé des fragments de son *Histoire des principes, des institutions et des lois pendant la Révolution française*, publiée en 1850, mais dont des fragments avaient déjà paru dans des Revues.

pouvoirs administratifs et judiciaires, dégage la justice de la terre et de la propriété, crée la justice de paix.[1]»

Mais le Roi rend tout impossible, et tandis qu'au début la Révolution fut l'œuvre de tous et non des seules classes moyennes, plus tard les vaillants vont à la frontière, et il reste un peuple peu militaire, conduit par les violents qui sont restés. « On fait des lois révolutionnaires qui brisent toutes les lois divines et humaines, brisent la nature, punissent la charité et ordonnent la trahison, par la loi des suspects. » Quand la Convention est libre, elle fait le cadastre, le grand-livre, les lois d'éducation; mais le plus souvent, elle est menée, terrorisée, par un petit nombre, par les tribunes. Ce n'est même pas Paris qui conduit. On y adjoint les municipalités de province. C'est là le vrai fédéralisme. Le fédéralisme reproché aux Girondins n'a été créé que par le 31 mai, où l'on a assassiné la loi et préparé le 18 brumaire, qui a jeté la Révolution par les fenêtres. Par deux fois, la Convention a voulu punir Septembre, et par deux fois elle a été frappée par une minorité. Michelet proteste alors avec énergie contre le fatalisme de de Maistre, G. Naudé, Audoin et Capefigue, qui réhabilitent la Saint-Barthélemy, contre Nodier et Buchez, qui réhabilitent la Terreur et l'Inquisition, contre le fatalisme de la philosophie de la Restauration, la théorie de la légitimité du succès de Cousin de 1828, les excuses données à la Terreur par Mignet. Ni le salut public, ni le succès, ne la légitiment. A Mignet, déclarant que les Girondins n'auraient pu sauver la France, parce qu'ils n'auraient pu faire la Terreur, Michelet répond avec Daunou qu'ils n'auraient pas eu besoin de la Terreur pour sauver la France, car ils auraient eu avec eux ceux qui l'ont sauvée, Cambon, Carnot, Merlin, et n'auraient pas eu contre eux Lyon, Bordeaux, Marseille [2].

Et Michelet termine sa leçon par une sortie éloquente en faveur de la Pologne :

Cette philosophie doctrinaire n'est pas la nôtre en cette chaire de morale. Non seulement le succès n'est pas tout, mais le salut n'est pas tout.

« Il ne faut pas le salut des corps, il faut le salut de l'honneur. Montaigne a dit : « Il est des portes triomphantes à l'envi des victoires ». Je prie Dieu pour la victoire d'un peuple auquel nous songeons tous. Car où est notre âme ? Sur la Seine ? Non, sur la Vistule[3]. Eh bien, si ce grand peuple

1. Il est regrettable que Michelet n'ait pas tenu compte de ces vues très originales dans son *Histoire* où il a beaucoup trop négligé et diminué l'œuvre législative de la Constituante, préoccupé qu'il est de montrer l'impuissance de l'Assemblée, produite par les luttes des partis et les critiques de la Cour.

2. Il avait aussi montré la vanité des raisonnements qui invoquent en faveur de l'injustice l'intérêt de l'Etat et le salut public. Ce sont les raisons de Catherine de Médicis et de Louis XIV. Or, la St Barthélemy et la Révocation, comme la Terreur, ont produit la corruption et l'abaissement moral, la grandeur de l'Angleterre, de la Hollande et de la Prusse. L'idée du droit s'affaiblit et n'est restaurée que par Rousseau, esprit prophétique et pourtant pratique, qui montre le danger des réformes particulières et l'identité de la volonté générale avec le droit et la raison.

3. Michelet faisait allusion au mouvement de Tynowski, qui avait établi

de l'Orient, éveillé quand tout dort à l'Occident, ce peuple qui agit, dont nous n'avons pas de nouvelles, si ce peuple n'obtenait pas la victoire que nous demandons au ciel, nous n'en croirions pas moins sa cause légitime et sainte, sainte c'est-à-dire éternelle, et devant un jour ou l'autre triompher dans l'avenir. »

Les véhémentes attaques de Michelet contre la Terreur et le jacobinisme, comme aussi la phrase du *Peuple* : « La France fut sauvée malgré la Terreur », lui attirèrent des lettres de protestation de la part de quelques jeunes gens, auxquels il répondit dans sa huitième leçon.

Celle-ci fut consacrée aux rapports de la religion avec les nationalités. L'Église catholique a été l'ennemie des nationalités; elle a voulu étouffer les églises nationales, créer une fausse unité, qui aurait été mortelle si l'esprit de nationalité, au xve et au xvie siècles, ne l'avait brisée. La diversité est légitime et féconde. Les trois cents ans depuis la Réforme ont été bien plus féconds que les mille ans antérieurs.[1]

Après cette délivrance, les nationalités ont commencé une meilleure unité : Accord dans le droit des gens et traité de Wesphalie; accord de civilisation et de littérature avec la France de Louis XIV; accord dans la critique religieuse avec Voltaire; accord dans le droit politique et civil, avec la Révolution. Les peuples sont malades en proportion de ce qu'ils gardent de la fausse unité. Voyez l'Eglise d'Italie. Je ne dis pas la France. Son accord avec Rome est subordonné au futur concile. Quel concile ? Il a eu lieu. Où siège-t-il ? Ici et partout. C'est la libre communion des esprits par l'imprimerie, par les tribunes nationales, par les chaires laïques, etc... par le grand concert de l'Europe où les peuples répondaient aux peuples chacun dans sa langue. L'Allemagne disait : liberté religieuse; la Suisse disait : liberté religieuse et politique; la Pologne a dit : indépendance et réformation. Entendez-vous ce grand concert. La nouvelle unité a tressailli à cette voix. —

à Cracovie un gouvernement insurrectionnel, ce qui amena la destruction de la République de Cracovie par l'Autriche, la Prusse et la Russie 1846. Michelet faisait partie du Comité polonais créé par la *Réforme* qui se réunissait chez des députés, Joly, Ledru-Rollin. Ce jour-là on fit au cours de Michelet une collecte pour la Pologne que Charles porta à la *Réforme*.

Mme Quinet raconte, dans *Quinet avant l'exil*, p. 370, cette collecte faite au cours de Michelet non le 27 janvier, jour de l'ouverture, mais le 12 mars.

Les Autrichiens avaient envahi une première fois Cracovie le 18 fév. pour écraser le mouvement de Tynowski, mais ils durent se retirer. Ils y rentrèrent le 3 mai avec les Prussiens et les Russes. Protestations vaines de Palmerston et Guizot. Déjà en 1836 les trois puissances avaient occupé Cracovie parce que celle-ci était le refuge des Polonais révolutionnaires.

1. Michelet dans une note du 19 avril proteste contre cette manie d'imposer l'unité par la force. Il note les cinq révolutions où le Midi fut massacré par le Nord au nom de l'unité.

« 1200. Midi massacré par le Nord comme race et au nom de l'unité religieuse (révocation dans la propriété).

« 1418. Midi envahisseur du Nord, massacré dans Paris, comme race et parti politique.

« 1572. Midi envahisseur du Nord, massacré dans Paris au nom de l'unité religieuse.

« 1685. Banni, persécuté, au nom de l'unité religieuse et politique (révocation dans la propriété).

« 1793. Guillotiné dans ses représentants au nom de l'unité politique. »

Mais la vieille unité du Moyen-Age n'a pas tressailli. Elle s'est tue, s'est contristée. Quand en Pologne un peuple a marché sous la croix et que les prêtres ont combattu avec lui, n'aurait-il pas dû partir de Rome une grande voix, un encouragement, une bénédiction pour les martyrs ?

La seconde partie du cours (sept leçons, du 23 avril au 11 juin), fut plus riche que la première en substance historique. Michelet, dans une très large synthèse, tenta de faire l'histoire de la nationalité française, et je regrette de ne pouvoir vous en indiquer ici que les grandes lignes.

La première leçon a pour objet de dégager la loi de notre histoire, qui est la tendance à l'unité. Elle ne s'est dégagée que lentement. Avant la Révolution, on ne pouvait la connaître. C'est la Révolution qui a donné à la France conscience d'elle-même. Les tentatives des États Généraux de 1302, 1357, 1413, préparent la Révolution. Paris a tenté en 1413 une grande réforme administrative, mais on ne sut pas l'appliquer. Les efforts de 1484 et 1588 furent également impuissants. Après les États Généraux de 1614, la monarchie n'eut plus de contrôle, et ses abus furent sans remède.

Michelet conclut d'une manière un peu inattendue: la question dominante du xix° siècle est de faire des hommes. A aucune époque les idées n'ont manqué, mais bien les hommes. Les théologiens et les légistes ne suffisaient pas. Il faut créer des créateurs. Les sciences modernes préparent l'éducation en lui donnant sa véritable portée, qui est de faire des créateurs.

Les quatre leçons suivantes furent employées à montrer comment les efforts pour incarner la nationalité française dans l'Église, puis dans la monarchie, furent impuissants, et comment la France ne fut comme nationalité, ni catholique, ni monarchique, malgré la victoire apparente du catholicisme et de la royauté au xvi° siècle, avec la Saint-Barthélemy; au xvii° avec la Révocation de l'Édit de Nantes. La Saint-Barthélemy, qui n'est pas une œuvre française, mais italienne et pontificale, réveilla partout la sympathie pour les protestants et raviva les guerres civiles, qui, malgré le succès du clergé à Paris sous Henri III, aboutirent à Henri IV et à l'Édit de Nantes. La Terreur ligueuse de 1593 n'est pas non plus française, mais espagnole.

Michelet s'était livré, pour préparer cette deuxième leçon, à une étude très approfondie de la Saint-Barthélemy, de ses causes et de son caractère, dont il se servira dix ans plus tard pour écrire son chapitre de la Saint-Barthélemy dans les *Guerres de Religion* [1].

De même, il consacra toute une leçon à la Révocation de l'Édit de Nantes, sur laquelle il devait écrire de si émouvants chapitres dans son *Louis XIV et la Révocation*. La Révocation, acte à la fois politique et religieux, fait la grandeur des ennemis de la France et sa propre ruine. Au xviii° siècle, le prestige de la royauté est perdu. La politique extérieure de la France est une impasse : elle s'oppose au nouveau tyran du monde (l'Angleterre), avec le drapeau odieux de l'ancien

---

1. « Notre nationalité faussée par le catholicisme en 1672, 1685, 1724, faussée surtout par l'éducation. »

tyran du monde (Rome). La foi en l'incarnation royale comme en l'incarnation pontificale se perd. Le règne de l'esprit remplace celui de l'ancienne royauté. Les rois du XVIIIe siècle sont Voltaire et Rousseau. La France se sent en elle-même et non plus en un homme. Alors vient l'incarnation nouvelle de la France dans le Peuple, et la nationalité sera indestructible.

Mais avant d'aborder la Révolution, Michelet pendant toute une leçon s'occupe de l'Angleterre. Nous avons déjà vu à quel point il était hanté par l'idée que l'anglomanie, l'admiration et l'imitation des institutions anglaises, — fond de la doctrine de M. Guizot et de l'orléanisme, — était la mort de la France. Sa sixième leçon veut prouver que notre nationalité ne peut s'associer à la nationalité anglaise [1]. Son puissant génie est négatif; Hobbes et Pym n'enseignent que la haine. La sagesse de Locke, qui ne vise que l'utile, est mesquine, et c'est aux philosophes français, Montesquieu, Voltaire, que l'Angleterre doit les belles théories qu'ils ont cru découvrir chez elle. La Révolution de 1688 ne fut faite que pour l'aristocratie. L'Angleterre dut haïr l'étranger pour accepter la domination de l'aristocratie. La France, elle, est incapable de haïr l'Angleterre [2]. La haine de l'Angleterre vint échouer, par son excès même, au traité de Paris de 1763, à Toulon, à Quiberon. La France ne doit pas haïr l'Angleterre, mais elle ne doit pas l'imiter, car celle-ci ne lui apporte ni une idée, ni une foi.

Dans sa dernière leçon, Michelet, en une improvisation confuse, mais où brillent les éclairs de quelques idées géniales, montre la France prenant conscience de sa nationalité, faisant le rêve de tout concilier, clergé, noblesse et royauté, France, Angleterre et Amérique, commençant par aimer tout, mais trouvant partout la résistance et arrivant à tout détruire, à tout raser.

Dans une sorte d'évocation de rêve, il s'écrie :

« Il y a quelques années, je me promenais en août au Champ de Mars, au champ de la Fédération. Ah! que l'herbe était séchée! Est-ce qu'elle ne verdira jamais? Voilà donc le seul monument de la Révolution. Riez, ennemis. Les Romains ont leur monument, les Thermes; l'Église épiscopale et féodale a son monument : Notre-Dame, Sainte Chapelle; la Royauté a ses monuments : Louvre, Tuileries, Invalides; l'Empire a les siens : la Colonne, l'Arc de Triomphe. Et la Révolution, pour monument a ce vide. Hélas! pauvre Révolution! Pauvre folle! tu avais convié le monde à la paix, à l'amour, le monde ne l'a pas voulu! Tu as voulu dans ton principe, avant qu'on n'eût payé le monde pour t'égorger, mettre la charité dans la loi, la sortir du caprice individuel et la fixer comme équité, en quoi tu as été chrétienne et plus que chrétienne; tu as tendu la main et on t'a frappée. Il t'a fallu t'armer, frapper. Voilà ton monument! Ah! qu'il est aride! Les yeux mêmes en sont blessés. Tant de systèmes essayés! Tant de choses commencées, indiquées... Et la place est rase.

Tu as été bien vite aussi, sur les ailes de la foudre! Tu refusais de t'arrê-

1. L'Anglais est un Robinson.
2. Protestation d'un étudiant contre l'indulgence de Michelet pour l'Angleterre.

ter à aucune des stations qu'on te proposait. Et où me serais-je arrêtée ?
Toute chose était réduite en poudre. Le clergé fini depuis la Réforme, la féodalité finie depuis Louis XI, la royauté depuis Louis XIV. J'ai essayé, j'ai
voulu sauver le clergé, la noblesse, la royauté. Toutes ces figures, encore
debout, poudre impalpable, tombèrent dès qu'on y toucha.

J'ai percé ces trois formes à jour. J'ai traversé deux nationalités, ecclésiastique et monarchique, et je me suis cherchée moi-même. Mais il m'a fallu
trop combattre. J'ai pris le niveau de 93, j'ai pris le sabre, le cimetière de
la fatalité musulmane.

Et mon monument est plane comme l'Arabie[1] .

Tel fut ce cours, qui prélude vraiment à l'histoire de la Révolution,
et qui, tout improvisé qu'il ait été, est la mise en œuvre par un
homme de génie d'un fonds immense de lectures et de réflexions.

Au milieu même de la seconde partie de son cours, du 15 au 31 mai,
Michelet alla passer quelques jours à Vascœuil, et comme il lui arrivait toujours quand il était dans ce lieu si rempli pour lui de doux
et poignants souvenirs, il jeta sur le papier les idées essentielles et le
plan général du livre qu'il a rêvé toute sa vie d'écrire et qu'il ne s'est
jamais senti capable d'écrire, une Histoire de France populaire ou des
livres populaires d'Histoire de France.

Le lundi 17 mai il jette sur le papier les linéaments d'une histoire
de France conçue comme une histoire de la Révolution.

.... « La Révolution au commencement, au milieu, à la fin (a te principium,
tibi desinans.
La Révolution dans César, l'homme de la grande fusion, qui mettait le
monde dans Rome, les vaincus dans les vainqueurs, les esclaves (gladiateurs)
dans les maîtres (légions),
La Révolution dans Constantin.
La Révolution dans sainte Geneviève, la voyante qui trouva le plâtre, c'est-à-
dire qui créa Paris, saint Eloi, et Dagobert...
La Révolution dans Charlemagne, etc...

Le mardi 18 il conçoit un autre plan.

« Avant la Révolution en 150 pages.
« Pendant la Révolution en 150 pages.
« Après la Révolution, et Avenir en 150 pages.
« C'est la division du peuple et c'est la bonne. »

Enfin le mercredi 19 mai la chose se présente à son esprit sur un
plan différent. Il songe à la nécessité d'élever les hommes avant
même d'élever les enfants, de créer une littérature populaire pour
les masses.

« Il ne leur faut pas de romans ». Elles disent : Est-ce vrai ? Il faut les
sortir de leur vie végétative de rêve, de leur croyance au merveilleux. Ce qui
leur plaît dans le roman, c'est la destinée individuelle, mais il leur faut du
vrai.
L'histoire non collective mais biographique agirait davantage.
I. Histoire de la Révolution.

1. Ces impressions et ce morceau resserviront dans l'*Histoire de la Révolution* : Avant-propos.

II. Surtout des hommes, *l'homme*, Napoléon ? Il faut toutefois prendre garde de fortifier les erreurs consacrées dans la légende. Le bien orienter, l'entourer des circonstances qui l'expliquent.

III Histoire des guerres de religion (et pour préface Albigeois) de 1517-1572 Coligny 1572-1685, Orange, etc...

IV. Histoire des guerres des Anglais. Guillaume le Conquérant, Edouard II^r, Henri V, la Pucelle, et la Hogue. Trafalgar.

En regard Michelet rêvait d'une série analogue pour l'histoire de la nature et de l'art, l'industrie.

« Livre sur la Génération — décadence, mort chronique.

« Histoire d'un grain de blé. Histoire industrielle avec sciences accessoires.

« La grandeur, vie et décadence d'un vaisseau, avec toutes les sciences accessoires. »

Pour les livres d'histoire il suppose des tons et méthodes divers.

Dans l'un, *Marseillaise* de l'histoire, l'élan.

Dans l'autre, Sainteté d'enfance, le repos calme et fort.

Dans le plus étendu : l'alternative du fort, sarcastique, avec rires à la Molière.

Et du fort, tragique et sombre.

Et de l'élan vers le ciel.

Ces projets de Michelet, très intéressants en eux-mêmes, ont une importance capitale pour sa psychologie et sont une preuve de sa sincérité et de la profondeur du sentiment apostolique avec lequel il pensait au peuple et comprenait l'enseignement de l'histoire.

CHAPITRE IX

Le cours de 1847 — Les tomes I et II de l'Histoire de la Révolution
Les voyages de 1846 et 1847

Le 10 janvier 1847, Michelet avait mis en vente le tome I de la Révolution; le 15 novembre, il mettait en vente le tome II. Cette année fut une année de travail acharné. Michelet ne se donna d'autre répit qu'une courte visite à Vascœuil (28 mai-2 juin), un petit voyage en Hollande (1er-15 juillet) et une petite fugue à Dieppe et Arques à la fin d'août. Il écrit en janvier 1848 :

« Ma vie entièrement absorbée, depuis le milieu de 1846. En 1847 publication du premier volume, le cours, le second volume, et puis rien. J'ai vécu dans une unité terrible, digne de ceux que j'ai racontés. »

Sa disposition d'esprit à cette époque fut constamment amère et mélancolique. Tout ce qu'il y avait en lui de capacité de joie, d'enthousiasme et d'espérance, se dispersait dans son histoire. Sa vie personnelle était un désert dévasté, un champ de ruines. Il avait rompu avec Mme Aubépin; il avait le sentiment de ce que sa liaison avec Victoire avait de vide et d'humiliant; il avait perdu son père; malgré son affection pour sa fille et son gendre, il n'y avait pas entre eux une intimité confiante, complète, qui pût épanouir son cœur, et enfin, la série d'expériences toutes infructueuses pour amener Charles à une vie de travail régulier, étaient pour lui la source d'un chagrin profond[1]. Dans les notes de son voyage à Dieppe, d'août 1847, il note tous ses deuils : « le mariage d'Adèle, la mort de mon père, la mort de Charles en un sens. » Il est tellement pénétré du sentiment de toutes ces ruines qu'il s'y complaît. Il écrit le 1er avril[2] :

« Les petites ruines du monde méditerranéen ne suffisent plus au besoin de ruines qu'éprouve mon cœur dévasté. Il me faut les désolations, les cataclysmes de l'Orient, les vastes destructions de races, les déserts... La salle des Nibelungen ne me suffit pas. Il me faut la grande plaine du monde indien où tombent par cent mille les Gourous et les Panons — ou bien l'absolu désert, le dernier homme de Grainville. »

Cette disposition d'esprit désespérée n'était pourtant pas constante. Celle qui lui était le plus habituelle était une tristesse plus douce, mêlée d'élans vers l'avenir, que lui inspirait son histoire.

1. En fév. 1847 : « Charles sort de chez M. Gouriot, entre chez M. Prétet ». En 1848, Michelet écrit : « Mon fils périt et je ne puis rien ».
2. Est-ce de cette année ou de 1842 ?

Quand il eut achevé son second volume, il éprouva un sentiment de soulagement, de reconnaissance envers Dieu, de devoir accompli, mais accompagné toujours de la même mélancolie, du même sentiment d'isolement.

Dans les jours qui suivirent, il chercha un réconfort à cette détresse morale en faisant des visites de pauvres, en s'efforçant d'agir pour le bien des hommes, de s'arracher à l'individualité par la généralité. Il fit, d'accord avec Quinet, presque simultanément deux démarches qui l'honorent l'une et l'autre. Le 6 décembre, il s'adressait à Frédéric-Guillaume IV de Prusse, pour demander la grâce de Mieroslawski et des autres insurgés polonais condamnés à mort par les tribunaux prussiens, et le 11 décembre, il écrivait à la Diète helvétique, victorieuse du Sonderbund, pour lui recommander la clémence à l'égard des catholiques insurgés contre la Confédération. Il éprouva un réel bonheur à signer ces lettres. Celle qui fait appel à l'union de la France et de l'Allemagne retentit aujourd'hui singulièrement dans nos cœurs :

« La France et l'Allemagne, étouffées entre deux géants dont l'un tient la mer et l'autre la terre, n'ont nulle meilleure garantie dans l'avenir que leur union. Ce serait pour le monde une calamité qu'il y eût du sang entre la France et l'Allemagne. »

Michelet se sentit soulagé par cette « expansion », comme il l'écrit, mais sans « être retrempé au fond ». Le 19 et le 20 novembre, il revient sur lui-même dans une note intitulée curieusement : « Un moment de moralité », où il fait son examen de conscience et se redit à lui-même tout ce qui lui manque pour être ce qu'il voudrait et devrait.

« Comment ne suis-je pas le prêtre véritable, moi qui ai tenu cette année le Saint des Saints, sur l'autel des Fédérations?
Comment ces choses sublimes qui m'ont tiré des larmes
    Sont-elles si peu intimes en moi ?
Comment la Nature revient-elle obstinément
    Me faire redescendre à l'individualité ?
Quelle est la voie ?
    Avant toute idée, élargir le cœur... faire vouloir la fraternité.
Hier, 18 novembre, anniversaire de la mort de mon père,
    rarement plus abattu moralement
    tendance à l'individualité, mais
    appel à la généralisation, mais impasse
Ainsi pendant ces douze mois, constant élan au dehors, et dedans ? reste vide.
Demander forces (à l'art — les Rembrandt
          (à l'homme — Mickiewicz
          (à la nature même — Serres
          (à la nature vivante, souffrante, — mendie ta vie
          près des pauvres.
Rêvé sur l'état du monde, et comment le servir : en prévoyant ? voyant venir,
    chercher en moi... (pour balancer cette effroyable indigestion de
        dans la vie   (livres par laquelle je viens de passer
J'allai chez Mickiewicz.

Le lendemain, 20, dans cette disposition d'attendrissement vertueux, il pense au passé, à Pauline, et, sous l'influence de Mickiewicz, il se reproche d'être trop artiste, trop érudit, et de se passer trop volontiers des actes et de la vie. C'est aux archives, au milieu de la poussière des manuscrits, qu'il laisse échapper ces brûlantes effusions du cœur :

« Aujourd'hui, cherchant des habits pour donner l'hiver, ma fille me proposa les robes de sa mère. Hélas! elles se détruisent. Elle aimerait mieux, si on la consultait, que ces laines réchauffassent de pauvres créatures de Dieu; Au moins, en garder quelques pièces. Donnons-nous, mais n'est-il pas permis de garder un souvenir? « Douces années de silence, de travail ignoré, de pauvreté, d'abstinence, de vie modeste et fidèle, aurez-vous donc péri, en tout, sauf un coin du souvenir? Et encore dans cette vie brûlante, où les jours poussent les jours, je passe des années entières sans revenir sur moi-même, sans me souvenir de moi, à peine de toi, qui m'aimas tant et fus mienne.

Montesquieu parle d'une pièce de théâtre, après laquelle, dit-il, il prit une vive résolution d'être honnête homme. Je sentis cela, hier soir, belle soirée de novembre, plus de jour, point de lumière, — revenu de chez Mickiewicz et vibrant encore.

Je tombai dans un extrême attendrissement sur les hommes; avec un peu de mépris et de reproche pour l'artiste égoïste, enfermé dans son cabinet, jouissant à sa manière.

Mon cœur s'émut au plus profond. Je m'affligeai, j'enviai les qualités viriles qui seules permettent vraiment la tendresse. Ma vie ne m'y a pas préparé... Dieu m'en donne la grâce! Artiste, c'est créer, mais pour créer, il faut être.

Ceci est profondément indiqué par D. Stewart (quoiqu'indirectement). « Ceux qui parlent le plus de vertu, la pratiquent le moins. Hypocrisie? Non. Mais ils soulagent par les paroles le besoin que nous avons tous du bien. Les actes ne leur sont plus nécessaires. »

Les voyages que fit Michelet dans ces années 1846-1847, montrent vivement les dispositions habituelles de son esprit. Pessimiste pour lui-même, il l'est aussi pour les peuples qu'il voit enlisés comme leurs gouvernements dans la bigoterie d'une part, de l'autre dans les jouissances matérielles, les spéculations de banque et de bourse, le capitalisme industriel.

Son voyage à Dieppe et Arques n'avait pour objet que de se détendre un peu après avoir travaillé six semaines avec acharnement sur les mois d'août à décembre 1790, les obstacles à la Révolution. Il fit ce voyage avec ses trois enfants, hanté par ses tristesses, et aussi par son livre, car il ne peut s'empêcher de récrire en route, le lundi 30, le chapitre 1er du livre IV. Il prend des notes sur les conditions des marins, et étudie aussi à Arques, en vue d'un futur volume, la topographie du champ de bataille où Henri IV triompha contre toute vraisemblance.

Les deux voyages de Belgique et de Hollande, d'août 1846 et de juillet 1847, ont une tout autre importance.

En août 1846, après avoir passé le 19 et le 20 à Versailles pour y étudier les logements de la cour en 1789, Michelet partit le 24 pour le Nord de la France et la Belgique, et n'en revint que le 12 septembre. Il passa par Amiens, Arras, Lille, Ostende, Bruges, Gand

Anvers, Bruxelles, Liège, Dinant, et s'arrêta les derniers jours à Renwez, dans sa famille maternelle. Son but était de visiter d'abord le pays où s'était formé Robespierre, puis de bien voir Lille, le boulevard de la France du nord, qui avait eu un rôle militaire si important sous Louis XIV et à la Révolution; enfin, de se rendre bien compte du rôle de la Belgique serrée entre la France, l'Angleterre et l'Allemagne. Malheureusement, ses notes, sauf pour Amiens et Arras, sont des plus succinctes et s'arrêtent à Gand. Le voyage de Hollande de la première quinzaine de juillet 1847, fut le complément de 1846, et c'est le rôle des Pays-Bas et de la maison d'Orange, non seulement du xvi° au xvii° siècle, mais à l'époque même où Michelet écrit, qui absorbe toutes ses préoccupations au point de reléguer au second rang les jouissances artistiques.

A Amiens, il est tout entier absorbé par la situation misérable des ouvrières, qui gagnent dix sous par jour à coudre des sacs et ont à fournir le fil et la lumière — des marchands de légumes qui gagnent à peine cinq francs par an, et font l'aumône de leurs légumes aux malheureux. Il va s'asseoir au marché, qu'il appelle « ce marché sacré », comme Dante, qui allait s'asseoir au marché de Florence; et il y regarde les marchands de légumes et les cultivateurs, les *hortil-lons*. Il est repris par son obsession anticléricale :

« Toutes ces femmes étaient laides, malheureuses et fatiguées... De là je suivis les canaux, les petits quais obstrués de marchands. Les barques amènent les légumes par derrière. Assis un moment dans Saint-Luc. Entrent trois hortillons de taille magnifique... font le tour et regardent les statues, les tableaux.

Que fait le gouvernement pour cette race, si bien douée ? Il la laisse aux prêtres, qui disposent des aumônes de la noblesse, agissent par là sur ces pauvres. Ajoutez l'action des ignorantins. Pour que l'éducation fût une et concordante en France, il faudrait qu'elle différât dans chaque province différente. Alors seulement elle mènerait au même but[1]. »

A Arras, Michelet s'occupe surtout de Robespierre et l'on retrouve au chapitre 5 du livre IV de l'*Histoire de la Révolution*, et au livre II le développement exact des lignes écrites dans son journal, après une conversation avec M. Langlès, rédacteur du *Progrès du Pas-de-Calais*, sur les documents réunis par M. Gentil. Il lit, il ne dit pas où, la correspondance de Robespierre avec M. Buissard, mêlée de vers et de prose. Il y signale une lettre inédite sur les 17-18 juillet 1789, « facile, enthousiaste, sincère. » Robespierre admire le comte de Mirabeau, « dont on est content depuis quelque temps. » Il croit encore à la bonne fin de Louis XVI. Il termine : « Hier, M. Foulon a été pendu par arrêt du peuple. »

A Lille, après avoir étudié avec soin la citadelle et constaté que les Autrichiens, en 1792, ont pris position et attaqué Lille au même point que Louis XIV en 1661, tandis que le Prince Eugène l'attaqua

---

1. Michelet a utilisé ces notes sur Amiens dans le t. III de son *Histoire du XIX° s.*, à propos de Grainville.

du mauvais côté, il va visiter la collection de M. Gentil, où il trouve plus de 1.500 assignats de vingt sols et au-dessous, même de deux liards, « créés pour les petites villes et les villages, pour suppléer au défaut de numéraire de 1791 ». M. de Solcie (lisez de Saulcy), de l'Académie des Inscriptions, lui en a donné 300. Plusieurs ont des devises patriotiques ou philanthropiques que les officiers municipaux imaginaient et qui faisaient souvent allusion aux discussions du jour, par exemple : « Jamais deux Chambres. »

Michelet s'occupe aussi des manufactures. Il y est conduit par M. Mille. Dans l'une le patron est plus qu'un père : les enfants qui travaillent à la manufacture ont des réfectoires et des écoles; le matin du cacao, au dîner de la viande, et à quatre heures du cacao. Il y a une heure réservée à l'école.

« Les manufacturiers de Lille sont d'anciens ouvriers. Le père ou grand-père de Mille qui a commencé l'industrie lilloise, savait à peine lire. Mercredi soir, promené à la tombée du jour. Effet des caves. Dans chacune un intérieur. Lumières à la Rembrandt. »

De Lille, Michelet se rend à Ostende, et ce qui le frappe le plus, c'est la présence partout des Anglais, du commerce britannique.

« Sur l'estacade nulle personne qu'une Anglaise. Entre au port un steamer anglais. Sort du port un steamer anglais. Ici, partout, rois de la mer. Cela m'attriste ces belles plages. Du Portugal à la France, à la Belgique, à la Hollande, où ne trouverai-je point d'Anglais ? »

Quelques notes d'art sur Bruges et Gand, c'est tout ce qui nous reste sur le voyage de Belgique.

Il part le 1er juillet pour Bruxelles, où il passe le 2, visite la galerie d'Arenberg et voit divers hommes d'État — en particulier M. Jobard, qui a réussi à faire exécuter le chemin de fer par l'État — est le 3 à Anvers, dont il admire l'activité commerciale ravivée par le transit de l'Allemagne : il va le 4 d'Anvers à Rotterdam, par un jour admirable — le 5 à Delft, où il visite le tombeau de Guillaume le Taciturne, d'un bel effet, malgré les fioritures — arrive le soir du 5 à La Haye, où il reste les 6 et 7, repart le 8 pour Leyde. Il passe la journée du 9 à Leyde, va le 10 à Harlem, le 11 et le 12 à Amsterdam, et rentre en France par Arnheim et Cologne.

Michelet avait déjà visité la Belgique et la Hollande après la Révolution de 1830; il avait assisté aux négociations qui avaient fait asseoir un Cobourg sur le trône de la Belgique séparée de la Hollande, et avaient fait de ce Cobourg le gendre de Louis-Philippe. La situation des deux pays offrait au patriote, au philosophe politique et à l'historien une série de problèmes.

Fallait-il se réjouir de la séparation de la Belgique et de la Hollande, de la ruine de l'œuvre du Congrès de Vienne? Quelles avaient été les causes de cette séparation? Que fallait-il penser de la transformation de la Hollande en monarchie, et quel est le caractère de ces monarchies nouvelles, créées par la diplomatie, et qui ne sont point le fruit naturel de l'histoire? Enfin comment lutter contre l'Angleterre, satisfaite de voir briser l'union de la Belgique et de la Hollande pour pouvoir plus facilement dominer l'une et l'autre? Ajoutez à cela la préoccupation religieuse qui hante toujours Michelet et sa crainte, justifiée par les événements, de voir la Belgique tomber aux mains du clergé [1].

Pour comprendre ces réflexions, il faut se rappeler que Guillaume Ier, devenu roi des Pays-Bas par la grâce du Congrès de Vienne, avait en grande partie provoqué le soulèvement de la Belgique par son autoritarisme, par ses faveurs exclusives aux protestants et aux Hollandais aux dépens des catholiques et des Belges; enfin, par les basses préoccupations de lucre qu'il avait apportées sur le trône. Il ne se résigna qu'en 1838 à reconnaître l'indépendance de la Belgique, accomplie depuis 1832; il dut abdiquer en 1840, en faveur de son fils Guillaume II, après avoir épousé une catholique belge, la comtesse d'Outremont, et quand il mourut à Berlin, en 1842, il laissait une fortune de trois cents millions, tout entière amassée depuis 1814 aux dépens de son peuple.

Michelet caractérise avec vigueur cette transformation des rois en banquiers et négociants. (Qu'aurait-il dit s'il avait connu Léopold II?)

« Les rois, dit-il, se détachant du sol, devenant capitalistes, mobiles, ont supprimé eux-mêmes de la royauté l'incarnation de la contrée. Que serait-ce d'un peuple négocié jour par jour par un agent de change héréditaire qui s'aiderait de deux forces, du magistrat armé et du banquier? »

« Conjuration volontaire et involontaire des rois, des puissances, contre les peuples. Ils ont peur et font leur main à la hâte... Gagner, gagner, gagner, se tenir prêt, acheter peu d'immeubles, ne pas faire des fresques, mais des tableaux, des objets mobiliers. Ils ont peur et obéissent au Léviathan de l'or, à la capitale des banquiers (Londres) qui les oblige : 1° de placer ce qu'ils gagnent dans ses fonds; 2° de tenir leurs peuples à l'état de désarmement relativement à l'Angleterre. »

Michelet se demande comment s'est créée la monarchie dans la République de Hollande. Il remonte au rétablissement du stathoudérat héréditaire et montre comment l'aristocratie fut brisée au profit de la monarchie lorsqu'en 1748-49 le prince d'Orange, Guillaume IV, amena les États à faire percevoir les impôts par des collecteurs gagés et contrôlés, au lieu des fermiers qui s'y engraissaient, et lorsqu'on accorda au stathouder le droit de *changer les Régences*. La monarchie en Hollande était rendue nécessaire par l'extrême diversité des lois et des mœurs des provinces, « motif qui n'existe pas dans la France si bien centralisée. » Il voit aussi dans l'égoïsme des Hollandais une des causes du régime monarchique.

« Les Hollandais ont dit : Egoïstes, divisés, comme nous sommes et serons, il nous faut un défenseur au dehors, un grand gendarme au dedans. Pen-

1. Michelet en conclusion se demande quelle doit être la politique de la France, ce que sera son avenir vis-à-vis de ces pays des embouchures du Rhin qui, à ses yeux, devraient faire partie de la France.

dant ce temps, paisibles, nous vaquerons à nos affaires, nous vivrons, nous
jouirons. »

Mauvais calcul, dit Michelet. « Vous aurez un gouvernement cher,
un budget toujours grossissant, le renchérissement de toutes les
denrées. »

Il s'afflige alors de voir cette monarchie hollandaise ruinée par la
révolution belge. Il en rend l'Angleterre responsable. Le vieux Guillaume, dit-il, avait tenu parole à l'Angleterre en ne créant aucune
marine militaire, mais il n'avait pas tenu parole pour l'industrie. Il
essaya de faire une puissance complète, mixte, d'agriculture et d'industrie belge et de commerce hollandais. Alors, les Anglais poussèrent
avec les libéraux de France et les prêtres à renverser leur propre
ouvrage. La Prusse laissa faire, étant brouillée avec la Hollande pour
le Rhin.

« La maison de Nassau peut gémir, dit un autre jour Michelet. Elle est coupable; elle doit s'en prendre surtout à soi. Elle n'a que trop favorisé la tendance de la bourgeoisie à se retirer dans le change et les opérations de hasard.
La partie énergique est occupée par le cabotage. Les crapauds ventrus ont fini
par engourdir les requins. Nulle nation n'eût résisté à cette conspiration du
parti militaire et de la banque, à cette éducation destructive du sentiment
national.
« Peuple remarquable qui a bien mérité du genre humain. »

Le vieux roi Guillaume avait bien senti cette situation ruineuse de
la Hollande. M. Thordecke, un des publicistes et juristes, professeurs
et hommes d'État les plus remarquables de Hollande, membre de la
première Chambre depuis 1840, raconte à Michelet que, disant un jour
au roi Guillaume : « Nous avons été bien traités en 1815 », le roi
répondit avec un accent profond : « Non, Monsieur, ne le croyez
pas » — « soit, dit Michelet, qu'il pensât à Cologne, qui pouvait seul
le consolider et que la Prusse se fit adjuger, soit qu'il gémît des conditions secrètes que lui avait imposées l'Angleterre. »

D'après Michelet, tous ceux qu'il rencontre sont découragés. M. Ad.
de Brewenwoorde, l'auteur d'*Asmodée*, un ardent républicain, voudrait que la Hollande fût conquise par la France. M. Thorbecke, qui
avait été professeur à Gand et à Liège, voudrait qu'elle fût rattachée
à la Belgique, qui a plus de vie morale (Michelet dit avec horreur :
aux prêtres). M. Saudelin, administrateur et juriste belge, M. Lipkens,
un ingénieur, n'ont aucun espoir, et le professeur d'anatomie Vrolick
dit : « Il y aura des chemins de fer, il n'y aura plus de nation. »
Ce qui frappe Michelet, c'est que personne ne regarde ni vers l'Angleterre, ni vers l'Allemagne, sauf la perfide maison de Nassau, l'un
des ennemis les plus coupables de la pensée, qui charge de droits
énormes, c'est-à-dire exclut toute pensée venue de France, livres, journaux (un seul journal paye cent vingt francs de droits à La Haye),
et admet tout ce qui n'a pas de portée sociale, tout produit allemand
et anglais. On ne voit que la Belgique ou la France. Les uns veulent
être *du pape*, les autres *de la Révolution*. Et Michelet aussitôt de tra-

cer en quelques lignes sa philosophie historique. Seules l'Église catholique et la France révolutionnaire représentent des idées.

« L'Angleterre n'est pas une idée. Son seul homme, Shakespeare, n'a exprimé que le doute. Son idée politique même, l'équilibre des pouvoirs, est un rapport et non substantielle. Elle ne constitue vitalement aucun des pouvoirs. L'appropriation de la nature à l'homme est une idée, mais non moralement constitutive. L'Allemagne, si riche en idées, n'est pas une idée. C'est un forgeron d'idée; elle la retourne, la bat, tantôt d'un côté, tantôt de l'autre. »

Il fait sur l'Angleterre cette fine et profonde observation : « L'Angleterre a profité d'un entr'acte entre les deux religions (catholique et révolutionnaire), entr'acte où l'Occident s'est désorganisé, aux souhaits de l'Angleterre. »

Michelet sent l'impasse où se trouve la Hollande; ce qu'il lui fallait, ce n'était pas l'Escaut, mais le Rhin jusqu'à Cologne. Il dit à M. Thorbecke que la Hollande ne subsiste que par ses colonies des Indes orientales, qu'ils n'ont pas réussi à en faire une Hollande indienne, qu'elle leur échappera [1]. Il faut que la Hollande se refasse un grand peuple ou qu'elle périsse. « Mais la tradition est rompue; la partie héroïque, non ventrue, de ce peuple, ne se souvient pas de Ruyter. La Hollande a une vie beaucoup trop spéciale (voyez le danger de la spécialité). Ceux-ci, ventrus, au bord des canaux, collés sur leurs livres de comptes; ceux-là naviguant lourdement le long des côtes comme des phoques.

« Pendant que chacun suit sa spécialité, Guillaume, arrivé avec des dettes, amasse deux cents millions en seize ans (puis les prodigue à don Carlos). Le roi actuel achète partout des terres, près de La Haye et à l'étranger — pourrait acheter le pays. »

Naturellement, c'est toujours l'Angleterre qui, d'après Michelet, empêche tout, ruine tout. Il s'informe beaucoup de la marine, de la conditions des marins, de la possibilité pour la Hollande d'avoir une flotte. D'après le consul de Belgique, M. Bischoffsheim, le gouvernement veut une marine. La Chambre refuse des fonds. On construit cependant au Helder, à Flessingue.

« Mais l'Angleterre dit à ses préfets, c'est-à-dire la Hollande et la France : livrez-moi vos grains — Livrons, dit la France, on me pardonnera le mariage d'Espagne ». — Livrons dit le Hollandais, quoique ma marine marchande soit déjà chère, entravée par le haut prix des denrées. Ainsi l'absorption s'est faite subite, immense, terrible. De là les troubles de Mulhouse et de Hollande, et le sang versé. Quoique les gouvernements soient vraiment protecteurs comment oseraient-ils protéger contre l'Angleterre ? »

Il regrette de quitter la Hollande sans avoir pu bien connaître : 1° le commerce d'argent, 2° la société qui fait le commerce des colonies, 3° les commanditaires de la petite marine marchande, 4° la transformation des corporations jadis si puissantes, 5° le gouverne-

1. « La Hollande est perdue si Java manque deux fois ».

ment de la bienfaisance par les corporations, associations, Églises diverses. Il note : Multiplicité de ses Universités.

Arrivé à Cologne, Michelet se retrouve l'historien de la Révolution qui a conquis la rive gauche du Rhin et se met à disserter sur le rôle de la France, et sur sa propre mission, comme historien de la France et de la Révolution.

Cologne, mercredi 14 juillet. Demain je rentre... Puisse ce voyage m'avoir profité, m'avoir agrandi, affermi. Je n'étais pas content de moi,... aigre, nerveux... Il faudrait être doux et fort, se conquérir et se posséder, si l'on veut conquérir les autres à l'esprit de la Révolution, à l'égalité, à l'équité moderne — remplacer la politique des intérêts par celle des idées.

Aujourd'hui, en face du Rhin, que l'esprit héroïque des conquérants du Rhin entre donc en moi.

Cologne entre deux Tartufes, le Pape et la Prusse. La Prusse fausse comme Allemagne, fausse comme protestantisme.

Nul progrès possible.

Elle n'entrevoit l'esprit français qu'à travers une lunette qui fausse tout et déforme tout : le vieux catholicisme, le catholicisme comme liberté.

Hier d'Arnhem à Cologne le bateau, puis le chemin de fer. Passé en bateau devant Wesel et tant d'autres positions militaires. Par deux fois je crus que le bagage du *Français* était enlevé le dernier, après ceux des Anglais, Allemands etc... Cela m'attriste et m'aigrit.

La parfaite ignorance où se trouve de son sort, de son idée, de sa destinée, la partie la plus sérieuse des Pays-Bas, la Hollande, doit avertir assez la France qu'il lui faudra reprendre le tout, Hollande, Belgique et Rhin.

J'ai sous les yeux, dans cette ville sublime à la voir en masse, l'image choquante et ridicule de ces mélanges bâtards.

Toutes les cloches en branle, on se croirait dans un pays tout catholique. Mais non, tout le reste, commerce, etc., a l'aspect anglo-hollandais. Le soir il s'y ajoutait le *philistin* allemand, la vie éminemment bourgeoise et sensuelle. Ce mardi, jour nullement férié, tous au jardin de Bellevue, mangeant, buvant en famille, fumant, rêvant au son d'une musique qui semblait flotter sur le Rhin de l'une à l'autre rive... Oubliez, nations qui n'avez d'autre sort!

La France ralliera-t-elle toutes ces populations flottantes, Pays-Bas, Savoie ? Il faut d'abord qu'elle en soit digne, que les hommes vraiment français offrent en eux au monde, non seulement la proclamation héroïque du grand symbole moderne, mais la réalisation morale de ce symbole.

Soyons bons et grands — intelligents aussi pour amener tous les esprits spéciaux à préférer l'unité à leur spécialité diverse. Il faut une éducation préalable, par la littérature française, etc..

La France s'infiltre bien ou mal en Belgique, mais ailleurs ne mord pas...

1° Le succès de Louis-Philippe (vanté par les Anglais) fait illusion. « Vous avez un grand roi, un habile homme ». Louis-Philippe et un million de Louis-Philippe. Plusieurs croient que c'est là la France.

2° La France intellectuelle flotte, laisse sa pensée obscure. Que conclure du *Rhin*, de V. Hugo, de la *Révolution*, de Lamartine? et des artistes mobiles, les Dumas, etc ?... Comment ferait-elle prévaloir ce qu'elle veut. Elle ne le sait pas bien elle-même.

Nous mêmes, Quinet et moi, retardés par des courbes, par des distractions d'artistes, ce que j'appellerai les *sensualités de l'art;* moi, par ex. ma théorie du gothique, mon *Luther,* mes *Origines du Droit.*

Nous avons paru flotter surtout en ce que

1° On a dû croire que nous pensions le christianisme conciliable avec la Révolution.

2° J'ai cru la royauté possible, peut-être indispensable comme transition chez des peuples si mal préparés, si mal élevés au *self government.*

Mais elle-même se rend impossible en s'associant à ceux qui puisent indéfiniment, de manière occulte, dans la bourse du peuple, le suçant comme budget d'une part, comme bourse, spéculation, de l'autre. Le peuple, à ce jeu, a pour parti son protecteur naturel : le fils escroqué par le père. Cela modifie beaucoup nos idées sur le gouvernement paternel.

Nous n'aurons force que comme simplicité d'idées, rectitude.

Exclure tout caprice d'art : *mala gaudia menti*.

Si les parties basses de la France semblent souillées et repoussent

Qu'au-dessus de son haut fanal brille pur et invite les nations.

Pourquoi ceux-ci attachés au vieux système barbare ?

Parce qu'il leur semble garantir leur moralité

Parce qu'il satisfait à leurs besoins d'imagination.

Eh bien ! qu'une moralité plus haute florisse, comme dit Joachim de Flore, de *ce tombeau des écritures;*

Que l'imagination, flétrie par les deux systèmes (la banque, le bigotisme),

Refleurisse sur la meilleure base, le cœur

Non plus seulement le paradis individuel, le salut

Mais le paradis commun, trouvé dans la fraternité.

Il ne faut pas, ces enfants, les gronder de leurs vieux jouets, mais leur mettre en mains les bonnes, belles et fortes choses, qui les leur feront oublier. »

Ces effusions patriotiques, philosophiques et républicaines, arrivant comme la conclusion de ce voyage en Hollande et à Cologne, ce programme de la reprise par la France d'une conquête révolutionnaire, caractérisent bien l'esprit dans lequel Michelet a fait son cours de 1847 et écrit sa *Révolution.* Il est dès lors tout acquis à sa foi républicaine.

Suivant son habitude, Michelet attendit pour commencer son cours d'avoir publié le volume qu'il avait achevé pendant l'hiver. Le 7 février, le premier volume était terminé; le 10, il était mis en vente; le 11, Michelet faisait sa première leçon sur les hommes de la Révolution (six jours après la mort, à Charolles, de la mère d'Edgar Quinet) [1].

Michelet, en annonçant qu'il parlerait des hommes de la Révolution, donnait une idée inexacte de son cours. L'idée générale en est que pour accomplir la Révolution il faut s'affranchir des légendes, trouver des formules nouvelles, parce que le passé contient très peu d'avenir; la faiblesse des hommes du xviiᵉ siècle qui furent les maîtres de la Révolution, fut qu'ils étaient trop des hommes de lettres et qu'ils connurent trop peu le peuple; tandis que c'est du peuple même et de sa vie qu'on doit tirer les éléments d'une révolution féconde [2].

Les meilleures de ces leçons ont probablement été celles sur Mira-

1. Il note cette mort dans son journal comme si elle avait eu lieu le 11. Le beau discours funéraire de Quinet est du 7 (*Quinet avant l'Exil*, p. 387).

2. Pour comprendre ce qui a guidé Michelet dans ce cours, il faut rappeler qu'à ce moment même paraissaient les *Girondins* de Lamartine et l'*Histoire de la Révolution* de Louis Blanc ; que Michelet était constamment en discussion avec Lamartine, Béranger, Flocon sur la Révolution, et qu'il combattait la tendance qu'il trouvait chez eux tous à personnifier la Révolution, dans les hommes : Rousseau, Mirabeau, Robespierre. Michelet, très pénétré de cette idée au fond très juste que Rousseau n'a rien prévu de la Révolution et que les héros de la Révolution n'ont pas eu d'idées claires sur ce qu'elle voulait être, s'attache avant tout à démontrer qu'on ne doit se faire aucune idole et qu'il faut se garder de toute construction légendaire.

beau. Elles ont visiblement, par leur originalité et leur impartialité, déconcerté son auditoire. Les uns s'attendaient à un éloge enthousiaste de Mirabeau, à une admiration analogue à celle qu'avaient manifestée Mignet et Thiers, d'autres à une sévérité extrême pour les vices de Mirabeau et surtout pour son ralliement à la cause de la Cour. Michelet montre en Mirabeau un homme d'une rare intelligence et d'un puissant talent oratoire, mais sans fortes idées personnelles, resté dans le fond aristocrate et monarchiste, artiste avant tout, mais dont on ne doit pas juger les vices avec trop de sévérité, car ils furent en grande partie ceux de son temps, des circonstances et de son tempérament. Mirabeau, pour Michelet, a été incapable de donner une direction forte à la Révolution. (C'est notre avis).

Le journal l'*Union monarchique* résuma en ces termes la première leçon de Michelet : M. Michelet a dénigré Mirabeau pendant une heure et demie, avec un acharnement qui surprenait ses auditeurs les plus enthousiastes. Par contre un journal d'étudiants, *La Lanterne du Quartier*, qui poussait le jacobinisme jusqu'à l'admiration pour Marat « un tribun à qui sa rare sagacité politique a mérité le nom de prophète », s'étonne de voir Michelet ramener à si peu de chose le nom de Mirabeau, et employer des expressions adoucies pour juger ses vices et ses fautes.

Michelet avait senti l'étonnement causé par ses leçons : il reçut de ses auditeurs des lettres où ceux-ci le lui exprimaient avec une grande vivacité. Il en profita pour revenir sur un sujet qui lui tenait à cœur et sur lequel il ne se lassait pas de revenir : lui-même, son rôle d'historien et de juge de l'histoire. Je ne serais pas très éloigné de croire que c'est l'effet produit par ces deux premières leçons qui le fit dévier de son plan primitif et consacrer les quatre autres leçons du premier semestre à des dissertations toutes théoriques sur la méthode et l'esprit de l'histoire révolutionnaire [1].

1. Voyez le cours de Michelet et en particulier la 3e leçon décrite et analysée dans le *Correspondant* du 1er mai 1847.

Notons aussi un passage touchant de la troisième leçon, où Michelet chercha à donner la parole à Quinet désormais absent du Collège de France. Quinet pour lui a su trouver le trait d'union de l'individu à la société, ignoré du xviiie siècle.

« J'ai lavé le xviiie siècle du reproche d'égoïste. Les 2 forts (Rousseau et Voltaire) eurent dévouement. Néanmoins, il faut l'avouer, le xviiie s., la Révolution, sont encore faits par des moines — oui des moines, tiraillés entre deux traditions : *solitaires* et cherchent *société*. Ainsi présentent même difficulté que le Moyen-Age qui ne sut organiser que deux solitudes, le monarchisme et la féodalité. Nos moines modernes rêvent solitude, comme bonheur personnel, et veulent organiser société, ignorent les milieux nécessaires, famille, famille volontaire, etc... et alors n'organisent comme le Moyen-Age qu'une société insociable... Il ne suffit pas de prendre l'individu et de marquer un idéal de société, il faut dire par où. — Le dévouement ne manque pas, mais le milieu, le moyen manqua. Ils n'eurent ni la science spéciale de l'objet ni l'art de mener à l'objet. Rousseau, ne connaissant pas la famille, ne connaît ni l'individu ni d'État. Il ne fera qu'un solitaire, le plus artificiel, c'est-à-dire le moins naturel et le moins *selon l'art qui est*

Ce cours se place entre la publication du t. I de l'*Histcire de la Révolution* et celle du t. II [1] dont il nous faut parler maintenant.

Si l'on voulait juger à fond cette histoire écrite par un homme qui mêlait sa vie à toutes ses œuvres, il faudrait la distinguer en trois parties : les deux premiers volumes écrits pendant les deux dernières années du règne de Louis-Philippe, au moment où Michelet venait de perdre son père et où l'avènement de la Révolution en 1789 se confondait pour lui avec l'espérance d'une révolution nouvelle où la France reprendrait son œuvre de Messie des temps modernes; les volumes trois à cinq parus de 1848 à 1851 [2] qui furent écrits en majeure partie sous la lugubre impression de la réaction de 1849 à 1851 et dans une sorte d'isolement, Michelet enfermé dans sa maison des Ternes, partageant son temps entre sa jeune femme et les Archives. Enfin les deux derniers volumes, tout remplis de la Terreur et des souvenirs des guerres de Vendée, furent écrits à Nantes en 1852-1853, dans une solitude plus grande encore, à une époque où tout semblait perdu pour Michelet et pour la France républicaine, mais où il protestait par son œuvre contre la destruction de tant d'espérances.

Les deux premiers volumes sont un acte de foi et d'espérance, une sorte d'apologie de l'esprit de la Révolution conçu comme le vœu et l'idéal de liberté, de justice et de bonheur de tout un peuple, en opposition avec le privilège, l'oppression ecclésiastique et monastique, et avec les violences commises au nom du salut public, par la Terreur. Deux épisodes lumineux en forment le centre et ont inspiré à Michelet quelques-unes des plus belles pages qu'il ait écrites : la prise de la Bastille et la fête de la Fédération de 1790.

la nature plus vraie. Son État serait une collection de sauvages, volonté collective et non communauté d'esprits. Tous ont solitude pour idéal, même Fénelon (salon, couvent) même Montesquieu (infl. étrangère, gouvernement balancé sous lequel vivent solitaires). Tout ce qui réussit est idéal et solitude, désolant dans *Manon Lescaut*, rafraîchissant dans *Paul et Virginie*. La Révolution dans son orage n'organise ni individu, ni éducation, ni société (ils n'ont voulu et connu d'autres associations que la Société de haine et de guerre des Jacobins). Il faut en finir avec la solitude. Chateaubriand n'épuise pas le point de vue individuel (*René, Atala*), ni Byron (*Manfred*). Mais Quinet l'épuise. Il construit fortement une vie qui va de l'individu à la société. Il montre la solitude à travers l'humanité et les temps (*Ahasvérus*) la solitude à travers l'héroïsme (*Napoléon*) la solitude à travers l'art, la création (*Prométhée*), mais une 'solitude vivante, non molle, abattue d'ennui, rêveries et soupirs. Il commence la société civile cherchée dans le *Génie des Religions*, l'*ultramontanisme, Christianisme et Révolution*. C'est un principe même dont nous avons donné les deux faces, lui dans son *Christianisme*, moi dans ma *Révolution*. Adieu, solitude. On ne la trouve nulle part.

« Cherchons la société. Le moyen c'est l'éducation. Mais spécifique. Si nous cherchons une éducation pour le monde, nous resterons dans la généralité stérile. Une France plus informée sera plus France. »

1. Michelet avec sa puissance d'illusion écrit dans son introduction de 1868 que ces deux premiers volumes parurent en fév. 1848 et furent accueillis aux banquets de cette époque.

2. Michelet dans sa préface de 1868 dit que les trois volumes parurent en 1850.

S'il fallait en croire l'introduction de 1868, Michelet se serait appuyé presqu'exclusivement sur les documents d'archives et aurait corrigé par eux aussi bien le *Moniteur* souvent défiguré par les partis, que *l'Histoire parlementaire* de Buchez et Roux. Il ne parle de celle-ci dans son introduction du t. II que pour critiquer avec une extrême et juste sévérité le singulier amalgame d'ultramontanisme, de jacobinisme et de socialisme qui constitue la doctrine de Buchez.

Il y a dans ces pages une grande part de vérité; il y a aussi une part incontestable de vanterie; il y a en ce qui concerne Buchez une espèce d'ingratitude.

Oui, Michelet a eu le mérite d'avoir le premier, pour écrire l'histoire de la Révolution, fait usage des Archives centrales, des Archives de la Préfecture de police où se trouvaient les procès-verbaux des sections, et des archives de l'Hôtel de Ville où se trouvaient les registres de la commune, enfin des Archives de Nantes pour la Vendée[1]. L'emploi qu'il a fait des registres pour ses volumes III, IV et V, et des procès-verbaux des sections aujourd'hui détruits par les incendies de mai 1871, rendent à cet égard l'histoire de Michelet infiniment précieuse, car il avait fait de ces documents des extraits importants et un dépouillement méthodique. Il a dépouillé consciencieusement les adresses envoyées à l'Assemblée nationale par les Fédérations départementales qui ont préparé et précédé la grande fête de la Fédération du 14 juillet 1790. Il est certain enfin que Michelet a fait usage des procès-verbaux de l'Assemblée et contrôlé dans une certaine mesure les comptes-rendus du *Moniteur*. Mais pour les deux premiers volumes on se tromperait beaucoup si l'on croyait que Michelet a fait, en dehors du point spécial des fédérations, une étude, je ne dis pas complète, ce serait impossible, mais seulement méthodique et un emploi constant des sources manuscrites. Pour ces premiers volumes il ne s'en est servi qu'accidentellement et quand il se trouvait en présence d'une difficulté à résoudre. La base de son étude de la Révolution a été un dépouillement complet, page après page, de l'ouvrage dont il a parlé avec tant de dédain, de Buchez et Roux[2]. A côté de cela il a bien connu et étudié ceux des mémoires du temps qui étaient publiés à cette époque, La Fayette, Bouillé, Besenval, Necker, Grégoire etc.; il a avec son discernement critique très aiguisé, reconnu l'importance et la valeur des sept volumes de l'*Histoire de la Révolution de 1789 par deux amis de la Liberté*. Il a en outre fait un grand usage des journaux du temps, à commencer par le *Moniteur* et par les journaux les plus connus comme ceux de Camille Desmoulins, Loustalot ou Marat, et en descendant jusqu'aux plus ignorés comme la *Bouche de fer* de l'abbé Fauchet.

---

1. Il a en particulier, grâce aux procès-verbaux des sections, jeté une vive lumière sur la Révolution du 31 mai 1793 et la proscription des Girondins.

2. On peut dire que l'analyse, l'examen et la critique de l'*Histoire Parlementaire* a été le fonds même de toute son étude des premières années de la Révolution.

C'est par les journaux qu'il a surtout connu les sociétés populaires, les clubs dont il n'avait pas eu le temps de compulser les procès-verbaux.

Telle fut la documentation de Michelet, si j'en crois les liasses de notes manuscrites qui sont entre mes mains et l'examen de son ouvrage. Michelet n'a point dans ses notes mis le lecteur dans la confidence de sa documentation. Les raisons qu'il fournit de cette abstention ne sont ni convaincantes ni satisfaisantes. Si vraiment, comme il le prétend, Michelet avait compulsé méthodiquement, registre par registre, carton par carton, les documents des archives, il lui était aisé de faire des renvois sommaires qui eussent rendu faciles les vérifications. Elles sont, aujourd'hui, presque impossibles.

D'après quelle méthode et dans quel esprit Michelet s'est-il servi de ses sources et en a-t-il tiré son histoire? Ce qui frappe quand on lit l'œuvre dans son ensemble, c'est sa prodigieuse intensité de vie. Ce n'est point comme certaines œuvres une construction architecturale, aux lignes nettes et bien proportionnées; ce n'est pas comme d'autres une peinture d'un dessin précis, de couleurs combinées en vue d'effets harmonieux ou saisissants; non, c'est un être vivant dont la forme et le relief viennent du dedans, de la proportion de ses membres, de la vérité de ses mouvements, de la vigueur de ses muscles, de la vitalité de sa chair, de la chaleur du sang qui y circule. Certaines histoires vous persuadent de leur vérité par la solidité de leur documentation, par la rigueur de la critique, par la force du raisonnement; celle-ci vous persuade de sa vérité, uniquement par sa vie, par une force de logique interne et concrète semblable à celle des hommes et des choses qui nous entourent; ce n'est plus l'histoire de ce qui a été, c'est la vision de ce qui est, d'une réalité présente, qui se fait devant nous et s'impose à nous.

Michelet avait toujours considéré comme la condition même du travail de l'historien de recréer pour ainsi dire en lui-même le passé et d'en faire un présent [1]. Il me disait lui-même qu'il ne commençait à écrire sur un sujet que lorsqu'il avait le sentiment qu'il se l'était assimilé comme une chose personnelle vue directement et non à travers ceux qui en avaient déjà parlé. Principe fécond assurément, mais qui peut conduire dans certains cas, à contredire une vérité déjà constatée et fixée, pour inventer à tout prix une image nouvelle des choses.

Une fois accomplie cette opération de reconstitution personnelle et intime de la réalité historique, Michelet prenait comme critérium de sa justesse le degré de réalité vivante qu'avait pris sous sa main le récit du passé. Si tout y était cohérent, intelligible, coordonné comme les mouvements mêmes des êtres et des choses vivantes, il voyait là la démonstration qu'il avait saisi la vérité dans son essence même. Il était en présence de ses créations dans la situation où serait un na-

---

1. Il écrit, le 28 octobre 1849 :

« La lumière ne s'est faite pour moi qu'au 31 octobre, mercredi, après que le lundi, mardi, j'eusse versé mon cœur dans les pages qui commencent le dernier volume du t. IV (oct. 1792. le monde se donne à la France). Tout se dénoua tout à coup. Moments pénibles où je flottai dans les limbes... »

turaliste qui après avoir reconstruit avec des matériaux incomplets un animal d'une espèce perdue, le verrait tout à coup s'animer et mar-cher devant lui.

Cette manière de voir se liait chez lui à toute sa philosophie, a ces idées qui ont pris de nos jours une grande vogue sous le nom de Pragmatisme. Dès le début de sa carrière intellectuelle, il a été pé-nétré de cette conviction que la vérité n'est pas une chose abstraite, le fruit de l'analyse et du raisonnement, mais une réalité concrète, fruit de l'action. Il affirmait avec Vico qu'on ne sait que ce qu'on fait, et il insistait constamment, en particulier dans le *Peuple*, sur la né-cessité de faire une place dans la recherche de la vérité, à l'in tinct, à l'intuition. Il arrivait, nous l'avons vu déjà, par cette voie à penser que l'instinct des simples, du peuple, avait des intuitions profondes qui souvent échappent aux savants et aux philosophes et que le rôle de ceux-ci était alors de démêler dans cette intuition et de rendre sen-sible et intelligible à la conscience de tous ce qu'elles contenaient de vérité durable. Naturellement cette méthode lui paraissait particuliè-rement à sa place dans l'histoire d'une grande commotion populaire comme la Révolution française.

Aussi peut-on dire que les deux points essentiels de sa méthode ont été ceux-ci :

D'abord se conformer dans son jugement sur les actes et les hom-mes de la Révolution, au sentiment, à la conscience populaires.

Faire intervenir ensuite la science pour retrouver les motifs des ju-gements populaires, les causes, le détail des actes du peuple.

Michelet avec ce naïf et sublime orgueil avec lequel il a toujours jugé son œuvre et lui-même, considérait qu'il avait mieux que per-sonne pris conscience, refait en lui toute la vie de l'antiquité et du Moyen-Age, qu'ayant ainsi revécu lui-même tout le passé de la France, il pouvait mieux que personne faire revivre l'âme du peuple qui a fait la Révolution.

La foi de créateur visionnaire que Michelet avait en lui-même, cette méthode audacieuse que l'on n'oserait recommander à personne, a produit une œuvre unique en son genre et dans laquelle certainement on trouve mieux que nulle part ailleurs la psychologie de la Révolution, les mouvements d'âme et de passion qui l'ont faite, accompagnée et dirigée. Je ne crois pas qu'on puisse trouver un récit de la prise de la Bastille comparable à celui de Michelet; les sentiments collectifs qui ont provoqué et accompagné cette explosion de passions populaires y sont ressuscités, rendus sensibles d'une manière aussi puissante que toutes les péripéties extérieures du drame. Le récit des journées d'oc-tobre n'est pas aussi émouvant, mais les mouvements populaires sont cependant reproduits avec une vie admirable. Les chapitres consacrés aux Fédérations et à la fête du 14 juillet 1790 sont peut-être les plus beaux de ces deux premiers volumes. Ce sont certainement les plus neufs.

A côté de ces analyses profondes et de ces peintures vivantes des grands élans populaires, il y a encore dans ces deux volumes bien

d'autres choses dignes d'être signalées. On n'avait pas avant lui donné
une place aussi importante à l'étude des clubs et de leur action. C'est
qu'il a poursuivi partout l'idée que la Révolution a été avant tout le
résultat de forces collectives et que les hommes dont les noms émer-
gent comme les symboles mêmes du drame révolutionnaire, Mirabeau,
les Girondins, Danton, Hébert, Marat, Robespierre, Saint-Just ont été
conduits plus qu'ils n'ont conduit [1]. Personne n'avait vu avant lui que
les épisodes décisifs de la Révolution, le 10 août, les massacres de
septembre, le 30 mai ont été l'œuvre d'obscurs acteurs mis en mouvement par d'obscurs instincts et qu'au 9 thermidor même, Robespierre
n'a succombé que parce qu'il a été abandonné par les sections.

Michelet a mis encore en lumière un fait souvent méconnu; l'espèce
de trêve et d'apaisement qui a marqué l'année 1790. Après les désordres qui ont suivi le 14 juillet 1789 et les jacqueries qui ont ravagé
les campagnes, après le travail de réorganisation constitutionnelle et
législative de la Constituante, il y a eu plusieurs mois pendant lesquels on a cru que la Révolution allait donner à la France la liberté,
l'ordre et la paix. Il y eut un sentiment très général de confiance et de
bonne volonté dont les fédérations ont été la plus éclatante manifestation. Mais en même temps, Michelet, dans une série de chapitres de
son second volume, (les Ch. II à VI : *les Résistances*, puis les Ch. VII
à IX *Lutte religieuse*), dégage les éléments de trouble et de discorde
qui de novembre 1789 à juin 1790 devaient rendre vaine cette bonne volonté et ces espérances. Et dans le livre IV du second volume il **fait**
pressentir l'ère de violence qui va s'ouvrir par la lutte entre l'assemblée et les clubs, puis dans les six mois qui précèdent la fuite de Va-
renne du 20-21 juin 1791, les préludes de la Terreur.

De cette intelligence des instincts et des mouvements populaires, de
cette sympathie préconçue pour les foules, Michelet a certainement
tiré sa capacité unique de faire revivre non seulement les grandes journées de la Révolution, mais la marche progressive de plus en plus
accélérée des événements. En même temps sans doute il s'est laissé
aller dans l'histoire des débuts de la Révolution à justifier presque
tous les actes de la foule, à accepter ses préjugés, ses passions souvent meurtrières comme s'ils étaient le jugement même de l'histoire [2].
C'est ainsi qu'il juge Berthier et Foulon d'après les légendes calomnieuses et funestes qui ont armé la main et hanté l'imagination de

1. Michelet dit t. II, p. 2 : « Les deux phares qui éclairent les deux côtés
de mon livre sont : 1º Les Fédérations; 2º les Clubs, Jacobins et Cordeliers.
Ces deux sujets dominent tout, se représentent partout ».

2. De même il semble sympathiser avec le peuple qui à l'annonce du
14 juillet se met à brûler les châteaux. Après avoir signalé ces violences des
paysans, ces incendies d'archives seigneuriales et de demeures nobles, il
s'écrie : « Que vous avez tardé, grand jour ! Combien de temps nous ont
attendus et rêvés! Moi-même, leur compagnon, labourant à côté d'eux dans
le sillon de l'histoire, buvant à leur coupe amère, qui m'a permis de revivre
leur douloureux moyen-âge et pourtant de n'en pas mourir, n'est-ce pas
vous, ô beau jour, premier jour de la délivrance ? J'ai vécu pour vous
raconter. »

leurs bourreaux [1]. Quand les familles des deux victimes ont apporté à Michelet leurs justes réclamations, il leur a fait place dans son second volume, mais avec mille réticences et avec une visible mauvaise grâce. Néanmoins, cette sympathie, cette foi dans la noblesse foncière des premiers élans révolutionnaires, lui a fait sentir et exprimer, non sans une certaine exagération, mais avec une éloquence entraînante, le caractère pacifique et généreux de la France de 1789 à 1792 [2].

Ce serait cependant une erreur de croire que Michelet, une fois lancé dans la Révolution, ait suivi la foule dans tous ses élans et tous ses emportements. Il serait tombé alors dans ce fatalisme dont il s'est toujours défendu et qu'il a critiqué sévèrement chez Thiers, Mignet, Lamartine, présentant tous les actes de la Révolution, toutes les catastrophes, toutes les violences comme le résultat d'impulsions et de nécessités inéluctables. Il ne faut pas croire non plus que dans sa passion de revivre et de faire revivre la vie de la Révolution il ait négligé les devoirs d'analyse et de critique de l'historien.

Non seulement il a cherché dans les archives un contrôle aux documents imprimés et aux mémoires des contemporains, mais il est resté aussi fidèle que possible à une des règles de critique qui l'ont accompagné dans toute sa carrière d'historien : observer, rechercher scrupuleusement la chronologie : « Nous avons daté soigneusement, minutieusement, les hommes, et les questions et les moments de chaque homme. » « L'histoire, c'est le temps. »

Nous avons déjà vu avec quelle perspicacité Michelet, devançant Taine, avait posé en principe que dans toute construction politique ou sociale, on ne doit pas avoir la prétention de légiférer ,de chercher une vérité applicable à tous les hommes et à tous les temps — qu'il faut spécifier, chercher la vérité applicable à une nation et à un temps déterminés. Il applique la même règle à l'étude de l'histoire. « L'histoire, c'est le temps. » Il faut, pour juger les événements, se placer à une date, dans un pays déterminé, et éviter avec grand soin de transporter dans le passé nos préoccupations, nos idées actuelles.

Il s'élève contre Buchez qui transporte au xviiie siècle toutes ses préoccupations socialistes du xixe siècle et fait de la Révolution une révolution ouvrière et socialiste.

Il ne faut pas croire non plus que dans sa préoccupation de ressusciter l'âme des foules et de sympathiser avec elles, Michelet ait négligé les individus. Non, il est beaucoup trop convaincu qu'il faut en histoire spécifier, spécifier les hommes autant que les lieux [3].

---

1. De même il cherche à rejeter sur les prisonniers de l'Abbaye qui auraient accueilli par des risées la nouvelle de l'invasion, la première responsabilité des massacres de septembre.

2. Voyez aussi le passage capital de la conclusion de l'*Etudiant*, p. 289.

3. Michelet a même tellement donné d'importance au rôle des individus et des passions dans la Révolution qu'il a négligé d'insister autant qu'il aurait dû sur l'œuvre législative de la Constituante. Il insiste surtout sur ses impressions comme aussi sur l'incapacité des hommes qui prétendent diriger la Révolution et qui ne sont que *d'ambitieuses marionnettes* qu'il faut

Comme peintre de ces hommes il a eu le mérite de les montrer toujours en action. Il a évité de peindre des portraits tels que Taine les a faits [1]. Un portrait suppose que l'homme est toujours le même, qu'il y a une psychologie immuable. Or cela est faux, surtout en temps de Révolution, où l'on a vu des agneaux devenir tigres, pour redevenir ensuite agneaux. Michelet a tenu à noter toutes ces variations, à juger non seulement l'homme, mais le moment et l'acte.

On voit alors très bien, dans ces fluctuations, comment les hommes sont conduits par les événements, entraînés par les masses et varient avec elles.

A un dernier point de vue enfin, Michelet a su sauvegarder son jugement critique et se dégager de l'optimisme inquiétant avec lequel au début il semblait prêt à justifier tous les actes du peuple comme dictés par une sorte de raison et de justice innées.

Déjà dans ses cours du Collège de France, nous l'avons vu considérer la Révolution comme un sublime élan vers un idéal admirable, mais avorté, brisé, aboutissant aux atrocités de la Terreur, à l'anarchie du Directoire, à la tyrannie de l'Empire, parce que le Peuple, qui avait entrevu cet idéal, n'a pu ni le formuler ni le réaliser, ignorant son passé et par suite n'étant pas maître de son avenir. Si admirateur qu'il fût de la Révolution, Michelet ne veut pas admettre avec Thiers et Mignet que la Terreur soit sortie par une fatalité inéluctable des événements mêmes. Au contraire il tient à maintenir la responsabilité humaine et à affirmer que l'homme fait sa destinée; il condamne la Terreur, il critique avec une implacable rigueur les apologistes du jacobinisme terroriste et robespierriste, Buchez, Louis Blanc, Esquiros (*Hist. des Montagnards*, 2 vol. 1847) et Lamartine lui-même; mais il sauve habilement ce peuple qu'il croit toujours dans sa masse juste et bon, en montrant que la Terreur fut l'œuvre d'une minorité, chose vraie d'ailleurs et qu'Adolphe Schmidt [2] et Taine devaient mettre en lumière par des chiffres. Ce fut une minorité de meneurs, d'électeurs et de clubistes qui gouvernèrent la France depuis le 31 mai jusqu'au 9 thermidor. Mais il est juste cependant de dire à la décharge des auteurs qui ont défendu les Terroristes que si la France laissa faire, ce

ramener à leurs proportions. Au moment des plus graves discussions sur la constitution et les droits féodaux, Michelet dit : « L'Assemblée ne souffrait pas assez des souffrances du peuple; autrement elle eût moins traîné dans l'éternel débat de sa scholastique politique... Retardée par les résistances royalistes, aristocratiques qu'elle portait dans son sein, elle l'était encore par les habitudes de barreau ou d'Académie que conservaient ses plus illustres membres. Cette Assemblée était mûre pour la dissolution. Née avant la grande révolution qui venait de s'opérer, elle était profondément hétérogène, inorganique comme le chaos de l'ancien régime d'où elle sortit. Malgré le nom d'Assemblée nationale dont la baptisa Sieyès, elle était restée féodale... »

1. Pourtant portrait de Marat ? Mais portrait à facettes.

2. *Tableaux de la Révolution Française*, 2 vol., 1867. — *Pariser Zustände waehrend der Revolution*, 3 vol., 1876-1877; Trad. fr., par Viollet, *Paris pendant la Révolution*, 1880-1886, 2 vol.

n'est pas seulement parce qu'elle avait peur, mais parce qu'elle voyait dans l'œuvre des Terroristes une œuvre de salut public.

Il faut maintenant dire quelques mots de l'*Avant-propos* de la *Révolution* auquel Michelet atta... une très grande importance et qui produisit, en effet, une très grande ..., quand il parut [1]. Il faut malheureusement reconnaître que si ce ... pages éloquentes, il n'a d'intérêt véritable que pour la psychologie de Michelet et l'histoire de ses idées. Il n'a que peu de valeur au point de vue de l'histoire elle-même.

C'est une sorte de philosophie de l'histoire de France, mais qui déborde l'histoire de France et devient une philosophie de l'histoire générale. Seulement cette philosophie est une simplification des plus dangereuses de l'histoire. L'*Avant-propos* est divisé en deux parties. La première est intitulée : *de la Religion du Moyen-Age;* la seconde : *de l'Ancienne Monarchie.*

Michelet se propose de déterminer le caractère et la valeur de l'œuvre de la Révolution, et pour comprendre sa pensée, il faut se rappeler que pour lui le terme Révolution ne doit pas être appliqué exclusivement aux événements catastrophiques qui se sont produits de 1789 à 1799, mais désigne toute l'évolution de la pensée et de la politique modernes : l'avènement de la libre pensée et de la démocratie — évolution dans laquelle la Révolution proprement dite marque la période critique décisive.

Michelet pose la Révolution comme l'avènement de la justice et du droit, en opposition à deux despotismes arbitraires : celui de l'Église et celui de la Royauté — contre *la Religion de la grâce* et *le gouvernement de la grâce.*

Il se sépare nettement de Quinet, qui voyait dans la Révolution le retour au vrai christianisme (dont le catholicisme était une déformation), la continuation, l'accomplissement du christianisme. Michelet au contraire, tout en marquant les rapports de la Révolution avec une partie de l'idéal moral du christianisme, montre dans la Révolution, ou plutôt dans l'esprit moderne qui fait de l'homme l'arbitre et l'artisan de sa destinée, la négation de la conception chrétienne qui ramène toute la destinée humaine à la question du salut par la foi au Christ, du salut par la grâce. — Michelet a raison de penser que la théocratie a eu pour base cette idée de la subordination de la liberté humaine à la grâce divine, mais il néglige de dire que le catholicisme a maintenu à côté de la grâce l'efficacité de l'action libre de l'homme dans les œuvres et le mérite des œuvres, et que d'autre part la doctrine de la grâce, si elle se trouve dans saint Paul, est absente des enseignements du Christ lui-même.

Michelet résume toute l'histoire du Moyen-Age dans l'effort de la théocratie pour s'emparer du gouvernement du monde au nom de l'autorité arbitraire de la grâce divine et dans les atrocités commises par l'Église quand elle a vu s'élever contre elle les révoltes de la pensée et

---

1. Bien que lui-même en ait depuis reconnu l'insuffisance et les lacunes.

les revendications de la justice humaine. Oubliant toutes les grandeurs du Moyen-Age, tout ce mouvement merveilleux de vie et de renaissance qui va d'un élan du xiie au xve siècle : communes croisades, universités, art gothique, poésie épique, lyrique, naissance des littératures en langue vulgaire etc... il présente le Moyen-Age comme une époque lugubre où l'humanité se serait traînée sanglante, agonisante, sous une tyrannie aveugle et féroce.

Comment l'humanité, écrasée par l'Église, cherchera-t-elle à se délivrer, à faire prévaloir ses droits? Elle croira trouver un abri, un asile, un protecteur dans la royauté.

Michelet fait alors un tableau très brillant, très éloquent, très vrai, de cette foi dans la royauté. Mais la royauté, au lieu de fonder son pouvoir sur la justice et le droit, l'exerça comme l'avait fait l'Église, au nom d'une autorité reçue de Dieu. au nom de la grâce. Elle fut la royauté paternelle, du droit divin et du bon plaisir.

Dans des pages où il y a avec beaucoup d'exagération beaucoup de vérité, il montre comment la monarchie de l'ancien régime a exploité, épuisé, ruiné ce pays qui s'était donné à lui, le clergé et la noblesse se refusant à subvenir aux besoins de l'État et toutes les charges retombant sur le peuple.

Louis XV, un instant le Bien Aimé, déshonore cette monarchie qui a ainsi abusé de son pouvoir et alors l'esprit libre de la France se redresse, et, avec Montesquieu, Voltaire et Rousseau, réclame ses droits.

Michelet n'admire qu'à demi Montesquieu. Il le trouve trop anglais.

Pour lui le témoin, l'apôtre et le martyr du droit, c'est Voltaire.

Et enfin, Rousseau fonde le droit pour lequel Voltaire a crié. Il le fonde en rendant au monde la foi en Dieu et la Providence, en établissant le droit sur le cœur de l'homme, sur sa foi en un Dieu juste, au lieu du Dieu capricieux et injuste du Moyen-Age, en identifiant Dieu et Droit et en faisant de la volonté générale de la démocratie, l'interprète du droit et de la raison.

Ce n'est plus le droit, c'est le peuple qui est Dieu.

Plus tard Michelet a écrit sur Rousseau des pages qui sont la contradiction absolue (en dépit de la note de la page 104 de la *Révolution*, tome I) de cette conception du rôle de Rousseau. Il a vu tout le danger des théories de Rousseau et de cette déification du peuple.

Tout cela, à vrai dire, n'est plus de l'histoire. C'est la préface, l'appel à une Révolution nouvelle. C'est la préface naturelle de cette Révolution de 1848, née d'un emportement populaire, réunissant par la faiblesse du pouvoir, nourrie d'enthousiasmes, d'espérances et de chimères et aboutissant tout naturellement aux journées de juin, à la présidence de Louis-Napoléon, et au 2 décembre.

Nous n'avons pas à insister sur les jugements portés par la presse sur la *Révolution* de Michelet. La presse de gauche, *Réforme, National, Constitutionnel, Siècle*, le louaient, mais avec modération, le défendaient plutôt, faisaient ressortir son impartialité. La presse de droite l'attaquait violemment, et la presse gouvernementale ou l'attaquait

comme le *Globe,* ou se taisait comme le *Journal des Débats* et la *Revue
de l'Instruction publique* .

La *Revue des Deux-Mondes* ne disait rien en 1847. Ce n'est qu'en
1850 qu'elle consacra à la *Révolution* de Michelet un article très sévère de G. Planche.

Il ne faut pas l'oublier d'ailleurs, l'année 1847 est une veillée des
armes. On sentait que la situation était critique et on n'osait pas juger avec calme une œuvre comme celle de Michelet qui, avec beaucoup moins de violence que celle de Louis Blanc ou de Lamartine, était
cependant un appel au peuple.

CHAPITRE X

Le cours de 1848 — Suspension — Révolution

Michelet ayant pu faire paraître le deuxième volume de sa *Révolution* le 15 novembre, commença cette année son cours beaucoup plus tôt que d'habitude et à peu près à l'époque réglementaire, le 16 décembre.

Malgré la satisfaction que lui causait la publication de son livre et les témoignages de sympathie qu'il recevait, sa disposition d'âme restait très mélancolique. Les journées qui suivirent la mise en vente de la *Révolution* furent, nous l'avons déjà dit, des journées de méditation, et comme le dit une note, de « contraction et retour sur soi. » Il est tourmenté par les choses du dehors τα ἐκτος (14 novembre) et par celles du dedans τα εντος (20 novembre). Il est mécontent de lui-même; il sent qu'il n'est pas à la hauteur de ce rôle sacerdotal qu'il voudrait assumer.

Au moment où Michelet commençait son cours de 1847, avait lieu la campagne des banquets en faveur de la réforme électorale. Cette campagne commencée le 9 juillet à Paris au Château-Rouge, se propageait dans toute la France et prenait un caractère de plus en plus révolutionnaire. A Mâcon, Lamartine annonçait la chute de la royauté et la Révolution du mépris, à Dijon Ledru-Rollin rappelait l'exemple des Hollandais soulevés contre l'Espagne, à Châlon, on portait un toast à la Convention.

Michelet en consacrant son cours de l'hiver 1847 à enseigner la rénovation sociale qui doit sortir de la Révolution et être accomplie par la jeunesse, et en abandonnant cette fois complètement le rôle de professeur d'histoire pour ne conserver que celui de professeur de morale et de morale sociale, savait très bien qu'il travaillait pour sa part à préparer une Révolution. Il indique très nettement dans la conclusion de l'*Étudiant* la logique qui a dirigé depuis 1842 tous ses cours « dont la tendance fut pratique, politique et religieuse, et qui par des voies diverses, préparaient la Révolution [1]. »

C'est pour cela aussi que, pour la première fois depuis 1843, il fait imprimer ses leçons au fur et à mesure en brochures, bien que ses cours fussent des leçons improvisées, des conversations avec le public

---

1. Pages 286-288.

« nullement des œuvres littéraires » comme il le dit dans la préface
de sa première leçon, parue le 19 décembre.

Il ne faut pas croire d'ailleurs que Michelet ait donné à son cours
un caractère agressif, que rien dans les trois leçons du mois de décembre, (16, 23 et 30) ait donné prise à ceux qui l'accusaient de fomen-
ter la révolte dans l'esprit de la jeunesse. Non, ces leçons ne faisaient
que reprendre sous une forme un peu différente, mais plus calme, plus
modérée les idées exposées dans le *Peuple* : la nécessité d'une rénovation sociale, pour rétablir l'unité nationale, menacée par la division
entre les lettrés et les illettrés; le devoir pour la jeunesse bourgeoise
de se faire la médiatrice entre les classes; les défauts de notre système
d'éducation, trop formelle, trop abstraite, trop verbale et qui néglige
les réalités, les sciences de la nature et l'histoire ; la nécessité de
se rapprocher du peuple parce que la sagesse et l'avenir sont dans les
faibles, dans les enfants, les femmes, dans ceux qui souffrent. Il terminait en disant : « Qui grandit? l'Enfant. Qui soupire? la Femme.
Qui aspire et montera? le Peuple. C'est là qu'il faut chercher l'avenir. »

Ce furent cependant ces leçons très modérées, très inoffensives et bien
plus solidement construites que ne l'avaient été la plupart des leçons
de Michelet dans les années précédentes, qui ont été le prétexte de la
mesure brutale prise le 2 janvier 1848 par M. de Salvandy.

Contrairement à tout ce que Salvandy avait exprimé lui-même, lors
de son intervention contre Quinet, sur le droit des professeurs du Collège de France à n'être jugés et frappés que par leurs collègues mêmes,
le gouvernement intervint par un décret pour suspendre le cours de
Michelet sans avoir consulté ou même averti d'avance, ni le Collège,
ni son administrateur. Letronne se borna à transmettre à Michelet la
lettre de Salvandy qui lui annonçait qu'en vertu d'une décision du
gouvernement, il avait suspendu son cours, sans donner d'ailleurs
aucune espèce d'explication. Cette explication nous la trouvons dans
un article du *Semeur* (12 janvier) où on lit que l'on n'avait rien
eu à reprocher à Michelet et que le seul prétexte donné pour sa suspension était une incartade d'un étudiant qui, avant le cours, avait
donné lecture du discours du trône et l'avait accompagné de commen-
taires séditieux ou inconvenants. Michelet avait conservé la lettre où
l'auteur de cette manifestation, un jeune étudiant aux Beaux-Arts nommé Delalleux, s'en accusait humblement.

Le *Semeur*, après avoir protesté énergiquement contre une mesure
inique où l'on frappait un professeur innocent pour une faute d'un étudiant qui relevait de la police, ajoutait avec une grande raison :

« On doit chercher ailleurs la cause de la suspension du cours de M. Michelet. M. Michelet avait, depuis longtemps, attiré sur lui la mauvaise humeur
du Ministère. Ses idées politiques étaient réputées dangereuses. On était mécontent de ses pamphlets, de ses livres, plus encore que de ses leçons; car le professeur, on devait le reconnaître, gardait la mesure obligée dans son enseignement. Mais enfin, en allant écouter l'homme, on se souvenait du hardi
pamphlétaire et M. Michelet en disait assez pour qu'on ne l'oubliât point.
On cherchait donc un simple prétexte; on l'a trouvé, et l'on s'en est avi-
demment saisi. On a voulu atteindre l'homme, l'écrivain tout entier. »

Le gouvernement, effrayé du grondement du mouvement révolution-naire grandissant, se rappelait le rôle joué en 1830 par les Écoles, s'imaginait leur inspirer une salutaire terreur en fermant le troisième des auditoires du Collège de France qui passait pour être un des foyers d'esprit révolutionnaire. On voulait aussi venger Lenormant qui avait dû quitter sa chaire en 1846, Damas-Hinard, le suppléant de Quinet, qui avait dû aussi, tout libéral qu'il était, abandonner sa chaire de-vant le tapage d'une cabale qu'on disait avoir été en sous-main sus-citée par Quinet et par Michelet lui-même [1].

Le *Semeur* protestait, en termes très élevés, au nom de la liberté du haut enseignement, contre une politique de compression qui arrê-tait tout esprit d'initiative et d'invention chez les maîtres et étein-drait chez les jeunes gens l'enthousiasme pour la science. Il faisait enfin observer qu'il y avait en France « des chaires où l'on attaque à plaisir les lois, les idées, les institutions modernes, la société tout en-tière dans ses plus nobles aspirations. Ces chaires-là, le gouverne-ment ne les fermera point; il ne le peut, il ne l'ose. Ainsi, à côté de la liberté sans limites, on tend à établir la gêne et la servitude. »

Les manifestations de sympathie affluèrent de toutes parts des col-lègues de Michelet et de ses confrères de l'Institut, même des plus mo-dérés, comme Wolowski, des hommes de lettres [2].

Michelet fit au pouvoir la plus digne des réponses, en publiant régu-lièrement chaque semaine la leçon qu'il aurait dû prononcer. Il publia ainsi du 6 janvier au 17 février sept leçons très pleines, très riches d'expérience et de bons conseils sur les devoirs de créer l'égalité, sur les dangers de la dispersion d'esprit, sur la foi religieuse qu'on peut fonder sur l'éducation, le droit et la loi, sur la nécessité de donner une base légitime et morale à la souveraineté nationale, enfin sur ce que doit être l'éducation nationale, traçant le programme de ce qui fut le rêve de toute sa vie, une littérature, des fêtes et un théâtre populaires destinés à faire œuvre éducatrice.

Cette leçon était vraiment la conclusion de ce premier semestre de cours. La Révolution du 24 février vint lui donner une conclusion plus éclatante encore.

M. Letronne avertissait aussitôt Michelet que la chute du gouver-nement de Louis-Philippe anéantissait la mesure de suspension prise contre lui et qu'il était libre de reprendre ses cours au Collège de France [3].

Le 6 mars, Michelet et Quinet donnaient dans le grand amphithéâ-tre de la Sorbonne une séance solennelle de réouverture, à laquelle malheureusement Mickiewicz ne put prendre part. Un fauteuil vide le représentait. Quinet prononça un long et très beau discours sur les

1. Voir les lettres de Génin et le journal de Michelet. Michelet soupçonne Quinet et Génin Michelet.

2. Voir dans l'*Étudiant*, les pièces relatives à ce qui suivit; la protestation de Michelet; la manifestation des étudiants — sa réponse. Lettre des étudiants. Banquet des Écoles.

3. Il refuse toute participation à la vie politique, toute candidature.

événements. Michelet se contenta de quelques paroles, mais très caractéristiques. Le moment était venu pour lui où il espérait que la jeunesse allait réaliser la mission de dévouement et de sacrifice qu'il lui avait assignée et où la France allait créer l'unité du monde civilisé [1].

Michelet fut naturellement de ceux qui virent dans la Révolution de Février l'aube d'une ère nouvelle de liberté et de progrès social non seulement pour la France, mais pour tous les peuples. Il note avec joie dans son journal pendant le mois de mai l'annonce des Révolutions qui éclatent comme une traînée de poudre, en Italie, en Autriche, en Prusse, en Pologne, jusqu'en Angleterre, où s'agitent les chartistes. La grande cérémonie funèbre du 4 mars où l'on célèbre à la Madeleine un service solennel pour les morts de février et où figuraient avec leurs drapeaux nationaux des députations des républicains de toutes les nations, lui parut la promesse de cette alliance des peuples que Béranger comme Lamartine avait annoncée. Michelet, il est vrai, dans sa méfiance désormais invariable contre l'Église, voyait dans cette cérémonie catholique un mauvais présage mêlé à ces espérances grandioses.

Les désillusions en effet lui vinrent vite. La manifestation des bonnets à poil du 16 mars, l'envahissement de l'assemblée du 15 mai, lui faisaient sentir à quel point la France était divisée et inharmonique.

Il n'a plus dès lors qu'une idée : l'Éducation, l'Éducation! Il faut instruire ce peuple qui s'ignore lui-même. Michelet ne cesse de revenir à l'idée d'écrire des livres populaires et il s'y essaie. Nous voyons dans son journal le 8 avril :

« Je pris une résolution : 1° Mon 91 m'isole trop du mouvement. Je ne puis le suivre uniquement. Il faut y joindre; 2° le cours fin avril. Sur Education publique? pas encore, mais sur le texte de l'éducation publique, sur la *Révolution religieuse*. La révolution industrielle elle-même suppose la révolution religieuse; 3° Histoire de France à l'usage des écoles de la République.

Le 11, il parle d'une « Bible du Peuple. » Mais cette bible du peuple doit être précédée d'une revue de l'histoire religieuse telle qu'il la réalisera plus tard dans la *Bible de l'humanité*. Cette idée s'empare tellement de lui que le 17 juin après avoir terminé le second semestre de son cours, il jette sur le papier le plan d'un livre intitulé : « L'ancienne et la nouvelle Église. » Il lui a été inspiré par l'indignation que lui a causée l'émotion populaire, les mouvements bonapartistes provoqués du 13 au 16 juin par la discussion sur les réélections de Louis-Napoléon. Il comprend alors que la question importante n'est pas l'opposition de la justice et de la grâce, comme il l'a cru dans son avant-propos de la *Révolution*, mais *l'idolâtrie de l'homme sauveur, le messianisme*, qui permet toutes les injustices.

Une première partie de ce livre aurait été une revue des religions de

1. Manifeste plus explicite encore dans la lettre envoyée le 28 janvier aux rédacteurs de l'*Avant-garde*.

l'Inde, Perse, Judée, Égypte, Assyrie, Grèce, Rome. La seconde partie aurait été une revue de l'histoire du christianisme et du messianisme chrétien; la troisième eût été consacrée au principe nouveau, à la République qui doit enseigner l'art d'aimer dans la cité et l'Éducation. Mais le 21 juin, il se dit avec découragement : « *Quis leget haec?* » et il se décide à écrire : 1° *La Bible du Peuple*, qui sera son livre du *Peuple* mis à la portée des masses. 2° *Le Précis d'Histoire de France*, qui sera une transformation de même nature du précis de 1831. Il sera intitulé : *Histoire de la fraternité*, avec sous-titre *Origines de la République*, puis l'*Ancienne et la nouvelle Église*. Mais il veut écrire une *Histoire populaire de la Révolution*, une *Pucelle* comme bon Moyen-Age, les *Albigeois*, l'*Inquisition*, les *Jésuites* comme mauvais Moyen-Age.

Le 23 juin éclatait l'effroyable insurrection qui brisait toutes ses espérances. Ces journées l'écrasèrent : « *Excidat illa dies* », c'est tout ce qu'il trouve la force d'écrire dans son journal.

Et il revient pourtant toujours à son idée inébranlable : « L'Éducation, l'Éducation », écrit-il, le 28 juin. On a beau lui objecter le 15 mai, le 28 juin. Il a le cœur déchiré, flétri, « mais je ne me suis pas trompé ». Il propose à Béranger, à Lamennais, tout un plan de propagande par des brochures, par le colporteur.

« La situation, écrit-il le 29 dans son journal, exige des conditions viriles. Ne pas croire le bien tout fait, mais l'amener de loin, le faire. L'Éducation est la première nécessité de tous les partis; aucun d'eux ne songe à donner aux siens les vertus nécessaires à son système ». En juillet, le 8 et le 9, à Rouen, il prend des informations sur le colportage et il se promet d'écrire pour le peuple un petit livre anonyme, gratuit. « Puisse ce petit sacrifice bénir l'ouvrage et suppléer à ce qui manque pour le cœur et pour l'esprit. S'abstenir de journaux, de livres polémiques, s'assurer un moment de sainte quiétude. Écrire comme un bienheureux ».

Il s'y met à Vascœuil; le 11 et le 12 il écrit treize chapitres de la *Véritable histoire*, le 13 *La Révolution et Napoléon* [1].
Puis le 14 il se sent ralenti dans son histoire populaire.

« Pour la tirer toute du sentiment et du souvenir, il faudrait aimer davantage. Extrême langueur. Il semble qu'en avançant et connaissant mieux les moyens d'influer sur les hommes, on ait pourtant une espérance moins vive d'y réussir. Pour Paris, il est vrai, la chose sera longtemps difficile. Mais la France est là qui attend. »

Nous voyons que dans les jours qui suivent, jusqu'à son départ le 18, il renonce à son œuvre et il se rejette sur sa grande *Histoire*.

« Il faut dans ce moment où ma foi s'est ébranlée que je reprenne force en touchant terre, je veux dire la ferme érudition, la recherche et le récit. »

En effet, rentré à Paris, il ne s'occupe plus que de cela et malgré un nouveau voyage de six jours à Vascœuil (7 au 13 septembre), il

---

1. Que sont devenues ces ébauches où sans doute se trouvaient des élans superbes? Je n'en ai rien retrouvé. Michelet découragé dut les détruire.

achève le 16 octobre l'impression de la première partie du tome III,
qui parut isolé.

Il est repris alors de ses tristesses :

« Resté seul et senti la crainte de rester en moi. Trop de blessures; juin.
Mon père et tant d'autres pertes qui redeviennent récentes... Je ne me promène
guère dans cet appartement sans heurter mon cœur à ces souvenirs. »

Mais le 8 novembre Mlle Mialaret arrive à Paris. C'est une vie nouvelle qui commence pour lui. Je ne raconterai pas l'idylle et le drame
des quatre mois qui suivirent. Je l'ai conté dans les *Lettres inédites
de J. Michelet et A. Mialaret.* La conclusion de ce roman d'amour, un
des plus nobles et des plus émouvants de l'histoire des lettres, se fit
le 12 mars 1849 par le mariage de Michelet, âgé de 51 ans et d'Athé-
naïs Mialaret âgée de 23 ans [1].

Revenons maintenant en arrière pour dire ce que fut le cours du
deuxième semestre 1848.

Ces six leçons se firent devant un public d'ailleurs très peu nombreux, alors que Michelet en espérait un effet immense. Il y
développa l'idée qui lui était alors chère entre toutes, l'annonce d'une
nouvelle révélation religieuse qui va sortir de la Révolution de 1848. Désormais la religion est devenue possible. Puis dans les trois leçons qui
suivent il passe en revue les religions de l'Inde, de la Perse, de la
Judée, de la Grèce et de Rome en montrant ce que chacune apporta
au monde. La cinquième fut consacrée au christianisme, qui a créé un
divorce entre la sainteté individuelle de l'homme et la sainteté de la
famille et de la cité. Enfin, Michelet fit une sorte d'apologie de la République en montrant qu'elle va permettre à l'homme de monter d'un
degré dans l'échelle religieuse et de créer l'harmonie unitaire des
cœurs, des volontés, des travaux, le salut de tous pour tous.

1. *Jules Michelet*, p. 237 et ss.

CHAPITRE XI

Michelet de 1849 à 1852

[Nous avons laissé à ces dernières pages leur forme inachevée. La piété nous interdisait d'y toucher].

Je ne puis que résumer à grands traits l'histoire de Michelet pendant les trois années 1849-1851, années d'une prodigieuse richesse.

D'abord, toute une vie intime. Les douceurs et les orages d'un amour entre deux êtres qui étaient tous deux d'une très forte individualité et extrêmement différents, non seulement d'âge, mais de caractère, unis cependant par une affection et une admiration mutuelles d'une prodigieuse intensité et qui finirent par se fondre et s'harmoniser, non pas complètement, car il subsista toujours quelques éléments de désaccord, mais pourtant d'une façon très étroite. Cette harmonie se fit, non seulement par des épreuves tout intimes et d'une nature psychologique, mais à travers des preuves terribles : en 1850, la naissance et la mort d'un enfant attendu avec anxiété, accueilli avec transport et perdu avec désespoir au bout de quelques semaines; puis les épreuves politiques, la réaction de 1851, le 2 décembre, la perte en 1852 de toutes les positions officielles, la ruine, la misère, l'obligation en mai 1852 d'aller chercher à Nantes une vie de travail et de pauvreté. Ces épreuves d'ailleurs furent la forge où l'amour fut passé au feu et où leurs âmes furent à jamais unies après avoir été scellées et martelées sur la même enclume.

A l'histoire de cet amour se trouvent étroitement rattachés les cours de 1849, 1850 et 1851, car Michelet puisa en grande partie dans les sentiments intimes qui remplissaient alors sa vie les pensées directrices de ces cours sur l'Éducation et sur la Femme. Voici ce que nous lisons sur la chemise du journal du 20 janvier au 12 mars 1849 à propos du cours sur l'éducation par l'amour.

« Idée du plus haut art d'aimer, l'art de faire que les hommes, même après le 24 juin, puissent aimer encore. La force de faire ce cours me fut donnée par l'émotion de mon cœur personnel. En janvier 1849 je compris l'amour comme éducation, l'union avec lente fusion des différences, l'assimilation par de doux ménagements, un respect exquis de la liberté.

Sa vie intime est qualifiée de « Prélude du cours » et il aurait voulu que ces pages du journal intime fussent publiées avec le cours.

« Ces pages détachées seront imprimées en petits caractères, à leur date, c'est-à-dire entre les leçons de cours, avec mon journal de cette époque et nos lettres s'y rattachant. »

Il termine son troisième volume le 19 février et dès le 20 il écrit : « Elle et mon cours. » Le 21 il rédige le thème de son cours de 1849.

Le 25 janvier, il fit sa première leçon. La septième du semestre eut lieu le 5 mars; le mariage, le 12.

Il reprend son cours le 25 avril et fait huit leçons jusqu'au 21 juin. L'idée du cours née au lendemain des journées de juin, prit corps seulement en 1849, au moment où l'amour et le mariage en firent une partie de la vie personnelle de Michelet. Ce n'est plus qu'à un très faible degré un cours d'histoire; c'est un cours de philosophie morale, où la prédication, sous une forme trop souvent déclamatoire et vague, tient la première place. Cependant, les idées directrices en ont une réelle valeur. Michelet lui-même les a résumées en ces termes ·

Tout le cours de 1849, premier semestre fut ;
Le principe désintéressé de l'*Amour*
    qui crée une personne, une liberté
    libre d'agir contre l'amour même
Même principe que celui de l'amour, *Education*
    qui créé l'enfant libre de réagir contre son éducateur
Même principe que celui de la grande amitié, *la Cité*
    qui crée le citoyen libre de modifier la cité et de la faire progresser.

Il dit encore :

L'Idée générale
L'Éducation, cette forme profonde de *l'amour*
    crée une *liberté*
    qui souvent *tue* l'éducateur
Ainsi les religions
    les sociétés exercent le parricide
sur ce qui les enfanta, le tuent, puis en partie le regrettent, l'honorent.
Dans ce cadre j'enseignais le lendemain de la guerre civile, à aimer encore, finissant les discordes de religions. de races. Je finis par crier : l'initiateur se sacrifie, aime dans l'initié une liberté qui peut être se tournera contre lui.
Au second semestre :
    L'Éducation actuelle est O pour les lettrés *flottants*
        pour les illettrés *idolatriques* : Napoléon, Jésus
Une seule éducation solide est celle (foi dans le *vrai* : science
qui pose sur un principe   (foi dans le *juste* : droit
Le but actuel de l'éducation doit être :
    Sortir de la spécialité chrétienne, indoue, etc...
    Reconstituer l'unité de l'âme, tous doivent être à la fois artistes, prêtres, soldats.
    Le moyen : l'unité dans l'amour.

Voici maintenant, à peu près leçon par leçon, ce que fut ce cours dont, vous le voyez, l'idée générale ne manque ni d'originalité ni de beauté.

La première fut un appel éloquent, et que Michelet qualifie lui-même de trop déclamatoire, adressé à ses auditeurs, de désapprendre la haine. « J'entreprends une chose difficile, insensée, le lendemain d'un pareil déchirement, de vouloir que les hommes aiment encore. »

Le Moyen-Age dure encore, et empêche de comprendre la vraie nature
de l'amour. Il veut l'imposer. Mais le désir d'amour, c'est le respect
de la liberté : « Un tendre respect pour la liberté, telle sera la vertu
moderne. »

La deuxième leçon est consacrée à tenter la réconciliation des religions. Elles ont toutes une même source : le cœur attendri de l'homme,
le sein blessé de la femme. Il ne faut pas distinguer entre les religions
de morale et les religions de nature. Le christianisme est un mélange
de l'idée d'incarnation orientale et de l'idée grecque du Verbe, idée
toute intellectuelle. Il y mêle un rêve de femme.

A la troisième, Michelet prêche, après la réconciliation des religions, la réconciliation des races. Il montre l'instinct de solidarité
déjà chez les animaux. Il faut unir les races, sauver celles qui, comme
les indigènes d'Amérique ou certaines races slaves, sont menacées de
destruction. Le génie du globe veut faire place à tous en établissant
une échelle des êtres.

Puis, vient la réconciliation des classes. La quatrième leçon montre
la cité comme devant être fondée sur l'Amitié. La femme, par l'héroïsme de l'amour, sera le vrai bien de la cité.

La cinquième est une profession de foi en Dieu conçu comme le
principe aimant du monde. Il faut Dieu pour soutenir la Cité comme
pour soutenir l'individu, et Michelet termine cette leçon par un véritable hymne d'adoration.

La sixième et la septième seront consacrées à l'initiation par
l'éducation : initiation au sacrifice d'une part, à la liberté de l'autre.

Dans le second semestre (8 leçons), Michelet chercha à serrer d'un
peu plus près le problème de l'éducation. Il commença par critiquer
finement l'éducation de la bourgeoisie française, telle qu'elle était
donnée par l'Université d'alors, qui visait à former des esprits littéraires, ornés, aimables, cultivés, conformes à l'idéal de l'honnête homme
du xviie siècle, mais nullement préparés à l'action dans le monde moderne, des humanitaires, citoyens du monde élégant, non des Français connaissant les besoins de leur pays, ni des hommes modernes
nourris de science et de faits précis.

A côté du Français lettré, Michelet montre l'illettré, énergique, mais
inculte et violent, qui vit sur des superstitions idolâtriques, la superstition religieuse ou la superstition politique, Napoléon ou Robespierre.
Il faut trouver un terrain de rapprochement et de conciliation.

On le trouvera sur le terrain du droit et de la science, tel que l'ont
fait le xviie et le xviiie siècles, Galilée, Descartes, Vico, Newton, Voltaire, Rousseau, Lavoisier. C'est une chimère de chercher une conciliation dans le catholicisme libéral.

En fondant le principe de la foi moderne : « Rien de raisonnable
contre la Raison, point de droit contre le Droit », on arrive à rendre
à l'âme humaine son unité, à créer non des prêtres, des soldats, des
lettrés, des commerçants, des artistes, enfermés dans leur spécialité,
mais de vrais hommes, hommes d'action et de pensée, imbus d'un

sacerdoce qui leur incombe dans la cité, dans la famille et dans le monde.

Et Michelet trace un admirable programme idéal d'un enseignement où toutes choses seront enseignées dans le courant de vie qui les a créées dans leurs origines, dans l'amour qui les a vivifiées; le latin, dans son rôle intermédiaire entre l'Orient et la France, le droit en rapport avec toute notre histoire, la science dans son évolution et son histoire, comme l'évolution elle-même.

En achevant ce cours, Michelet avait déjà dans la pensée (comme le dit une note du 2 août) le projet de trois livres qu'il devait écrire dix ans plus tard, *La Femme, l'Amour, l'Éducation.* « Trois choses identiques », dit-il.

Les six derniers mois de 1849 furent tout entiers absorbés par la composition du tome IV de l'*Histoire de la Révolution* et par un voyage en Belgique (13 au 27 août) dont nous connaissons tout le détail grâce au journal de Mme Michelet; enfin par les émotions de l'attente d'un enfant.

Il faut noter aussi que Michelet fut interrompu dans sa vie habituelle du 1ᵉʳ au 15 octobre par des fonctions nouvelles pour lui, celles de juré aux assises, et que ces fonctions lui causèrent une émotion profonde, son sentiment de ses devoirs de juge se trouvant chaque jour en conflit avec son indulgence pour les faiblesses humaines, pour les entraînements d'êtres incultes et sans éducation.

Note sur le Jury.

Lundi 1ᵉʳ juin. Le Jury. Mes confrères. Physionomies marquées : Bocage, Delmas, Jourdan, pour l'indulgence. Un M. Arnal, plus ferme. Tous généralement bienveillants. Le frère de Mme Cornu, etc.;

L'affaire du petit commis qui vole des bouteilles avec effraction. Nous avons égard à la méchante belle-mère. Nous écartons les circonstances aggravantes et décidons que la nuit est le jour, que la maison n'était pas habitée, etc... Un an de prison.

L'affaire du petit chaudronnier Vallon, du Cantal, 27 ans, jusque là honnête. Faux en écriture commerciale. Pour lui sauver les galères nous déclarons qu'un chaudronnier n'est pas un commerçant, et en effet le coupable n'avait pas songé à cela. Jolie figure, très faible, singulier clignotement, air suspect.

Mardi 2. Jury. Le soir. Nous absolvons un voleur. Le jeune homme; garçon de caisse au Comptoir d'escompte, qui s'enfuit avec l'argent du *pauvre* et une fille en Belgique.

Jeudi 4. La *vraie République* condamnée par la Cour. Nous absolvons le balayeur de la garde municipale, un barricadeur de février, que ceux-ci détestent.

Lundi 8. Condamné Keller (jeune scélérat endurci) et Gaulthier. Absous Hollander que les deux autres exploitaient.

Samedi 13. Affaire des époux Labarque, maison de tolérance, etc... et de Pigeon.

Le lundi 15, j'écris la demande en grâce pour Pigeon.

« Le nommé Pigeon a été condamné à cinq ans de prison. Le jury même qui l'a condamné, demande sa grâce. Il l'a condamné surtout à cause de cette circonstance que le délit a été commis par un homme revêtu de l'habit de la garde nationale. Il demande sa grâce en considération des circonstances suivantes : 1° les *bons antécédents* de l'accusé — ouvrier honnête et rangé, de l'usine de MM. Delessert à Passy; 2° *Le moment* où le délit a été commis

(ceux qui le commirent croyaient venger la mort d'un militaire qui aurait
été assassiné, après un traitement indigne et barbare); 3° C'était un soir de
dimanche, après une revue, et le nommé Pigeon était *en état d'ivresse*. Il a
fait cet acte coupable sans préméditation, sans réflexion, sans avoir la
conscience de ce qu'il faisait. La condamnation fort rigoureuse dont il a été
l'objet était nécessaire pour l'exemple. Mais elle dépasse en réalité la culpa-
bilité du condamné. Elle aurait l'inconvénient grave de perdre un honnête
homme, en l'associant pour une partie si considérable de la vie (5 ans) aux
malfaiteurs qui peuplent nos prisons. »

Michelet accomplit ses fonctions de juré dans une disposition d'â-
me presque religieuse, comme nous le voyons par le journal de Mme
Michelet, et par une note du 2 juillet 1850 écrite au moment où nais-
sait le fils conçu pendant ces journées mêmes où Michelet faisait œuvre d'humanité :

« J'écrivais le commencement du t. IV (nov. 1792). Le monde se donne
à la France. J'étais du Jury et le 15 oct. je rédigeai la demande en grâce
pour le condamné Pigeon. « Que ces deux choses te servent, cher enfant, fils
de la grâce! Puisses-tu rendre ta mère heureuse! puisses-tu servir la France,
le monde et vivre selon le cœur de Dieu. »

Le 20 janvier 1850, Michelet achevait le tome IV de la *Révolution*
qui conduisait son livre jusqu'à novembre 1792. Il avait repris son
cours le 26 décembre et il le poursuivait jusqu'au 6 mars. Aussitôt
il se mettait à écrire le tome V dont il achevait la première partie
(décembre, janvier 1790) le 16 juillet; en même temps, il avait fait
les sept leçons du second semestre, du 18 avril au 6 juin.

Le 2 juillet, était né son fils Yves-Jean-Lazare : il ne vécut que
sept semaines et mourut le 24 août. Michelet passa septembre à Fontainebleau pour remettre sa femme de ces émotions. Dès son retour
à Paris (5 octobre), il écrit le premier chapitre de la deuxième partie
du tome V, qui fut terminé le 18 mars 1851, au moment même où il
était arrêté dans son cours. Il avait repris celui-ci le 2 janvier.
Après la cinquième leçon du 6 mars, il était suspendu par la décision de l'assemblée des professeurs du 12 mars 1851.

Que furent ces cours de 1850 et 1851?

Celui de 1850 était dans la pensée de Michelet la suite naturelle du
cours de 1849. Il était consacré à l'éducation, mais spécialement à
l'éducation de la femme et par la femme. Le cours de 1851 fut une
sorte de retour à celui de 1847-48, mais dans un esprit plus polémique. Ce fut un ardent appel à la jeunesse pour qu'elle lutte contre la
réaction chaque jour grandissante. Sur 22.000 instituteurs, 7.000
avaient été destitués. Les professeurs de l'enseignement secondaire
étaient surveillés, persécutés. Michelet s'imagina que de sa chaire il
serait libre de protester et de lutter. Il le fit, il faut le dire, d'une manière si peu méthodique, si violente et si vague qu'il donna prise à
ses ennemis, et que, profitant du tapage que les étudiants faisaient
trop souvent à son cours, le Collège de France lui-même prononça la
suspension.

Le cours de 1850 fut un cours sur la femme comme celui de 1849 avait été un cours sur l'amour, comme celui de 1851 aurait dû être un cours sur Nos fils. On y trouve des fragments des trois livres que Michelet publiera plus tard sous ces trois titres. Mais dans ces cours une idée domine tout le reste : l'Éducation de la famille en vue de la Cité.

Voici d'après Michelet lui-même dans une note de 1850 quelle fut la pensée de ces cours de morale éducative.

> 1848 Réconciliation des classes par la jeunesse
>   Réconciliation des Religions dans la justice
> 1849 Que les hommes apprennent à s'aimer
>   et qu'ils fondent leur amour sur la justice qui sera la base de l'éducation.
> 1850 1er semestre. Que l'homme et la femme s'aiment dans la justice et
>   se sauvent par l'éducation mutuelle.
>   2e semestre. Que l'homme et la femme s'aiment dans leur meilleur
>   moi, l'enfant, et se sauvent par la justice.
> 1851 Que l'homme lettré et la femme illettrée s'aiment en leur meilleur
>   moi, la Cité, et la sauvent par la justice.

Ces trois cours devaient, dans sa pensée, former un livre qui aurait eu pour plan de montrer l'amour comme la loi du monde, mais l'amour reposant sur la liberté de la justice. L'éducation de l'humanité dans l'amour, la liberté de la justice commençant par l'éducation mutuelle de l'homme et de la femme, continuant par celle de l'enfant, s'achevant par celle de la cité.

Les leçons de 1850 qui furent très méthodiques et très nourries :

1. Pour fonder l'unité morale, il faut changer la famille. L'initiative pour cela doit venir de la femme. C'est elle qui doit apprendre à l'homme à répondre aux deux besoins du temps : la concentration de la force et l'élargissement du cœur.

2. 3. L'entente morale est nécessaire entre les époux pour qu'ils soient associés dans l'éducation de l'enfant et lui donnent une même foi. De notre temps, la femme trop souvent s'est détachée de l'homme, lui se donnant aux affaires, elle à l'Église et au monde.

4. La femme, aujourd'hui, n'a pas le sens de la justice. Il s'est fait un divorce entre la religion et la science. Nous devons savoir expliquer le comment des choses aux femmes et aux enfants qui demandent le pourquoi.

6. 7. 8. Le genre humain a été affaibli moralement par le divorce des sexes. Les femmes doivent ramener l'homme au foyer par les vertus d'intérieur, par l'ordre et la justice, et elles doivent apprendre à aimer l'égalité.

10. 11. Nous avons perdu le soutien de la légende et de la tradition. Le monde ancien de la grâce est devenu le monde de la fantaisie et du copisme. Il faut faire entrer la femme avec nous dans le monde de la justice.

12. La famille, l'État et la religion n'ont pas trouvé leur base et leur formule définitive avant la Révolution. C'est maintenant seulement qu'on va les trouver.

Au second semestre Michelet trace un portrait idéal de la femme
et de son rôle tel qu'il le rêve. Cette seconde partie du cours, dont
on retrouve beaucoup de morceaux dans la *Femme*, est une sorte de
poème, une méditation lyrique qui sort tout à fait de ce que l'on pouvait attendre d'un cours d'histoire.

1. Aucune révolution ne sera solide si elle ne transforme la famille
et ne se fonde sur elle.

2. La femme, la bonne Circé qui change les bêtes en hommes, nourrit l'homme moralement par la prière, elle le nourrit matériellement
en soutenant son corps et guérissant ses maux.

3. L'homme à son tour nourrit la femme de science. Mais c'est par
elle que se fera l'unité entre la science et la vie.

5. 6. La femme est au foyer nature et pureté. Elle a une rose
pour confesseur. Elle s'imagine croire. Vous, homme, vous vous ima-
ginez savoir. Vous devez associer votre science et votre foi en un
amour commun pour Dieu et pour la France, foyer des nations; la femme doit être un Dieu-Patrie.

7. La femme est prêtre et médecin. Elle seule sait le prix de la
douleur et les remèdes à la douleur.

Cours extraordinaire, étrange, qui devait scandaliser et qui pourtant était inspiré à Michelet par les plus nobles sentiments, la conviction qu'une révolution morale était nécessaire pour sauver la France et l'état d'exaltation où le mettait l'attente d'un enfant issu d'une
femme qu'il adorait et dont la frêle santé lui causait une anxiété dou
loureuse de tous les instants.

Quand Michelet dut reprendre son cours en décembre 1850, il était
dans un grand abattement. La mort de son fils, l'état de maladie de sa
femme, la réaction de plus en plus menaçante, l'empire imminent,
tout était fait pour l'assombrir.

Il renonce à achever son cours sur l'Éducation, à tracer le portrait
de la Cité après celui de la famille et il se décide à faire des leçons
qui seront un appel à l'action, une protestation contre la réaction grandissante, et il méditait de publier les leçons de ce cours, comme il
avait fait de celles de 1848.

La première (2 janvier) fut une revendication des libertés du Collège de France, un exposé de ce qu'il a voulu et de ce qu'il fait dans
ses cours depuis 1846.

La deuxième leçon (9 janvier) fut consacrée à réfuter les attaques
de l'*Univers* qui avait donné un compte-rendu caricatural et burlesque de la première leçon.

Dans la troisième et la quatrième leçons, il revint sur l'idée qu'il
avait traitée en 1848 : la France a été divisée en deux peuples par les
prêtres. Il faut rétablir l'unité de la France.

Et dans la cinquième leçon, il trace le portrait de la France, de sa
personnalité, dont l'unité est la loi. Le monde a besoin d'elle.

La sixième leçon est une de celles qui soulevèrent le plus de protestations. Il y étudie les causes de la tristesse morne qui a envahi

l'Europe sous le souffle de la réaction. Toutes les nations sont envahies par la tristesse. Aucune ne chante plus.

La septième fut une réponse aux attaques de La Guéronnière et des prédicateurs populaires, des Capucins, qui l'avaient diffamé en chaire. Il invite les jeunes gens, non à la dispute, mais à enseigner au peuple la religion du droit et le culte des martyrs du droit.

La huitième leçon eut pour objet de montrer à la jeunesse qu'il faut aller au peuple et lui enseigner les leçons de la Révolution : l'héroïsme et la moralité.

Enfin dans la neuvième, il demande qu'on enseigne la Patrie, seule base d'enseignement et de littérature populaires. Elle est un autel sur lequel s'enseigne une morale d'action et une légende d'action.

C'est à ce moment qu'éclata l'orage qui, depuis deux ans, grondait sur sa tête. Letronne, à la fois garde-général des Archives et administrateur du Collège de France, était mort le 14 décembre 1848. Michelet avait le droit d'espérer qu'il le remplacerait aux Archives et il réclama ce poste par une lettre adressée au ministre de l'Intérieur, son ancien ami Léon Faucher. Il y avait d'autant plus droit que Dufaure l'avait, par une délégation provisoire, chargé de remplacer par intérim le garde des Archives pendant sa maladie. Malheureusement pour Michelet et pour les Archives, la politique réactionnaire à laquelle Léon Faucher avait pleinement adhéré, était triomphante et on nomma garde-général, le plus médiocre et le plus servile des fonctionnaires, M. de Chabrier, qui devait après le 2 décembre se faire l'instrument de la politique du coup d'État.

Au Collège de France, le successeur de Letronne fut Barthélemy Saint-Hilaire, élève de Cousin et ami de Thiers, et à ce titre un des soutiens de la politique du Comité de la rue de Poitiers et de la candidature de Louis-Napoléon. Il avait de 1826 à 1833 été un des journalistes les plus avancés du *Globe*, du *Bons Sens*, du *Constitutionnel*, du *Courrier Français* et du *National*. Mais il s'était attaché à Cousin, était devenu, en 1838, professeur de philosophie ancienne au Collège de France, chef de cabinet de Cousin en 1840, avait comme député de Seine-et-Oise soutenu le ministère Odilon Barrot et l'expédition de Rome. Il ne pouvait donc être qu'ardemment hostile à Michelet, d'autant plus que dès qu'il fut à la tête du Collège de France, il s'occupa de faire rentrer dans la règle les professeurs qui, comme Michelet, ne remplissaient pas exactement les devoirs de leur charge.

Dès janvier 1849, B. Saint-Hilaire se plaint au ministre de l'agitation dont le cours de Michelet est le théâtre, de la quête faite à ce cours pour la Pologne, et adresse des remontrances à Michelet sur le nombre dérisoire de leçons que comporte chaque semestre. Il fait venir au Collège de France des agents de police pour réprimer les désordres. Michelet répond que ce qui se passe avant et après son cours ne saurait lui être reproché, et qu'il ne reconnaît qu'à l'Assemblée des professeurs le droit de lui faire des observations, qu'il a d'ailleurs prévenu ses collègues que l'état de sa santé ne lui permettait pas de faire plus d'une leçon par semaine. En février 1850, se reproduisirent exactement les mêmes incidents qu'en 1849, de janvier à mars; puis en février 1851, B. Saint-Hilaire signale de nouveau au ministre et à Michelet l'attitude tapageuse des auditeurs, et se plaint à Michelet de ce qu'il les excite à cette attitude par la nature même de son enseignement. Enfin, le premier mars, il convoque les professeurs pour le 9 mars, pour examiner le cas de Michelet. Le ministre de l'Instruction publique, alors M. Giraud, avait fait faire des deux leçons du 27 février et du 6 mars des sténographies que Michelet déclara être de vraies falsifications.

Il eut le 6 mars une scène violente avec B. Saint-Hilaire. Il se refusa à se rendre le 9 à la réunion et adressa à ses collègues une lettre indignée. Une nouvelle réunion à laquelle il se rendit, se prononça contre lui et le blâma formellement d'avoir donné à son cours une allure de polémique politique.

Le 12 mars, jour anniversaire du mariage de Michelet, le cours fut suspendu par arrêté ministériel.

Le 13, Michelet publiait dans l'*Événement* la note lue au Collège.

Le 21 mars, les étudiants firent, malgré les efforts de Michelet, une manifestation violente en sa faveur et le ministère y répondit, le 8 avril, en suspendant le traitement de Michelet. Mais les professeurs à leur réunion du 7 mai, protestèrent contre cette mesure illégale. Ils protestèrent de nouveau à leur réunion de juillet, et le 17 octobre le ministre, qui était encore Giraud, lui accorda un demi-traitement. Mais Michelet repoussa avec dédain toute compensation pécuniaire.

Il s'était, non pas consolé de la mesure dont il était victime, mais arraché à son sentiment d'irritation en entreprenant un travail qui, dans sa pensée, devait avoir une très grande portée. Il entreprit, pour rendre à la démocratie vaincue le sentiment de ses devoirs et l'espoir dans l'avenir, la *Légende d'Or de la Démocratie*, qui aurait compris l'histoire des héros de la Révolution dans tous les pays de l'Europe, en Italie, en Allemagne, en Pologne, en Roumanie, en Russie.

C'est le 17 mars qu'il avait noté dans le journal . « Je conçois la Légende d'Or ». Le 19 : « J'esquisse la Légende d'Or ».

Il recueille aussitôt des documents sur les femmes de 1840. M. Deutsch lui en fournit sur les femmes allemandes. Les Bratiano sur la Révolution roumaine et Mme Rosetti; M. Accursi, puis plus tard, Massimi, sur Mameli et l'Italie; M. Biernacki sur la Pologne; Herzen sur la Russie. En même temps, il écrit l'histoire des généraux révolutionnaires.

Note du 15 avril :

« Le 20 avril : Pâques. Ce jour et les quatre suivants furent consacrés à la légende de Kosciusko que j'écrivais tous les matins.

Le 21 mai, il écrit :

« J'aurais désiré valoir mieux, être plus haut de cœur, plus pur au moment où je prends cette grande initiative de me porter juge du monde, juge des deux papes (Rome et Moscou) juge du dernier homme qui ait eu autorité (Napoléon) au moment où je reprends le drapeau de l'Italie, de la Pologne, contre la Russie. La perfection de mon intérieur est pourtant un secours, une facilité pour m'élever à l'état de force calme et de sainteté que demande un tel rôle. »

Il commence le 16 juin à imprimer les *Légendes démocratiques*. Un voyage à Arcachon et Bordeaux (22 juillet-2 août) l'interrompt. Mais il reprend aussitôt en septembre les Légendes de Russie et le 6 octobre celles de Roumanie.

Il songe toujours à une Histoire de France populaire et à publier pour le peuple les *Fédérations et Jeanne d'Arc*.

Il met *Kosciusko* en vente le 26 novembre.

Le vaste plan de Michelet ne put s'achever en entier. Il publia des fragments de ses Légendes dans l'*Événement*; mais les *Soldats de la Révolution* ne furent publiés en volume que par sa veuve, en 1877.

Les *Principautés danubiennes* ne parurent en volume qu'en 1853; puis les deux brochures complètes en 1854, comme *Légendes démocratiques du Nord*, et en 1863, sous le titre *La Pologne martyre*.

Le coup de tonnerre du 2 décembre vint écraser Michelet. Il prévit que sa situation allait être perdue tout entière. Il abandonna ses *Légendes démocratiques* pour travailler fiévreusement à son tome VI à partir de janvier 1852. Dès février, il se sentit obligé de prendre une installation moins coûteuse que sa modeste maison des Ternes. Le 13 avril, il était destitué de sa place au Collège de France, avec Mickiewicz et Quinet, par un décret présidentiel, contresigné Fortoul. Le 3 juin, il refuse le serment et est destitué de sa place aux Archives, qu'il quitte définitivement le 9. La perte de toutes ces places l'oblige à quitter même le petit appartement qu'il avait pris rue Léonie, aux Batignolles, et à aller à Nantes, où, d'ailleurs, il pourra trouver des documents sur la Vendée, que Paris ne put lui fournir. En une année de travail acharné, il y écrira les tomes VI et VII de sa *Révolution*.

Il dut alors dire adieu à tout un passé de travail, de pensée, de douleurs et de joies. Il était presque réduit à la misère. Il n'avait plus que trois mille francs de revenus et des enfants à soutenir, car Dumesnil perdait, lui aussi, la suppléance de Quinet, et ni lui, ni Charles ne pouvaient se suffire. Michelet n'avait plus à compter que sur sa plume. Son âme ne fléchit pas sous ces coups multipliés. Il fut soutenu, et par l'amour de la jeune femme qui était à son côté, par cette foi en lui-même qui ne le quitta jamais, *the incomparable will*, et par la foi dans la mission qu'il avait à remplir pour la France et pour le monde.

TABLE DES MATIÈRES

TOME II

LIVRE III

La Crise de la Pensée de Michelet

LIVRE IV

La Prédication démocratique

NAPOLÉON. **Ordres et apostilles de Napoléon**, 4 volumes in-8.   **46 fr. 25**

Un mot, une phrase, suffit au Consul, à l'Empereur, pour exprimer sa volonté pour trancher une question, lever une difficulté, prononcer un jugement, apprécier un homme, et certaines de ces apostilles sont des coups de griffe.

Nous voyons ici Napoléon dans son activité prodigieuse, s'occupant aussi bien des fourrages ou des harnais que des plus hautes questions de l'État.

Les officiers, sous-officiers et soldats défilent tous dans cet ouvrage indispensable à tout historien de l'Empire par les documents inédits qu'il renferme en si grand nombre.

PETIT-DUTAILLIS (C.). **Étude sur la vie et le règne de Louis VIII (1187-1226).** 1894, gr. in 8.   **24 fr.**

— **Documents nouveaux sur les mœurs populaires et le droit de vengeance dans les Pays-Bas au XV° siècle.** Lettres de rémission de Philippe le Bon. 1908, in-8.   **9 fr.**

POUPARDIN (R.). **Le royaume de Provence sous les Carolingiens (855-883).** 1901, gr. in-8, **22 fr. 50** — Le royaume de Bourgogne, 888-1038. Etudes sur les origines du royaume d'Arles 1907, in-8, fac-similé, **24 fr.** — **Etudes sur l'histoire des principautés lombardes de l'Italie méridionale et de leurs rapports avec l'empire franc.** 1907, in-8, fac-similé, **6 fr.** — Etudes sur les **institutions politiques et administratives des principautés lombardes de l'Italie méridionale** 1907, in-8.   **9 fr.**

Couronnés par l'Institut.

RABELAIS. **Œuvres.** Édition critique publiée par Abel Lefranc, professeur au Collège de France, J Boulenger, H. Clouzot. P. Dorveaux. J. Plattard et L. Sainéan. Tome III et IV Pantagruel. 2 vol. in-4 de cxxvii-354 pages. Ensemble.   **55 fr.**

Déjà parus : T. I. In-4 de clv 214 p. T. II. In-4 de 215-558 p. Ensemble 37 fr. 50 Formera environ 7 volumes auxquels on souscrit.

RAMBAUD (P.). **L'Assistance publique à Poitiers jusqu'à l'an V.** 1914, 2 forts vol. grand in-8. ill. hors texte.   **45 fr.**

Première mention au Concours des Antiquités nationales (1915). — Par ses données générales, intéresse toute l'histoire charitable de la France depuis le Moyen Age jusqu'à la Révolution.

RENAUDET (A.). **Les sources de l'Histoire de France, aux Archives d'Etat de Florence,** des guerres d'Italie à la Révolution (1494-1789). 1916, in-8, 276 p.   **12 fr. 50**

REUSS (R.). **L'Alsace au XX° siècle** au point de vue géographique, historique, administratif, économique, social, intellectuel et religieux. 1896-1898, 2 forts vol. grand in-8.   **57 fr.**

REYNAUD (L.). **Les origines de l'influence française en Allemagne.** — Etude sur l'histoire comparée de la civilisation en France et en Allemagne pendant la période précomtoise (950-1150). Tome I⁰⁰. L'Offensive politique et sociale de la France. In-8,   **18 fr.**

RUBLE (Baron A. de). — **Antoine de Bourbon et Jeanne d'Albret.** 4 vol. gr. in-8. **40 fr.** — **Jeanne d'Albret et la guerre civile.** [Suite de **Antoine de Bourbon et Jeanne d'Albret**]. Tome I, seul paru. In-8, 475 p. 5 fr. — **Le mariage de Jeanne d'Albret** In-8, xiv et 321 pages, avec un portrait gravé. Edition sur papier de Hollande. 15 fr. — **Mémoires et poésies de Jeanne d'Albret** In-8, 241 p. et un portrait. 12 fr. — **Le traité de Cateau-Cambrésis** (2 avril 1559). In-8, 347 p. 10 fr. — **L'assassinat de François de Lorraine, duc de Guise** (18 février 1563) In-8, 238 p. 6 fr.

SAINTE-BEUVE. **Lettres inédites à C. Labitte** (1834-1845) avec une introduction et des notes, par G. Sangnier. 1911, in-8.   **3 fr. 75**

SCHMIDT (Ch.). **Les sources de l'Histoire de France depuis 1789 aux Archives nationales.** In-8.   **7 fr. 50**